河北省社会科学基金项目

河北师范大学出版基金项目

卢照邻研究

LUZHAOLIN YANJIU

王明好 / 著

人民出版社

目　录

序

　　作为初唐四杰之一的卢照邻，学界对其不乏关注，取得了一些重要的研究成果，却也存在着若干的空间：缺乏研究的系统性，某些领域也有待深入，等等。王明好的博士论文《卢照邻研究》便是针对这些不足而确定的选题。作者在详细解读文本和广博收集已有研究成果的基础上，经过潜心思考，对卢照邻的出身、家世、履历、交往、思想、性格、文学观、诗文的题材内容、艺术风格、各种诗体的创作成就以及文集版本流传情况，进行了全面、系统且较有深度的研究，在研究领域上有所开拓，对某些问题提出新见。理据充实，逻辑严密，表现出求稳求实的学术作风和较高的研究水平。本书是对其博士论文加以修订之后定稿的。

　　该书的创获之处颇多，试举以下数条。

　　对卢氏诗歌艺术进行深入、全面的研究是该书的最大的长处。其中一个显著的成果是对卢氏格律体诗的研究。此前，学界集中研究的是卢氏的七言歌行，对于其他体式则少有关注。该书以大量的篇幅、量化的方式对卢氏格律体诗的格律作出研究。通过对其69首律体作品进行律句、律联方面的调查，得出律句占总句数98.76%、律联占总联数91.3%的结论，这个调查结论是有学术价值的，它说明在初唐时期诗体律化的进程中，卢照邻也是作出了努力的。与此同时，也指出卢氏在粘对问题上还没有解决得很好，粘式律作品的比率较低，仅占律体作品的14.5%。

既肯定其贡献，又指出其不足，从而对卢氏格律体诗在声律上给予科学的总结。声律之外，作者对卢氏格律诗的对仗艺术也进行了过细的考察，结论显示，在295对律联中，工对为247联，占对仗联数的90.5%，这个数据表明卢氏在对仗工稳上的刻苦追求；而且，调查还发现有108联是流水对，占对仗联数的37.5%（工对与流水对有部分重合），流水对的功效是在表意的流程中呈现对仗的匀齐美，摆脱了一般对仗的刻板之弊，给诗歌带来灵动之美，应该说这是卢氏在对仗艺术上的重要贡献，开其后盛唐诗人（例如杜甫）大量使用流水对之先河。对仗是格律诗三大格律要素之一，由此可以说明卢氏在促成格律诗的定型上是起到重要作用的。进行声律、对仗方面的研究，不仅需要足够的耐心，更需要扎实的古典诗歌基础知识，作者在这个方面显示出作为古典诗歌研究者所应具备的知识结构。格律之外，作者对卢氏格律体诗的内容、艺术亦作出恰当的分析。

该书对于卢照邻的思想、性格、长期卧病的经历及其对诗文创作产生的影响作出系统且有深度的研究。卢照邻早期奉儒，幼年时即以重振家声为己任，确立了"兼济天下"的济世理想，是门阀观念与儒家思想的结合。他干谒公卿，参加科举以求仕进，表现出对建功立业的狂热追求。晚年身患恶疾，在与疾病的顽强抗争中，支撑他坚强生存并且奋笔写作的动力仍然是儒家思想，他虽也曾在道家和道教、佛教中寻找过精神依托，但儒家思想始终扎根于内心深处，他认为生命的价值不在于生存的长度，而取决于生存的质量。平庸的生命即使长命百岁也毫无意义，而能够创造不朽功绩的人生即使短暂也是意义非凡的。他以儒家"立德、立功、立言"三不朽的思想为圭臬，确立自己的人生坐标："为龟为镜，立德立言"（《五悲·悲穷通》），走孔子晚年"删书定礼"之路，让自己的学问与文章流芳百世。支撑着卢照邻"已濡首兮将死，尚摇尾兮求活"（《五悲·悲今日》）的是他渴望自己"死且不朽"（《五悲·悲今日》）的信念，儒家的生命哲学给予他精神力量。作者对卢氏早年的执著刚直、晚年的顽强不屈的性格特征也作出了研究。对其思想、性格给予诗文创作的影响作出了中肯的分析，指出其早年作品"雄杰豪放"风格的形成、晚年作品"骚怨"精神、"怨愤且怒"品格的形成，其源盖出于此。这些结论是令人信服的。对卢氏思想、性格的成因分析，从燕赵地方文化影响的角度进行阐释，亦具有说服力。

该书还对卢照邻的诗学思想与其创作的关系作出探讨。指出卢照邻的文学理论重在强调批判与继承的辩证关系。主张继承儒家传统文学观，既倡言风雅，又批判时风；重视真情实感，尤其强调对"怨情"的抒发，表现在他的骚体赋创作呈现出凄凉悲怆的风格。其创作论提出"风骨"和因变，肯定天然声律和人为声律，文辞上提出清词、丽词的标准。其风格论肯定不同作家的多种风格。等等，均分析通透，鞭辟入里。

此外，对于卢照邻的生卒年，作者通过细读卢氏的诗文，于蛛丝马迹中认真寻觅，得出不同于此前诸家的结论，即卢照邻约生于贞观七年（633），卒于武后垂拱元年（685）之后。虽无确定的年份，亦表现出治学的求真精神，可立一家之说。对卢氏文集的版本源流所作的较全面的梳理，也是一大收获，值得肯定。

王明好的博士论文在匿名评审中受到专家的多方好评，同时也指出某些不足。对于这些批评意见，作者经过认真思考，在若干方面予以修正，此番成书较之原稿已有明显进步。倘若求全责备，我以为还有尚需继续研究的空间，诸如对初唐文学环境的整体把握，燕赵地域文化对卢氏文学思想及创作的影响，对这些问题进行深入研究将使论著臻于完善。

　　总体来看，《卢照邻研究》是一部成功之作。其不事空谈、稳健求实的朴素文风，尤其令人欣喜。书稿即将付梓之际，作者要我作序，作为导师略陈数语于上，并向明好同志表示祝贺。

韩成武
于河北大学紫园

前　言

　　近年来，对初、晚唐文学研究日愈受到学界关注，诸种论著亦颇有见。卢照邻是初唐重要诗人之一，属"初唐四杰"作家群体。以往对卢照邻的研究虽然成果不少，但尚无全面系统的研究。本书在充分把握既往与时下各家研究论点的基础上，从史料出发，由卢氏生平仕历、交游考辨入手，进而爬疏考索卢氏诗文的结集流传、分体论析其文学创作时，从研究广度和深度上力求全面而深入。

　　《卢照邻研究》是本人在博士论文基础上修改完成的，对初唐卢照邻出身、家世、履历、交往、思想、性格、文学观、诗文的题材内容、艺术风格、各种诗体的创作成就以及文集版本流传情况，进行了全面、系统而较为深入的研究。转眼博士毕业已经4年，翻开论文答辩王长华、莫砺锋、李昌集、葛景春、张国星、陶新民、张瑞君等诸位先生的评议书，于我仍是莫大鼓舞和鞭策：

　　卢照邻向为学界关注，研究成果颇丰。本文作者在现有研究基础上，以卢照邻及其诗文为对象，尽可能全面挖掘文献资料和解读诗文作品，对卢照邻进行系统而深入的研究。选题有较大理论意义。

　　作者立足文献和作品，注意把卢照邻放在时代文化大背景，特别是地域文化的背景下进行考察。第一章至第三章对卢照邻生平、家世、交游和诗文著录版本等进行考述，思路清晰、资料翔实，时有新见。第四章至第七章对其思想性格、文学观念及诗文赋的创作进行论述，有理有据，结论可信。尤其第六章诗歌研究最见光彩。

论文中有诸多独到见解，如将燕赵地方文化对卢照邻的影响，侠文化对其思想的作用，做了深刻的分析；又对卢照邻的律诗做了细致的探讨，对其在律诗形成过程中所起的作用与贡献，有着精当的论述，都是前人所忽视的，显示了该论文的创新亮点。

从涉及范围看，卢氏赋作及咏物诗、田园诗曩少有人问津，本论文专意加以论析具有开拓性的学术意义。从深度上讲，本论文对卢氏格律诗创作艺术的探讨，将古代诗史在初唐时的演化，具体阐论出来，很有学术价值。而且在第四至第八章的各节中，论文都是将卢氏之作作为历史过程中的一个节点，从文学演进的动态中予以考察分析，既有扎实细致的具体鉴赏分析，又有较开阔的历史观照，于是观点既深稳又富于理论性，颇有说服力。

论文条理清晰，论证严谨，层次分明，逻辑性强，文笔通畅，有说服力。作者对论文下了大的功夫，资料丰富，论据充实，有很强的艺术感染力和科研能力。

在毕业后的 4 年当中，我的恩师韩成武先生和詹福瑞先生，一直敦促我下力气修改论文，以期成书。他们严谨的学风、审慎的治学态度一路熏陶着我，使我不敢怠慢。在此以感恩之心深深致谢。本人虽铭记师训，治学用心用力，力求审慎严谨，但由于水平所限，书中难免有错误与不当之处，在此恳请方家不吝指正。

王明好

2013 年 7 月

绪论

一、选题目的与意义

正如明代张燮在《幽忧子集》题词中说："古今文士奇穷未有如卢升之之甚者"，作为"初唐四杰"之一的卢照邻，有着迥异于王勃、杨炯、骆宾王甚至是整个古代文学家的人生经历。从文学家的个体角度看，与恶疾不屈抗争十多年的经历，使卢照邻成为一位极具悲剧色彩的作家，并使其诗文富于悲剧精神。从文学史的角度来看，卢照邻和王勃、杨炯、骆宾王同是由初唐向盛唐文坛过渡时期的重要作家。卢照邻身历太宗、高宗、武后朝，主要的社会活动以及文学创作活动是在高宗和武后朝。《旧唐书·杨炯传》曰："炯与王勃、卢照邻、骆宾王以文词齐名，海内称为'王杨卢骆'，亦号为'四杰'。炯闻之，谓人曰：'吾愧在卢前，耻居王后。'当时议者，亦以为然。"杨炯在《王勃集序》中又称赞："卢照邻人间才杰，览清规而辍九攻，知音与之矣，知己从之矣。"可见卢照邻名重一时。唐张鷟在《朝野佥载》中说："时杨之为文，好以古人姓名连用，如'张平子之略论，陆士衡之所论记'，'潘安仁宜其陋矣，仲长统何足知之'，号为'点鬼簿'。骆宾王好以数对，如'秦地重关一百二，汉家离宫三十六'，时人号为'算博士'，如卢生之文，时人莫能评其得失矣。"《旧唐书》称他的赋作"颇有骚人之风，甚为文士所重。"又充分说明卢照邻文章之名在当时的文坛之重。

　　然而，在笔者接触过的 20 种文学史教材中，几乎都无一例外地强调卢照邻在七言歌行创作方面的重要作用。对他其他类型的诗与文几乎没有提及。事实上，从现存有关卢照邻的文献资料和诗文作品来看，显然没有那么单一。卢照邻诗歌无论从内容还是从体式上来说，都是极为丰富多彩的，远远不限于七言歌行。其《乐府杂诗序》等文则反映了卢照邻反对绮靡文风的自觉的革新意识，为盛唐文学繁荣的到来进行了思想准备。其骚体赋则凸显个性、富有悲剧精神。卢照邻的思想兼有儒释道三家，带有鲜明的时代特点，并随着他的人生经历而或隐或显。经邦治国的人生理想、坚实的学识和超人的才思使他的诗歌呈现昂扬壮大的风貌，其耿介自守、坚韧顽强的性格影响了他病后的人生道路，使他的病中创作虽凄怨愁苦却充满了顽强抗争、不向命运低头的悲剧精神和震撼人心的力量。而他对现实保有的清醒头脑，则使他的作品具有讽刺意味和哲理意味。关于卢照邻诗文的评价，杨炯在《王勃集序》中称："龙朔初载，文场变体，争构纤微，竞为雕刻……骨气都尽，刚健不闻……卢照邻人间才杰，览清规而辍九攻。"指出其诗文的不同凡响，以及与"绮"相对的"清"的审美风貌。杜甫称："纵使卢王操翰墨，劣于汉魏近风骚。龙文虎脊皆君驭，历块过都见尔曹。"（《戏为六绝句》之三）指出其文与赋的"骚"之特征和内容的充实、风格的刚健。从"轻薄为文哂未休"看，时人对卢照邻之评价，又是褒贬不一的。皎然在《诗式》中论"跌宕"格之"骇俗"一格时，援引卢照邻诗"城狐尾独束，山鬼面参覃"二句，并说："其道如楚有接舆，鲁有原壤。外示警俗之貌，内藏达人之度。"这是说的诗歌之特点，也不是整体评价。宋代的葛立方在《韵语阳秋》卷三中又驳斥了杜甫的观点："而王杨卢骆亦诗人之小巧者尔。至有'不废江河万古流'之句，褒之岂不太甚乎？"到了明代，王世贞在《艺苑卮言》卷四中说："卢骆王杨，号称四杰。词旨华靡，固沿陈隋之遗，翩翩意象，老境超然胜之。五言遂为律家正始。""七言歌行长篇须让卢骆"。王世贞的评语，可看作诸本文学史评价四杰包括卢照邻的滥觞。其后，清代沈德潜又有"清稳自开后人风气"、"起语雄浑，一气承接，不平实，不板滞"的诗歌风格的评论。不管是肯定还是否定，古人对卢照邻的种种评价，恰恰说明卢照邻诗文的审美风格的富于多样性，既有清新稳健的一面，又有词旨华靡的一面，还有纯朴质实的一面。选择这样一个为文学史家褒贬参半而又颇富个性的作家，对其人及其作品进行全面深入的研究，以期得出更客观更全面更合理的认识，即本选题的目的与意义。

二、文献综述

据检索统计，20 世纪以来，国内公开发表的关于卢照邻的专论文章，约有 25 篇，附在"四杰"论文里的研究较多，约有55 篇，另外，在关于"初唐诗歌"的论文里论及卢照邻诗文的，还有一部分；卢照邻诗歌的研究专著，有徐明霞点校《卢照邻、杨炯集》，任国绪《卢照邻集编年笺注》，祝尚书《卢照邻集笺注》，李云逸《卢照邻集校注》，谌东飚校点《卢照邻集》五种；研究初唐四杰的专著有沈惠乐、钱伟康《初唐四杰与陈子昂》，任国绪选注《初唐四杰诗选》，张志烈《初唐四杰年谱》，骆祥发《初唐四杰研究》，王国安、王幼敏选注《初唐四杰与陈子昂诗文选注》，林清晖、林东海《初唐四杰》，陈书良主编、罗敏中、肖希凤选注《初唐四杰》，倪木兴选注《初唐四杰诗选》，高玉昆著《初唐四杰暨陈子昂诗传》，姚敏杰《初唐四杰》十种；此外，涉及卢照邻研究的专著主要有傅璇琮《唐才子传校笺》，美国的斯蒂芬·欧文《初唐诗》，尚定《走向盛唐》，杜晓勤《初盛唐诗歌的文化阐释》，沈松勤、胡可先、陶然《唐诗研究》等等。下面按不同的研究视角，分类进行评述。

（一）生平研究

在文学史著作中，对于卢照邻的生平，因为史书记载语焉不详，所以存在着模糊不清、无从确知甚至分歧很大的问题。如关于卢照邻生卒年的问题：胡适《白话文学史》、林庚《中国文学简史》、李从军《唐代文学演变史》、傅璇琮和蒋寅《中国古代文学通论》四种文学史干脆略过这个问题，没有涉及，陈子展《唐代文学史》为（650 - ?），郑振铎《插图本中国文学史》为（650? - 689?），游国恩等《中国文学史》、北京师范大学中文系古典文学教研室《简明中国文学史》、王士菁《唐代文学史略》以及李道英《中国文学史》四书均为（637? - 689?），袁行霈编著《中国文学史纲要》为（大约生于 630 年前后，死于高宗末年，活了 50 多岁），毛水清《隋唐五代文学史》为（634? - 686），姜书阁《中国文学史纲要》为（640? - 680?），刘大杰《中国文学发展史》为（约 635 - 约 689），徐季子主编《中国古代文学》为（630? - 682?）、郭预衡《中国古代文学史长编·隋唐五代卷》为（634 - 686?），罗宗强和陈洪主编《中国古代文学发展史》为（约 634 - 683），章培恒和骆玉明主编《中国文学史》为（约 630 - 680 后），乔象锺和陈铁民主编《唐代文学史》为（约 634 - 685?），袁行霈主编《中国文学史》为（634? - 689）。20 种文学史竟然出现了 12 种说法，同一个编者，袁行霈主编两种文学史前后说法不一，可见歧义甚大。20 世纪最早研究卢照邻生平的，是闻一多，他在《唐诗大系》中，认为卢照邻生卒年为（637 - 689?）①，这个说法虽然被一些文学

---

① 闻一多：《闻一多文集·唐诗大系》，海南国际新闻出版中心 1997 年版。

史所本，但问题却没有解决，关于卢照邻的生卒年，仍然悬疑多多。其后刘开扬加以考辨，推定卢照邻当生于 635 年，卒于 684 年之后。① 八十年代以后，卢照邻研究日益受到重视，涌现出一批研究者，出现了七家较为相近却又不同的说法：傅璇琮在《卢照邻杨炯简谱》中认为卢照邻生于唐太宗贞观四年（630）前后、卒于 680 年后数年②，后在《唐才子传校笺》中认为卢照邻生于唐太宗贞观八年（634）、卒于约垂拱二年（686）前后③，后又在《唐五代文学编年史》中更为审慎地定为卢照邻生年为贞观七年（633）左右、卒于唐高宗永淳二年（683）或稍后④；张志烈认为卢照邻约生于贞观八年（634）、卒于永隆二年（681）之后⑤；任国绪认为卢照邻生于贞观六年（632）、卒于武后垂拱元年前后（685）⑥；葛晓音推定卢照邻生于贞观元年（627）⑦；祝尚书的推论是生于贞观六年（632）、卒于武后天册万岁元年（695）后数年间⑧；骆祥发认为卢照邻生于约 630 年⑨；李云逸则以为在贞观九年（635）、卒年无确考约永淳元年（682）后⑩。

（二）诗文研究

关于卢照邻的作品，七言歌行一直是学界关注的热点，绝大部分成果是研究其七言歌行的。

① 刘开扬：《唐诗论文集》，中华书局 1961 年版。
② 徐明霞点校：《卢照邻杨炯集》，中华书局 1980 年版。
③ 傅璇琮：《唐才子传校笺》，中华书局 1987 年版。
④ 傅璇琮、陶敏、李一飞等：《唐五代文学编年史》，辽海出版社 1998 年版。
⑤ 张志烈：《初唐四杰年谱》，巴蜀书社 1993 年版。
⑥ 任国绪：《卢照邻集编年笺注》，黑龙江人民出版社 1989 年版。
⑦ 《文学遗产》1989 年第 6 期。
⑧ 祝尚书：《卢照邻集笺注》，上海古籍出版社 1994 年版。
⑨ 骆祥发：《初唐四杰研究》，东方出版社 1993 年版。
⑩ 李云逸：《卢照邻集校注》，中华书局 1998 年版。

　　胡适从偏重语言风格的角度，在《白话文学史》一书中充分肯定了卢照邻的歌行有白话诗的趋势，认为其《行路难》有"俗歌声口"，"是李白、杜甫、白居易的先声。"后来的文学史著作，除了刘大杰《中国文学发展史》只提到七言歌行"通俗明白"外，其他著作并没有沿袭这种说法。刘大杰著中，把四杰整体定位"一方面仍受齐梁诗风影响，一方面呈现新倾向新精神。"认为卢照邻"身世最苦"，作品"时多悲苦之音"，有"凄厉哀怨"的一面。郑振铎《插图本中国文学史》承此观点，指出卢照邻"病愈苦，诗愈峻"之间的关联。游国恩等编《中国文学史》重点论述了卢照邻的七言歌行，指出其"纵横奔放、富丽铺陈"的审美风格，以及"继承了宫体诗，但也变革了宫体诗"的地位。他们之后的文学史著作大多承袭了这个观点，北京大学中国语言文学系《中国文学史纲要》、北京师范大学中文系《简明中国文学史》、李道英《中国文学史》、林庚《中国文学简史》、徐季子《中国古代文学》、罗宗强《中国古代文学发展史》、章培恒、骆玉明主编《中国文学史》、袁行霈主编《中国文学史》等等，对卢照邻诗歌的论述和评价陈陈相因，认为其七言歌行上承齐梁，下开沈宋，诗中出现昂扬的格调、壮大的气势，诗歌题材从宫廷移入市井，从台阁走向江山与塞漠。而很少提及其他类型的诗作。当然，也有见解较为新颖的，如毛水清《隋唐五代文学史》认为卢照邻的诗歌重视创新，除歌行外，短诗也有好的，如他的边塞诗，并注意到卢"能驾驭多种诗歌形式，才华确乎杰出"。同样，郭预衡《中国古代文学史长编》也注意到了卢照邻边塞、咏史咏物、别情乡愁等多种题材的诗作。此外，李从军《唐代文学演变史》认识到，卢照邻的文学理论与创作具有统一性，"理论建立在大量的创作实践之上，创作实践也往往遵循着一定的理论原则。"姜书阁《中国文学史纲要》

指出卢照邻"具有从现实政治入手的人生观，所以尽管他一生都不曾得意过，却始终没有表现消极情绪，他一直到死都抱着积极向上的精神"。乔象锺、陈铁民主编《唐代文学史》论及卢照邻乐府诗使用五律进行创作的特点和浑朴自然的风格；骚体文"感人最深而又独具特色"。陈子展著《唐代文学史》认为，"到了四杰和沈宋，五言律诗的体制完成了"。王士菁《唐代文学史略》还注意到"骈文方面，四杰所作抒情或写景的短赋，至今也仍脍炙人口"等等。尽管这些著作囿于史的体例，论述极为简略，但它们所不时闪现出的新见，无疑给后来研究者以启迪。

20 世纪 80 年代之前，关于卢照邻诗文的专论文章竟无一篇。50 年代仅有的三篇文章都是关于初唐四杰的，刘开扬发表于《文史哲》1957 年第 8 期上的《论初唐四杰及其诗》、马茂元发表于《人文杂志》1958 年第 6 期的《初唐四杰》、支菊生发表于《天津日报》1959 年 8 月 19 日的《初唐四杰》。支菊生从内容和风格两方面肯定卢照邻歌行起着开辟唐诗发展道路的作用，四杰"不因袭、不守旧，敢于破坏，敢于创造的创作精神"；马茂元认为，卢照邻的《长安古意》突出地表现了时代精神、有着极高的现实意义，还分析了作品获得成功的原因，驳斥了闻一多认为诗歌结尾"有点突兀"的论点，在肯定其高超的语言艺术技巧的同时，还指出了诗中堆砌词藻、用语不当的缺点；刘开扬按照题材把四杰诗歌分成抒情诗、写景诗、咏物诗，逐个举例论述，三类题材均分析了卢照邻的诗作，尤以写景诗所引为多。因三篇文章皆是整体论述，惜不深透，但各有所得。

1989 年，黑龙江人民出版社出版了任国绪整理校对的《卢照邻集编年笺注》，是最早关于卢照邻作品集的注本。此书《前言》中对卢照邻的生平履历、时代背景、思想脉络、理论建树、诗歌特征等情况作了全面而系统的介绍，论述所涉面广，有的观点新颖，无疑会给后学的研究以有益的启发。当然，由于前言体例的限制，许多观点和论述尚有待于进一步的深入。

80年代，研究卢照邻诗文的专论文章只有刘真伦的《卢照邻西使甘凉及其边塞组诗考述》① 一篇，文章兼有考证、论述，见解独到，时有新论。作者在考证组诗的创作年代和背景的基础上，论述了卢照邻边塞诗歌的丰富内容、悲壮色彩及其在唐代边塞诗的发展历程中所占据的重要位置。除此之外，这组作品多数采用近体五律的形式，认为这在五律形成过程中的历史地位也是不可低估的。另外，任国绪《略论卢照邻、骆宾王的七言歌行》② 和陶易的《试论王杨卢骆体》③ 两文，前者对卢骆七言歌行特征、内容、地位加以系统论述，论述深透；后者立足于考查"王杨卢骆体"这一术语流传过程中的种种分歧，描述其体式上的特征，探寻对后世的影响。两文各有所长，予人启示。

1987年，上海古籍出版社出版了沈惠乐、钱伟康的《初唐四杰和陈子昂》，是"中国古典文学基本知识丛书"之一。该书介绍了四杰和陈子昂的生平、创作和对后世的影响。

90年代，研究卢照邻的专论文章开始不断见诸报刊，分量颇重。主要有任国绪的《奉儒行道与崇道信佛——卢照邻思想述评》④，王许林的《奇穷文士与人间才杰——卢照邻略论》⑤，刘成纪的《卢照邻的病变与文变》⑥，温斌的《显隐难遂病才子新

---

① 《重庆师范大学学报》1989年第1期。
② 《北方论丛》1985年第3期。
③ 《青海民院学报》1989年第2期。
④ 《北方论丛》1993年第6期。
⑤ 《古典文学知识》1993年第6期。
⑥ 《文学遗产》1994年第5期。

旧始更雅文风—卢照邻简论》①，赵永建的《孤独的痛苦与缓释》②。另外，初唐四杰的研究文章很多，不少文章在论及卢照邻时，亦颇有创获。主要有姚敏杰的《试谈时代特点对"初唐四杰"的影响》③，董天策的《初唐四杰文学思想新探》④，房日晰的《初唐四杰诗歌比较论》⑤，许总的《论四杰与唐诗体式规范》⑥，杜晓勤《"初唐四杰"与儒道思想》⑦，姚敏杰的《"初唐四杰"的山水景物诗》⑧，许总的《论四杰诗歌的昂扬基调与壮大之美》⑨、《论四杰诗歌在唐前期诗风变革中的作用与意义》⑩、《宗经与辨体——论四杰文学思想二重特性与唐代前期诗史演进趋向》⑪，霍然的《初唐四杰与唐人诗歌审美观念的回归》⑫，莫山洪《论初唐四杰对骈文的革新》⑬ 和《"初唐四杰"称号与骈文》⑭，高广林的《"四杰"感发兴会理论的原理化》⑮ 等。任文《奉儒行道与崇道信佛——卢照邻思想述评》，以卢照邻诗文作品为基础，阐述了卢照邻一生的思想发展脉络，清晰而缜密。对研究卢照邻本人及其作品，大有裨益。该文认为，卢照邻幼年时

---

① 《阴山学刊》1994 年第 4 期。
② 《河南大学学报》1995 年第 5 期。
③ 《西北大学学报》1994 年第 1 期。
④ 《中国文学研究》1994 年第 1 期。
⑤ 《河北师大学报》1994 年第 3 期。
⑥ 《学术研究》1995 年第 2 期。
⑦ 《文学评论》1995 年第 5 期。
⑧ 《华夏文化》1996 年第 1 期。
⑨ 《江淮论坛》1996 年第 2 期。
⑩ 《华中师大学报》1996 年第 2 期。
⑪ 《天津社会科学》1996 年第 3 期。
⑫ 《齐鲁学刊》1996 年第 4 期。
⑬ 《柳州师专学报》1998 年第 2 期。
⑭ 《柳州师专学报》1998 年第 4 期。
⑮ 《集宁师专学报》1999 年第 1 期。

的阅礼闻诗，有志仕途，属门阀观念、家族意识的影响。早年奉
儒，追求政治建树。而长期的沉沦下僚、政治失意又使他转向老
庄哲学，退隐山林，纵情诗酒，是他人生价值的第二种选择。病
痛的折磨让他进而又尊崇道教，炼丹服食，以求长生。病情恶
化，身心痛苦，又使他转向佛教。而奉儒行道是卢照邻基本的人
生价值取向。几乎同时发表的王许林的《奇穷文士与人间才
杰——卢照邻略论》一文，则以卢照邻一生的经历为红线，揭示
其奇穷与奇才集于一身的独特的人生际遇。通过他人生失意和病
痛折磨，揭示其作品凄苦悲凉的风格。其后面世的刘成纪的《卢
照邻的病变与文变》、温斌的《显隐难遂病才子新旧始更雅文
风—卢照邻简论》、赵永建的《孤独的痛苦与缓释》三篇文章，
作者都注意到了卢照邻的独特之处，均以卢照邻的病、痛为切入
点展开论述。刘文从病理学的角度对卢照邻的文变进行研究，新
见迭出。温文重点论述了卢照邻在初盛唐文学史上的独特作用、
地位，认为他是中国文学史上一个极具典型性的悲剧诗人。卢照
邻代表了历史转换时期具有创造精神和个性特征的一代知识分子
的共同风貌，是陈隋诗风向盛唐转变的有力中介。赵文通过考察
卢照邻作品中的"独"字出现频率高，来揭示其诗文主旨的
"孤苦悲愤之气"并分析原因。

　　值得注意的是，90 年代还出现了两篇日本学者的专论文章：
兴膳宏的《初唐的诗人与宗教——从卢照邻来考察》①、道坂昭
广的《试论初唐四杰笔下的陶渊明形象——以卢照邻为中心》②，
角度独特，持论精微。兴文详细考察了卢照邻与道教、佛教的关
系，认为他是四杰中求道最为热忱的人。文章还梳理了卢照邻的

---

① 《中国典籍与文化论丛》第二辑，中华书局 1995 年 2 月版。
② 《唐代文学研究》第六辑，1996 年版。

生平行迹，持论谨慎。道文认为卢照邻笔下的陶渊明形象，在唐代文学中既显示了新兴知识阶层追求自己的理想而苦斗的过程，同时，也象征了在初唐文学中北朝人意识所起的作用。观点可谓新人耳目。

此外，1994 年，祝尚书的《卢照邻集笺注》① 出版，1998年，李云逸的《卢照邻集校注》② 出版。这是继任国绪《卢照邻集编年笺注》之后的两个高水平注本。两个新本各有千秋，祝本注释比较简要，但书末所列的关于卢照邻的古籍资料较为完备，李本注释较为详细，所附资料较少但提出了不少注家自己的观点。三个本子集中体现了卢照邻研究的既有成果，为研究者解读文本扫清了文字上的疑难和障碍，提供了背景上的诸多线索。另外，骆祥发《初唐四杰研究》③、林清晖、林东海《初唐四杰》④两书中，对卢照邻诗文皆有专论。骆著着重揭示他作品中"为命运而悲号"的主题，从"怀才不遇的哀怨、仕途坎坷的悲愤、沉疴缠身的呼号、解脱痛苦的追求"四个方面展开论述。林著除了指出卢照邻的骚体文是"四杰"中其他几位没有的，来陈述灾难和悲惨处境；还从他的一组用五言律体写作的乐府旧题入手分析，认为从中可以看出卢照邻不仅在理论上批判当时流行的雕琢、柔靡文风，在创作上也力求走出一条新路。见解独到，颇富启迪。

进入 21 世纪以来，一批青年学者加入到卢照邻研究者的队伍中，研究视角不断更新，研究视野更加开阔，每年都有论文发

---

① 祝尚书：《卢照邻集笺注》，上海古籍出版社 1994 年版。
② 李云逸：《卢照邻集校注》，中华书局 1998 年版。
③ 骆祥发：《初唐四杰研究》，东方出版社 1993 年版。
④ 林清晖、林东海：《初唐四杰》，春风文艺出版社 1999 年版。

表。如孙杰军《自我价值的寻求与生命的内在困扰》① 一文，从生命哲学的角度，在唐初的特定文化背景下，阐述卢照邻诗文精神内涵的丰富性。高广林《卢照邻诗学思想论略》② 一文，从三个方面梳理出卢照邻在理论上扫荡文场、隆颂风骨的贡献。文章指出，卢照邻主张以适意为宗，雅好清灵俊爽之格，尤重妙谐音律，思无停趣，显示出极强的诗学个性。其乐府小诗珠圆玉润、清新流美，体现了他的美学理想。吕双伟《论卢照邻诗文创作的"骚怨"精神》③ 一文，通过界定卢照邻诗文创作的"骚怨"特点，进而论述卢照邻怀才不遇又饱受沉疴痼疾之苦的人生遭际，多愁善感又清高独立的气质性格和效法楚骚的哀怨悲愁。认为卢照邻是唐代第一个自觉地、有意识地用"骚怨"精神进行创作的诗人，开其后柳宗元、李贺等人的先河。李朝军《人与恶疾的悲壮抗争》④ 一文，从重新审视卢照邻之死的角度入手，着重阐发了卢照邻在恶疾折磨下的复杂痛苦的精神生活及其自杀的社会成因，从中凸显他同恶疾抗争的顽强精神、追求实现人生价值的执著品性及其鲜为人知的殉道精神。认为，选择死亡，是卢照邻抗争的最终武器；死亡，让卢照邻高昂起人的不屈的主体精神。张申平《卢照邻生命意识对其诗歌的影响》⑤ 一文，从卢照邻生命意识的角度，探讨其诗歌风格凄苦悲凉，意象孤独悲壮，生命意识无奈而绝望的成因。

高玉昆著《初唐四杰暨陈子昂诗传》⑥、姚敏杰《初唐四

① 《淮北煤师院学报》2000 年第 2 期。
② 《内蒙古工业大学学报》2001 年第 1 期。
③ 《云梦学刊》2002 年第 5 期。
④ 《河北大学学报》2004 年第 1 期。
⑤ 《重庆科技学院学报》2006 年第 3 期。
⑥ 高玉昆：《初唐四杰暨陈子昂诗传》，吉林人民出版社 2003 年版。

杰》① 中，对卢照邻诗文也有整体论述。此外，20 世纪 80 年代以来有几部专著，也或多或少涉及卢照邻。美国的斯蒂芬·欧文《初唐诗》②，尚定《走向盛唐》③，杜晓勤《初盛唐诗歌的文化阐释》④，沈松勤、胡可先、陶然《唐诗研究》⑤ 等等。

（三）版本研究

据史书记载，卢照邻的著作甚为宏富。如《旧唐书艺文志》录《卢照邻集》二十卷，《新唐书艺文志》著录《卢照邻集》二十卷，又《幽忧子》三卷，《崇文总目》著录《卢照邻集》十卷，《幽忧子》三卷，注云：“鉴按唐志通志略并二十卷，通考宋志十卷，今存七卷。”由此可知，宋元以来，卢照邻作品在流传的过程中大多已经散佚，今天所见为明清人的辑本，所存不过三分之一。万曼的《唐集叙录·卢照邻集》中对卢照邻集的版本流传情况作了简要的介绍，陈伯海、朱易安《唐诗书录》列举卢照邻书目颇为完备。但到目前为止，关于卢照邻作品版本研究的专著或专论文章还没有出现。

20 世纪 80 年代以来，出现了三个卢照邻作品集的新整理本，一是任国绪笺注的《卢照邻集编年笺注》，黑龙江人民出版社，1989 年版；二是祝尚书笺注的《卢照邻集笺注》，上海古籍出版社，1994 年版；三是李云逸校注的《卢照邻集校注》，中华书局，1998 年版。三本皆以《四部丛刊》影印《幽忧子集》为底本，将卢照邻作品编为七卷，任本附录有：补遗、传记、遗事、卢照邻诗文系年及生平形迹。祝本还校以明铜活字本《唐五十家诗集》

---

① 姚敏杰：《初唐四杰》，三秦出版社 2007 年版。
② （美）斯蒂芬·欧文著、贾晋华译：《初唐诗》，广西人民出版社 1987 年版。
③ 尚定：《走向盛唐》，中国社会科学出版社 1994 年版。
④ 杜晓勤：《初盛唐诗歌的文化阐释》，东方出版社 1997 年版。
⑤ 沈松勤、胡可先、陶然：《唐诗研究》，浙江大学出版社 2006 年版。

之《卢照邻诗集》、张逊业《唐十二家诗》本、《四库全书》本等，又从唐及唐以后的文献中广为辑佚，而将辑到的集外文按体次入编内，排在该体之末。有附录四篇：传记资料、著录题跋、诸家评论、卢照邻年谱，著录题跋中对卢照邻集的流传情况予以简单梳理。李本还以《唐文粹》、《文苑英华》、《全唐诗》等总集校勘文字，搜求异文，辑补遗佚。有附录三篇：传记遗事、卢照邻年谱、诸家评论。凡例中对卢照邻诗文的传刻情况进行了勾勒。

三、研究思路

综上所述，20 世纪以来到 21 世纪初，学界前贤和时彦对卢照邻其人及其作品进行了积极的研究，所论几乎涉及了卢照邻的方方面面，取得了相当可喜的成果。主要体现在以下几个方面：第一，对卢照邻生平的认识日益清晰；第二，对卢照邻作品的整理颇见成效；第三，对卢照邻诗文的研究日益深入；第四，对卢照邻文学地位的认识渐趋全面。这些已有的成果，正是笔者本论文所赖以研究的学术铺垫和学术基础。当然，这些工作并不是尽善尽美，可以说它们各有侧重，各有创获，但依然留下了诸多遗憾：第一，卢照邻生平的许多问题如生卒、仕途履历等目前尚无定论，如关于卢照邻的生年，根据前面笔者所列至少有七种推断；在卢照邻出入秘书省的问题上，更是截然分为两种意见：一种认为卢未曾在秘书省任职，只是与秘书省官员交往而已；一种则认为卢确实任职其中。这些分歧的存在表明，在一些问题上研究尚不彻底，有待于进一步深入。第二，初唐诗人中，卢照邻的思想性格及其长期卧病的经历独特而复杂，而这又影响了他的诗文创作，前人尚未做出透彻的分析。第三，卢照邻的诗学思想与其创作的关系有待深入研究。第四，对于卢照邻诗歌，亦缺乏全面的系统的深入的研究，如关于卢照邻格律诗的创作，目前尚未有人研究。第五，关于卢照邻诗文集的版本及其流传与历代刊刻情况尚无系统而细致的梳理，等等。这些问题，为本论文提供了足够大的立论空间。因此，笔者试图以现有的研究成果为基础，以卢照邻及其诗文为研究对象，在尽可能全面挖掘文献资料和解读诗文作品的基础之上，对卢照邻进行系统而深入的研究。首先，在研究思路上，基本沿袭传统的旧学的路子，用文献来说话，用史实来说话，用作品来说话。其次，在方法论上，在遵循个案研究法的同时，在时代背景中，在历史文化思潮中，特别是在地域文化的背景下考察作家作品，以凸显其在整体中的个性风采和立体形象。第三，在文章构架上，沿袭传统，分作家研究和作品研究两大板块，细而言之，则包括家世籍贯及生平、交游、版本、思想性格、文论、诗歌、赋体、文学史意义八个方面的考述和论析。

　　第一章，卢照邻家世、籍贯及生平考，对卢照邻的家世籍贯及生平仕历进行梳理考证，争取完整勾勒出卢照邻的人生轮廓和仕历历程，并对学界有争议的关于卢照邻生卒年的问题详加考论，以期得出一个更为接近史实的结论。第二章，卢照邻交游考，力争考证出对卢照邻人生影响较大的几位历史名人与之交往的情况。第三章，卢照邻诗文著录与版本考述，分唐、宋元、明、清四个时期进行考述，对卢照邻诗文的载录与刊刻情况进行梳理。第四章，卢照邻思想性格论，评析儒释道三教以及燕赵地域文化对卢照邻思想性格和诗歌风格的影响。第五章，卢照邻文论，拟从文学观、创作论、风格论、批评论等方面论述卢照邻所取得的理论成就。第六章，卢照邻诗歌研究，采用体裁、题材、风格多种分类标准为切入点，重点论述他在文学史中独具特色和价值的部分，以凸显其地位。第七章，赋体研究，论述其独特的"骚怨"精神和悲剧力量。第八章，文学史意义，从总体上把握卢照邻在初唐向盛唐过渡时期的文学史作用。

第一章
卢照邻家世、籍贯及生平考

第一节　卢照邻家世

卢照邻，字升之，自号幽忧子。与王勃、杨炯、骆宾王齐名，号称"初唐四杰"。关于卢照邻的家世，唐代的史料文献记载极少，新旧唐书本传载其生平既颇粗略，更不言其家世。而在卢照邻的文章中，仅有所追溯，可见卢照邻本人家世观念颇重。所以尽管目前尚无发现可资下结论的新材料，但对其家世源流进行一个粗略的梳理，对一篇卢照邻整体研究的论文来讲，仍有必要。

一、卢照邻先世、籍贯

关于卢氏姓，《元和姓纂》卷三十一模"卢"姓云：

卢，姜姓。齐太公之后。至文公子高，高孙傒，食采邑于卢，因姓卢氏。秦有博士卢敖，汉有燕王绾，沛人。范阳涿县：后汉尚书慎（案：汉有中郎卢植，范阳人。此慎字疑即植字之误），敖之后。斑，晋侍中。生志，中书监；生谌，司空从事中郎。四世有传，生谌，二子：勖、偃（案：后汉卢植之子毓，魏司空。毓子钦，晋卫将军。钦子浮，秘书监；钦弟珽，卫尉卿。珽子志，军谘祭酒。志子谌，依刘偓，为从事中郎。姓纂云谋，谌字误也。又谌之外有谋，谌之子勖、偓，晋书皆未见）。勖号南祖，偓号北祖。勖增孙元生迁（按：唐世系表元生度世，字子迁，此作迁，疑避唐讳）。生四子，阳乌、敏、昶、尚之，又号四房。偓中子昭。昭元孙辩、景裕、景先兄弟三人，为魏、周、齐三国帝师。

濮阳：状云秘书监卢浮，后魏许昌太守。卢曾自陈晋徙濮阳，又从孝武入关，曾生怡周，谯州刺史。生士谧、士献、士良，晋绛二州刺史，生师直，司仆少卿，士弘度支郎中，赵州刺史。

龙门：唐左常侍虔，状云偓子阐，后又徙晋州，子从史。

弋阳光山县：唐瀛州刺史祖尚，自云本范阳人，本姓雷氏，后周初以雷卢声相近，改姓卢氏。

三原：仓部郎中卢云，本姓间氏。蜀州司马，上元中准制改姓卢氏。[1]

可知，卢氏始为姜姓。姜姓，乃炎帝之姓。对姜姓先世，卢照邻是颇引以为自豪的，他在《释疾文·粤若》中，称仙帝为"远矣大矣"；姜姓尧时有贤臣"太岳"即四岳。《十三经注疏·左传·隐公十一年》杜预注："太岳，神农之后，尧四岳。"孔颖达《疏》："炎帝则神农之别号。"[2] 卢照邻用"钦哉良哉"称赞辅尧贤臣姜姓先祖太岳。据《史记·齐太公世家》记载：太公望吕尚者，东海上人。其先祖尝为四岳，佐禹平水土甚有功。虞夏之际封於吕，或封於申。姓姜氏，夏商之时，申吕或封枝庶

---

① （唐）林宝撰岑仲勉校记：《元和姓纂》，中华书局1994年版，第275－278页。
② （清）阮元校刻：《十三经注疏·春秋左传正义卷四》，中华书局1980年版，第1736页。

子孙，或为庶人，尚其后苗裔也。本姓姜氏，从其封姓故曰吕尚。[①] 四岳乃是齐太公的先祖，卢照邻的"稽古"，比《元和姓纂》上溯要久远得多。

《姓纂》云，卢氏得姓，乃自齐文公子高之孙傒，食采邑于卢，因姓卢氏。考《史记·齐太公世家》，自齐太公建立齐国始，至齐文公为第八世，至高傒为第十一世。至齐康公为第二十世，为田和所篡，吕氏遂绝其祀。又据《新唐书·表第宰相世系》（以下简称《新表》）：

> 卢氏出自姜姓。齐文公子高，高孙傒，为齐正卿，谥曰敬仲，食采於卢。济北卢县是也。其后因以为氏。田和篡齐，卢氏散居燕秦之间。[②]

田氏代齐以后，卢氏即散居于北方一带。其后不可确考。按《姓纂》至唐，卢姓已有范阳、濮阳、龙门、弋阳光山县、三原五支。

《姓纂》云，秦有博士卢敖，即卢照邻《释疾文·粤若》所称"有先生兮，乘骑日月，期汗漫乎九垓。"《新表》三云，秦有博士敖，子孙家于涿水之上，遂为范阳涿人。《淮南鸿烈解·道应训》记载：

> 卢敖游乎北海，经乎太阴，入乎玄关，至于蒙谷之上。见一士焉，深目而玄鬓，泪注而鸢肩，丰上而杀下，轩轩然，方迎风而舞，顾见卢敖，慢然下其臂，遁逃乎碑。卢敖就而视之，方倦龟壳而食蛤梨。卢敖与之语曰："唯敖为背群离党，穷观于六合之外者，非敖而已乎？敖幼而好游，至长不渝，周行四极，唯北阴之未窥，今卒睹夫子於是，子殆

---

① 司马迁：《史记》，中华书局1959年版，第1477页。
② 欧阳修、宋祁：《新唐书》，中华书局1975年版，第2884页。

可与敖为友乎?"若士者龇然而笑,曰:"嘻,子中州之民,宁肯而远至此?此犹光乎日月而载列星,阴阳之所行,四时之所生,其比夫不名之地,犹宿突奥也。若我南游乎冈?之野,北息乎沉墨之乡,西穷窅冥之党,东开鸿蒙之光,此其下无地而上无天,听焉无闻,视焉无眴,此其外犹有汰沃之氾,其余一举而千万里,吾犹未能之在。今子游始於此,乃语穷观,岂不亦远哉!然子处矣!吾与汗漫期于九垓之外,吾不可以久驻。"若士举臂而竦身,遂入云中。卢敖仰而视之,弗见,乃止驾。①

汉高诱注:卢敖,燕人,秦始皇召以为博士,使求神仙,亡而不反也。

《新表》记载明确显示姜侯乃是卢氏的创姓始祖,而范阳卢氏之祖则是卢敖子孙。史载,田和篡齐事在齐康公十四年(前391)②,可见早卢敖百余年,卢氏已有避于燕者,但或未至涿水。这里也说敖居燕地。其后又有卢绾(传为卢敖裔孙)以佐刘邦破楚有功,被封为燕王(据《汉书·卢绾传》)。但事实上,范阳卢氏后人是以卢植为始祖的。卢植(?~192),字子干,东汉末大儒,官至尚书。《后汉书》卷九十四本传明确记载其为"涿郡涿人"。今河北涿州市清凉寺办事处卢家场村(卢植故里)有卢植墓。

卢照邻在《释疾文·粤若》中,追溯了卢敖之后,紧接着赞美的就是能够抗节的东汉尚书卢植。这里,卢照邻毫无疑问是

---

① 刘文典著民国丛书编辑委员会编:《淮南鸿烈集解》,上海书店1996年版,第97-99页。

② 事见《史记》卷四十六《田世家》:"宣公卒,子康公贷立。贷立十四年(前391),淫於酒、妇人,不听政。太公(田和)乃迁康公于海上……康公之十九年(前386),田和立为齐侯,列于周室,纪元年。"

把自己列入范阳卢氏一支之后了，关于自己的家乡，卢照邻在自己的其他作品中，有过反复申述。在《赠益府群官》中称"一鸟自北燕，飞来向西蜀"，《送幽州陈参军赴任寄呈乡曲父老》有"蓟北三千里，关西二十年。冯唐犹在汉，乐毅不归燕……郭隗池台处，昭王樽酒前。故人当已老，旧垄几成田……送君之旧国，挥泪独潸然。"《五悲·悲穷通》中有"子非有唐之文士与？燕地之高门与？"《五悲·悲昔游》中称"自言少年游宦，来从北燕……暂辞蓟北三万里，少别昭丘三十年。"可谓言之确凿。而此又与史书所载相符，唐张鷟《朝野佥载》卷六载："卢照邻字昇之，范阳人。"后晋刘昫《旧唐书·卢照邻传》明确记载："卢照邻字昇之，幽州范阳人也。"宋欧阳修《新唐书·卢照邻传》记载："照邻字昇之，范阳人。"按幽州在唐初为"幽州大都督府"，范阳为其属下之一县。检《旧唐书·地理志》二河北道幽州大都督府下云："幽州领蓟、良乡、潞、涿、固安、雄奴、安次、昌平等八县"，又云："（武德七年）又改涿县为范阳。"又云："范阳，汉涿郡之涿县也，郡所治。曹魏文帝改为范阳郡，晋为范阳国，后魏为范阳郡，隋为涿县。武德七年改为范阳县，大历四年复于县置涿州。"[1] 所以《旧唐书》记载卢照邻籍贯最为详细。唐贞观至大历时之幽州范阳县，即今之河北涿州。关于卢照邻的籍贯，历史上少有疑义。只有宋晁公武《郡斋读书志》卷四称卢照邻为"洛阳人"，大概是因为卢照邻自少年离家，后唯居京洛一带，终不得返故土，且葬于斯地之缘故。卢照邻墓冢尚存于今河南省禹州市无梁镇龙门村尚家村的河溪西岸。

在《释疾文·粤若》中，卢照邻追溯到西晋卢谌，明确写道"弥九叶而逮余兮"，由此可知，自卢谌而下，至卢照邻为第

---

① 刘昫：《旧唐书》，中华书局1975年版，第1515－1517页。

九世。而《新表》中并无卢照邻父祖、子孙之记载，从中不可推晓卢照邻一支所从出。

那么，有关卢氏家谱、族谱中的情况又如何呢？本人为了寻到一些线索，先后在河北大学图书馆、国家图书馆、中央民族大学、中国人民大学图书馆查阅了《卢氏宗谱》、《宝应卢氏家谱》、《任卢氏宗谱》、《浙鄞卢氏宗谱》、《三峰卢氏家志》、《卢氏族谱》（广东顺德一卷）、《范阳卢氏族谱十二卷》、《卢氏族谱》等多种卢氏家谱。其中只有中央民族大学的《范阳卢氏族谱十二卷》中虽有所追溯，并出现了卢照邻的名字，然而他也仅仅是作为族中名人出现的，并无支脉考实。

后从赵林涛博士处查到《范阳卢氏宗谱》（卢思宗订），此谱奉考祖望公号讳谦山字敬仲为创姓始祖，此人世袭齐侯，生于周平王43年（公元前728年），卒于周襄王15年（公元前637年），寿92。可谓祖溯甚是久远，然而此谱下推至唐代，卢照邻依然不知所出，被列于卢承庆之同辈中，想来修订族谱之人，为此也颇费了一些周折，应该根据的还是上文中卢照邻作品中自己的陈述，卢承庆同为卢谌第七世孙。

二、卢照邻父辈、同辈及子息

（一）青史无名的父母亲。

卢照邻的父母亲，史书不载，家谱未录。但是我们还是能够根据卢照邻的作品，来获得对其父母亲的一些生动的认识。卢照邻应该生在一个典型的父严母慈的传统家庭中，父亲既严且慈：他对卢照邻的出生充满了欣喜、寄寓了美好的愿望。"皇考庆余以弄璋兮，肇赐予以嘉词，名余以照邻兮，字余以升之。"（《释疾文·粤若》）他又是忙着庆贺弄璋之喜，又是忙着给儿子起好名定好字。他非常重视对卢照邻的早期教育，让他"阅礼而闻

21

诗"，并对他的未来寄予了厚望。在卢照邻长到十余岁的时候，就让他远赴南方，求名师、修学问，可称"严父"。他在世时，家中有"良贱百口"，而后来"自丁家难，私门弟妹凋丧，七八年间货用都尽。"（《寄裴舍人诸公遗医药直书》）卢照邻对父亲的感情是深厚的，大约在咸亨末上元初（674）父亲去世，给卢照邻带来了巨大的打击。"自尔丁府君忧，每一号哭，涕泗中皆药气流出，三四年羸卧苦嗽，几至于不免。"（《与洛阳名流朝士乞药直书》）

关于卢照邻的母亲及母族，在他的作品里亦无记载。只在《寄裴舍人诸公遗医药直书》中，有"余不幸遇斯疾，母兄哀怜，破产以供医药"的描写，推知这是一位无私的慈母。

（二）一兄、两弟、一妹。

按史书及卢照邻所记，卢照邻至少有兄一人，弟两人，妹一人。

兄卢光乘，《旧唐书》本传中云："亦知名，长寿中为陇州刺史。"按卢照邻《五悲·悲才难》中"余之昆兮曰杲之…杲也杲杲兮如三足之乌"，杲之与光乘应是一人。《诗·卫风·伯兮》有："其雨其雨，杲杲出日。"[1]杲杲，乃状日光明貌。光乘，字杲之，名与字取义正好相应。卢照邻记其为人风流儒雅，如一代之和玉，才比管仲、乐毅、子游、子夏。然而，如此有才能的人却也是长期沉沦下僚，做着县掾一类的小官，《与洛阳名流朝士乞药直书》、《寄裴舍人诸公遗医药直书》中分别记有"兄弟禄薄"、"兄弟薄遊近县"之语，供职之地当在京兆府或河南府属县，即畿县，后卢照邻在《五悲·悲才难》中，为之做不平之

---

① （清）阮元校刻：《十三经注疏·毛诗正义卷三—三》，中华书局1980年版，第327页。

鸣："以方圆异用，遭遇殊时，故才高而位下，咸默默以迟迟。青青子衿兮时向晚，黄黄我绶兮鬓如丝。昆兮何责？坐乾封兮老矣……"可见，杲之又任京兆府乾封县掾。至长寿中为陇州刺史时，卢照邻已撒手人寰。

弟昂之，名与行事皆不可考，所可知者，仍从卢照邻《与洛阳名流朝士乞药直书》、《寄裴舍人诸公遗医药直书》中得来，昂之与杲之一样，皆有才能者，"昂也昂昂如千里之驹"，但也只做着县掾一类的小官。据《五悲·悲才难》中"横武陵而弃之……举天下兮称屈"之语，昂之后曾被左迁为朗州武陵县掾。

一弟一妹无名无字，据《寄裴舍人诸公遗医药直书》所记"私门弟妹凋丧"之语，知此一弟一妹属早亡。

卢照邻妻室、妻族、子息。据卢照邻《哭明堂裴主簿》一诗，中有"缔欢三十载，通家数百年。潘杨称代穆，秦晋忝姻连。"只知裴姓与卢照邻家有婚姻关系，至于卢照邻妻姓亦无法知晓。又据《奉使益州至长安发钟阳驿》一诗中有"谁念复刍狗，山河独偏丧"，据此知卢照邻时值妻子新丧。李云逸认为此时照邻24岁，正在奉使入蜀期间。历史却借骆宾王的诗笔记载了一位与卢照邻在蜀期间相爱的郭氏女子，然而此女子却未被卢照邻迎娶，虽曾为卢照邻生下一子，却又不幸未能成活。至于卢照邻有无子息，他自己只字未提，史料更是不见记载。

第二节　卢照邻生平仕历

有关卢照邻生平的记载，《旧唐书》卷一九〇上（本章以下简称《旧传》）和《新唐书》卷二百一（本章以下简称《新传》）皆有传，为方便引述，将涉及其生平、家世者兹悉录如下。

《旧传》云：

卢照邻，字升之，幽州范阳人也。年十余岁，就曹宪、王义方授苍、雅及经史，博学善属文。初授邓王府典签，王甚爱重之，曾为群官曰："此即寡人相如也"。后拜新都尉，因染风疾去官，处太白山中，以服饵为事。后疾转笃，徙居阳翟之具茨山，著《释疾文》、《五悲》等诵，颇有骚人之风，甚为文士所重。照邻既沉痼挛废，不堪其苦，尝与亲属执别，遂自投颍水而死，时年四十。①

《新传》与《旧传》所载大体不差，只是未详其卒年年龄：

照邻字升之，范阳人。十岁从曹宪、王义方授苍、雅。调邓王府典签，王爱重，谓人曰："此吾之相如。"调新都尉，病去官，居太白山，得方士玄明膏饵之，会父丧，号呕，丹辄出，由是疾益甚。客东龙门山，布衣藜羹，裴谨之、韦方质、范履冰等时时供衣药。疾甚，足挛，一手又废，乃去具茨山下，买园数十亩，疏颍水周舍，复豫为墓，偃卧其中。照邻自以当高宗时尚吏，己独儒；武后尚法，己独黄老；后封嵩山，屡聘贤士，己已废。著《五悲文》以自明。病既久，与亲属诀，自沉颍水。②

年代早于《旧传》、《新传》，唐人张鷟《朝野佥载》卷六之记载卢照邻生平，后人亦多有所本：

卢照邻，字升之，范阳人。弱冠拜邓王府典签，王府书记一以委之。王有书十二车，照邻总披览，略能记忆。后为益州新都县尉，秩满，婆娑于蜀中，放旷诗酒，故世称"王、杨、卢、骆"。照邻闻之曰："喜居王后，耻在骆前"。③

---

① 刘昫：《旧唐书》，中华书局 1975 年版，第 5000 页。
② 欧阳修、宋祁：《新唐书》，中华书局 1975 年版，第 5742 页。
③ 刘餗、张鷟：《隋唐嘉话朝野佥载》，中华书局 1979 年版，第 141 页。

　　关于卢照邻生平仕历，并未有更为详细的记载，在他晚年所作自述生平的作品《五悲文·悲昔游》中，有大致行迹记载，虽亦无年岁与年代的详细记载，但还是成为研究卢照邻生平仕历非常重要的材料，文中称：

　　　　自少年游宦，来从北燕，淮南芳桂之岭，岘北明珠之川，东鲁则过仲尼之故宅，西蜀则耕武侯之薄田。旧乡旧国白云边，飞雪飞蓬暗远天，暂辞蓟北千万里，少别昭丘三十年。昔时人物都应谢，闻道城隍今可怜。忽忆扬州扬子津，遥思蜀道蜀桥人。鸳鸯渚兮罗绮月，茱萸湾兮杨柳春。烟波森森带平沙，阁栈连延狭复斜。山头交让之木，浦口同心之花。严君平之卜肆，戴安道之贫家。月犯少微，吊吴中之隐士；星干织女，乘海上之仙槎。长安绮城十二重，金作凤凰铜作龙。荡荡千门如锦绣，岩岩双阙似芙蓉。题字于扶风之柱，系马于骊山之松。霸池则金人列岸，太华则玉女临峰。平明共戏东陵陌，薄暮遥闻北阙钟。洛阳大道何纷纷，荣光休气晓氤氲。交衢近接东西署，复道遥通南北军。汉帝能拜嵩丘石，陈主巧赋洛川云。河水河桥木兰栧，金闺金谷石榴裙。曾入西城看歌舞，也出东郊送使君。一朝憔悴无气力，曝骸委骨龙门侧。

　　以上所引为《五悲文·悲昔游》的中间大部分，大致勾勒了卢照邻一生行迹，与传记等其他史料可互参。《五悲文》的写作年代，按《旧传》在卢照邻病重之晚年，徙居阳翟具茨山之后，此说也是大概。按《新传》，在武则天封嵩山并屡聘贤士之后，即在万岁登封元年（696）之后。按《新传》说不可取，因为此时卢照邻已卒（关于其生卒年见下文专门论述），确切时间已不可考，但据《五悲文·悲昔游》"一朝憔悴无气力，曝骸委骨龙门侧"句，其写作时间应在照邻居东龙门山时期，此时照邻的病情已经恶化，按《新传》："客东龙门山……疾甚，足挛，一手又废，乃去具茨山下……"上文中照邻自述可称"疾甚"，所以卢照邻作《五悲文》，下限时间当在转入具茨山之前。

一、生卒年之考订

关于卢照邻的生卒年，上引传中均未有记载，后代学者多有分歧。在本文《绪论》中，笔者已详加列举。20 世纪最早研究卢照邻生平的，是闻一多，他在《唐诗大系》中，认为卢照邻生卒年为（637－689?）①，这个说法虽然被一些文学史所本，但问题却没有解决，关于卢照邻的生卒年，仍然悬疑多多。其后刘开扬加以考辨，推定卢照邻当生于 635 年，卒于 684 年之后。②八十年代以后，卢照邻研究日益受到重视，涌现出一批研究者，出现了七家较为相近却又不同的说法：傅璇琮在《卢照邻杨炯简谱》中认为卢照邻生于唐太宗贞观四年（630）前后，卒于 680年后数年③；后在《唐才子传校笺》中认为卢照邻生于唐太宗贞观八年（634），卒于约垂拱二年（686）前后④；后又在《唐五代文学编年史》中更为审慎地定为卢照邻生年为贞观七年（633）左右，卒于唐高宗永淳二年（683）或稍后⑤；张志烈认为卢照邻约生于贞观八年（634），卒于永隆二年（681）之后⑥；任国绪认为卢照邻生于贞观六年（632），卒于武后垂拱元年前

---

① 闻一多：《闻一多文集·唐诗大系》，海南国际新闻出版中心 1997 年 1 月版。
② 刘开扬：《唐诗论文集》，中华书局 1961 年 6 月版。
③ 徐明霞点校：《卢照邻杨炯集》，中华书局 1980 年 11 月版。
④ 傅璇琮：《唐才子传校笺》，中华书局 1987 年 5 月版。
⑤ 傅璇琮、陶敏、李一飞等：《唐五代文学编年史》，辽海出版社 1998 年版。
⑥ 张志烈：《初唐四杰年谱》，巴蜀书社 1993 年版。

后（685）①；葛晓音推定卢照邻生于贞观元年（627）②；祝尚书的推论是生于贞观六年（632），卒于武后天册万岁元年（695）后数年间③；骆祥发认为卢照邻生于约630年④；李云逸则以为在贞观九年（635）、卒年无确考约永淳元年（682）后⑤。

（一）关于卢照邻的生年

关于卢照邻的生年，为何学界持论不一？原因在于：一、史传既无记载，又无确凿之可征文献；二、照邻作品中可确定年代者，又无确定之相关年岁记载。

笔者试图在前贤考订成果之上，细加推究，希望得到一个相对客观的结论。历来各家推论主要的根据大都是下面两则材料：其一，卢照邻在咸亨四年（673）所作《病梨树赋》序中语："余年垂强仕，则有幽忧之疾"；其二，卢照邻在总章二年（669）所作《对蜀父老问》中："若余者十五而志于学，四十而无闻焉"。

《病梨树赋》序中有时间交代："癸酉之岁，余卧病于长安光德坊之官舍"。"癸酉"即高宗咸亨四年（673）初秋，照邻本年已卧病不起，"余独病卧兹邑，阒寂无人，伏枕十旬，闭门三月"，此时已病得很厉害，所以到长安请孙思邈看病。那么，照邻何时患有幽忧之疾？据此可知下限时间当在咸亨四年之前。照邻在咸亨二年（671）冬离开蜀地返回长安，此前咸亨元年在蜀诗作甚多，没有言生病之迹象，可知其患病之上限时间在咸亨二

---

① 任国绪：《卢照邻集编年笺注》，黑龙江人民出版社1989年版。

② 《文学遗产》1989年第6期。

③ 祝尚书：《卢照邻集笺注》，上海古籍出版社1994年版。

④ 骆祥发：《初唐四杰研究》，东方出版社1993年版。

⑤ 李云逸：《卢照邻集校注》，中华书局1998年版。

年（671）之后；又，此年冬，四杰齐聚长安，参加铨选。① 在《释疾文》中，照邻亦曾追述患病时间："其后雄图甫毕，登封礼日，方欲访高议于云台，考奇文于石室。销兵车兮为农器，休牛马兮崇儒术。屡下蒲帛之书，值余有幽忧之疾"。所说的"登封礼日"，指高宗乾封元年（666）登泰山封禅事。（《旧唐书·高宗纪》并参《全唐文》卷十三）"崇儒术"，指乾封元年二月二日遣司农正卿扶余隆祭告孔庙直到咸亨元年五月下诏令全国州县建孔子庙堂及学馆等一系列尊孔崇儒举动。（同上）"屡下蒲帛之书"，则指咸亨二年冬十月所下旨在搜扬明达乐之士的《令州县举明习礼乐诏》等诏书。（同上）可知，照邻患幽忧之疾的时间应在咸亨二年（671）末至咸亨三年（672）间。下一个问题就是，他那一年到底是多少岁？《礼记·曲礼》上云："人生十年曰幼，学；二十曰弱，冠；三十曰壮，有室；四十曰强，而仕"②，可以确定"强仕"为四十岁，但是"年垂强仕"，毕竟是一个模糊的数字，似乎定为39也是，38也可。但是我认为，此处应借助一下文字释义上的功能，细剖"垂"字之义。《说文解字》释义："远边也。"③《辞源》释义第三条："将及也"。④ 显然，此处"垂"字乃"将及"之意，再结合它的本意"远边"，应为年在"强仕"的边上，将到"强仕"。照邻幼年曾师从曹宪学《苍》、《雅》，曹宪是著名的文字学大师，照邻从小就打下了深厚的文字学基础，其遣词用句当深知原意，不能乱用。所以

---

① 傅璇琮：《唐五代文学编年史·初盛唐卷》，辽海出版社1998年12月版，第217－218页。

② （清）阮元校刻：《十三经注疏·礼记正义卷一》，中华书局1980年版，1232页。

③ 《说文解字注》，（汉）许慎撰、（清）段玉裁，上海古籍出版社1981年版，第693页。

④ 《辞源》，商务印书馆1979年版，第600页。

"年垂强仕"定为39岁应该更为合适。那么，自咸亨二年（671）前推39年，照邻之生年当在贞观七年（633）左右，这个结论与傅璇琮先生在《唐五代文学编年史》中的结论恰好相同。

那么，第二则材料中，称总章二年（669）"若余者十五而志于学，四十而无闻焉"，按照邻贞观七年出生，此年照邻约37岁，又此处"四十无闻"是虚指，语出《论语·子罕》："子曰：'……四十、五十而无闻焉，斯亦不足畏也已'"。37岁虚指四十，亦较合照邻虚度光阴、仕途不遂之心理。

又，在《于时春也慨然有江湖之思寄赠柳九陇》一诗中，还有"携琴一万里，负书三十年"句，此时卢照邻约为38岁，《新传》云："十岁，从曹宪、王义方授《苍》、《雅》。"照邻先从曹宪求文字之学，此论已为傅璇琮、张志烈所证。（见傅璇琮《唐五代文学编年史》、张志烈《初唐四杰年谱》）从10岁求学算起至38岁，中间经过29年，约数30年，与诗中"负书三十年"最为贴近。

（二）关于卢照邻的卒年

卢照邻之卒年，《旧传》称照邻卒年"时年四十"，殊不可靠，根据照邻总章二年《对蜀父老问》中"十五而志于学，四十而无闻焉"所记，其卒年至少在五十岁以上，此说已被学界各家所认可。但其卒年到底是何时，上述史料亦均无记载，至今学界仍无统一意见。

据《旧传》"后疾转笃，徙居阳翟之具茨山，著《释疾文》、《五悲》等颂，颇有骚人之风，甚为文士所重。照邻既沉痼挛废，不堪其苦，尝与亲属执别，遂自投颍水而死"和《新传》"疾甚，足挛，一手又废，乃去具茨山下，买园数十亩，疏颍水周舍，复豫为墓，偃卧其中……著五悲文以自明。病既久，与亲

29

属诀，自沉颍水"所记可知：一，照邻生命的最后阶段所居之地乃在具茨山。二，照邻的绝笔之作乃是他卧病具茨山时期的代表作品《释疾文》。那么，推断出《释疾文》的创作时间，就可推断出卢照邻卒年之约略时间。

《释疾文·粤若》云："先朝好吏，予方学于孔、墨；今上好法，予晚授乎老、庄。"

《新传》中"照邻自以高宗时尚吏，己独儒；武后尚法，己独黄老；后封嵩山，屡聘贤士，己已废。"

《新传》当引卢照邻之文，然据其"后封嵩山，屡聘贤士，己已废"之语，照邻卒年当在武后封嵩山之后，《新传》所云不当。按高宗后期曾屡欲封嵩山，皆未果。高宗死后，武则天于万岁登封元年（696）腊月"封于嵩岳"。若《新传》所云，指此而言，则照邻之卒年当在 696 年之后。此结论正好与祝尚书先生的推论"卒于武后天册万岁元年（695）后数年间"① 相吻合。但此说无征，而祝尚书先生所依据的乃是一篇载于《嘉靖翼县志》卷三的碑文，名为《翼令张怀器去思碑》，作者署名"卢照邻"，此文不见于今存《幽忧子集》。文中称："长寿年中，合县父老等诣阙举荐。"由此知其文必作于长寿（692–694）以后，但此论已被傅璇琮先生反驳。据傅先生考证，《翼令张怀器去思碑》为后人冒名伪作，原因是："《碑》自称：'詹闻诗奉训，雄笔见期'，则作者名詹，非照邻。《碑》之作者自比王粲，而比张为蔡邕，云曾'闻诗奉训'于张，则张之年辈当远高于作者。如长寿中照邻尚在，年已六十余，张怀器当八十以上，尚为一县令，亦不可能。"② 傅先生所论甚是。《翼令张怀器去思碑》既然

---

① 祝尚书笺注：《卢照邻集笺注》，上海古籍出版社 1994 年版，第 574 页。
② 傅璇琮主编：《唐五代文学编年史·初盛唐卷》，辽海出版社 1998 年版，第 284 页。

不是出自卢照邻之手，则祝注论述证据不足。而且若按祝注，《释疾文》的写作时间至早作于武周天册万岁元年（695），据照邻《释疾文序》"余嬴卧不起，行已十年"，《释疾文·悲夫》"明镜羞窥兮向十年"云，那么卢照邻嬴卧不起之日当在武周天册万岁元年之前约计十年时间，约在武后垂拱元年（685）；但此推论与卢照邻自己作品所述又相矛盾：依据《与洛阳名流朝士乞药直书》所言"三、四年嬴卧苦嗽，几至于不免"，可知卢照邻"嬴卧"约始自其父去世之时，前文已论在咸亨末上元初（674）。两个推论相差11年，太过悬殊。《新传》所云亦不能凭信。

对卢照邻"先朝好吏……今上好法"的说法，李云逸先生与诸家看法不同，他根据《文苑英华》、《全唐文》认为"先朝好吏"当作"先朝好史"，"先朝，指太宗时，太宗颇重修史"，"今上，指高宗李治"①。"先朝好史"言太宗时重修史，这在史书上可以找到许多明证；因而据此理解文意，自然得出"今上"必是高宗，可是说高宗"好法"，却无以证明。而且李注对"今上好法，予晚授乎老、庄"的解释难以令人信服："所谓孔、墨不合于'好史'，老、庄乖违于'好法'云云，无非摅悲写愤之戏言，似当活看，不必认真。"②此说缺乏说服力。

那么，"先朝"与"今上"到底作何解释？这个问题关乎卢照邻卒年的推定。"先朝"指高宗朝是有史可征的。《旧唐书》卷一百八十九上《儒学传序》载："高宗嗣位，政教渐衰，薄于儒术，尤重文吏。于是醇醨日去，华竞日彰，犹火销膏而莫之觉也"。③"今上"自然当指高宗之后的皇帝。据两《唐书》、《资治通鉴》记载，中宗李显随后继位，但仅两月即被废为庐陵王，

---

① 李云逸校注：《卢照邻集校注》，中华书局1998年版，第252页。

② 李云逸校注：《卢照邻集校注》，第252页。

③ 刘昫：《旧唐书》，中华书局1975年版，第4942页。

所以不会是他；此后睿宗李旦立直至天授元年（690）则天称帝，李旦在位时间大约6年，说"今上"指睿宗，亦无史可征；事实上，高宗去世后，武则天就成了唐王朝的最高统治者。《新唐书·则天皇后纪》云："弘道元年（683）十二月，高宗崩，皇太子即皇帝位，尊天后为皇太后，临朝称制。"①"今上"指武则天，武则天"好法"，亦有史可征。《旧唐书·儒学传序》记载："及则天称制，以权道临下，不吝官爵，取悦当时，其国子祭酒，多授诸王及驸马都尉。准贞观旧事，祭酒孔颖达等赴上日，皆讲《五经》旧题。至是，诸王与驸马赴上，唯判祥瑞按三道而已。至于博士、助教，唯有学官之名，多非儒雅之实。"②又《旧唐书》卷一百八十六上《酷吏列传》云："逮则天以女主临朝，大臣未附，委政狱吏，剪除宗枝……武后因之坐移唐鼎……"③可见，自睿宗文明元年（684）至周武则天天授元年（690），实为武后当政，奉行的是武后的政策，自然可称其"好法"。那么，卢照邻作《释疾文》的时间也当在睿宗文明元年之后不长的时间。再根据前文所引"余羸卧不起，行已十年"，必在十年以上；又知卢照邻"羸卧"时间在上元元年（674），由上元元年下推十一年，为武后垂拱元年（685）后。

综上所论，本人认为，卢照邻生年约在贞观七年（633），卒年约在武后垂拱元年（685）之后。

二、卢照邻仕历

（一）年少求学

1. 幸福童年。从出生到"裹粮寻师"之前，卢照邻在家乡

---

① 欧阳修、宋祁：《新唐书》，中华书局1975年版，第82页。
② 刘昫：《旧唐书》，第4942页。
③ 刘昫：《旧唐书》，第4836页。

范阳度过了一个幸福的童年。对卢照邻的降生，其父亲欣喜而抱着莫大的希望，《释疾文·粤若》称："皇考庆余以弄璋兮，肇赐余以嘉词"，"名余以照邻兮，字余以昇之。"幼小的卢照邻，在父亲的教育下，已经开始"阅礼而闻诗"了；及至卢照邻长到大约十岁，为了他的前途和光耀门楣，父亲就让他离开身边，远赴他乡求学了。

2. 南下江都。关于卢照邻年少求学之事，《旧传》、《新传》皆有记载。《旧传》中称："年十余岁，就曹宪、王义方授苍、雅及经史"，《新传》称："十岁从曹宪、王义方授苍、雅"。前文已论，照邻就曹宪求学，约在十岁，此时系贞观十六年（642），与傅璇琮先生《隋唐五代文学编年史》中系年相合。

卢照邻《五悲文·悲昔游》自述生平"忽忆扬州扬子津，遥思蜀道蜀桥人。鸳鸯渚兮罗绮月，茱萸湾兮杨柳春。"《旧唐书·曹宪传》云："曹宪，扬州江都人也。仕隋为秘书学士，每聚徒教授，诸生数百人，当时公卿以下亦多从之受业。宪又精诸家文字之书……贞观中，扬州长史李袭誉表荐之，太宗征为宏文馆学士，以年老不仕……年一百五岁卒。"[1] 知贞观中曹宪居扬州，卢照邻至扬州当为从曹宪求学。《大唐新语》卷九《著述》云："贞观初，扬州刺史李袭誉荐之"[2]，张志烈先生据《旧唐书·李袭志传》附《李袭誉传》和《旧唐书·太宗纪》考知李袭誉之表荐在贞观八年（634），又据《擘经室二集·扬州文选楼记》推为曹宪时年九十岁。[3] 那么，卢照邻于贞观十六年从之学，曹宪本年九十八岁。照邻《释疾文·粤若》："探旧篆于南越"即指从曹宪学习之事。

---

①　刘昫：《旧唐书》卷一百八十九，中华书局1975年版，第4945-4946页。

②　（唐）刘肃：《大唐新语》，中华书局1984年版，第133-134页。

③　张志烈：《初唐四杰年谱》，巴蜀书社1993年版，第42页。

卢照邻在扬州曹宪处大约度过了六七年的求学时光，曹宪贞观十六年九十八岁，到一百五岁卒年，中间为七年时间；又照邻从王义方求学时间在贞观二十三年（详见下面论述从王义方求学时间），由此前推至贞观十六年，也恰是七年时间。在这几年时间里，卢照邻打下了坚实的小学训诂、文选学的基础。《大唐新语》卷九《著述》云："江淮间为《文选》学者起自江都曹宪……撰《文选音义》十卷。"① 《旧唐书·曹宪传》云："大业中，炀帝令与诸学者撰《桂苑珠丛》一百卷，时人称其该博。宪又训注张揖所撰《博雅》分为十卷，炀帝命藏于秘阁……所撰《文选音义》甚为当时所重。初，江淮间为《文选》学者，本之于宪。"② 曹宪为当时文字学大师，其所著书，有《广雅音》四卷、《古今字图杂录》一卷，皆见于《隋书·经籍志》；其《尔雅音义》、《文字指归》、《曹宪集》则见于《旧唐书·经籍志》、《新唐书·艺文志》中著录。两唐书称照邻向曹宪学《苍》（《三苍》）、《雅》，十分准确。卢照邻《释疾文·粤若》中称"意有缺而必刊，简无文而咸补。"可见，他的学习是非常扎实的。

在打下了坚实的文字学、文选学知识之后，大约是学业已成，也许此时曹宪恩师因年事太大已不能再行授业（据上文推论，他贞观二十三年应为一百五岁，也许本年不久他就亡故了），大约十六七岁已长成青少年的卢照邻，告别扬州，踏上了他少年求学的第二站——北上洹水，拜王义方为师求学。

3. 北上洹水。卢照邻在《释疾文·粤若》中叙述了北上求学的路途艰辛："入陈适卫，百舍不厌其栖遑；累茧重胝，千里

---

① 刘肃：《大唐新语》，中华书局 1984 年版，第 133–134 页。
② 刘昫：《旧唐书》卷一百八十九，中华书局 1975 年版，第 4945–4946 页。

不辞于劳苦。"傅璇琮先生和张志烈先生皆据《旧唐书·王义方传》考，卢照邻北上洹水就王义方求学为贞观二十三年（649）事，此年王义方移洹水丞。张志烈先生又进一步考王义方"则在洹水任上至少有三年多时间，即贞观二十三年到永徽三年（652）"，① 那么，卢照邻从学王义方，当在此期间。洹水在古鲁卫交界之地，《旧唐书·王义方传》云："王义方，泗州涟水人也。"② 故卢照邻称"得遗书于东鲁"。而"入陈适卫"，正是由扬州北上洹水所行经的大致地域。

大约在贞观二十三年到高宗永徽二年（651），卢照邻在洹水王义方处学习约有两年的时间。因为，永徽三年，卢照邻已拜邓王府典签，此年"弱冠"（据《朝野佥载》）。而在任职王府典签之前，卢照邻还有一段长安干谒的时间，应为永徽三年之前的永徽二年。所以，卢照邻当是在永徽二年初离开的洹水。

卢照邻在洹水王义方处重点学习的是明经之学，也是为步入仕途所做的知识储备。《旧唐书·王义方传》云："少孤贫，事母甚谨。博通五经而謇傲独行。出举明经……"③ 《隋唐嘉话》云："王义方，时人比之稷契……"④ 张志烈先生考王义方二十多岁时，就已经收徒教学了，照邻跟随王义方学习时，王义方约三十五六岁，但已有很高的名声。照邻在此可谓投名师、学习经史。

（二）长安干谒

结束了近十年的少年求学生涯，他应该先是返回范阳老家，而后西入长安。其诗《晚渡渚沱敬赠魏大》描写傍晚乘舟渡渚沱

---

① 张志烈：《初唐四杰年谱》，巴蜀书社1993年版，第48页。

② 刘昫：《旧唐书》卷一百八十七，中华书局1975年版，第4874页。

③ 刘昫：《旧唐书》卷一百八十七，中华书局1975年版，第4874页。

④ 刘餗、张鷟：《隋唐嘉话　朝野佥载》，中华书局1979年版，第28页。

沱河水与友人魏大离别的情景。卢照邻渡滹沱，当是北上返乡或离家西入长安之时。卢照邻在《南阳公集序》称："余早游西镐，及周史之阙文，晚卧东山，忆汉庭之旧事。""早游西镐"，说明他到长安时年岁较早，但他二十岁后即随邓王宦居外地，后来再过长安，已不能说"早游"，所以这次时间只能是在二十岁之前。此时，年约十九岁的卢照邻怀着对自己极度的自信，来到长安寻求自己施展才华的政治舞台，这年应该在永徽二年，上文已论。按永徽三年，卢照邻已任职邓王府典签，《朝野佥载》云："弱冠，拜邓王府典签"。《旧传》云："初授邓王府典签"。《新传》云："调邓王府典签"。这里所谓"授"、"调"，都是经过铨选由吏部任命之意。张志烈先生认为卢照邻在任职邓王府典签之前，是经过铨选的①，甚是。这在卢照邻的作品里得到了印证。《释疾文·粤若》云："及观国之光，利用宾王，谒龙旗于武帐，挥凤藻于文昌。""观国之光，利用宾王"语出《周易正义》卷三《观》："六四，观国之光，利用宾于王。"王弼注："居观之时，最近至尊，观国之光者也。居近得位，明习国仪者也，故曰利用宾于王也。"孔颖达疏："最近至尊，是观国之光利用宾于王者。居在亲近而得其位，明习国之礼仪，故曰利用宾于王庭也。"② 此处之意，与杜甫《奉赠韦左丞丈二十二韵》中"甫昔少年日，早充观国宾"之意相同，指参加科举考试。卢照邻是经科举考试之后，又经荐举才到邓王府任典签的。而在科举考试、铨选之前，在初到长安的时间里，卢照邻和唐代求取功名的很多文人士子一样，过了一段干谒公卿、名人的日子，此种行为是为己延誉，为科举考试和铨选作铺垫。也正是在这段相对较

---

① 张志烈：《初唐四杰年谱》，巴蜀书社1993年版，第56页。
② 《十三经注疏》整理委员会整理、李学勤主编《十三经注疏·周易正义》，北京大学出版社1999年12月版，第99页。

长时间居住长安的日子里，卢照邻对长安这个繁华万象的国都，有了深入的了解，因而写下了名垂文学史的《长安古意》。初到长安的卢照邻，极为自负。《释疾文·粤若》中记载："既而屠龙适就，刻鹄初成，下笔则烟飞云动，落纸则鸾回凤惊。"一时，照邻名动公卿（这里，可考的有来济，详见下节交游考）："通李膺而窃价，造张华而假成。郭林宗闻而心服，王夷甫见而神倾。"这让照邻更加自信："俯仰谈笑，顾盼纵横。"他期待着一个辉煌的前途："自谓明主以令仆相待，朝廷以黄散为轻。"而等待卢照邻的，却是王府典签这样一个品秩低微的小官。

（三）王府典签

卢照邻在此期间，历寿、襄、兖州。永徽三年，二十岁的卢照邻开始了任邓王府典签的仕宦生涯。《朝野佥载》卷六："卢照邻……弱冠拜邓王府典签，王府书记，一以委之。王有书十二车，照邻总披览，略能记忆。"《旧传》云："初授邓王府典签，王甚爱重之，曾为群官曰'此即寡人相如也。'"《新传》云："调邓王府典签，王爱重，谓人曰'此吾之相如。'"《旧唐书·邓王元裕传》云："邓王元裕，高祖第十七子也。贞观五年封郐王，十一年改封邓王，赐实封八百户。历邓、梁、黄三州刺史。元裕好学，善谈名理，与典签卢照邻为布衣交。"[1] 尽管史书记载，卢照邻在邓王府很受器重，但在卢照邻的作品中，却只字未提他与邓王的友情，应该是当时的政治气候所决定的。初唐中央朝廷为防止皇室诸王之间的争斗，对王府官员控制较严。高宗朝，与卢照邻并称四杰之一的王勃，只因一篇戏作《檄英王鸡文》而惹怒高宗，"高宗览之，怒曰：'据此是交构之渐。'即日

---

① 刘昫：《旧唐书》卷六十四，中华书局 1975 年版，第 2433 页。

斥勃，不令入府。"① 政治气氛可谓紧张。在这样紧张的政治空气中，卢照邻想必有说不出的苦衷。否则，遭人非议，难免落得早早被斥出府去，卢照邻也就不会跟随邓王时间达八年之长。卢照邻在《五悲·悲昔游》中曾经自述为官历程："少年遊宦，来从北燕，淮南芳桂之岭，岷北明珠之川，东鲁则过仲尼之故宅，西蜀则耕武侯之薄田。"《旧唐书·邓王元裕传》记："高宗时，又历寿、襄二州刺史，兖州都督，麟德元年薨。"据此，得知邓王在高宗时任职的历程是寿州——襄州——兖州。这正与卢照邻的自述为官历程相合。

《金石萃编》卷五高宗御制《万年宫铭》碑阴中有"使持节寿州诸军事寿州刺史上柱国邓王臣元裕"的题名，碑文中称"大唐永徽五年岁次甲寅五月景午朔十五日庚申建"②。李云逸先生认为，邓王元裕始任寿州刺史时间当比永徽五年更早，甚是。考卢照邻在永徽三年即任职王府典签，那么，邓王任寿州当在此年，至显庆二年（657），四年之后，显庆三年（658），邓王由寿州移襄州：《全唐文》卷十四《册邓王元裕襄州刺史文》，文曰"维显庆三年，岁次戊午，正月甲申朔，二十八日辛亥……寿州刺史上柱国邓王元裕……是用命尔为使持节襄州诸军事襄州刺史，王及勋官如故。"③《旧唐书·邓王元裕传》称元裕麟德元年（664）薨，官终兖州都督。是元裕刺襄州以后，又尝官于兖州，始任兖州之时间未详。按隋制一任长官为四考"一岁为一考，四考有替则为满。若无替，则五考而罢。……"（《通典·职官

---

① 刘昫：《旧唐书》卷一九〇，第5005页。
② （清）王昶：《金石萃编》卷五十，山西人民美术出版社，1990年影印扫叶山房民国十年石印本。
③ （清）董诰等编：《全唐文》，中华书局1990年版，第68页。

一》①）《旧唐书》卷八一《刘祥道传》载显庆二年时"迁黄门侍郎仍知吏部选事"的刘祥道上疏陈铨选得失事，其中有"今之在任，四考即迁"②之语，可证高宗初期永徽、显庆年间仍沿袭四年任满的官制。但也有许多情况并不依此制，有长有短，长者如唐初乔师望在润州刺史任上就长达十几年之久③；短者"罕终四考"④，雷绍峰先生据《唐刺史考》对武德至天宝（618—756）年间淮南、山南东、剑南西川、岭南等道都督、长史（刺史）的任期进行了统计，其平均任职时间为 2—3 年。⑤"州牧"官职调换频繁乃是初盛唐时的政治需要。邓王在寿州任满，移襄州刺史；而在襄州任上则可能只有 2 年时间便调任兖州都督，约在显庆四年（659）至显庆五年（660）年间。因卢照邻约在显庆五年出邓王府，并有蜀中之行（详见本部分第四点）；又照邻曾随邓王至兖州。

卢照邻所谓"淮南芳桂之岭"，即指寿州。按唐之寿州以寿春为郡，即汉淮南国地，地在淮水之南，属淮南道，州城北有八公山。《艺文类聚》八十九记载："淮南王安好道，感八公共登山，少攀桂树，安作诗云'攀桂枝兮聊淹留'。"⑥故此处"淮南芳桂之岭"就是借指寿州。"岘北"，岘山之北，岘山，在襄州城之南，即有名的岘首山。《元和郡县图志》卷二一《山南道》二《襄州·襄阳县》云："岘山在县东南九里。山东临汉水，古

---

①　（唐）杜佑：《通典》，中华书局 1988 年版，第 474 页。

②　刘昫：《旧唐书》，中华书局 1975 年版，第 2750、2752 页。

③　陈国灿、刘健明主编：《全唐文职官丛考》，武汉大学出版社 1997 年版，第 108—110 页。

④　刘昫：《旧唐书》卷九八《卢怀慎传》，第 3065 页。

⑤　陈国灿、刘健明主编：《全唐文职官丛考》，武汉大学出版社 1997 年版，第 361 页。

⑥　（唐）欧阳询撰汪绍楹校：《艺文类聚》，上海古籍出版社 1965 年版，第 1537 页。

今大路。"① "明珠之川"，指流经襄州的汉水，《初学记》卷七"汉水"叙事引《韩诗》曰："郑交甫过汉皋，遇二女，妖服珮两珠。交甫与之言曰：'愿请子之珮。'二女解珮与交甫而怀之。去十步，探之则亡矣。"②《文选·南都赋》"游女弄珠于汉皋之曲"，李善注引《韩诗外传》："郑交甫将南适楚，遵彼汉皋台下，乃遇二女佩两珠，大如荆鸡之卵。"③ 汉皋，即万山，在襄州西北。故此处"岘北明珠之川"乃借指襄州。卢照邻有《酬张少府柬之》诗，张柬之即是襄州人。诗中云："昔余与夫子，相遇汉川阴。珠浦龙犹卧，檀溪马正沉。"珠浦，即用郑交甫典，珠浦、檀溪、汉川都在襄州；此诗又作于蜀中，两《唐书》俱称张柬之曾在蜀中任职。则卢在襄州时与张柬之有交游，（详见下文交游考）卢照邻确实在襄州随邓王生活过一段时间。"仲尼之故宅"在曲阜，而曲阜乃是兖州县属。《史记·孔子世家》张守节《正义》引《括地志》云："兖州曲阜县鲁城西南三里有阙里，中有孔子宅，宅中有庙。"④ 故此处东鲁则过"仲尼之故宅"借指兖州。

（四）初次入蜀

1. 供职秘书省。在卢照邻出邓王府之后，曾供职秘书省。《释疾文·粤若》："及观国之光，利用宾王，谒龙旗于武帐，挥凤藻于文昌。"叙述完在"武帐"（邓王府）的仕历，接着说自己在"文昌""挥凤藻"，"文昌"即指秘书省。有卢照邻诗可证，《幽忧子集》卷三《山庄休沐》："兰署乘闲日，蓬扉狎遁栖。"兰署即指秘书省。此年当在高宗显庆五年（660）。

---

① （唐）李吉甫：《元和郡县图志》，金陵书局，光绪六年刻本。
② （唐）徐坚：《初学记》，中华书局1962年版，第143页。
③ （梁）萧统编（唐）李善注：《文选》卷四，中华书局1997年版，第69页。
④ 司马迁：《史记》，中华书局1959年版，第1905页。

2. 初次入蜀。《释疾文·粤若》在"挥风藻于文昌"后接着写道："是时也，天子按剑，方有事于八荒：驾风轮而梁弱水，飞日驭而苑扶桑；戈船万计兮连属，铁骑千群兮启行。文臣鼠窜，猛士鹰扬。故吾甘栖栖以赴蜀，分默默以从梁。其后雄图甫毕，登封礼日……"按，"其后"一词，说明卢照邻入蜀的下限时间在麟德元年（664）下诏"登封"之前。"驾风轮而梁弱水"，指高宗显庆三年唐灭西突厥，《旧唐书》卷四《本纪第四·高宗上》："二年春正月庚寅，幸洛阳。命右屯卫将军苏定方等四将军为伊丽道将军，帅师以讨贺鲁"[①]、"三年二月壬午，苏定方攻破西突厥沙钵罗可汗贺鲁及咥运、阙啜。贺鲁走石国，副将萧嗣业追擒之，收其人畜前后四十余万甲寅，西域平，以其地置濛池、昆陵二都护府。复于龟兹国置安西都护府，亦高昌故地为西州。"[②]"飞日驭而苑扶桑"，指显庆五年对高丽、百济的战争："显庆五年三月……辛亥，以左武卫大将军苏定方为神骁道行军大总管，帅左骁卫将军刘伯英等水陆十万以伐百济"[③]，同年"十二月壬午，以左骁卫大将军契苾何力为浿江道行军大总管，左武卫大将军苏定方为辽东道行军大总管，左骁卫将军刘伯英为平壤道行军大总管，蒲州刺史程名振为镂方道总管，将兵分道击高丽。青州刺史刘仁轨坐督海运覆船以白衣从军自效。"[④]"戈船"、"铁骑"二句，指龙朔元年四月"庚辰，以任雅相为浿江道行军总管，契苾何力为辽东道行军总管，苏定方为平壤道行

---

① 刘昫：《旧唐书》，中华书局1975年版，第76—77页。

② 刘昫：《旧唐书》，中华书局1975年版，第78页。

③ （宋）司马光：《资治通鉴》卷二百"高宗天皇大圣大弘孝皇帝上之下显庆五年"，中华书局1956年版，第6320页。

④ 司马光：《资治通鉴》卷二百"高宗天皇大圣大弘孝皇帝上之显庆五年"，6322页。

军总管，与萧嗣业及诸胡兵凡三十五军，水陆分道并进"① 的宏大场面。卢照邻入蜀的上限时间在龙朔元年（661）四月以后。

本人认为，卢照邻初次入蜀的时间就在龙朔元年四月之后。《幽忧子集》卷一《早度分水岭》有："丁年游蜀道，斑鬓向长安。""丁年"《文选》卷四十一李陵《答苏武书》："丁年奉使，皓首而归。"李善注："丁年，谓丁壮之年也。"② 又《旧唐书》卷四十八《食货志》载神龙（705－707）之前"男女始生者为黄，四岁为小，十六为中，二十一为丁，六十为老。"《文选》卷十九潘岳《秋兴赋》见"斑鬓"一词："斑鬓髟以承弁兮，素发飒以垂领。"潘岳作此赋时自称"春秋三十有二，始见二毛"③。此处照邻诗中"丁年"与"斑鬓"相对，当指他二十多岁时。龙朔元年，照邻二十九岁。又，卢照邻《赠李荣道士》诗云："锦节衔天使，琼仙贺羽君。投金翠山曲，奠璧清江濆……独有南冠客，耿耿泣离群。"傅璇琮先生认为卢照邻此诗作于龙朔元年，时李荣使蜀投龙璧，卢照邻在狱中。"李荣盖自长安使益州……李荣去岁八月与僧人辩论词屈……恐当是奉使梓州，僧人夸大其辞耳。"④ 甚是。卢照邻《狱中学骚体》："夫何秋夜之无情兮，皎晶悠悠而太长。"知卢照邻下狱在秋日。

而在龙朔元年四月的春天到秋天之间这段时间里，卢照邻应该是先到益州，与乔师望交往，可能因邓王引荐去见乔师望，因乔师望于（659－662）任职益州长史。（详见交游考）所以，照邻首次入蜀时间必在乔师望任上。按傅璇琮先生"李荣盖自长安使益州"，照邻应与李荣先有交往，而后秋日有横事被拘下狱时

① 《资治通鉴》卷二百"高宗天皇大圣大弘孝皇帝上之下龙朔元年"，第6324页。
② 萧统：《文选》，中华书局1997年版，第575页。
③ 萧统：《文选》，第193页。
④ 傅璇琮：《唐五代文学编年史·初盛唐卷》，辽海出版社1998年版，第168页。

写诗赠李荣，才较为合理。我们是否可以作一大胆推想：正是因为与李荣交往在先，卢照邻下狱时才赠诗给李荣，希望得到救护，也许正是李荣斡旋，卢照邻才得以很快出狱，因为李荣当时乃是"锦节衔天使"，在某种意义上代表了最高统治者，在当地、当时是非常有影响力的。这个推想有待求证。

卢照邻《穷鱼赋》记载了他出狱后的行踪，友人带他"南浮七泽，东泛五湖。"

（五）再次入蜀

再次入蜀，卢照邻为奉命出使益州，并于次年秋还京，有诗文可考。[①]《晚渡渭桥寄示京邑游好》中云："一赴青泥道，空思玄灞游。"青泥岭在兴州长举县西北，由长安入蜀经此地。《奉使益州至长安发钟阳驿》之钟阳在绵州巴西县，诗中"跻险方未夷，乘春聊骋望。落花赴丹谷，奔流下青嶂"。傅璇琮先生疑此诗题名当作《自长安奉使益州发钟阳驿》，有理。而《绵州官池赠别同赋湾字》："轺轩遵上国，仙佩下灵关。"上国指长安，灵关在成都西南，泛指益州。所以，傅先生由此三诗推知卢照邻于春末奉使益州。

卢照邻出狱后离开蜀地，到高宗乾封元年（666）再次入蜀，中间行状基本空白。他应该在再次入蜀之前，又到了长安，且应是有一段时间，其诗《晚渡渭桥寄示京邑游好》中"斑鬓向长安"，按乾封元年纪，时年三十四岁，或再向前推一段时间，也正相合。

此年七月，卢照邻为益州长史胡树礼作《相乐夫人檀龛讃》及《亡女画讃》。《相乐夫人檀龛讃》云："相乐夫人胡氏者，益

---

① 傅璇琮：《唐五代文学编年史·初盛唐卷》，辽海出版社1998年版，第188－189页。

州都督长史胡公之继亲也。……粤以乾封纪岁，流火司晨，敬造灵龛，奉图真相。"

卢照邻在益州跨过了一个年度。《十五夜观灯》、《文翁讲堂》、《相如琴台》、《石镜寺》、《益州城西张超亭观妓》等诗，均作于此时。是年秋（乾封二年），卢照邻自益州还京，《还京赠别》："万里同为客，三秋契不凋。……一去仙桥道，还望锦城遥。"与《至陈仓晓晴望京邑》："拂曙驱飞传，初晴带晓凉。"均为自益州使还京途中之作。

（六）任新都尉

这是卢照邻第三次入蜀。关于任新都尉的时间，本人认为，卢照邻应该是自益州回京之后高宗乾封二年（667）。理由如下：

《朝野佥载》云："卢照邻……后为益州新都尉，秩满，婆娑于蜀中，放旷诗酒。"明确记载卢照邻乃"秩满"后，在蜀中过了一段诗酒放旷的生活。前文已论，唐制为官一般为四考，四考即四年。既然卢照邻为新都尉秩满，则可知他在新都尉任上为四年任满。那么，只要知道卢照邻罢新都尉的时间，就可推出他任新都尉的时间。

卢照邻何时罢新都尉，有诗文可考。一是《至真观主黎君碑》中所记："法师又于咸亨二年正月十八日，寝疾之际，闻空中有声曰……"黎君去世时间当在此后不久，文中又有："下官迷方看博，邀赤斧于禺山。"此时照邻自称"下官"，说明咸亨二年（671）正月他还在新都尉任上。又，《幽忧子集》卷一有《三月曲水宴得尊字》，诗后附有《王勃和诗得烟字》，这两首诗乃二人唱和之作。任国绪先生考两首诗作于咸亨二年三月三日，甚是。① 照邻诗云："风烟彭泽里，山水仲长园。由来弃铜墨，

---

① 任国绪：《卢照邻集编年笺注》，黑龙江人民出版社 1989 年版，第 72－73 页。

本自重琴樽。"王勃诗云："彭泽官初去，河阳赋始传。田园归旧国，诗酒间长筵。"两首诗皆咏弃官归隐，说明照邻去新都尉时间当在咸亨二年春二月。而前推四年，是高宗乾封三年，而这一年刚刚过了一个月，唐时的信息传递远没有现在这么快，很可能是照邻咸亨元年四考已到，而罢官文书于第二年二月送达，所以照邻去新都尉在咸亨二年二月。这样，才与"秩满"相符。

又，《至陈仓晓晴望京邑》："拂曙驱飞传，初晴带晓凉。"诗中所透露的信息，照邻自益州"驱飞传"被急急召回的原因，不妨猜想：或许正是因为有了新的任命才有如此措词。

在任新都尉期间，卢照邻于高宗总章二年（669）五月之前在长安待了一段。《还赴蜀中贻示京邑游好》云："簪宿花初满，章台柳正飞。……敛衽辞丹阙，悬旗陟翠微。野禽喧戍鼓，春草变征衣。"所谓"还赴蜀中"，应是离蜀之后再返回蜀中，时间是春天。而《对蜀父老问》云："龙集荒落，律纪蕤宾，余自丰镐，归于五津，从王事也。"所谓"龙集荒落"，即指本年。"律纪蕤宾"，为仲夏五月。[1]

在任新都尉期间，卢照邻与郭氏女子相恋，并与其约定，日后来迎。但因后来长安参选之后，照邻患幽忧之疾，使他的诺言无法实现。而古代音信难传，遂使郭氏女子认为卢照邻作了负心汉，才有骆宾王的《艳情代郭氏赠卢照邻》[2]之诗，谴责卢照邻。骆宾王《艳情代郭氏赠卢照邻》一诗，写于咸亨四年（673）的春天。[3]诗中云："谁分迢迢经两岁，谁能默默待三秋？"可见其时卢、郭分别已有二年。自咸亨二年初到咸亨四年春，正好两年。而辞别郭氏以后，自三月开始，卢照邻一直与王

---

①　骆祥发：《初唐四杰研究》，东方出版社1993年版，第402页。

②　陈熙晋笺注：《骆临海集笺注》，上海古籍出版社1985年版，第140－145页。

③　傅璇琮：《唐五代文学编年史·初盛唐卷》，辽海出版社1998年版，第224页。

勃在一起。当初，卢照邻一定是计划先回洛阳，再迎郭氏，岂料与王勃同回长安参选之后，（见第二章第一节）患上幽忧之疾，天不遂人，亦卢照邻之悲也，而并非如骆宾王所谴责的那样"君住三川守玉人"，卢照邻实非一个薄幸子。

（七）滞留蜀中

卢照邻于咸亨二年二月秩满去官后，并未立刻离开蜀中，而是过了一段"放旷诗酒"的生活。与王勃在九陇相会并结伴同游。这段时间不到一年，因为此年冬，他与王勃、杨炯、骆宾王齐聚长安，参加铨选。（详见第二章交游考）王勃于本年岁末婴风疾归龙门，① 卢照邻则因患幽忧之疾卧病长安了。

从"丁年游蜀道"的初次入蜀，到"斑鬓向长安"离开蜀地，卢照邻整整历经了十年的岁月。在最后不到一年滞留蜀中的时间里，卢照邻已经如一个久离家乡疲惫的游子，十分想回到故乡了。其《赠益府群官》中"日夕苦风霜，思归赴洛阳。羽翮毛衣短，关山道路长。明月流客思，白云迷故乡"，充分表达了诗人的羁旅思乡之情。此时，照邻的家人已经搬到洛阳附近了。

（八）卧病京洛

1. 任职著作局。上文已论，卢照邻患幽忧之疾在咸亨二年末，所以他在长安参加完铨选并未离开，而是问病于孙思邈。《旧唐书·孙思邈传》云："上元元年，辞疾请归，特赐良马及鄱阳公主邑司以居焉。当时知名之士宋令文、孟诜、卢照邻等，执师资之礼以事焉。"② 《病梨树赋》云："癸酉之岁，余卧病于长安光德坊之官舍，父老云是鄱阳公主邑司，……时有处士孙思邈居之。……于时天子避暑甘泉，邈亦征诣行在，余独卧病兹

---

① 傅璇琮：《唐五代文学编年史·初盛唐卷》，第 218 页。
② 刘昫：《旧唐书》卷一百九十一，中华书局 1975 年版，第 5095 页。

邑，阒既无人，伏枕十旬，闭门三月。"在卢照邻患病之后、卧病之前，这段时间，应该得到了孙思邈的调治和指导，尚未影响卢照邻的其他活动。其《哭金部韦郎中》、《赠许左丞从驾万年宫》二诗可证。据傅璇琮先生考，韦郎中韦德基为金部郎中之职在咸亨中，[①] 即应在照邻卧病之前。而《赠许左丞从驾万年宫》诗中云："寂寂芸香阁，离思独悠哉。"又《双槿树赋》序云："日昨于著作局，见诸著作竞写《双槿树赋》，……故复奖刷刍鄙，作《双槿树赋》。"可见，在癸酉之岁也即咸亨四年（673）四月卧病之前，卢照邻曾经任职秘书省著作局。

2. 长安卧病。本年四月之后，调养了一段时间的卢照邻，在孙思邈从驾九成宫离开光德坊后，病情未见好转，于是闭门卧病三月。

3. 归卧太白山。按《旧唐书·孙思邈传》"上元元年，辞疾请归"及《新唐书·孙思邈传》"及长，居太白山。……上元元年，称疾还山"，知孙思邈于上元元年（674）回到太白山。按《与洛阳名流朝士乞药直书》"昔在关西太白山下，一隐士多玄明膏，中有丹砂八两。予时居贫，不得好上砂，但取马牙颜色微光净者充用。自尔丁府君忧，每一号哭，涕泗中皆药气流出，三四年羸卧苦嗽，几至于不免。"卢照邻的父亲大约在咸亨末上元初亡故，而这段时间前后卢照邻在太白山养病，很可能照邻归卧太白山是追随孙思邈。

因为丁父忧、贫困等原因，卢照邻的病情越来越厉害了。

4. 卧病东龙门山。《与洛阳名流朝士乞药直书》云："幽忧子学道于东龙门山精舍，布衣藜羹，坚卧于一岩之曲。"又《五悲文·悲昔游》云："一朝憔悴无气力，曝骸委骨龙门侧。"《新

---

① 傅璇琮：《唐五代文学编年史·初盛唐卷》，辽海出版社 1998 年版，第 223 页。

传》云"客东龙门山，布衣藜羹，裴谨之、韦方质、范履冰等时时供衣药。疾甚，足挛，一手又废，……"卧病东龙门山，当在调露年间。卢照邻《寄裴舍人诸公遗衣药直书》文中提到"水部员外郎独孤思壮"，李云逸先生据此入手，根据欧阳修《集古录目》卷二《唐独孤府君颂德碑》考证得出："独孤思壮任水部员外郎之时间，肯定不迟于调露二年八月……照邻乞求药直二书至早不得早于调露元年……"① "乞求药直二书"即指《与洛阳名流朝士乞药直书》和《寄裴舍人诸公遗衣药直书》。《与洛阳名流朝士乞药直书》中云："昔在关西太白山下……自尔丁府君忧，每一号哭，涕泗中皆药气流出。三、四年羸卧不起，几至于不免。"前文已论，照邻之父约亡于咸亨末上元初，自此下推四年，为仪凤三年（678）。所以，卢照邻在丁父忧三四年之后，到东龙门山学道养病，时间正是仪凤三年之后的仪凤四年（调露元年），与李云逸先生的推断正相合。尽管卢照邻想尽办法治病，但他的病情还是越来越严重。

（九）自沉颍水

《旧传》云："后疾转笃，徙居阳翟之具茨山，著《释疾文》、《五悲》等颂，颇有骚人之风，甚为文士所重。照邻既沉痼挛废，不堪其苦，尝与亲属执别，遂自投颍水而死，……"《新传》云："疾甚，足挛，一手又废，乃去具茨山下，买园数十亩，疏颍水周舍，复豫为墓，偃卧其中。……著《五悲文》以自明。病既久，与亲属诀，自沉颍水。"

想来卢照邻见治病无望，于是徙居具茨山下，做好了赴死的准备。此时的卢照邻已是生不如死。《释疾文》曰："余羸卧不起，行已十年，宛转匡床，婆娑小室。未攀偃寒桂，一臂连踏；

---

① 李云逸：《卢照邻集校注》，中华书局1998年版，第394－395页、第508页。

不学邯郸步，两足匍匐。寸步千里，咫尺山河。"之前，他还是拿起了手中的笔，克服病痛，写完《五悲文》、《释疾文》，从容"与亲属诀"后"自沉颖水"而亡，约在武后垂拱元年（685）后，年五十三岁以上。

第二章
卢照邻交游考略

第一节　卢照邻与初唐四杰其余三成员

在文学史上，卢照邻始终是作为"初唐四杰"群体中的一员而出现的，"初唐四杰"在相同的历史背景下，有着"才高位下"的相似处境，以各自的理论和创作实践，共同为唐代文学自初唐走向盛唐之繁荣做出了不可忽视的贡献。在文学史上，无论毁誉，始终被作为一个群体而论述。而从四杰现存诗文中，只能寻找到卢照邻与王勃的唱和诗篇及交游时间，只能猜想到骆宾王与卢照邻有交往，其他信息一概皆无。所以，本文力图结合其他史料，尽力梳理出卢照邻与王勃、杨炯、骆宾王的交游情况。

一、与王勃三次交往

在初唐四杰中，卢、骆属年长者且年龄相近，王、杨属年少者且年龄相同，卢、王之间与杨、王之间交往比较密切，卢、王可称忘年之交，笔者认为，他们二人有三次交往。

王勃在四杰中，是寿命最短的。在短短二十八年的人生历程中，王勃创作了大量才华横溢的诗文作品，因此成为四杰中成就最高的人，从而位列四杰之首。

为方便引用，现将新旧《唐书》王勃之有关生平传记资料悉录如下：

《旧唐书》卷一百九十上《文苑上》云：

> 王勃，字子安，绛州龙门人。祖通，隋蜀郡司户书佐。大业末，弃官归，以著书讲学为业。依春秋体例，自获麟后，历秦、汉至于后魏，著纪年之书，谓之《元经》。又依《孔子家语》、扬雄《法言》例，为客主对答之说，号曰《中说》。皆为儒士所称。……勃六岁解属文，构思无滞，词情英迈，与兄勔、勮才藻相类，父友杜易简常称之曰"此王氏三珠树也。"勃年未及冠，应幽素举及第。乾封初，诣阙上《宸游东岳颂》。时东都造乾元殿，又上《乾元殿颂》。沛王贤闻其名，召为沛府修撰，甚爱重之。诸王斗鸡，互有胜负，勃戏为《檄英王鸡文》，高宗览之，怒曰"据此是交构之渐"。即日斥勃，不令入府。久之，补虢州参军。勃恃才傲物，为同僚所嫉。有官奴曹达犯罪，勃匿之，又惧事泄，乃杀达以塞口。事发，当诛，会赦除名。时勃父福畤为雍州司户参军，坐勃左迁交趾令。上元二年，勃往交趾省父，道出江中，为采莲赋以见意，其辞甚美。渡南海，堕水而卒，时年二十八。①

《新唐书》卷二百一《文艺上》云：

> 王勃，字子安，绛州龙门人。六岁善文辞，九岁得颜师古注汉书读之，作指瑕以擿其失。麟德初，刘祥道巡行关内，勃上书自陈，祥道表于朝，对策高第。年未及冠，授朝散郎，数献颂阙下。沛王闻其名，召署府修撰，论次《平台祕略》书成，王爱重之。是时，诸王斗鸡，勃戏为文檄英王鸡，高宗怒曰："是且交构。"斥出府。勃既废，客剑南。

---

① 刘昫：《旧唐书》，中华书局 1975 年版，第 5004－5005 页。

尝登葛愦山旷望，慨然思诸葛亮之功，赋诗见情。闻虢州多药草，求补参军。倚才陵藉，为僚吏共嫉。官奴曹达抵罪，匿勃所，惧事泄辄杀之。事觉当诛，会赦除名。父福畤，縣雍州司功参军坐勃故左迁徙交阯令。勃往省，度海溺水，悸而卒，年二十九。①

按王勃在《春思赋序》中自叙："咸亨二年，余春秋二十有二。"则其生年当为高宗永徽元年（650）。其卒年新唐书所记不同，按与王勃同年所生的杨炯《王子安集序》称他"春秋二十有八"，则《旧传》应是。

（一）卢、王初次交往

前文（第一章第二节）已论，卢照邻在总章二年（669）春天在长安待了一段时间，五月回到蜀地。而此年春末的王勃，因戏作檄鸡文被高宗逐出沛王府，五月离京赴蜀。② 可见，在总章二年的春天，卢、王皆在长安。那么，他们则存在交往的可能。原因有三：第一，观卢、王在蜀中之交往，过从甚密（见下文卢、王蜀中交往），似有一定的基础，所以，蜀中交往之前，极有可能二人已经见面并相知。第二，卢、王此时均有才名，且二人有着相似的经历：皆在王府任文职，又都得到王爷的爱重与信任，《旧唐书·卢照邻本传》云"初授邓王府典签，王甚爱重之，曾为群官曰："此寡人相如也"。"《旧唐书·王勃本传》云"沛王贤闻其名，召为沛府修撰，甚爱重之。"有意思的是，史书作者使用了同样的词语"爱重"，所谓"惺惺相惜"，二人如有可能，必然想办法见面交往，亦在情理之中。第三，卢照邻《还赴蜀中贻示京邑游好》，所谓"京邑游好"，虽不可知所说何

① （宋）欧阳修　宋祁：《新唐书》卷二百一，中华书局1975年版，第5739页。
② 骆祥发：《初唐四杰研究》，东方出版社1993年版，第403页。

人，但此中包括王勃的可能性也很大。

1. 卢、王蜀中交往

卢、王蜀中交往是他们第二次见面。这一次时间很长，一直到二人同回了长安。

卢照邻在总章二年的五月已回到蜀地，时仍在新都尉上；王勃则因被逐出沛王府，于五月离京赴蜀。王勃入蜀的第一站是梓州，他在《游山庙序》中记叙了游玄武西山庙的时间是"属芳华之暮节"，乃入蜀后不久的当年。① 而比王勃早一些回到蜀地的卢照邻，也于这一年秋天，来到梓州和初到蜀地不久的王勃同游，并于重阳节同邵大震一起登玄武山赋诗。卢照邻《九月九日登玄武山旅眺》诗云："九月九日眺山川，归心归望积风烟。他乡共酌金花酒，万里同悲鸿雁天。"王勃《蜀中九日登玄武山旅眺》诗云："九月九日望乡台，他席他乡送客悲。人今已厌南中苦，鸿雁哪从北地来。"邵大震诗云："九月九日望遥空，秋水秋天生夕风。寒雁一向南飞远，游人几度菊花丛。"

大约与王勃同游了玄武山之后，还在新都尉任上的卢照邻又返回了新都；王勃则接着他的蜀中漫游。在高宗咸亨二年二月，卢照邻罢新都尉，又与王勃开始了同游之旅。在此之前，卢照邻与郭氏辞别。此后，卢照邻一直和王勃在一起。三月，卢、王同在成都曲水宴集，有同题唱和。卢照邻《三月曲水宴得尊字》诗云："风烟彭泽里，山水仲长园。由来弃铜墨，本自重琴樽。高情邈不嗣，雅道今复存。有美光时彦，养德坐山樊。门开芳杜迳，室距桃花源。公子黄金勒，仙人紫气轩。长怀去城市，高咏狎兰荪。连沙飞白鹭，孤屿啸玄猿。日影岩前落，云花江上翻。兴阑车马散，林塘夕鸟喧。"王勃《和诗得烟字》诗云："彭泽

---

① 骆祥发：《初唐四杰研究》，东方出版社 1993 年版，第 404 页。

官初去，河阳赋始传。田园归旧国，诗酒间长筵。列室窥丹洞，分楼看紫烟。萦回亘津度，出没控郊廓。凤琴调上客，龙辔俨群仙。松石偏宜古，藤萝不记年。重簷交密树，复蹬拥危泉。抗石晞南岭，乘沙渺北川。传言来筑处，磻磎入钓前。日斜真趣远，幽思梦凉蝉。"

大约又盘桓了一段时间，王勃有了回京的打算。他写了两封《为人与蜀城父老书》，内容是筹集回京的资费。卢照邻想来也做好了赴洛阳的准备。而在咸亨二年十月，朝廷又一次大规模选拔人才，改变了卢照邻的计划。《全唐文》卷十三（咸亨）二年十月丙子诏曰："……其四方士庶及邱园栖息，有能明习礼乐详定音律，于行无违，在艺可录者，宜令州县搜扬博访，具以闻名。"① 此诏亦见于《登科记考》，这对卢照邻无疑是一个诱惑。于是等王勃筹集到旅资之后，卢、王便一道离蜀返京，参加铨选。

2. 卢、王在京参选（四杰齐集长安）

咸亨二年冬，卢、王结伴来到长安，可看作是二人的第三次交游。此年，四杰齐聚长安参选。

杨炯《王勃集序》述："咸亨之初，（勃）乃参时选，三府交辟，遇疾辞焉。"傅璇琮先生考王勃在咸亨二年岁末婴风疾、归龙门，此前，即本年冬，王勃参时选。②

杨炯于显庆五年（660）待制弘文馆，至上元三年（676）补教书郎，为崇文馆学士，一直在长安。③

骆宾王咸亨二年秋尚在西域军中，其《在军中赠先还知己》

---

① 董诰等编：《全唐文》卷十三《令州县明习礼乐诏》，上海古籍出版社1990年版，第64页。

② 骆祥发：《初唐四杰研究》，东方出版社1993年版，第216–218页。

③ 傅璇琮：《唐代诗人丛考·杨炯考》，中华书局1980年版，第7页。

诗云："风尘摧白首，岁月损红颜。落雁低秋塞，惊凫起暝湾。"冬，自西域归京。咸亨三年正月，骆宾王从军赴姚州，掌军中书檄。①咸亨二年冬，骆宾王自西域归京，傅璇琮先生在《唐代诗人丛考·杨炯考》中加以考述。②

虽然此前，四杰分别早有才名，但是被时人和后人以"王杨卢骆"或"四杰"并称，正是因为有了四杰这次共同参选的历史性会合。《旧唐书·王勃本传》云：

> 初，吏部侍郎裴行俭典选，有知人之鉴。见勃与苏味道，谓人曰："二子亦当掌铨衡之任。"李敬玄尤重杨炯、卢照邻、骆宾王与勃等四人，必当显贵。行俭曰："士之致远，先器识而后文艺。勃等虽有文才，而浮躁浅露，岂享爵禄之器耶？杨子沉静应至令长，余得令终为幸。"果如其言。③

《旧唐书·裴行俭本传》云：

> 总章中，迁司列少常伯。咸亨初，官名复旧，改为吏部侍郎。④

张说《赠太尉裴公神道碑》⑤ 文中称：

> 官复旧号，为吏部侍郎，加银青光禄大夫。自居铨管，大设网综，辨职羌才，审官序爵法，著新格言成故事。……在选曹，见骆宾王、卢照邻、王勃、杨炯，评曰："炯虽有才名，不过令长，其余华而不实，鲜克令终。"见苏味道、王勮，叹曰："十数年外，当居衡石。"后果如其言。

---

① 傅璇琮：《唐五代文学编年史·初盛唐卷》，辽海出版社1998年版，第216－217、220页。

② 傅璇琮：《唐代诗人丛考·杨炯考》，中华书局1980年版，第8页。

③ 刘昫：《旧唐书》，中华书局1975年版，第5006页。

④ 刘昫：《旧唐书》卷八十四，第2802页。

⑤ 《张说之文集》卷十四，四部丛刊本。

傅璇琮先生考张说文是最早记载裴行俭评论四杰的文章，其后《大唐新语》、新旧《唐书》大抵出于此。[①] 并据《旧唐书·杜易简传》考出裴行俭任吏部侍郎的时间为咸亨中（670 - 674）。

裴行俭评论四杰的真实性已遭到傅璇琮先生质疑，在裴行俭任吏部侍郎期间，对王勃、骆宾王的才器是相当看重的。[②] 但是，四杰在裴行俭任吏部侍郎期间，受到裴行俭接见却是很有可能的，并受此影响，其后，以"四杰"并称于天下，正如《朝野佥载》中所记："后为益州新都尉，秩满，婆娑于蜀中，放旷诗酒，故世称"王、杨、卢、骆"。

"王、杨、卢、骆"之名于世，在卢照邻新都尉秩满后不长的时间里，卢照邻咸亨元年三月之前秩满去官，"四杰"并称，亦在此后不久的咸亨年间。

二、与骆宾王交往

在四杰中，骆宾王年龄最大。据骆祥发先生考，其生年约在唐高祖武德二年（619）。按此，骆宾王比卢照邻大十多岁。

《旧唐书》卷一百九十上《文苑上·骆宾王本传》纪：

> 骆宾王，婺州义乌人。少善属文，尤妙于五言诗，尝作《帝京篇》，当时以为绝唱。然落魄无行，好与博徒游。高宗末，为长安主簿，坐赃，左迁临海丞。怏怏失志，弃官而去。文明中，与徐敬业于扬州作乱。敬业军中书檄，皆宾王之词也。敬业败，伏诛。文多散失，则天素重其文，遣使求之。有兖州人郄云卿集成十卷，盛传于世。[③]

① 傅璇琮：《唐代诗人丛考·杨炯考》，中华书局1980年1月，第6页。
② 傅璇琮：《唐代诗人丛考·杨炯考》，第7-8页。
③ 刘昫：《旧唐书》，中华书局1975年版，第5006-5007页。

《新唐书》卷二百一《文艺上·骆宾王本传》云：

> 宾王，义乌人，七岁能赋诗。初为道王府属，尝使自言所能，宾王不答。历武功主簿。裴行俭为洮州总管，表掌书奏，不应，调长安主簿。武后时，数上疏言事。下除临海丞，怏怏不得志，弃官去。徐敬业乱，署宾王为府属。为敬业传檄天下，斥武后罪。后读，但嘻笑，至"一抔之土未干，六尺之孤安在"，矍然曰："谁为之？"或以宾王对。后曰："宰相安得失此人？"敬业败，宾王亡命不知所之。中宗时诏求其文，得数百篇。[①]

骆宾王的一首《艳情代郭氏赠卢照邻》，为卢照邻树立了一个薄幸子的文人形象。诗中那缠绵悱恻的哀怨，无疑是对卢照邻最有力的谴责。而如此打动人的描写，显然是郭氏女子将自己所思、所疑，甚至包括与卢照邻的相约、诺言，通通诉诸骆宾王，很显然，如果骆宾王若非以卢照邻朋友的身份出现，郭氏当不会如此；而且，此前如果对卢、骆没有一定的了解，骆宾王也不会如此义正词严地去谴责一个陌生人。

傅璇琮先生考证，《艳情代郭氏赠卢照邻》一诗，写于咸亨四年（673）的春天。[②] 那么，卢、骆交往，必在此之前已经开始。此后，二人再也没有机会见面了。

（一）长安参选

前文已论，四杰齐集长安参加铨选，自然卢、骆当有交往的机会。此不赘述。但在此之前，卢、骆还有两次交往的机会。所以，长安参选已是卢、骆第三次见面了。

（二）兖州初见

据骆祥发先生考，高宗显庆元年（656），骆宾王约于是年

---

① 欧阳修　宋祁：《新唐书》，中华书局 1975 年版，第 5742 页。
② 傅璇琮：《唐五代文学编年史·初盛唐卷》，辽海出版社 1998 年版，第 224 页。

或稍后离开道王府，回兖州闲居，直到高宗乾封二年（667）应举对策中试，受奉礼郎，才来到京城。

前文（第一章第二节）已论，在卢照邻任邓王府典签时期，他约在显庆四年（659）至显庆五年（660）年间，跟随邓王到兖州任上。而这期间，恰好是骆宾王在兖州闲居的时期，所以，作为两个少有才名的文士，卢、骆很有可能在兖州有了第一次交往，可惜，目前只能做这样一个推论。

（三）长安再见

前文已论，在总章二年的春天，卢照邻、王勃皆在长安。而骆宾王于高宗乾封二年为奉礼郎，高宗总章元年兼充东台详正学士，直到高宗咸亨元年（670）夏天入伍从军之前也在长安。也就是说，在总章二年的春天，不但卢、王皆在长安，骆宾王也在长安，有官职。那么，卢、骆，卢、王皆有交往的可能，此为卢、骆第二次交往。

三、与杨炯交往

《旧唐书》卷一百九十上《文苑上·杨炯本传》纪：

> 杨炯，华阴人。伯祖虔威，武德中官至右卫将军。炯幼聪敏博学，善属文。神童举，拜校书郎，为崇文馆学士。仪凤中，太常博士苏知几上表，以公卿已下冕服，请别立节文。敕下有司详议。炯献议曰……炯俄迁詹事司直。则天初，坐从祖弟神让犯逆，左转梓州司法参军。秩满，选授盈川令。如意元年七月望日，宫中出盂兰盆，分送佛寺，则天御洛南门，与百僚观之。炯献《盂兰盆赋》，词甚雅丽。炯至官，为政残酷，人吏动不如意，辄榜杀之。又所居府舍，多进士亭台，皆书榜额，为之美名，大为远近所笑。无何，卒官。中宗即位，以旧僚追赠著作郎，文集三十卷。炯与王

勃、卢照邻、骆宾王以文词齐名海内，称为王、杨、卢、骆，亦号为"四杰"，炯闻之，谓人曰："吾愧在卢前，耻居王后。"当时议者，亦以为然。其后崔融、李峤、张说俱重四杰之文，崔融曰："王勃文章宏逸，有绝尘之迹，固非常流所及。炯与照邻可以企之，盈川之言，信矣。"说曰："杨盈川文思如悬河注水，酌之不竭。既优于卢，亦不减王。耻居王后，信然；愧在卢前，谦也。"①

《新唐书》卷二百一《文艺上·杨炯传》云：

炯，华阴人。举神童，授校书郎。永隆二年，皇太子已释奠，表豪俊充崇文馆学士，中书侍郎薛元超荐炯及郑祖玄、邓玄挺、崔融等，诏可。迁詹事司直。俄坐从父弟神让与徐敬业乱，出为梓州司法参军。迁盈川令，张说以箴赠行，戒其苛。至官，果以严酷称，吏稍忤意，榜杀之，不为人所多。卒官下。中宗时赠著作郎。②

本人认为，卢、杨也有两次交往的机会。这两次机会，均是四杰同在，卢、杨并没有单独交往的机会。

（一）四杰长安参选

前文已论，四杰齐集长安参加铨选，自然卢、杨当有交往的机会。此不赘述。但在此之前，卢、杨还有一次交往的机会。所以，长安参选是卢、杨第二次见面了。

（二）四杰初聚长安

前文（第一章第二节）已论，卢照邻在总章二年（669）春天在长安待了一段时间，五月回到蜀地。这个时期，恰恰杨炯也在长安，杨炯于显庆五年（660）待制弘文馆，至上元三年

① 刘昫：《旧唐书》，中华书局1975年版，第5000－5004页。
② 欧阳修、宋祁：《新唐书》，中华书局1975年版，第5741页。

（676）补教书郎，为崇文馆学士，一直在长安。[①] 所以，卢、杨存在交往的机会，《旧传》及杨炯所撰《王勃集序》中，杨炯对卢照邻颇为推崇，二人应该是很相投的。

前文已论，卢、王与卢、骆于总章二年的春天，皆在长安，所以，四杰皆有交往的机会。所以卢、杨之交往，应该是在四杰都在一起的情况下。所以，总章二年，四杰可能在长安有了第一次聚合。

第二节　卢照邻与来济

据卢照邻《南阳公集序》中卢照邻回忆、怀念、悲悼来济：

（余）早游西镐，及周史之阙文；晚卧东山，忆汉庭之旧事。平津侯之宾馆，马厩萧条；李司史之仙舟，龙门荒毁。交交黄鸟，集于栩兮集于桑；营营苍蝇，止于藩兮止于棘。……辗斤之痛，何独庄周？闻笛而悲，宁惟向秀？

不但可知卢照邻与来济的交往，且其情感可谓深沉、沉痛，可看出卢照邻与来济生前有着深厚的友谊。或正如此，《南阳公集》的编者才请卢照邻为之作序的吧。

《旧唐书·来济传》云：

来济，扬州江都人。隋左翊卫大将军荣国公？子也。宇文化及之难，阖门遇害。济幼逢家难，流离艰险，而笃志好学，有文词，善谈论，尤晓时务。举进士。贞观中累转通事舍人。太子承乾之败，太宗谓侍臣曰："欲何以处承乾？"群臣莫敢对，济进曰："陛下上不失作慈父，下得尽天年，即为善矣。"帝纳其言。俄除考功员外郎。十八年，初置太

---

① 傅璇琮：《唐代诗人丛考·杨炯考》，中华书局1980年版，第7页。

子司议郎，妙选人望，遂以济为之，仍兼崇贤馆直学士。寻迁中书舍人，与令狐德棻等撰《晋书》。永徽二年，拜中书侍郎兼弘文馆学士，监修国史。四年，同中书门下三品。五年，加银青光禄大夫，以修国史功封南阳县男，赐物七百段。六年，迁中书令、检校吏部尚书。时高宗欲立昭仪武氏为宸妃，济密表谏曰：宸妃古无此号，事将不可。武皇后既立，济等惧不自安，后乃抗表称济忠公，请加赏慰，而心实恶之。显庆元年，兼太子宾客，进爵为侯，中书令如故。二年，又兼太子詹事。寻而许敬宗等奏济与褚遂良朋党构扇，左授台州刺史。五年，徙庭州刺史。龙朔二年，突厥入寇，济总兵拒之，谓其众曰："吾尝挂刑网，蒙赦性命，当以身塞责，特报国恩。"遂不释甲胄赴贼，没于阵，时年五十三。赠楚州刺史，给灵舆递还乡。有文集三十卷行于代。①

在第一章第二节中已论，卢照邻学成之后，约在十九岁来到长安干谒、求取功名，时间应为永徽二年（651）。按《旧唐书·来济本传》，永徽二年，来济拜中书侍郎，兼弘文馆学士，监修国史。而早在贞观十八年，来济即任中书舍人，与令狐德棻等撰《晋书》。据傅璇琮先生考，贞观十七年，来济即为太子司议郎，与太子舍人李义府俱掌文翰，时称"来李"。可见，来济不但久享文名，且久在中书，而又预修国史，足证他博学工文，在永徽年间，早已成为众士子所仰望的文宗，自然也是卢照邻所仰望的文宗。卢照邻在《南阳公集序》由衷赞美来济：

> 内掌机密，外修国史。晨趋有暇，持彩笔于瑶轩；夕拜多闲，弄雕章于琴席。

---

① 刘昫：《旧唐书》，中华书局 1975 年版，第 2742－2743 页。

卢照邻《释疾文·粤若》云：

> 既而屠龙适就，刻鹄初成，下笔则烟飞云动，落纸则鸾回凤惊。通李膺而窃价，造张华而假成。

李膺、张华皆士林领袖人物，此处代指卢照邻初到长安所拜谒的公卿、名流。因唐代风俗，青年学子学业已成时，就旅居京师，用诗文干谒公卿，交接名流，以求得到延誉和引荐，从而使得自己在科考中顺利及第，有的甚至直接得到任用，步入仕途。卢照邻也不例外，被卢照邻在《南阳公集序》中赞美的贞观以来擅长辞章的名公巨卿，如虞世南、李百药、王珪、魏征、褚亮等人在永徽初年都已先后辞世，能够比拟李膺、张华的名公大臣已经很少，来济可当其中一位，而且可以证明卢照邻与之有交往的，就只有来济一人了。正如李云逸先生的推测："永徽初年初到长安的卢照邻，所以能很快蜚声文坛，为邓王元裕所注目，当与来济的延誉、引荐是分不开的。来济是最早奖掖卢照邻的文坛前辈。"[1]

第三节　卢照邻与张柬之

《幽忧子集》卷三有卢照邻《酬张少府柬之》诗一首，为方便引用，兹录全文如下：

> 昔余与夫子，相遇汉川阴。珠浦龙犹卧，檀溪马正沉。
> 价重瑶山曲，词惊丹凤林。十年睽赏慰，万里隔招寻。
> 毫翰风期阻，荆衡云路深。鹏飞俱望昔，蠖屈共悲今。
> 谁谓青衣道，还叹白头吟。地接神仙涧，江连云雨岑。

---

① 李云逸：《关于卢照邻生平的若干问题》，《西北大学学报》1998 年第 2 期，第 24 页。

飞泉如散玉，落日似悬金。重以瑶华赠，空怀舞咏心。

据诗中"十年睽赏未，相遇汉川阴"句，知卢照邻与张柬之初次交往在"汉川阴"，此次相逢乃十年之后。"汉川阴"，乃汉水以南，此处之襄州治所襄阳县，城在汉水之南。《全唐文》卷十四载《册邓王元裕襄州刺史文》，文曰"维显庆三年，岁次戊午，正月甲申朔，二十八日辛亥……寿州刺史上柱国邓王元裕……是用命尔为使持节襄州诸军事襄州刺史，王及勋官如故。"① 第一章第二节已论，邓王元裕在襄州任上可能只有 2 年时间便调任兖州都督，约在显庆四年（659）至显庆五年（660）年间。也就是说，在显庆三年至显庆四年或显庆五年间，卢照邻一直随邓王元裕在襄州。

《旧唐书·张柬之本传》云：

> 张柬之，字孟将，襄州襄阳人也。少补太学生，涉猎经史，尤好三礼。国子祭酒令狐德棻甚重之。进士擢第，累补青城丞。永昌元年，以贤良征试，同时？者千余人，柬之独为当时第一，擢拜监察御史。圣历初，累迁凤阁舍人。……后累拜荆州大都督府长史。长安中，召为司刑少卿，迁秋官侍郎。时夏官尚书姚崇为灵武军使，将行，则天令举外司堪为宰相者，崇对曰："张柬之沉厚有谋，能断大事，且其人年老，惟陛下急用之。"则天登时召见，寻同凤阁鸾台平章事，未几，迁凤阁侍郎，仍知政事。及诛张易之兄弟，柬之首谋其事。中宗即位，以功擢拜天官尚书、凤阁鸾台三品，封汉阳郡公，实封五百户，未几，迁中书令，监修国史。月余，进封汉阳郡王，加授特进，令罢知政事。其年秋，柬之

---

① 董诰等编：《全唐文》卷十三《令州县明习礼乐诏》，上海古籍出版社 1990 年版，第 86 页。

表请归襄州养疾，许之，仍特授襄州刺史，……寻为武三思所构，贬授新州司马。柬之至新州，愤恚而卒，年八十余。①

《新唐书·张柬之本传》云：

张柬之，字孟将，襄州襄阳人。少涉经史，补太学生。祭酒令狐德棻异其才，便以王佐期之。中进士第，始调清源丞。永昌元年，以贤良召，时年七十余矣。对策者千余，柬之为第一，授监察御史，迁凤阁舍人。……疏奏不纳，俄为荆州大都督府长史。长安中，……乃授司刑少卿，迁秋官侍郎。后姚崇为灵武军使，将行，后诏举外司可为相者，崇曰："张柬之沈厚有谋，能断大事，其人老，惟亟用之。"即日召见，拜同凤阁鸾台平章事，进凤阁侍郎。诛二张也，柬之首发其谋。以功擢天官尚书、同凤阁鸾台三品、汉阳郡公，实封五百户。不半岁，以汉阳郡王加特进，罢政事，柬之既失权，愿还襄州养疾，乃授襄州刺史，……俄及贬，又流泷州，忧愤卒，年八十二。景云元年，赠中书令，谥曰文贞。②

按两《唐书》所记，张柬之被武则天拜同凤阁鸾台平章事，其时年岁已大，《新传》谓其永昌元年时已经七十余矣，未确。按此，张柬之卒年神龙二年时，就九十左右了，与卒年八十余和八十二相差太远。按傅璇琮先生，张柬之约生于唐高祖武德九年（626），③ 按此，永昌元年（689），张柬之约63岁，与两《唐书》年老的记载亦相合。

① 刘昫：《旧唐书》，中华书局1975年版，第2936－2943页。
② 欧阳修　宋祁：《新唐书》，中华书局1975年版，第4321－4323页。
③ 傅璇琮：《唐五代文学编年史·初盛唐卷》，辽海出版社1998年版，第33页。

　　张柬之大约比卢照邻年长七岁，所以卢照邻以"夫子"称之。按两《唐书》所记，张柬之少年时已涉猎经史而闻名并得以补太学生，二人在相见之前，应互相闻名。卢照邻在显庆三年至四、五年间跟随邓王在襄州，而襄州乃是张柬之的老家。所以，二人初次交往应该在此地和此时间段内。卢照邻一见之下，对张柬之极为佩服，用"珠浦龙犹卧，檀溪马正沉"来比喻才能卓异的张柬之，历史已经证明了卢照邻的识人之才，后来的张柬之果然位列宰辅，做出了一番轰轰烈烈的事业。

　　自显庆三年下推十年，为乾封二年（667），此时卢照邻正在新都尉任上。第一章第二节已论，卢照邻任新都尉的时间，为高宗乾封二年（667）至咸亨二年（671）。据《酬张少府柬之》诗题名，张柬之此时为少府，"少府"乃是唐人对县尉的称呼。又据两《唐书》知张柬之进士擢第后，累补青城丞。张柬之此时期在青城做县尉，所以，卢、张得以在蜀地重逢。卢照邻感叹"谁谓青衣道，还叹白头吟"，时年卢照邻约 35 岁，张柬之则已有 42 岁，"白头"之叹，对卢照邻来说还嫌夸张，对张柬之来说，则是比较贴近的伤叹。（此论可纠《太平广记》卷二二一《张柬之》条"张柬之任青城县丞，已六十三矣"①之误。）

第四节　卢照邻与乔师望

　　卢照邻不但为乔师望文集作序，而且在《益州至真观主黎君碑》中提到"行益州刺史驸马都尉乔君，主婿懿亲，勋门盛族，任高方面，寄切西南。"《驸马都尉乔君集序》中云"君教训子弟，不读非圣之书；抚爱家童，常恐名奴之辱。婚嫁已毕，欲就

---

　　①　李昉等编：《太平广记》，中华书局 1961 年版，第 1699 页。

金丹；轮蓋非荣，犹思道术。"按此，卢照邻对乔师望是有一定的了解的。又，卢照邻《寄裴舍人诸公遗衣药直书》所谢赠资之人"太子舍人韦方贤、左使范履冰、水部员外郎独孤思壮、少府丞舍人内供奉阎知微、符玺郎乔侃"，其中乔侃，据《旧唐书》卷一百九十中《文苑传中·乔知之》[1]，为乔师望之子。此时，乔师望已亡故，其子资助卢照邻并请他为亡父文集作序，亦在情理之中。所以，卢照邻与乔师望生前应该有交往。

卢照邻在《驸马都尉乔君集序》中称乔师望"明霞晓挹，终登不死之庭；甘露秋團，倘践无声之岸"，卢照邻写作此文时，乔师望已经亡故。李云逸先生考证得出："独孤思壮任水部员外郎之时间，肯定不迟于调露二年八月……照邻乞求药直二书至早不得早于调露元年……"[2] 乔侃请其父乔师望生前友人卢照邻为乔师望文集作序，那么，照邻《驸马都尉乔君集序》一文，亦当作于调露元年前后。

陈国灿先生专著《乔师望职官年谱》[3] 中列乔师望官历如下：

> 贞观二年（628）为游击将军；
>
> 贞观十六年（642）守安西都护；
>
> 贞观十九年（645）夏州都督；
>
> 贞观二十年（646）后，尚庐陵公主，拜驸马都尉，为同州刺史；
>
> 永徽——显庆间（650－658）正议大夫、守凉州都督；
>
> 显庆三年（658）后使持节八州诸军事、凉州刺史；

---

① 刘昫：《旧唐书》，中华书局 1975 年版，第 5012 页。

② 李云逸：《卢照邻集校注》，中华书局 1998 年版，第 394－395 页，第 508 页。

③ 载陈国灿、刘健明主编：《全唐文职官丛考》，武汉大学出版社 1997 年版，第 106－108 页。

龙朔——咸亨间（661－673）润州刺史；

上元元年（674）华州刺史。

然此表独不提乔师望任职益州。不但卢照邻《益州至真观主黎君碑》有"行益州刺史驸马都尉乔君"，而且，下面两则史料亦有记载。

《元和郡县志》卷三十一《剑南道·成都府·广郡县》云：

广都县，本汉旧县，元朔二年置。蜀号三都者，成都、新都、广都也。先主以蒋琬为广都长，诸葛亮曰；琬托志忠雅，当赞王业，非百里之才。即此也。隋仁寿二年，避炀帝讳，改为双流县，今广都县。龙朔三年，长史乔师望重奏置。①

《太平寰宇记》卷七十二《剑南道·益州·广都县》记载：

广都县，南二十七里，旧二十四乡，今十六乡。蜀志云，汉元朔二年置，李膺益州记云：成都、新都、蜀都号三都，此都即一也。隋仁寿元年，避隋炀帝讳，改为双流。唐龙朔二年，长史乔师望奏析双流县，又置广都县，于旧县南一十二里。②

可知，乔师望至少在龙朔二年、三年，任职益州长史。据郁贤皓《唐刺史考》，乔师望的前后任为高履行、丘行恭：

高履行　显庆元年——四年（656－659）

《通鉴·显庆元年》："是岁，以太常卿驸马都尉高履行为益州长史。"又《显庆四年》：四月"益州长史高履行累贬洪州都督。"《考异》曰："《旧传》云三年，误也，今从《唐历》。"又见两《唐书》本传。③

---

① 李吉甫：《元和郡县图志》，金陵书局，光绪六年刻本。
② 乐史：《太平寰宇记》，旧学山房藏板，校宋本重刊，第17－18页。
③ 郁贤皓：《唐刺史考》，江苏古籍出版社1987年版，第2566页。

丘行恭（孝恭）龙朔二年（662）

《会要》卷六八：武德三年，"置益州行台。……龙朔二年十二月六日，又为大都督，以丘行恭为之。"两《唐书》本传未及。按《姓纂》卷五"河南丘氏"："孝恭，右金吾将军、益州长史，渭源公。"乃行恭弟。未知《姓纂》误，抑《会要》误。[1]

卢照邻《相乐夫人檀龛讚并序》、《益州长史胡树礼为亡女造画讚》专为益州长史胡树礼家人所作，《相乐夫人檀龛讚并序》称"粤以乾封纪岁，流火司晨"，可知，乾封元年（666）胡树礼为益州长史。

那么，显庆至乾封年间，益州长史历任可能排次为高履行（656－659）、乔师望（659－662）、丘行恭（孝恭）（662－666）、胡树礼（666－?）。

按此，结合陈国灿先生《乔师望职官年谱》，则乔师望所历官职应依次为：游击将军、安西都护、夏州都督、同州刺史、凉州都督、凉州刺史、益州刺史、润州刺史、华州刺史。观乔师望曾经的辖区中，只有乔师望在益州时，卢照邻才可能与乔有交游。

第一章第二节已论，龙朔元年（661）四月至秋天，卢照邻初次入蜀，而这时，乔师望恰恰在益州任职。他们的交游只能发生在此时，卢照邻出狱后离开蜀地，到再次入蜀，为高宗乾封元年（666），这时，乔师望已离开蜀地。龙朔元年，卢照邻应该先到益州，此时卢照邻刚刚离开邓王府，本文猜测可能受邓王引荐来到益州，见乔师望，并与之结下友谊。

---

[1] 郁贤皓：《唐刺史考》，第2566页。

第五节　卢照邻与道士李荣

第一章第二节已论，龙朔元年秋，卢照邻在蜀地因横事下狱，卢照邻有诗文记此事。《狱中学骚体》："夫何秋夜之无情兮，皎晶悠悠而太长。"记录了下狱的季节；《穷鱼赋》记载了他出狱后的行踪，友人带他"南浮七泽，东泛五湖。"而卢照邻在狱中向外投诗仅得一首《赠李荣道士》，诗云："锦节衔天使，琼仙贺羽君。投金翠山曲，奠璧清江濆……独有南冠客，耿耿泣离群。"按人之常情，一个人在最危难的时候，能够想到的应该是自己非常信赖而又可靠的人，而且，这个人还可能有救自己脱离险境的能力。对卢照邻来说，李荣就是这样的一个人。那么，入狱之前，照邻与他当有交游。

上文第四节已论，卢照邻与乔师望交游在龙朔元年四月至秋天的时间段内，而此时，李荣亦在益州。傅璇琮先生认为卢照邻《赠李荣道士》作于龙朔元年，时李荣使蜀投龙璧，卢照邻在狱中。"李荣盖自长安使益州……李荣去岁八月与僧人辩论词屈……恐当是奉使梓州，僧人夸大其辞耳。"① 甚是。按傅璇琮先生"李荣盖自长安使益州"，照邻亦在此时与李荣先有交往，而后秋日有横事被拘下狱时写诗赠李荣，才较为合理。至于卢照邻出狱是否为李荣救护的推想有待求证。

----

① 傅璇琮：《唐五代文学编年史·初盛唐卷》，辽海出版社1998年版，第168页。

第六节 卢照邻与处士孙思邈

卢照邻《病梨树赋序》云：

> 癸酉之岁，余卧病于长安光德坊之官舍。父老云是鄱阳公主之邑司，昔公主未嫁而卒，故其邑费。时有处士孙思邈居之。君道洽古今，学有数术，高谈正一，则古之蒙庄子；深入不二，则今之维摩诘。及其推步甲子，度量乾坤，飞炼石之奇，洗胃肠之妙，则其甘公、洛下闳、安期先生、扁鹊之俦也。自云开皇辛丑岁生，今年九十二矣。询之乡里，咸云数百岁人矣，共语周、齐间事，历历眼见，以此参之，不啻百岁人也。然犹视听不衰，神形甚茂，可谓聪明博达不死者矣。

卢照邻在文中，对孙思邈甚为敬服，他们的谈话内容，涉及面甚广，道、佛、数术、炼丹、医病，无所不有。亦可见，二人相处，非一朝一夕之情谊。

《旧唐书》卷一百九十一《列传》第一百四十一《方伎·孙思邈》云：

> 孙思邈，京兆华原人也。七岁就学，日诵千余言，弱冠，善谈庄、老及百家之说，兼好释典。州总管独孤信见而叹曰："此圣童也，但恨其器大，适小难为用也。"周宣帝时，思邈以王室多故，隐居太白山。隋文帝辅政，乃征为国子博士，称疾不起。尝谓所亲曰："过五十年，当有圣人出，吾方助之以济人。"及太宗即位，召诣京师……授以爵位，固辞不受。显庆四年，高宗召见，拜谏议大夫，又固辞不受。上元元年，辞疾请归，特赐良马及鄱阳公主邑司以居焉。当时知名之士宋令文、孟诜、卢照邻等，执师资之礼以

事焉。思邈尝从幸九成宫，照邻留在其宅。时庭前有病梨树，照邻为赋。……照邻有恶疾，医所不能愈，乃问思邈："名医愈疾，其道何如？"思邈曰："吾闻善言天者，必质之于人；善言人者，亦本之于天。天有四时五行，寒暑迭代，其转运也，和而为雨，怒而为风，凝而为霜雪，张而为虹蜺，此天地之常数也。人有四支五藏，一觉一寐，呼吸吐纳，精气往来，流而为荣卫，彰而为气色，发而为音声，此人之常数也。阳用其形，阴用其精，天人之所同也。及其失也，蒸则生热，否则生寒，结而为瘤赘，陷而为痈疽，奔而为喘乏，竭而为燋枯，诊发乎面，变动乎形。推此以及天地，亦如之。故五纬盈缩，星辰错行，日月薄蚀，孛彗飞流，此天地之危诊也。寒暑不时，天地之蒸否也；石立土踊，天地之瘤赘也；山崩土陷，天地之痈疽也；奔风暴雨，天地之喘乏也；川渎竭涸，天地之燋枯也。良医导之以药石，救之以针剂；圣人和之以至德，辅之以人事。故形体有可愈之疾，天地有可消之灾。"又曰："胆欲大而心欲小，智欲圆而行欲方。诗云：如临深渊，如履薄冰，谓小心也；赳赳武夫，公侯干城，谓大胆也。不为利回，不为义疚，行之方也；见机而作，不俟终日，智之圆也。"……初，魏征等受诏修齐梁、陈、周、隋五代史，恐有遗漏，屡访之，思邈口以传授，有如目睹，……永淳元年卒，遗令薄葬。①

《新唐书》卷一百九十六《列传》第一百二十一《隐逸·孙思邈》略同《旧传》所记，关于卢照邻问疾如下：（可与《旧传》互为参看。）

照邻有恶疾，不可为，感而问曰："高医愈疾，奈何？"

---

① 刘昫：《旧唐书》，中华书局 1975 年版，第 5094 – 5096 页。

答曰:"天有四时五行,寒暑迭居,和为雨,怒为风,凝为雪霜,张为虹霓,天常数也。人之四支五藏,一觉一寐,吐纳往来,流为荣卫,章为气色,发为音声,人常数也。阳用其形,阴用其精,天人所同也。失则蒸生热,否生寒,结为瘤赘,陷为痈疽,奔则喘乏,竭则燋槁,发乎面,动乎形。天地亦然:五纬缩赢,孛彗飞流,其危诊也;寒暑不时,其蒸否也;石立土踊,是其瘤赘;山崩土陷,是其痈疽;奔风暴雨,其喘乏,川渎竭涸,其燋槁。高医导以药石,救以针剂;圣人和以至德,辅以人事故。体有可愈之疾,天有可振之灾。"照邻曰:"人事奈何?"曰:"心为之君,君尚恭,故欲小。诗曰:如临深渊,如履薄冰,小之谓也。胆为之将,以果决为务,故欲大。诗曰:赳赳武夫,公侯干城。大之谓也。仁者静,地之象,故欲方。传曰:不为利回,不为义疾。方之谓也。智者动,天之象,故欲圆。易曰:见机而作,不俟终日。圆之谓也。"复问养性之要,答曰:"天有盈虚,人有屯危,不自慎,不能济也。故养性必先知自慎也。慎以畏为本,故士无畏则简仁义,农无畏则堕稼穑,工无畏则慢规矩,商无畏则货不殖,子无畏则忘孝,父无畏则废慈,臣无畏则勋不立,君无畏则乱不治。是以太上畏道,其次畏天,其次畏物,其次畏人,其次畏身。忧于身者不拘于人,畏于己者不制于彼,慎于小者不惧于大,戒于近者不侮于远。知此则人事毕矣。……永淳初卒,年百余岁。①

第一章第二节已论,卢照邻患幽忧之疾在咸亨二年末,所以他在长安参加完铨选并未离开,而是问病于孙思邈。《旧唐书·孙思邈传》云:"上元元年,辞疾请归,特赐良马及鄱阳公主邑

---

① 欧阳修、宋祁:《新唐书》,中华书局1975年版,第5597—5598页。

司以居焉。当时知名之士宋令文、孟诜、卢照邻等，执师资之礼以事焉。"《病梨树赋》云："……于时天子避暑甘泉，（孙思）邈亦征诣行在，余独卧病兹邑，阒既无人，伏枕十旬，闭门三月。"在卢照邻患病之后、卧病之前，这段时间，应该得到了孙思邈的调治和指导。本年四月之后，在孙思邈从驾九成宫离开光德坊后，病情未见好转，于是闭门卧病也是养病三月。

第一章第二节已论，按《旧传》"上元元年，辞疾请归"及《新传》"及长，居太白山。……上元元年，称疾还山"，知孙思邈于上元元年（674）回到太白山。按卢照邻《与洛阳名流朝士乞药直书》"昔在关西太白山下，一隐士多玄明膏，中有丹砂八两。予时居贫，不得好上砂，但取马牙颜色微光净者充用。自尔丁府君忧，每一号哭，涕泗中皆药气流出，三四年羸卧苦嗽，几至于不免。"卢照邻的父亲大约在咸亨末上元初亡故，而这段时间前后卢照邻在太白山养病，很可能照邻归卧太白山是追随孙思邈。

《旧传》称孙思邈卒于永淳元年（682），《新传》亦云其卒于永淳初。第一章第二节已论，卢照邻约卒于武后垂拱元年（685）后，距离孙思邈卒年不久，或许，恩师的亡故，也给重病的卢照邻以沉重的打击，加速了他自投颍水的步伐。

第三章
卢照邻诗文著录与版本考述

关于卢照邻诗文集的著录与版本源流，万曼先生的《唐集叙录》①、陈伯海、朱易安先生的《唐诗书录》②，都有梳理，祝尚书先生在《卢照邻集笺注》附录二中对卢照邻诗文集的历代著录题跋也做了简要梳理。罗伟国、胡平编《古籍版本题记索引》③ 以及《中国丛书综录》④ 和《中国丛书广录》⑤，对查找卢照邻诗文集的版本情况，提供了方便。清人莫友芝《藏园订补郘亭知见传本》⑥ 记载了卢照邻诗文集有关版本的详细情况。

今人万曼先生在《唐集叙录》中，对卢照邻诗文集书名、卷数、成书年代、编辑者、刊刻者、收藏者等进行了介绍。兹列如下：

> 《卢照邻集》，《旧唐书》本传云："文集二十卷。"《朝野金载》云："著《幽忧子》以释愤焉，文集二十卷。"《崇文总目》著录："《卢照邻集》十卷，《幽忧子》三卷。"《郡斋读书志》："卢照邻《幽忧子》十卷。"《直斋书录解

---

① 万曼：《唐集叙录》，中华书局 1980 年版。
② 陈伯海、朱易安：《唐诗书录》，齐鲁书社 1988 年版。
③ 罗伟国　胡平编、顾廷龙著：《古籍版本题记索引》，上海书店 1991 年版。
④ 上海图书馆编：《中国丛书综录》，上海古籍出版社 1982 年版。
⑤ 阳海清编撰：《中国丛书广录》，湖北人民出版社 1999 年版。
⑥ （清）莫友芝　傅增湘订补　傅熹年整理，中华书局 1993 年版。

题》："《卢照邻集》十卷。"现存宋时刻本，仅著赋诗二卷。明铜活字印本，亦为二卷。

今本七卷。丁丙《善本书室藏书志》二十四云："宋刻有二卷本，载赋诗及五悲，惟无乐府九章与骚序对问书赞碑十七篇。此七卷本，乃后人摭拾而成，然夙称旧帙也。"《四库全书总目提要》亦以七卷本著录，题《卢升之集》，记云："《穷鱼赋序》称：尝思报德，故冠之篇首，则照邻自编之集，当以是赋为第一，而此本列《秋霖》、《训鸳》二赋后，其与在朝诸贤书，亦非完本，知由后人掇拾而成，非其旧帙矣。"

张燮（绍和）刻《幽忧子集》，亦为七卷，又附录一卷。目录前识云："卢照邻本传存二十卷；近代永嘉单行诗赋仅二卷；今汇诗文共七卷。"商务印书馆《四部丛刊》即据此本影印。[①]

以上概括既非全面，又嫌简略。然而万先生对卢集版本进行梳理的筚路蓝缕之功，实不可没。

本章通过查阅国家图书馆、河北大学图书馆、中央民族大学图书馆现存卢照邻诗文集的各种版本，加以校勘，并结合史料分析，同时查阅相关资料，拟在前人基础之上，对卢照邻诗文集的流传与刊刻历史作一细致的梳理，希望能对卢照邻作品整理以及诗文研究有所裨益。

第一节　唐五代卢照邻诗文的结集和流传

根据史书及相关资料记载，卢照邻在世时，其诗文已有流

---

① 万曼：《唐集叙录》，第23页。

传，并因此而享有才名。

《旧唐书》卷八十四《裴行俭传》记载："时有后进杨炯、王勃、卢照邻、骆宾王并以文章见称，吏部侍郎李敬玄盛为延誉，引以示行俭。行俭曰：才名有之，爵禄盖寡……"则卢照邻在咸亨之前，当已有诗文作品行于世。

《旧唐书》卷一百九十《卢照邻传》记载："著《释疾文》、《五悲》等诵，颇有骚人之风，甚为文士所重。"知卢照邻后亦有文章行于当世。

《旧唐书·卢照邻传》称"文集二十卷"，检《旧唐书·经籍志》、《新唐书·艺文志》、《通志艺文略》皆著录《卢照邻集二十卷》，又《新唐书艺文志》、《崇文总目》、《通志艺文略》皆著录又有《幽忧子三卷》。可以肯定，卢照邻确有两种集子行世，而且很可能是其生前就已结集传播。

按《钦定四库全书总目》卷一百四十九《卢升之集七卷》云："……又《穷鱼赋·序》称尝思报德故冠之篇首，则照邻自编之集当以是赋为第一，而此本列秋霖驯鸢二赋后，其与在朝诸贤书亦非完本，知由后人掇拾而成，非其旧帙矣。"可推知，卢照邻生前曾自编文集于世。检史书及相关资料，尚未发现当世有人为其结集的记载，我们猜想，见于书目著录的《卢照邻集二十卷》和《幽忧子集三卷》，也极可能为卢照邻自编。至于刊刻情况，亦不得知。

查检现存唐人选本中，只有两种录有卢照邻少量诗歌，介绍如下：

《玉台后集》（自《唐人选唐诗新编》①）知录有卢照邻诗歌，但篇目不详。傅璇琮先生在"卢照邻"条下注：《后村诗

---

① 傅璇琮编撰：《唐人选唐诗新编》，山西人民教育出版社1996年版。

话》续集卷一云《玉台后集》收卢照邻诗，篇目不详。

《搜玉小集》（自《唐人选唐诗新编》）录卢照邻诗一首：《王昭君》（《文苑英华》卷二〇四题作《昭君怨》）。

尽管作为"初唐四杰"重要成员之一的卢照邻，在当世已享有才名，被杨炯誉为"卢照邻人间才杰，览清规而辍九攻。"但从唐人选唐诗情况来看，其诗在当世并不被选家看重。卢照邻之外，检王勃、杨炯、骆宾王，被选诗情况略同。为方便论述，亦介绍如下：

王勃被录入诗歌情况：

《玉台后集》录有王勃诗二首：《铜雀妓二首》，傅璇琮先生题下注：《后村诗话》续集卷一据《玉台后集》录"君王无处所，台榭若平生"二句。全诗据《乐府诗集》卷三。

《搜玉小集》录有王勃诗一首：《九日升高》。

杨炯被录入诗歌情况：

《玉台后集》"杨炯"条下注：《后村诗话》卷一云《玉台后集》收杨炯诗，篇目不详。

《搜玉小集》录有杨炯诗一首：《紫骝》。

骆宾王被选诗歌情况：

《玉台后集》"骆宾王"条下注：《后村诗话》续集卷一云《玉台后集》收骆宾王诗，篇目不详。

《搜玉小集》录有骆宾王诗一首：《晚度天山有怀京邑》。

从四杰在唐五代被选诗歌情况看，可谓命运相同，实殊非偶然。是何缘故呢？笔者认为有以下原因。

一是由选本选诗的范围决定。先看不录初唐的本子：殷璠《丹阳集》只录吴地诗人，殷璠《河岳英灵集》惟选盛唐，元结《箧中集》所选乃元结同时人，时间在盛唐之后，令狐楚编《御览诗》所选三十家为中唐诗人，高仲武《中兴间气集》专录肃宗、代宗二朝诗，姚合《极玄集》所选为盛唐、中唐诗人，以中唐居多。再看录入初唐诗人的本子：许敬宗等撰《翰林学士集》，所收乃是太宗君臣唱和诗，反映唐初宫廷唱和的盛况；崔融撰《珠英集》收唐武后朝预修《三教英珠》的朝士诗。卢照邻等四杰不在此范围之内。

二是由选本选诗的标准决定。芮挺章《国秀集》序称所收诗为开元以来至天宝三载，但实际所收，有高宗武后时人，四杰及陈子昂诗均未收。傅璇琮先生认为，其取舍体例，颇不明确。开天时诗人，所选也都非佳作。曾彦和在跋文中说"挺章编选，非（殷）璠之比"，自是公平之论。① 韦庄《又玄集》所选多盛唐、中唐、晚唐诗人，初唐只有宋之问；韦縠《才调集》是我国现存规模最大的一个唐人选唐诗的本子，初唐、盛唐、中唐、晚唐各期都有，晚唐为多，初唐最少，初唐只选沈佺期。而宋之问、沈佺期皆晚出四杰。韦庄在《又玄集》序中称选诗宗旨为"自国朝大手名人，以至今之作者……但掇其清词丽句"，检集子所选诗作，基本上为五七言律绝，所谓"清词丽句"的选诗标准，其实首先受诗体的框定，四杰的时代律诗尚未定型，而卢照邻的文学成就突出表现为七言歌行体，不入此"清词丽句"之选不足为怪；另外，"国朝大手名人"的选人标准也使得"才高位卑"没有什么政治影响的"初唐四杰"不入此选。而韦縠称《才调集》的选诗之旨"韵高词丽"，检其所选诗体，仍以近体为多，所选诗歌，又以晚唐为多。此种情形与《又玄集》略同，不复赘述。

三是由选本选诗的风尚决定。一种是初唐宫廷的趣尚，《翰林学士集》与《珠英集》就是体现这种趣尚的选本。关于宫廷

---

① 傅璇琮：《唐人选唐诗新编》，山西人民教育出版社1996年版，第211页。

的趣尚，吕玉华在《唐人选唐诗述论》中有专章论述。《翰林学士集》与《珠英集》的产生，都与初唐两个最高统治者的趣尚密切相关。一代英主唐太宗不但重史，而且好文。他认为诗歌只是怡情悦性的手段，并不能对社会政治造成太大影响，更不会有亡国之害。所以，他"于万机之暇，游息艺文"（《帝京篇序》），热衷出题命制、君臣唱和。于是才有了太宗亡后不久以太宗君臣唱和为内容的宫廷诗的结集——《翰林学士集》，所以吕玉华评论该选本说，"虽然从编集角度看，许敬宗是本卷的主角，但从诗歌方面来看，主角无疑是唐太宗。"①《珠英集》（又名《珠英学士集》）产生的大背景为初唐大修类书，大量类书的编修正是宫廷诗发展的需要；直接的背景是女主武则天下诏编修《三教珠英》，晁公武《郡斋读书志》注《珠英学士集》云："右唐武后朝诏三思等修《三教珠英》一千三百卷，预修书者凡四十七人，崔融编集，其所赋诗各题爵里，以官班为次，融为之序。"②

高仲武《中兴间气集》序中批评"《珠英》但纪朝士"，从另外的角度反映了其选诗的宫廷趣尚。受此影响，《又玄集》所选初唐只有宋之问，《才调集》初唐只选沈佺期。而没有在宫廷中做过文学侍从的初唐四杰，自然不在其中。另一种风尚是选本重盛唐、中唐、晚唐，初唐诗人往往被略过。在现存十三种唐人选唐诗中，除《翰林学士集》、《珠英集》、《搜玉小集》、《玉台后集》外，其余皆为盛唐、中唐、晚唐诗选本。当宫廷诗受到批判否定之后，选诗要建立盛唐及其以后的标准，往往把整个初唐诗略过，四杰自是被看作上承齐梁绮靡文风的部分，不录其诗也是自然。

---

① 吕玉华：《唐人选唐诗述论》，文津出版社有限公司 2004 年版，第 47 页。

② 晁公武：《郡斋读书志》，光绪六年刻本。

综上看来，《搜玉小集》和《玉台后集》在唐人选唐诗的选本中，确实独具特色。《玉台后集》乃是李康成上承《玉台新咏》编选梁代至唐代吟咏妇女生活之诗，吕玉华称皆"艳而不靡"之作，检所录王勃二诗风格，应是。《搜玉小集》编次参差，莫得体例，却是编选初唐宫廷以外之诗人诗作，且言所选乃当时名士诗。亦可让我们寻到卢照邻当世诗名已著及诗文流传的证明。

总之，卢照邻诗文在唐代已经结集，惜不知其具体刊刻情况；其诗文作品亦多有流传，并为当世所重。

第二节　宋元时期卢照邻诗文的著录与流传

宋元时期的公私书目，对卢照邻诗文的整理结集情况，皆有著录：

《旧唐书》卷四十七《经籍志》第二十七著录：

> 《卢照邻集》二十卷。

《新唐书》卷六十《艺文志》第五十著录：

> 《卢照邻集》二十卷，又《幽忧子》三卷。

《崇文总目》卷十一别集类著录：

> 《卢照邻集》十卷。

郑樵《通志》卷七十《艺文略》第八著录：

> 《卢照邻集》二十卷，《幽忧子集》三卷。

晁公武《郡斋读书志》（袁本）卷四上著录：

> 卢照邻《幽忧子集》十卷。

尤袤《遂初堂书目》亦载《卢照邻集》，但未著录卷数。

陈振孙《直斋书录解题》卷十六著录：

> 《卢照邻集》十卷。

（元）马端临《文献通考》卷二百三十一《经籍考》五十八著录：

　　卢照邻《幽忧子集》十卷。

（元）脱脱《宋史》卷二百八第一百六十一《艺文志七》著录：

　　《卢照邻集》十卷。后又著录有卢照邻《幽忧子》三卷。

元人辛文房的《唐才子传》卷一《卢照邻传》载：

　　有诗文二十卷及幽忧子三卷行于世。

由上可知，宋元时期，有多种卢照邻诗文集流传于世。欧阳修先后参与编修《崇文总目》和《新唐书艺文志》，然此二书著录卢照邻作品结集情况却不同。根据《崇文总目》著录的是国家藏书，十卷本《卢照邻集》乃为宋时国家藏书，而其余如《新唐书艺文志》所录乃未收入国家藏书。则宋时应有卢照邻诗文集四种：《卢照邻集》二十卷一种、《卢照邻集》十卷一种、《幽忧子集》三卷一种、《幽忧子集》十卷一种，到了元代，《卢照邻集》二十卷本已不见书目著录，但见《唐才子传》所载，疑作者乃据前人史书记载，并未亲见。但《卢照邻集》十卷本、《幽忧子集》三卷本和十卷本尚行于世。至于《卢照邻集》十卷本是否为《卢照邻集》二十卷本之选本、《幽忧子集》三卷本是否为《幽忧子集》十卷本之选本，亦不敢妄加揣测。

总之，卢照邻诗文集在宋元时期的版本原貌皆不可知，只存在于书目著录。此外，卢照邻诗文还散见于宋元时期的总集与选集及诗文评之中。其载录情况如下：

宋初李昉等编《文苑英华》选录上起萧梁、下迄晚唐五代作家，作品近两万篇，是一部上继《文选》的总集，也是目前所见保存卢照邻诗文既多且全且时代较早的文献。《文苑英华》

选卢照邻赋 5 篇，为：《秋霖赋》、《训鸳赋》、《穷鱼赋》、《同崔少监作双槿树赋》、《病梨树赋》。选卢照邻诗 66 题 76 首，其中一首为重出，实际收诗 75 首。《昭君怨》已见唐诗选本，其余 73 首为：《江中望月》、《明月引》、《十五夜观灯》、《羁卧山中》、《过东山谷口》、《雨雪曲》、《结客少年场行》、《刘生》、《战城南》、《关山月》、《陇头水》、《行路难》、《巫山高》、《长安古意》、《折杨柳》、《梅花落》、《芳树》、《紫骝马》、《上之回》、《益州城西张超亭观妓》、《辛司法宅观妓》、《三月曲水宴得舒》（《全唐诗》作《三月曲水宴得尊字》）、《宴梓州南亭得池》（《全唐诗》作《宴梓州南亭得池字》）、《怀仙引》、《赠李荣道士》、《石镜寺》、《赤谷安禅师塔》、《和王奭秋夜有所思》、《酬张少府柬之》、《和吴侍御被使燕然》、《赠益府群官》、《山行寄刘李二参军》、《赠益府裴录事》、《首春贻京邑文士》、《于时春也慨然有江湖之思寄赠柳九陇》、《至望喜瞩目言怀贻剑外知己》、《送郑司仓入蜀》、《送梓州高参军还京》、《还京赠别》、《送陈参军赴任寄乡故老》（《全唐诗》作《送幽州陈参军赴任寄呈乡曲父老》）、《大剑送别刘右史》、《绵州官池饯别》（全诗无，四部丛刊本作《绵州官池赠别》）、《西使兼孟学士南游》（《全唐诗》作《西使兼送孟学士南游》）、《还赴蜀中贻示京邑游好》、《晚渡渭桥寄示京邑游好》、《从蜀还京赠别》、（重出）《早度分水岭》、《入秦川界》、《至陈仓晓晴望京邑》、《晚渡浮沱敬赠魏大》（《全唐诗》作《晚渡漳沱敬赠魏大》）、《奉使益州至长安发钟阳》（《全唐诗》作《奉使益州至长安发钟阳驿》）、《哭金部韦郎中》、《哭明堂裴主簿》、《同崔录事哭郑员外》、《赠许左丞从驾万年宫》、《相如琴台》、《文翁讲堂》、《宿晋安亭》、《春晚山庄率题》（二首）、《和夏日幽庄》、《山庄休沐》、《山林休日田家》、《失群雁》、《同临津纪明府孤雁》、《中和乐九章》九首。

诗赋而外，英华还选卢照邻之文 18 题 24 篇，分别为：《对蜀父老问》、《五悲文》（五篇）、《释疾文》（三篇）、《狱中学骚体》、《与洛阳名士乞药书》、《寄裴舍人遗医药直书》、《与在朝诸贤书》、《驸马都尉乔君集序》、《南阳公集序》、《乐府杂诗序》、《宴梓州南亭诗序》、《七日绵州泛舟诗序》、《杨明府过访诗序》、《宴凤泉石翁神祠诗序》、《三国论》、《相乐夫人檀龛讚》、《益州长史胡树礼为亡女宇文氏造画讚》、《益州至真观主黎君碑》。

只需把英华所收卢照邻诗文与《全唐诗》和《全唐文》作一数量比较，便可知英华在保存卢照邻诗文方面的贡献，功不可没。《全唐诗》收录卢照邻诗 98 首，如去掉《释疾文》三歌，则为 95 篇。据上文统计，英华为 75 首，已占到全诗的近 79%；《全唐文》收录卢照邻文 28 篇，包括 5 篇赋。而英华所收，文赋相加共 29 篇，还多出《三国论》一篇。

因为英华独具的资料价值，所以使它成为校勘卢照邻诗文作品的重要文献。

姚铉《唐文萃》卷十二、卷十八选诗 3 题 6 首，分属幽怨、侠少、咏史三类。2 首皆见英华所选，《王昭君》英华作《昭君怨》，另 1 题 4 首为《咏史》四首。

郭茂倩《乐府诗集》选诗 14 首，皆见英华所选，英华《昭君怨》此作《王明君》。

蒲积中《岁时杂咏》选诗 5 首，1 首见前选，其余 4 首为：《元日述怀》、《七日登乐游故墓》、《七夕泛舟》、《九月九日登玄武山旅眺》。

计有功《唐诗纪事》卷七选诗 4 题 8 首，皆见前选。

洪迈《万首唐人绝句》卷十四选诗 2 题 5 首，1 首见前选，另 4 首为:《登封大酺歌》四首。《九月九日旅眺》题名《岁时杂咏》为《九月九日登玄武山旅眺》。

杨士弘《唐音》选诗 26 题 27 首,皆见英华所选。其中《君马黄》全诗作《紫骝马》且诗中"雪曙鸣珂重"句全诗为"雪暗鸣珂重",《登高台》英全诗作《上之回》,《三月曲水宴》全诗作《三月曲水宴得尊字》,《西使兼孟学士南游》全诗作《西使兼送孟学士南游》,题名同英华本。

总之,在史书著录的卢照邻诗文集未见刊刻流传的情况下,宋元时期的总集、选集、诗文评中载录卢照邻诗赋共 93 首,数量仅次于《全唐诗》的 95 篇,其中《绵州官池赠别》为全诗所无;载录文 29 篇,数量超过《全唐文》,其中《三国论》一篇后经考订为王勃所作。在保存卢照邻诗文作品方面的贡献,功莫大焉。而卢照邻诗文作品的影响也可从中寻到踪迹。

第三节　明代卢照邻诗文的刊刻与流传

由于明代刻书业的迅速发展,尤其是明代中期以后,受前后七子"文必秦汉,诗必盛唐"复古之风的影响,尊唐风气几乎笼罩了整个诗坛,占据了统治地位,所以相对于宋人整理、刊刻隋唐五代别集范围狭窄偏重大家无暇顾及中小作家的情况,唐人别集在明代的整理、刊刻与出版出现了前所未有的繁荣局面。①就笔者所见,卢照邻诗文集在这个时期有多种版本,具体考述如下:

---

① 陶敏、李一飞:《隋唐五代文学史料学》,中华书局 2001 年版,第 49 页。

一、一卷本卢照邻诗

卢照邻诗一卷在明代有四个版本，一为明活字印本一册，一为唐四杰集四卷本，一为唐十二名家诗本，一为镌校释唐四杰文集明万历二十六年郑云竹宗文书舍刻本。

（一）明活字印本一册。现藏国家图书馆。本人所见为善本室缩微制品。题名：卢照邻诗，有"桐凤"印，有小传，无目录。10 行，行 17 字。白口，四周单边，版心题名，版心处残损。集中有残损，但字清晰。集后有识。

小传云：

> 字升之，范阳人。调邓王府典签，王爱重之。谓人曰：此吾之相如也。后居太白山，得方士玄明膏饵。之具茨山下，预为墓，偃其中。武后时尚法，照邻已废。著《五悲文》以自明。久与亲属诀，沉颍水死。有集二十卷，又幽忧子三卷。

题后桐凤识云：

> 此宋版王子安卢升之集也。予少时得之金匮孙氏，计宋至今已历六七百年矣。虽楮墨残蚀，而古香犹存，后之览者可不宝诸。桐凤识。

又桐凤再识云：

> 咸丰乙卯冬，郡城为贼残破，家藏书籍尽被贼毁，此本为予四弟出城避难时携入山中，故得留存。篋衍劫灰之余，重睹旧物，何幸如之，殆应有数存其间也。
>
> 同治辛未冬月　桐凤再识

可知，此本源出宋版。至清代桐凤手中，又曾历经兵灾，实属珍贵，又知，桐凤得此本时，已有残蚀。然字清晰，确实可称善本。

集按赋、五言古诗、七言古诗、五言律诗、五言排律、五言绝句、杂言骚体编次，赋5篇，五言古诗24首，七言古诗5首，五言律诗20首，五言排律16首，五言绝句11题12首，杂言骚体5篇。赋、杂言骚体（五悲文）皆见前选，诗共计71题77首，除14首外，皆见前选。14首诗为：五言古诗《望宅中树有所思》、七言律诗《入秦川界》、五言律诗《酬杨比部员外暮宿琴堂朝跻书阁率尔见赠之作》、五言绝句：《登玉清》、《曲池荷》、《浴浪鸟》、《临阶竹》、《含风蝉》、《葭州独泛》、《送二兄入蜀》、《宿玄武二首》、《九陇津集》、《游昌化山精舍》。又，《三月曲水宴》全诗为《三月曲水宴得尊字》、《晚渡浮沱敬赠魏大》全诗为《晚渡滹沱敬赠魏大》、《酬张少府东》据全诗应为《酬张少府柬之》之误。

（二）唐四杰集四卷本。明嘉靖二十七年（1548）张明刻本，二册。另有王勃、骆宾王、杨炯诗集各一卷。题名：卢照邻诗集。作者小传同明活字本，无目录。11行，行21字。白口，四周单边。版心字：卢诗。有注释，无评点，句中有圈点，当为纂集者认为精彩感人处。此本字体不一，应是编纂者，分属不同人抄写之故。字迹清晰，是一个不错的本子。

该本编次、收诗皆同明活字本，当与其同出一源。前有唐四杰集叙，为西桥山人建安程宽撰，抄录如下：

> 余尝稽之，三代以上德行文章合于一，故其文也独盛。三代以下，德行文章离于二，故其文也日衰。盖根本之学无传，是以藻绘之风弥盛，陵夷至于六朝，盖已极矣。唐初以来，就习波澜以为奇，抽对黄白以为巧。而王杨为之伯，卢骆并鸣焉。夫四子之才固奇且杰，四子之文允诣徐庾三昧，要其德行器识何如也。裴闻喜所以抱知人之鉴，而逆占其所就不逮，云欧宋二公作艺文传，称唐文三变，而王杨当一变

之初。吁，四杰之文仍六朝之旧而已矣，又乌在其能变哉！使勃也少颖而能潜心伊祖白牛溪之学；炯也应制之后，卧立园二十年，能养其贞而自克其刚操；卢骆阨穷幽忧之地，能求其远者大者，而灵台裕如也。则文振八代之衰，不待一韩退之而为之矣。其所流传奚啻若兹而已耶。余每读其集，未尝不爱其有过人之资，而憾其尚欠于江河之万古流也已。鸣呼，余固不哲于稽古，唐之四杰，余必以宾王为巨擘乎。尝读其辞裴吏部之书曰：义士期乎贞夫，忠臣出乎孝子。既不能推心以奉母，文焉能死节以事人乎。余未尝不抚卷流涕而感其孝思之殷也。及观其为徐敬业讨武氏一檄，则庶几能愤其忠义而吐天下元元之愤，垂今凛有生气，卒超然于武氏之罗网而迤避焉。桂子落而天香飘之作，殆丰剑紫气之凌天，谓之曰奇杰，非耶？炯之言耻居王后，愧在卢前，张燕公以为愧者谦也，世之君子读四杰集者，其尚毋嗜粲粲之春华而忘离离之秋实，则得之矣。

是集也，建安杨太仆尝刻之于家，建阳张明欲重刊书坊以广其传，踵门告余曰："西桥子其驰骤汉唐文域，敢丐一言，以弁其首。"余重其请，遂叙之如左云。

嘉靖戊申冬十一月哉生明

由此可知，张明乃重刊杨太仆家刻，可能杨本已有所校勘。

（三）唐十二名家诗本。本人见两个印本。一在国家图书馆普通古籍阅览室。明万历12年（1584）。一册，线装。9行，行20字，白口，四周单边，版心字为作者名。有目录。校勘清晰。书横断面有唐代名家诗集字。存九家，估称之九家集本。卢照邻集外，为：王勃集、骆宾王集、陈子昂集、杜审言集、宋之问集、王维集、高适集、岑参集。一为唐十二名家诗十二种十二卷缩微制品。版式同，此总集存十二家，估称之十二家集本。除以上九家外，又有：杨炯集、沈佺期集、孟浩然集。

这两个印本同为明万历 12 年杨一统所刻。前均有两个刻唐十二家诗序、重刻十二家诗引、唐诗十二名家诗叙略。卢照邻集编次亦同，选诗亦同。

《刻唐十二家诗序》云：

> 唐而后诗且蚀者季数百，国朝突起，壮地重之，愿下奔州诸公，斯道朗并红。明曜卒，世习此者，脱诗非唐之矣。式繇名家富盈筍乎。弗齿已近，唐诗有辑有选，牟驾夕喆，愿六选，庚为精约，靓者辟履周行，亡其羊肠。然苟非稍窥其堂，则茹英咀华，难与新知。唐诸名家之全，可无善本，俾游目极聘、得反衍驯喻精约乎？顾今非亡全刻，而久历曜灵蠹讹，递仍家刻，而家异徒荣梨哉。颇豕弥悠，音犹故矣。杨君属性于诗，为圹刻十二家，核讹堇落，衰然全盛，愿六，此博，即详校督严。搜有厥不得，齐峨眉积雪，而学者得循此渐研精约。则是刻拓之先驱也乎。故唐诗不尽于此，而杨君之意则溥矣。
>
> 合肥黄道日书于青阳山房

此序乃介绍杨一统刻唐十二家诗之情况。可见，此本为一个校勘精约的本子。

又明人东郡孙仲逸《刻唐十二家诗序》从选诗的角度肯定此本，从中可知杨一统刻本之来源乃故江都之刻。序云：

> 都有唐诸作而骛之，则兹集数人为首。令海内人士不翅沉酣枕藉之。故江都之刻，不数载已初木……。余友人杨允大再刊于白下，而校加精焉，属不佞序之首。简夫讴歌出闾巷，圣人察而采之，流载谱牒，后世莫尚焉。下沿两京晋魏六朝，代各不同而言亦以异。惟迨李唐，斯道大隆，集历代之大成，创为近体。比事联类，诚圣人所不易。然于时作者

众多，篇章絫赘，选醇摘粹，种种相望，苛严于历下，泛滥于新宁，使务精者致憾于多，博摭者遗恨于寡。均之二集，未为折衷，故捃唐初四杰及陈沈王孟十二人为集，上尽正始之英，中罗开元之美，外联甫白之华，下杜中晚之渐。有唐之盛，班然备于斯集矣。若曰得岸舍筏，学者奚必皆取资？于是则非筏何以及岸？则是集也，岂非斯道津梁乎？顾世作者搦笔云兴，后彦无尽，欲修其极，在慎厥始。然舍是无所指南，是则杨君微意也，夫人味之哉。

万历甲申玄提月。

杨一统《重刻十二家唐诗引》云：

自魏晋降而诗靡，至隋极矣。唐兴，龙门梓州诸子群起而振之，变浮艳为古雅，收溃乱为纪律，以开一代之先。遂使前贤失步，后辈却之。呜呼，诸子之生，迨萃数百年，风气之盛哉！此其作所由集，集所由传也。顾集久传讹，不无鲁鱼亥豕，影肖形遗。鄙私欲订之，爰惧蠡测管窥或盖滋前舛，幸赖同志诸友相与共成。合其出处之纲，析其题拟之目，略加论叙，删正荒唐。庶几哉，归于条理矣。若夫诸家之体裁各殊，瑕瑜不蔽，悉置其雌黄者，则自有海内之法眼在，余小子恶乎敢？

万历甲申孟冬上浣南州杨一统允大甫书于绮霞馆。

后有《唐诗十二名家叙略》卢照邻条有简介简评，云：

卢照邻字升之，范阳人，拜邓王府典签。王曰为相如。后得疾，自沉颍水卒。论曰：卢作宗汉魏，工词，用意超迈风流，风骚之旨，或自得之。

集编次同明活字印本，皆按赋、五言古诗、七言古诗、五言律诗、五言排律、五言绝句、杂言骚体编次。十二种十二卷本赋5篇，五言古诗4题7首，七言古诗5首，五言律诗27题28首，五言排律 26 首，五言绝句 10 题 11 首，五悲文 5 篇。赋、五悲文皆见前选，诗共计 72 题 77 首，皆见前选。

（四）镌校释唐四杰文集明万历二十六年郑云竹宗文书舍刻本。本人见于国家图书馆善本藏书室。卡片记为《镌校释唐四杰文集四卷》，明彭滨校释。总集题名为《唐四杰文集》，共四册，线装，纸页已黄脆。总集按春、夏、秋、冬编次，分别为王、杨、卢、骆四人之集。前有刘曰宁撰《刻四杰文集引》：

> 昔在盛唐皆，则有若王勃、杨炯、卢照邻、骆宾王之四杰者，文章烨然，及诸五言七言诗篇，洎其短章长赋、古风近体，创为注释，汇成几若干卷，付云竹郑氏锓梓，以广其传。欲丐一言颜其首。余曰，都有是哉。先正云，太上立德，其次立功，又次立言，为三不朽事。举若四子之才华，其蜚声于唐者，皆表表可观，第其才浮于德而事功未著。依阿淟涊、趋附权贵豪右之门，竟尔天妒其才，不假之年，则王肖夫杨卢、类夫骆也。惜哉！兹集之传，仅可谓立言云尔。是为序。

> 时龙飞万历戊戌仲秋赐进士第承事郎翰林院编修豫章刘曰宁撰

是序中，肯定了四杰之才华名气，但对其人品颇不以为然。

是集中《卢照邻集》不分卷，部分作品后有评点。有目录。校勘精细，排印清晰，有句读，是个不错的本子。9 行，行 18 字。白口，四周单边，双鱼尾，版心字：秋集。目录之后有卢照邻简介，同明活字本。集编次、选诗基本同明活字本，所不同处有二：一是诗之题名不同，明活字本《结客少年场行》此作《结客少年场》，明活字本《酬杨比部员外暮宿琴堂朝跻书阁率尔见赠之作》此作《酬杨比部员外暮宿琴堂朝跻书阁见赠之作》，明活字本《绵州官池赠别》此作《锦州官池赠别》，无

《含风蝉》题名但有此诗；二是缺诗一首，是集无五排《送郑司仓入蜀》。

二、卢照邻集二卷本

本人共见到卢照邻集二卷明代的八个版本：明铜活字印本、唐百家诗本、十二家唐诗明嘉靖黄埻刻本、唐六家集明嘉靖刻本、唐八家诗本、张逊业校江都黄氏明嘉靖31年（1552）刻本、唐十二家诗刻本、前唐十二家诗明万历三十一年霏玉轩本。

（一）明铜活字印本。本人所见有一册本和二册本两个印本。除集前印章不同，其余版式、编次、选诗皆同。集分上下卷，无目录，9行，行17字，四周单边，白口，单鱼尾，版心题名。卷上为赋、五言古诗、七言古诗，卷下为五言律诗、五言排律、五言绝句、杂言骚体。除五言古诗多出《于时春也慨然有江湖之思寄赠柳九陇》、《至望喜瞩目言怀贻剑外知己》两首而外，其余皆同明活字本。除二册本略有墨污，字大清晰。

（二）唐百家诗本。本人见到了唐百家诗本的两种印本。一为嘉靖十九年（1540）刻本，一为嘉靖十九年明末重印刻本（以下简称重印本）。嘉靖十九年刻本目录前有徐献忠《唐诗品序》，目录首页有"南陵徐氏仁山珍藏"印章。目录后为朱警所写的"唐百家诗后语"：

> 先大人驰心唐艺，笃论词华，乃杂取宋刻，裒为百家。初以晚唐诸子格调卑下，欲加删易，林丘薄暮，含情玄澹，不事文言，遂成遗志。予小子澌薄无似，未敢轻议。友人徐君伯臣，作《唐诗品》一卷，其论三变之源，委探竹子之惊，意各深其意，如抵诸掌，虽古之善言者，曷以加焉。遂乃徇其所尚，差为品目，于旧本之外，补入一十二家，而以徐君所撰冠诸其端。夫钟石毕陈，则宫商莫辨；蓝珠错出，

则才绿靡光。斯固理之常然也。今观徐君之品，则微好之行，不惑于贞观体裁之轨。各司于定见。要之，纤雅之论无移，而玄黄之辨已著，有目者固宜其读，又谁得而泯焉。

嘉靖庚子之秋华亭朱警识

朱警讲述了辑刻唐诗的原委和过程，《唐百家诗》乃朱警承父遗志，并在其父所裒举的基础上，又投合友人徐献忠的爱好，辑刻而成。《唐百家诗》收初唐二十一家、盛唐十一家、中唐二十七家、晚唐四十二家。《卢照邻集》二卷辑入"初唐二十一家"（今存二十家），卢照邻外，其余十九家为太宗、虞世南、许敬宗、李百药补、杨师道补、董思恭、王勃、杨炯、骆宾王补、乔知之、陈子昂、杜审言、沈佺期、宋之问、李峤、苏颋、张说补、张九龄补、卢僎补。此本分上、下卷（但只题：卢照邻集、卢照邻集卷下，未注卷上），卷首页有长乐郑振铎西谛苑书印。无目录，10 行，行 18 字，单鱼尾，白口，版心题名。此本有部分作品字多有不清，影响阅读；且作品有缺损、书中有脱页现象。《战城南》至末句"为待战方酣"，而左下页所接诗句为"挟弹飞鹰杜陵北，探丸借客渭桥西。……"为《长安古意》一诗的后半部分，显然系缺页所致。编次、选诗皆同明铜活字本，选诗：赋、五言古诗（缺《十五夜观灯》一首）、七言古诗（缺《长安古意》前半部分）、五言排律、五言绝句同明铜活字印本，五言律诗比明铜活字本少《辛司法宅观妓》、《春晚山庄率题二首》、《江中望月》、《明月引》4 首诗，此本无选杂言骚体。

重印本题名为《王勃杨炯卢照邻集》，书皮有"唐百家诗·存二十一家"字条，并有手写小字：

癸未七月初四，以十五元购于东安市场，明徐献忠刻唐诗百家，今存三十四家。此亦嘉靖刻本，但稍晚耳。绒尚佳……

当是郑振铎购书时所记，当时还存三十四家，可见后来又有遗失。笔者所见仅有《韩翃包佶包何顾况集》、《李峤苏颋集》、《张说集》、《祖咏孟浩然集》，计王杨卢，共 12 家。此本行款、编次、选诗皆同上本，但此本无缺失现象，虽有字不清，尚不影响阅读。

（三）十二家唐诗明嘉靖黄埻刻本。十二家唐诗二十四卷，明张逊业编，存十一家二十二卷。《卢照邻集二卷》外，还有《沈佺期集二卷》、《王勃集二卷》、《杨炯集二卷》、《陈子昂集二卷》、《杜审言集二卷》、《高常侍集二卷》、《宋之问集二卷》、《王摩诘集二卷》、《骆宾王集二卷》、《岑嘉州集二卷》。此本分上、下卷，每一作者卷首页皆有"永嘉张逊业有功校正、江都黄埻子笃梓行"字，集后有"陈崔、史起蛰等十一人同阅"字。9 行，行 19 字，四周双边，双鱼尾，白口，版心字：东壁图书府、题名、江郡新绳。排印清晰。无目录。编次卷上按赋、五七言古诗、卷下按五言律诗、五言排律、五言绝句、杂言骚体，同明活字。选赋、五绝与杂言骚体同明活字本，选诗五古 4 题 7 首，七古 5 首，五律 26 题 27 首，五排 22 首，共计 68 题 73 首。五律五排中，重出诗歌 4 篇，实收 64 题 69 首，皆见前选。五律中，见明活字本中归入五古、五排中诗歌，五排中，见明活字本中归入五古中诗歌。可见出编者对于诗歌体式归属的一家见解。

（四）唐六家集明嘉靖刻本。题为《唐六家集二十六卷》。此总集除收入《卢照邻集二卷》外，另有《王勃集二卷》、《杨炯集二卷》、《骆宾王集二卷》、《高常侍集二卷》、《岑嘉州集八卷》。此本分上、下卷，10 行，行 18 字。白口，四周单边，单鱼尾。无目录。集中部分作品用点标出，应为编者认为精彩感人之处。编次同明活字本，但无有五排编次，通通归入五律。选赋、七古、五绝、杂言骚体皆同明活字本。五古同明铜活字本，五律同明活字本之五律与五排。

（五）唐八家诗本。明刻本。总集题为《唐八家诗二十六卷》。收《卢照邻集二卷》外，另七家为：《王勃集二卷》、《杨炯集二卷》《骆宾王集二卷》、《杜审言集二卷》、《陈伯玉集集二卷》、《孟浩然集四卷》、《高常侍集十卷》。此本分上、下卷，无目录。行款、编次、选诗皆同《唐六家集明嘉靖刻本》，此两本应出一源。

（六）张逊业校江都黄氏明嘉靖 31 年（1552）刻本。本人所见，有一册线装和二册线装两种印本。一册本书前夹有小页，上书：周叔弢先生捐赠普通书十一种、十八册、计一捆。此本基本清晰，偶有墨重墨浅，不妨阅读。二册本《卢照邻集卷上》有"长乐郑振铎西龙苑书"印，次本清晰。集后均有有"陈崔、史起蛰等十一人同阅"字。两种印本行款、编次、皆同《十二家唐诗明嘉靖黄埻刻本》。与其当出自一个总集版本。此本前有张逊业所撰《卢照邻集序》：

> 卢照邻，字升之，幽州范阳人。岁十余，就义方，之教于曹献。王善属文，闻博学，拜典签——邓王府职焉。奇重于王，尝以相如期之，徧与群官谓言。后因底疾再拜新都尉，疾作，竟不能任，得方士玄明膏，饵之。处太白山中，遇父丧，呕丹出，疾益甚，徙居阳翟具茨山，预为墓，掩其中，著五悲等颂。暨沉涸孪废，不堪其苦，与亲属执别，遂投颍水而死，时年四十，文集二十卷、幽忧子三卷，今无可稽。是集足以传其槩矣。论曰：卢作工词，用意超迈流几，风骚之旨或自得之。悲夫，然斯人也，才有余而量不足，志锐始而力急终。礼不以节，遂致药无告，救疾败，沉水莫能善保，皆过也。且孝子三日而食，教民无以死伤生，不灭性。此圣人之政也。又曰：辟踊，哭之至也，有筭为之节文

也。是虽为亲之至，犹贤者之过也。若其赋病梨与双槿以资
生之，或偏侏儒之短饱。作五悲，言念荣达、羞耻、枯穷，
意鄙何至此耶！知道者以意安命，富贵死生，处之一也。奋
庸遗厄，天实为之，人也何尤，乃至没，没死非其自速，与
穷鱼之赋形容小人态状，莫此为切。观诗者得焉，亦可助抵
掌也。

　　　皆嘉靖壬子秋日

　　从中不但可看出张逊业对卢照邻及其作品的评价，还可看出
他必见到了卢照邻集之《唐百家诗》本，至于此本源流，应同
明铜活字印本。

　　（七）唐十二家诗刻本。明嘉靖间（1522－1566）。函上题
名"明版唐人集"，前夹有书条，上写：十二家唐诗。除《卢照
邻集二卷》外，此总集另收有《王勃集二卷》、《杨炯集二卷》、
《杜审言集二卷》、《骆宾王集二卷》、《沈云卿集三卷》、《宋之
问集二卷》、《陈伯玉集二卷》、《孟浩然集四卷》、《王摩诘集》
（6－10卷）、《高常侍集十卷》、《岑嘉州集八卷》，共十二家。
此本分卷、行款、编次皆同唐六家集明嘉靖刻本，与明铜活字印
本同出一源。卷首有"长乐郑振铎西龙苑书"字。排印清晰，
偶有字不清晰，不妨碍阅读。

　　（八）前唐十二家诗明万历三十一年霏玉轩本。题为《前唐
十二家诗二十四卷》，傅增湘教跋并录黄丕烈题识。此总集除
《卢照邻集二卷》外，另录《王勃集二卷》、《杨炯集二卷》、
《骆宾王集二卷》、《陈子昂集二卷》、《杜审言集二卷》、《沈佺
期集二卷》、《宋之问集二卷》、《孟浩然集二卷》、《王摩诘集二
卷》、《高常侍集二卷》、《岑嘉州集二卷》，共十二家。

　　前有许自昌草书序，已有残损，节录如下：

　　　……乡音洗心，正始之音，力追骚……唐□君子，其谁

95

与归？数……者研习风流靡斯足则纫兰采英之赋，几为寻声
偶句之祖矣。客曰：是则然矣，然子□其一末□其二也。子
见数□子显其寸之长矣，未见饳饤而获隽，名声烂然垂之旂
常。余之何敢望专自分散？樗不□櫕，□见握尘尾而无赋，
题青衣以愧石灵，云声断瓜园失韵，曷胜掩口启□，拾王□
之唾，……奚后之人而独尊前唐数□子？与余曰，余不佞
此，非余之所敢明也。然常闻之，言诗者之家矣，三百篇
来，法创于□李□于建安，晋宋齐梁，彩丽竟繁，兴寄都
绝，……下迄宋元。数□子呈其尺之短也，荇菜蠡羽灵妃，
以之宣□濮上，桑间郑卫，亦以之宣谣。千载而下，犹能指
其人而曰之。故征蛮颂，使能之□池山，销帝子之忧。佺期
启于南荒，摩诘饮恨于佩印，子惟善颂，能为之解免，假令
数子卷舌秋蝉、埋名腐草，则其人与世俱湮矣。□一言之
工，莫洗百世之醜。则吾子其奚居□言身之文也，而之子以
类其身，子奚玉之弃而残石之好也。余闻若言也，如刺心□
而愆其所□。剩月残花，邀客而去，乃尘正襟，焚百合之
香，松云将之侣，邀之乎无河者之乡，而偃□乎间丘之上。

万历癸卯孟夏长洲许自昌书

序中记载了校刻此集的原因，反映了明人重视传刻初盛唐中
小诗人作品集的风气。

《卢照邻集卷上》首页有"长洲许自昌玄祜甫校"字，卷终
后附《增益府裴录事》、《赠益府群官》诗二首，并有沅州所
记云：

甲寅春二月校明活字本，并补抄诗二首于右，盖此许刻
本所无也。

后有《前唐十二家爵里详节》，卢照邻条同明活字本所载。
此本分上、下卷，无目录，四周单边，单鱼尾，白口，版心字：

十二家爵里详节、题名。结尾半页字体不同。编次皆同十二家唐诗明嘉靖黄埙刻本，选录作品情况：赋、五古、七古、五绝、杂言骚体皆同十二家唐诗明嘉靖黄埙刻本。选诗五古4题7首，七古5首，五律27题28首，五排26首，加上附录的2首诗，共计74题79首，皆见前选。对于五古、五律、五排的编选，亦可见出编者对于诗歌体式归属的一家见解。

三、幽忧子集七卷初唐四子集本

此为目今所见最早之七卷本。明崇祯十三年张燮、曹荃刻本，附录一卷。总集题名《初唐四子集》，前有曹荃《刻初唐四子集序》，序云：

> 今海内湛深经术，淹名理之学，盖莫长于闽。而绍和征君其尊宿也。往余里居，尝叹吾乡之有仲醇，清漳之有绍和。岿然称二大老。仲醇得生同里闬，少而习之；绍和则已如天际真人，蒹葭宛在矣。属有天幸，承之此帮，遂得登其堂、披其幄，尽聆尘下之霏屑，芜发枕中之鸿宝，伐柯我观，永华毕于斯，虽复平子抒华掞藻，茂先之比物连类，但有过之无不及也。绍和雅志好修，不仅立言垂世，然其撰述之富，抑亦近代所无。既已搜刻汉魏以来七十有二家，将渐次及于三唐两宋，令后世尚友作者如入宝林，岂非快事！乃所梓仅及初唐四君子，尚未竣事而绍和告殂矣。嗟乎！人琴俱亡，昔人所痛。令唐初以后诸君子精神不经洗发，岂不与绍和俱亡哉！余小子窃有志焉而未之逮，尚冀后人不昧斯旨，岂惟诸君子不亡，即绍和亦不亡矣。唐初风气，庞缛六朝绮靡，划削木未尽，四子杰出，力厚而致丰，岂观拾遗江河万古之推尊，则知当时已群用见哂，而绍和又极力表彰四子之品行，使不以器识两字抹杀。岂惟与江河并流，虽与日

月争光可也。若绍和者，可谓能微显阐幽者也，据坛坫而称尊宿，不虚也。

> 崇祯庚辰仲秋望后八日梁溪后学曹荃题于漳署之霞北草堂

从序中看出，张燮、曹荃对四杰之文学地位颇为推尊，可谓开一代之先。所以其对卢照邻作品之裒集，甚为用力，也使此版本成为卢照邻作品之集大成者。后世七卷本，皆据此而来。

《幽忧子集》前为张燮所撰幽忧子集题词：

> 古今文士奇穷，未有如卢升之之甚者，夫其仕宦不达则亦已耳，沉疴永固，无复聊赖，至自投鱼腹中，古来膏肓，无此死法也。升之方始寝瘵，自以仙方为必可期，当遇异人授以大丹，会遭父丧，辟踊号恸，丹辄吐出，而疾转增。伦常之际，天性之笃，有足怜者，母老身废，仰给交知，如邻舍隙光，讵易长燃？窃谓天地大矣，无所不有，或俪景争晖，或埋烟剗骨，或百灵供其驱遣，或四大无以自容，脆漏偶遇，势必任受，无处诉屈，安得以□足笑跛，讥彼蹒跚，自贻坑堑，早岁秩满，栖迟山水间。比疾笃，买园绕水舍，下又预为墓，依稀达人之风。若夫训鸳病梨之赋、五悲释疾之文，笔端尚存，曷禁书窝？乃持议者讶其不能义命自安，亦太甚矣！因梓升之之集而详揭之。

> 石户主人张燮题

观是序，真可谓千载之下，卢照邻知音者。题词名下有小字云：

> 中段鸿论，振触余怀，为之色忧。

应是曹荃所感慨，可知张燮所论不缪。

接着是《幽忧子集七卷》张燮识：

> 卢照邻本传存二十卷，近代永嘉单行诗赋仅二卷，今汇

诗文共七卷。

据此可知，张燮当世可能仅有二卷本卢照邻集流传，其裒集之功，开后世先河。

后录参订诸名公姓氏："姚江施邦曜尔韬"等十二人名号。

是集有目录，9 行，行十八字。白口，四周单边，单鱼尾，版心题名。集中作品时有句读，少部作品文后有评论。校勘精细，排印清晰，虽然还有诗未录，但仍然是个不错的本子。

集分七卷，卷一录赋 5 篇，五古 14 题 17 首并附《王勃和诗得烟字》，卷二录七古 5 首，五律录 29 题 31 首，卷三录五排 20 首，五绝 9 题 10 首，七绝 2 题 5 首附录王勃、邵大震同题诗各一首，乐歌 9 首，卷四录骚 6 篇，卷五录骚 3 篇，卷六录序 7 篇、对问 1 篇，卷七录书 3 篇、讚 2 篇、碑 1 篇，附录：《旧唐书·卢照邻小传》、《新唐书·卢照邻小传》、骆宾王《艳情代郭氏答卢照邻》、遗事（《孙思邈传》）、集评（《朝野佥载》）。集选录诗歌共计 80 题 97 首，骚体 9 篇，文 14 篇。皆见前选。

除别集和总集中的刊印之外，明代的诗评、地方艺文志和选本对卢照邻诗文亦有著录。高棅《唐诗品汇》卷一、卷二十五、卷三十八、卷四十六、卷五十六、卷七十一选录是个 30 题 32 首，皆见前选。《唐诗品汇·唐诗拾遗》卷一、卷三、卷五、卷八选录卢照邻诗 8 首，皆见前选。周复俊《全蜀艺文志》卷九选录卢照邻诗 1 首，卷三十二、卷四十三选录卢照邻文 3 篇，皆见前选。又，卷五十二记载卢照邻有《悟本寺记》一文，于今未见。曹学佺《石仓历代诗选》卷十九、卷二十选录卢照邻诗 52 题 54 首，皆见前选，其中《辛法司宅观妓》题名异于前选题名《辛司法宅观妓》。陆时雍《唐诗镜》卷二选录卢照邻诗 9 首，皆见前选。

此外，在《藏园订补郘亭知见传本》中，《卢升之集七卷》尚有明刻十卷本。明张逊业刻，二卷。附云：

见明人汇刻诸集中卢照邻、沈佺期二种。卢集书题南州杨一统允□校，沈集书题江东孙仲逸野臣校，不知共有若干家。其版匡内无直行线。（眉）①

第四节　清代卢照邻诗文的刊刻与流传

有清一代学术繁荣，隋唐五代别集的刊刻的数量之多、规模之大，超过了宋、元、明各代。卢照邻诗文集也得到了精心的整理和刊刻，笔者所见以七卷本为主，有二卷本二种。下面按时代先后分而论之。

全唐诗本（1705）、四库全书本（1773－1793）、星渚项氏刻本（1781）、丛雅居刻本（1644－1911）、畿辅丛书本（1644－1911）、光绪五年七月淮南书局卢照邻文集二卷本（1879）、元和江氏灵鹣阁卢照邻集二卷本（1895）、四部丛刊本。

一、全唐诗本

康熙四十四年（1705）敕修本《卢照邻诗》二卷，《全唐诗》卷四十一、卷四十二收。据康熙《御制全唐诗序》："朕兹发内府所有全唐诗，命诸词臣，合唐音统签诸编，参互校勘，蒐补缺遗，略去初盛中晚之名，一依时代分置次序。"选录卢照邻诗歌83题102首又一句。集虽未分卷，但从编次仍可看出按五古、七古、五律、五排、五绝之顺序，同明铜活字本，选诗次序不同，但篇目略同。此本比明铜活字本多出《释疾文》三歌、《七日登乐遊故墓》、《元日述怀》、《和吴侍御被使燕然》、《七

---

① 莫友芝撰傅增湘订补傅熹年整理：《藏园订补郘亭知见传本》，中华书局1993年版，第54页。

夕泛舟》二首、《山行寄刘李二参军》、《首春贻京邑文士》，断
句"城狐尾独束，山鬼面参罩"，除《释疾文》三歌此本单独选
出和断句外，其余皆见前选。此本亦是以明铜活字本为源，补以
其他总集、选本、诗评中少部分诗歌，编辑而成。选录卢照邻诗
歌可谓集大成之作。

二、钦定四库全书本

乾隆三十八年（1773）至四十八年（1782）编修而成的
《四库全书》本。近年来，四库全书本以其校勘精审越来越被学
界重视。原因有三：一，参校他本，择善而从。二，其纂修校雠
工作，多出当时大儒之手，文学如姚鼐、纪昀、朱珪、曾燠，俱
是名家。三，清代内府藏书甚富，宋元旧本颇多，大有校勘上的
价值。本人所见为河北大学宋史中心《景印文渊阁四库全书》，
据书中书影知，原书高 31.5 公分，宽 20 公分，封面经部绿色，
史部红色，子部蓝色，集部灰色，简明目录黄色。内页款式：原
书版心高 22.3 公分，宽 15.3 公分，每页 16 行，行 21 字，鱼尾
下标注书名、卷次及页数，红框白口，天地甚宽，明朗美观。

此本题名《卢升之集》，在别集类一·唐。提要中未详所源版
本，但检其卷次、编次、选诗情况，皆与明代张燮、曹荃《幽忧
子集七卷》之初唐四子集本相同，只是未收附录，应源于此本，
另外，明本《临阶竹》此本中题名作《阶下竹》，不知所参何本。

三、星渚项氏刻本

笔者在国家图书馆见到两种印本：一为题名卢升文集七卷，
一为题名卢升之集七卷。

（一）卢升文集七卷。乾隆 46 年（1781）刻本，1 册。赵氏
藏书，在初唐四杰集，线装。版心有总集题名：唐四杰集。总

目：王子安集十六卷、杨盈川集十卷、卢升之集七卷、骆丞集四卷。有：京师图书馆印。书中小字条上写：初唐四杰集，部汇刻书类，清项家达编，清乾隆四十六年刻本，三十七卷六册，清监书。总集前有项家达撰述四杰作品集之著录源流：

唐书经籍志：王勃集三十卷，杨炯集三十卷，卢照邻集二十卷，骆宾王集十卷，此唐人旧本也。宋史艺文志：王勃诗八卷、文集三十卷、杂序一卷、舟中纂序五卷，杨炯集二十卷，卢照邻集十卷、幽忧子三卷，骆宾王集十卷、百道判二卷，本于《崇文总目》也。考晁公武读书志，杨卢骆集卷与总目同而王集止二十卷。陈振孙《书录解题》，止载卢骆集，似未见王杨，而洪迈《荣斋随笔》又云，王集二十七卷，则洪氏所见转较晁氏为多，是四子集在宋已显晦不一，多寡互异矣。余所见王子安集，明张燮作十六卷，张逊业不分卷。杨盈川集，明童佩作十卷。骆丞集，明颜文选、施羽王并作四卷。惟卢升之集不著编辑人氏，作七卷，俱与诸家著录不符，中间文义亦时有舛脱，大率从《文苑英华》诸书裒而成，非复当时完本。明许自昌刻《初唐十二家集》，仅录四子诗赋，兹取现存各本，互相点勘合刻成。编辑各卷目仍之。

乾隆辛丑仲春月翰林院编修星渚项家达豫斋撰。

以上考述甚详，项氏因不满当时传世卢集之不善、不全的状况，因而取所见各本，加以点勘，合刻而成。卢升之集前有《唐书文苑传》卢照邻传，有目录。目录页有"国子监南学书、光绪九年二月查过准部齐全"红色字。9行，行21字，偶有字不清，排印清晰。单鱼尾，上下双边，白口，版心题名。

集分七卷，编次同明《幽忧子集七卷》初唐四子集本，但所收卷数有所不同。卷一录赋5篇，乐歌9首；卷二录五古11题14首，七古5首，五律录29题31首，卷三录五排23首，五绝 9 题 10 首，七绝 2 题 5 首，其中《九月九日登元武山》与他本题名不同；卷四、卷五、卷六、卷七选录文章皆同明《幽忧子集七卷》初唐四子集本。集选录诗歌共计 80 题 97 首，骚体 9 篇，文 14 篇。皆见前选。

（二）卢升之集七卷。乾隆辛丑仲春，星渚项氏校勘。在初唐四杰集。此本与《卢升文集》行款略有不同，为四周双边，偶有字不清，有的已影响阅读，如项家达撰文页底部多有字无法辨认。此本当为翻刻本，但质量不如原本。

四、丛雅居刻本

本人见到两种版本：一为丛雅居邹氏刻本，一为丛雅居清同治刻本。

（一）丛雅居邹氏刻本。此为卢升之集七卷，清（1644－1911），2 册，线装。前有《唐书文苑传》卢照邻传，卢升之集目录，版心字：题名、丛雅居邹氏刊。9 行，行 21 字，单鱼尾，白口，左右双边。此本前无项家达所撰。编次、选录作品皆同星渚项氏刻本，但排印清晰。

（二）丛雅居清同治刻本。此为卢升之集七卷，清同治 12 年（1873），1 册，线装。在初唐四杰集，集名为"同治癸酉秋日陈璞题"，有"丛雅居重刊星渚项氏本"字，录：王子安集十六卷、杨盈川集十卷、卢升之集七卷、骆丞集四卷。总集前有项家达撰文。编次、选录作品皆同星渚项氏刻本，但排印清晰，显然重加校勘，应属一个不错的本子。9 行，行 21 字，单鱼尾，白口，四周双边，版心字：题名、丛雅居邹氏刊。

五、畿辅丛书本

此为卢升之集七卷本。本人见到三种本子。一为清（1644－

1911）1 册刻本，一为光绪 5 年（1879）1 册刻本，一为新城王氏清光绪 5 年刻本（1879）。

（一）清（1644－1911）1 册刻本。畿辅丛书总目前有黄彭年序云：

> 彭年领畿辅通志局，广求群籍以资采证。定州王君文泉，每过访辄携故书相与论定。所见愈多，其志乃愈广。近旧家藏书，子孙世守巳刊未刊之册，或购或钞，不吝重费。慨然思萃其乡先生所著延朴学之士，校勘为一书。彭年亟赞成之，三年刻成。凡若干部，是为畿辅丛书初集，谨叙其端曰：自醴子家言易而有韩、商、孟，但荀卿言礼而有卢植、二刘，毛苌、韩婴言诗而有韩伯、高贯、长卿，秦恭、鲍宣言书而有胡常、卢景裕，董仲舒言春秋而有严彭祖、延安乐，至于唐之孔贾而五经大义备矣。史则张宴、孟康，子则荀卿、慎到，辞赋则张超、崔骃，算学则高允、李冶，小学则崔瑗、张楫。历代以来，递相述诸史艺文著录者千有余家。北学之盛，由来旧矣。其或佚或存而见于四库总目者，固班班可考；四库未收及出于乾嘉以后者又屡见。顾以时局艰难，士溺科举，习尚日靡，古籍沦亡。非有人焉荟萃而刊布之，不惟前人述作渐至失传，后所学者将何所资以见道？然则文泉所见甚广且远，而用心至勤所系顾不重哉！尝考丛书之刻，自武英殿聚珍版外，无虑数十百本，大率网罗散佚，或取乎博或主乎精，惟汉魏唐代则以时代，岭南泾阳浦城及近世金华之刻，则限以方隅。然皆不过一朝一郡一邑，从未有上下数千年极畿辅之广传者。广传则无穷，无穷则难继。吾意言考据者去其繁碎，言义理者去其空疏，举最古最要切于实用有裨于学术治术者，先刊以传。其书虽精而人有遗议，与其人可传而书或稍逊者，则姑缓焉。文泉之远志深

识，不淆于俗谕而敢于浅谋，必能始终其事，以光先哲而嘉来学，固同志所共信而无俟儳言也，贵筑黄彭年序。

从序中得知，畿辅丛书乃王文泉荟萃其家乡京畿人士自古以来之著述，黄彭年见到了此初刻本。

卢升之集前录《唐书文苑传》卢照邻传。卢升之集目录、编次、选录诗文皆同同明《幽忧子集七卷》本。10 行，行 22 字，黑口，四周单边，版心题名。校勘精细，排印清晰，乃是个不错的本子。

（二）新城王氏清光绪 5 年刻本。此为武进陶湘，民国 2 年（会印），1 册，在《畿辅丛书初编》，线装。编次、选录诗文、行款皆同上本。丛书前有缪荃孙识云：

> 直隶定州王文泉郎中灏，咸丰壬子科举人，与张文襄公同榜，曾识之文襄公座上。时在光绪初年，畿辅丛书之辑，文襄公与议，黄子寿年丈，主莲池讲席，亦怂恿之。文泉豪富好事，在京广购书籍。海陵陈研香年丈，书尽归之。皆钞刻秘帙，遂延贵筑黄再同国瑾归安钱彦劬恂，分校开局，保定大半，王棣轩方伯树枏胡月舫廉访景桂主之有采访畿辅先哲遗书目之刻，荃孙曾与借通鉴长编纪事本末，文泉亦假去旧钞《刘中山集》刊行。荃孙于戊子奉讳回江南，文泉书未刻完而殁，外间无印本。光绪甲午李顺德师督直隶学，抽印三十五种，畀荃孙一分，始见此书。窃意生今之世，征求本地明贤著述，述而传播之，并全部收入，不加删节，实为有功先贤、嘉惠后学。第书与注均是乡人，固宜全刻，如书系乡人注则非，是宜择无注本刻之；否则终嫌羼杂。宋人专书郡望，须加考证，今广雅之疏证，春秋繁露之注，未免喧宾夺主。李之仪实是武定人，非沧州。金伯玉武进人，宛平是其寄籍，亦觉疏于考证。惟一省之大，京畿人物之众，刊

书一百十八部，为种二百二十二，为卷一千五百四十五，格既清朗，字少讹夺，与钱唐丁氏所刻武林掌故丛编往哲遗书相埒，北地更为罕见矣。书无总目，陶君就书佑所编为之排比，并名之曰初编。如有能广续之，尤学人所共望矣。癸丑十月江阴缪荃孙识。

由上可知，清（1644－1911）1 册刻本乃依此本而刻，因为王文泉初刻本并无总目。此本为光绪甲午（5）年，李顺德在督直隶学时刊印，并且是抽印了初刻本中的三十五种。缪荃孙亦未见初刻本。

畿辅丛书初编总目后有陶湘识：

直隶定州王灏文泉氏汇刻光绪己卯开雕刻本，未竟而灏卒。所以各书之序目跋记忽略忽详，灏之题跋或无或有，校对亦未为完善。丙午以后，北京书肆集资会印，另刊总目，讹错尤甚。今就书肆所会印者，重加编订，按四部分录，其有会一姓或一人所著者，另録会刻一类。各书之序目跋记，有则详载，无则缺如，撰人籍里，悉照原刻入，仍名畿辅丛书，而曰初编者，以明所刻未尽且原刻各书首行之下，或注初编二编或竟不注，特以初编表出之，亦作者之本意也。癸丑冬月武进陶湘识。

集横断面有字：卢升之集、畿辅丛书。

（三）"光绪五年开雕、谦德堂藏版"一种。线装，编次、选诗、行款皆同上本。

六、光绪五年七月淮南书局卢照邻文集二卷本（1879）

在《初唐四杰文集》，光绪五年七月，淮南书局刊成，线装。有《初唐四杰文集目录》，另有王勃、杨炯、骆宾王集。总集分上、中、下三册，共二十一卷。有字墨迹不清，但不妨阅读。半页 12 行，行 22 字，四周单边，单鱼尾，白口，版心字：题名、卷数、作者。卢照邻文集前有作者简介：

> 照邻字升之，幽州范阳人。初授邓王府典签，调新都尉，因染风疾去官。沈痼挛废，不堪其苦，投颍水死，年四十。

集共收卢照邻文章 22 题 28 篇，皆见前选。

七、元和江氏灵鹣阁卢照邻集二卷本

刻本。苏州元和江氏灵鹣阁，清光绪 21 年 1 册。在《唐人五十家小集》，线装。此为宋本唐人小集，灵鹣阁影印，章钰署检，苏州察院场振新书社经印。有唐人五十家小集总目，元和江标影印宋本校刊。卢照邻集后附有书社自藏二十余种总集目录，其《唐人小集》后注云：

> 十六册，洋八元。

> 本集为南宋书棚本，世间流行甚少，江建霞先生影刻于湘中，凡五十家。首列盛唐四杰（王勃、杨炯、卢照邻、骆宾王）专集而殿以张司业，中如卢同、曹邺、李丞相、权德舆诸名家，搜罗宏富，盖唐集中之巨观也。印刻之精，尤其余事，为研究三唐者不可不读之书。

建霞即江标之字，精于版本目录之学，博学工诗文，尝刻《灵鹣阁丛书》，世称精本。南宋书棚本为世间所贵，又唐集宋刊今存甚少，从中可寻各集原貌，因而价值颇高。卢照邻集与王勃集、杨炯集合刊为一册。

卢照邻集前书有：光绪二十一年六月江氏影宋。无目录，无注释，无句读，偶见红圈句读。半页 10 行，行 18 字，左右双边，单鱼尾，白口，版心题名。排印清晰。应该是为保持宋本原貌，脱页处仍之。《战城南》后多出《失群雁》6 句，《相如琴台》后脱掉《长安古意》前半部分。

集分上下，按诗体编次。收录赋 5 篇，五古 23 题 26 首又残篇 1，五律 28 首又残篇 1，五绝 10 题 11 首。皆见前选。其行款选诗编次皆同明刻唐百家诗本，可知二者源出同一个底本，但此本刻录精美，非明刻本所比，为后世所重。

第五节　小结

通过梳理，卢照邻诗文集版本源流已然明晰：自唐至清，卢照邻诗文结集、散佚、再重新结集。根据史志和目录等文献的记载，唐代最初应有两个集子《卢照邻集二十卷》和《幽忧子集三卷》，但其刊刻情况，不得而知。虽然卢照邻生前文名已重，但存于唐人选本中的诗作却甚少。宋、元时期，卢照邻作品不断散佚，但仍有《卢照邻集》十卷本、《幽忧子集》三卷本和十卷本行于世。但其版本原貌皆不可知，只存在于书目著录。此时，大量的卢照邻诗文主要保存在宋元时期的总集与选集及诗文评之中。明清两代，刊刻流传的有三个系统的版本。一卷本系统，卢照邻诗一卷在明代有四个版本，一为明活字印本一册，一为唐四杰集四卷本，一为唐十二名家诗本，一为镌校释唐四杰文集明万历二十六年郑云竹宗文书舍刻本。明活字本源出宋版王子安卢升之集，未知几卷本，其余三个刻本皆同此或略同，清代无刊刻。二卷本系统，含诗集、文集两种，明代包括八个版本：明铜活字印本、唐百家诗本、十二家唐诗明嘉靖黄埻刻本、唐六家集明嘉靖刻本、唐八家诗本、张逊业校江都黄氏明嘉靖 31 年（1552）刻本、唐十二家诗刻本、前唐十二家诗明万历三十一年霏玉轩本。清代有全唐诗本、元和江氏灵鹣阁卢照邻集二卷本，以上皆与明活字本略同，可见，同出一源。其中，元和江氏灵鹣阁本，乃影刻南宋书棚本，刊刻精美，为世所重；全唐诗本补以其它总集、选本、诗评中少部分诗歌，编辑而成，成为选录卢照邻诗歌可谓集大成之作。光绪五年七月淮南书局卢照邻文集二卷本（1879）乃专录文集之本。七卷本系统，明崇祯十三年张燮、曹荃刻本《幽忧子七卷》，为目今所见最早之七卷本，由于张燮、曹荃对四杰之文学地位颇为推尊，所以其对卢照邻作品之衷集，甚为用力，也使此版本成为卢照邻作品之集大成者。清代七卷本有四库全书本、星渚项氏刻本、丛雅居刻本、畿辅丛书本以及民国四部丛刊本，皆据此而来。

此外，20 世纪 80 年代以来，出现了三个卢照邻作品集的新整理本，一是任国绪笺注的《卢照邻集编年笺注》，黑龙江人民出版社，1989 年版；二是祝尚书笺注的《卢照邻集笺注》，上海古籍出版社，1994 年版；三是李云逸校注的《卢照邻集校注》，中华书局，1998 年版。三本皆以《四部丛刊》影印《幽忧子集》为底本，将卢照邻作品编为七卷，任本附录有：补遗、传记、遗事、卢照邻诗文系年及生平形迹。祝本还校以明铜活字本《唐五十家诗集》之《卢照邻诗集》、张逊业《唐十二家诗》本、《四库全书》本等，又从唐及唐以后的文献中广为辑佚，而将辑到的集外文按体次入编内，排在该体之末。有附录四篇：传记资料、著录题跋、诸家评论、卢照邻年谱，著录题跋中对卢照邻集的流传情况予以简单梳理。李本还以《唐文粹》、《文苑英华》、《全唐诗》等总集校勘文字，搜求异文，辑补遗佚。有附录三篇：传记遗事、卢照邻年谱、诸家评论。凡例中对卢照邻诗文的传刻情况进行了勾勒。这三个整理校注本的出版，将卢照邻诗文的编集刊刻工作推上了前所未有的高度。

第四章
卢照邻思想性格论

卢照邻生活的初唐社会，其文化呈现出鲜明的"三教合流"色彩。儒、释、道三家学术阵容的形成，其远因即历史背景乃在汉末，儒、道（此指道家而非道教）两家思想源远流长，两汉乃是儒、道两家思想的天下，汉末，道家的隐士思想与墨家变相的游侠思想结合，产生道教的雏形；佛教也在这个历史时期，由印度而传入中国。① 近因则是唐初的统治者施行开放包容的文化政策，他们儒、道、佛并重：或政策扶持，或身体力行；而且，"自初唐开国将相，多数为文中子王通的门人。而王通讲学，对于儒、释、道三家学说思想，择其善者而从之，素来不分畛域，因此，一般读书人，号称儒者的知识分子，多已有儒、佛不分，儒、道无别的学术思想。"② 身处如此文化背景之中的初唐士子卢照邻，自然也不例外。综观卢照邻的一生，儒、道、释思想在不同的人生阶段，呈现出明显的倾向性，并影响着卢照邻的人生理想和行止。此外，卢照邻的思想性格中还带有燕赵地域文化的鲜明痕迹。

---

① 南怀瑾：《禅宗与道家》，复旦大学出版社1996年版，第3-5页。
② 南怀瑾：《禅宗与道家》，第7页。

第一节 一生以奉儒为主

一、儒家思想与济世理想

卢照邻早期奉儒。他在《释疾文·粤若》中有很清晰的记载："先朝好吏，予方学于孔墨；今上好法，予晚受乎老庄。"《新唐书·卢照邻本传》中"照邻自以高宗时尚吏，己独儒；武后尚法，几独黄老"的记载，亦本此。

唐初的统治者鉴于南朝灭亡的教训，十分重视传统的儒学。唐高祖李渊云："隋季以来，丧乱滋甚。眷言篇籍，皆为煨烬；周孔之教，阙而不修；痒塾之仪，泯焉将堕。非所以阐扬徽烈，敦尚风轨，训民调俗，垂裕后昆……""朕今欲敦本息末，崇尚儒宗；开后生之耳目，行先王之典谟。"[①] 唐太宗李世民更加重视儒学，《资治通鉴》记载他说："朕所好者，唯尧、舜、周、孔之道，以为如鸟有翼，如鱼有水，失之则死，不可暂无也。"[②] 贞观君臣明确以"尧舜周孔之道"为施政指导思想[③]，他们继承的是周隋以来北方儒学强调的"王道政治"的理论，北方儒学以经世致用、恢复王道为特征。[④]

卢照邻所接受的儒家思想教育，即属于北方儒学。首先，从

---

① 董诰：《全唐文》卷三《令诸州举送明经诏》、《赐学官胄子诏》，上海古籍出版社1990年版，第9页。

② 司马光：《资治通鉴》卷一九二贞观二年四月，中华书局1956年版，第6054页。

③ 见（唐）吴兢《贞观政要》卷六《慎所好》，上海古籍出版社1978年版，第195页。

④ 参见杜晓勤：《初盛唐诗歌的文化阐释》，东方出版社1997年版，第213—214页。

卢照邻所受的幼年教育看。卢照邻为幽州范阳人，范阳卢氏自魏晋以降世为山东士族集团的大姓望族，陈寅恪先生称"所谓士族者，其初并不专用其先代之高官厚禄为其唯一之表征，而实以家学及礼法等标异于其他诸姓。如范阳卢氏者，山东士族中第一等门第也"，① 文中又引《魏书·卢玄传》"卢玄绪业著闻，首应旌命，子孙继迹，为世盛门。其文武功业殆无足纪，而见重于时，声高冠带，盖德业儒素有过人者"以资证。② 这在卢照邻《释疾文·粤若》中再次得到了体现："皇考庆余之弄璋兮，肇赐余以嘉词，名余以照邻兮，字余以升之。余幼服此殊惠兮，遂阅礼而闻诗。"到了隋唐时代，随着门阀制度的解体，这个家族在政治上已趋没落。但家族的荣耀历史和儒素传家的家学，被幼年的卢照邻同时接受了。而且，从卢照邻对一兄一弟的记叙中也可以看到这一点，他们同卢照邻接受的幼年教育是一样的："余之昆兮名杲之，余之季兮名昂之。杲也杲杲兮如三足之鸟，昂也昂昂焉如千里之驹。杲之为人也，风流儒雅，为一代之和玉；昂之为人也，文章卓荦，为四海之随珠。并兰馨兮桂馥，俱龙驹兮凤雏。生于战国，则管乐之器；长于阙里，则游夏之徒。"（《五悲文·悲才难》）。卢照邻以家族中的历代先贤为荣：太岳乃尧时贤臣；姜太公为周文王、周武王佐命之臣，辅周灭商，建立功业；卢敖为秦时博士；尚书卢植忠君保国；中郎卢谌才高行洁。以他们为榜样激励自己并确立自己的人生坐标。

隋末唐初，山东士族与关陇集团相抗衡，③ 是左右当时政局的主要政治力量，太宗朝宰相中，山东人近一半，其中房玄龄、

---

① 陈寅恪：《唐代政治史述论稿》，世纪出版集团、上海古籍出版社1997年版，第69页。
② 陈寅恪：《唐代政治史述论稿》，第69页。
③ 陈寅恪：《唐代政治史述论稿》，第69页。

魏徵、马周、张行成等俱以经术致用，帮助太宗成就王道政治。这对卢照邻是一个鼓舞，他在《南阳公集序》中有所表露："贞观中，太宗……留思政涂，内兴文事。虞、李、岑、许之俦以文章进，王、魏、来、褚之辈以材术显。咸能起自布衣，蔚为卿相，雍容侍从，朝夕献纳。"

由上可知，幼年的卢照邻即以重振家声为己任、确立了"兼济天下"的济世理想，是门阀观念与儒家思想的结合。

为了实现重振家声、建功立业、兼济天下的人生目标，十岁的卢照邻开始了四方求学的人生旅程，为出仕从政做准备。他先从著名的文字学家兼文选学家曹宪学《苍》、《雅》及"文选学"，文字学是学习、钻研前代典籍的基础；"文选学"则是士子属文作诗的必修科目。可见，卢照邻的父亲为卢照邻择师求学是经过深思熟虑的，用意颇深：拜曹宪为师即可以一举两得。在曹宪处完成学业后，卢照邻又北上洹水，从著名的经学大师王义方攻读经史，为出仕从政做充分的准备。经过唐初统治者的倡导和努力，尊儒尊孔、重视经史已成时代风气。"百官中有学业优长，兼识政体者，多进其阶品，累加迁擢焉"，[①]"（国学）学生通一大经以上，咸得署吏"。[②] 这样的用人标准，使得研习儒学经术成为士人进入政途的前提。

卢照邻在洹水王义方处所学儒学，属于北方儒学的齐鲁儒学，[③] 卢照邻在《释疾文·粤若》中云"入陈适卫"、"得遗书于东鲁"即指从王义方游学事。赵翼认为齐、鲁儒士"其所以多

---

① 吴兢：《贞观政要》卷一，上海古籍出版社1978年版，第14页。
② 吴兢：《贞观政要》卷二十七，第215页。
③ 杜晓勤：《初盛唐诗歌的文化阐释》，东方出版社1997年版，第216页。

务实学者，固由于世习之古，亦上之人有以作兴之"，[①] 北朝时期，齐鲁一带的士子自始至终地保持着经世致用的儒学精神。北方儒学强调恢复王道、推行仁政、经世致用的人生精神，学成之后的卢照邻怀着高度的自信、出仕的热情："下笔则烟飞云动，落纸则鸾回凤惊。通李膺而窃价，造张华而假成，郭林宗闻而心服，王夷甫见而神倾。俯仰谈笑，顾盼纵横。自谓明主以令仆相待，朝廷以黄散为轻。"（《释疾文·粤若》）怀抱着"布衣卿相"的从政目标，卢照邻要实现的是"济世"理想的终极目标——实现儒家的"王道"与"仁政"。在《释疾文·粤若》中反复强调自己早年奉儒宗经："十五而志于学……咏羲农之化，玩姬孔之篇，周游几万里，驰驱数十年"，"为书为礼，驱季俗于三古之前；垂誉垂声，正颓纲于百王之后"，"少克己而复礼，无终食兮违仁"；其中"羲农之化"和"三古之前"的"季俗"，以及"武化偃兮文化昌，礼乐昭兮股肱良"，（《中和乐九章·总歌第九》）"师仁义以干时乎？怀诗书以邀名乎？……主上垂衣裳正南面而已矣，庸非有道乎？"（《对蜀父老问》）皆为儒家"王道和仁政"思想。

为了实现拯物济世的理想，和唐代许多士子一样，卢照邻来到长安参加科举考试以求入仕。他先是干谒公卿，受到了来济的赏识。第二章第二节中已论，永徽二年（651），卢照邻学成之后，约在十九岁来到长安干谒、求取功名。时来济拜中书侍郎，兼弘文馆学士，监修国史。《南阳公集序》云"余早游西镐，及周史之阙文"，即指来济监修国史期间卢照邻曾随其得见朝廷藏书。应该是卢照邻在经科举考试之后，又得来济推荐，于弱冠之

---

① （清）赵翼著　王树民校证：《二十二史札记校证》卷十五"北朝经学"条，中华书局 1984 年版，第 313 页。

年，出为邓王府典签，并得到邓王的器重。《朝野佥载》卷六："卢照邻……弱冠拜邓王府典签，王府书记，一以委之。王有书十二车，照邻总披览，略能记忆。"《旧传》云："初授邓王府典签，王甚爱重之，曾为群官曰'此即寡人相如也。'"《新传》云："调邓王府典签，王爱重，谓人曰'此吾之相如。'"《旧唐书·邓王元裕传》云："邓王元裕，高祖第十七子也。贞观五年封郐王，十一年改封邓王，赐食封八百户。历邓、梁、黄三州刺史。元裕好学，善谈名理，与典签卢照邻为布衣交。"① 史书记载与卢照邻自述相符，《释疾文·粤若》中云"及观国之光，利用宾王，谒龙旗于武帐，挥凤藻于文昌。"这是卢照邻一生中最为意气风发、政治热情高涨的时期。他一方面利用自己所处的有利条件，博览王府群书，孜孜不倦地学习，这也是为今后进一步的仕进做准备；一方面像吸取新知识那样，感受着初唐帝国那蒸蒸日上的宏伟气魄和气象："题字于扶风之柱，系马于骊山之松。灞池则金人列岸，太华则玉女临峰。平明共戏东陵侧，薄暮遥闻北阙钟"（《五悲文·悲昔游》）、"长安大道连狭斜，青牛白马七香车"（《长安古意》）。卢照邻身历贞观、高宗、武后主政三个历史时期，此时的唐代，正是国力日益强盛的积蓄时期，为大唐盛世的到来奠定了坚实的基础，已经显露出大唐帝国的种种气象。首先，唐太宗采取了"去奢省费、轻徭薄赋、选用廉吏、使民衣食有余"（据《资治通鉴》卷一百九十二《唐纪》八）② 的经济措施，促进了社会经济的复苏和发展，唐高宗及武后当政时，在政治和文化上都继续推行贞观时制定的方针政策，史称"永徽之政，百姓阜安，有贞观之遗风"③ 永徽三年，全国户数

---

① 刘昫：《旧唐书》，中华书局 1975 年版，第 2433 页。
② 司马光：《资治通鉴》，中华书局 1956 年版，第 6030 - 6050 页。
③ 司马光：《资治通鉴》卷一九九永徽元年正月，第 6270 - 6271 页。

已达 380 万①，比武德晚年的不足 300 万增加了 80 多万。商业的发展，使长安城成为繁荣、热闹的大都市。骆宾王在《帝京篇》中称："不睹皇居壮，安知天子尊"即称赞长安城的雄伟。长安城继承了隋大兴城的城市设施，并加以完善和扩建：如始建于贞观八年（634）的大明宫，龙朔三年（663）被唐高宗作为朝会听证的处所，王维著名的诗句"九天阊阖开宫殿，万国衣冠拜冕旒"，②描绘的就是大明宫早朝的情景。而卢照邻《长安古意》更是对其繁荣做了方方面面的描写。其次，文化上兼容并包，唐初就确立了道、儒、释三教并行的政策，政治宽松，言论自由，重视中外文化交流等等，无不为盛唐的到来奠定了基础，使生逢初唐的人们，感到了欣欣向荣、充满希望和生机的春天的气息，因此，他们也具有了蓬勃向上、积极进取的精神风貌。包括卢照邻在内的"初唐四杰"无不如此。他们代表的是历史向前发展的潮流。

帝国的繁荣使卢照邻的自信心更加张扬，激起了他对功名富贵的更大渴望，激发了他对建功立业更加狂热的追求，这些集中表现在他那一组以乐府旧题而作的边塞诗中：

> 长安重游侠，洛阳富财雄。玉剑浮云骑，金鞭明月弓。
> 斗鸡过渭北，走马向关东。孙宾遥见待，郭解暗相通。
> 不受千金爵，谁论万里功。将军下天上，虏骑入云中。
> 风火夜似月，兵器晓成虹。横行徇知己，负羽远从戎。
> 龙旌昏朔雾，鸟阵捲胡风。追奔翰海咽，战罢阴山空。
> 归来谢天子，何如马上翁？（《结客少年场行》）
> 刘生气不平，抱剑欲专征。报恩为豪侠，死难在横行。

---

① 司马光：《资治通鉴》卷一九九永徽三年七月，第 6279 页。
② 陈铁民校注：《王维集校注》，《和贾至舍人早朝大明宫之作》，中华书局 1997 年版，下引王维诗同。

　　翠羽装剑鞘，黄金镂马缨。但令一顾重，不吝百身轻。
（《刘生》）

　　将军出紫塞，冒顿在乌贪。笳喧雁门北，阵翼龙城南。

　　珥弓夜宛转，铁骑晓骖驔。应须驻白日，为待战方酣。
（《战城南》）

　　骊马照金鞍，转战入皋兰。塞门风稍急，长城水正寒。

　　雪暗鸣珂重，山头喷玉难。不辞横绝漠，流血几时干！
（《紫骝马》）

　　回中道路险，萧关烽堠多。五营屯北地，万乘出西河。

　　单于拜玉玺，天子按雕戈。振旅汾川曲，秋风横大歌。
（《上之回》）

　　边塞将士包括豪侠壮士那沙场扬威、以身报国的雄心壮志，与卢照邻"唯余剑锋在，耿耿气成虹"（《西使兼送孟学士南游》）的建功立业的热望产生了强烈的共鸣，诗中所歌颂的主人公形象，就是急于建功立业的作者的化身。

　　考卢照邻生平，邓王的爱重，并没有给卢照邻带来光明的政治前途。离开王府典签职位后不久，卢照邻也仅仅得到了一个品秩更低的小官——新都县尉。长期的沉沦下僚与卢照邻的自视甚高，形成了巨大的反差，促使卢照邻的思想发生了由儒向道的变化："先朝好吏，予方学于孔墨；今上好法，予晚受乎老庄"。（《释疾文·粤若》）但是，根深蒂固的儒家思想时时以摆脱不掉的政治失意的忧伤表现出来："今日删书客，凄惶人讵知？"（《宿晋安寺》）"仆本多泪客，沾裳不待猿。"（《同崔录事哭郑员外》）"睹皇天之淫溢，孰不隅坐而含噸？……岂知尧禹之癃瘇，而孔墨之艰难？"（《秋霖赋》）"苍黄变色，无心意乎簪履，有悲哀乎杨墨。"（《释疾文·粤若》）

　　卢照邻晚年度过的是与恶疾顽强抗争的生活，支撑他坚强生存并且奋笔写作的动力仍然是儒家思想。卢照邻《五悲·悲才难》在不满与牢骚中云："有窍而生，宁为混沌？无用而饱，何独侏儒？是以蘧伯玉兮长卷，宁武子愚兮更愚。"分明是儒家思想的依托。《论语·卫灵公》曰："君子哉，蘧伯玉！邦有道，则仕；邦无道，则可卷而怀之。"①《公冶长》曰："宁武子，邦有道，则知；邦无道，则愚。其知可及也，其愚不可及也。"②

可以看出，当卢照邻想退出官场时，仍然是以儒家思想为立身出处的。退隐及患病之后，在道家和道教、佛教中寻找依托，但在患病期间，儒家思想始终在卢照邻的内心深处，尤其是病重以后。疾病的折磨让他发出绝望的呐喊，向不公的命运愤激质问："覆帱虽广，嗟不容乎此生；亭育虽繁，恩已绝乎斯代。赋命如此，几何可凭！"（《释疾文序》）但是卢照邻始终没有忘怀对人生意义的思考与探求："假使百年兮上寿，又何足以存存！"（《五悲·悲今日》）生命的价值不在于生存的长度，而取决于生存的质量。平庸的生命即使长命百岁也毫无意义，而能够创造不朽功绩的人生即使短暂也是意义非凡。于是，卢照邻又以儒家"立德、立功、立言"三不朽的思想为圭臬，给自己立下了又一个人生坐标："为龟为镜，立德立言"（《五悲·悲穷通》），走孔子晚年"删书定礼"之路，让自己的学问与文章流芳百世。支撑着卢照邻"已濡首兮将死，尚摇尾兮求活"（《五悲·悲今日》）的是他渴望自己"死且不朽"（《五悲·悲今日》）的信念，儒家的生命哲学给予了病中的卢照邻精神的力量，使他度过了常人难以想象的被疾病折磨了十多年的漫长岁月。

---

① 康有为：《论语注》，中华书局1984年版，第131页。
② 康有为：《论语注》，第66页。

二、执著刚直的个性与刚健豪放的诗风

早期以儒家思想规范自我人格，加之心怀天下的济世理想和两位儒学大师的人格影响，形成了卢照邻早期执著刚直的个性，进而影响他的一部分诗歌形成"雄杰豪放"的风格。

家庭的教育使幼年的卢照邻即背负起重振家声的责任和使命，这样的责任感和使命感，使卢照邻自小就执著于求学，不畏艰辛、刻苦勤奋，"于是裹粮寻师，褰裳访古，探旧篆于南越，得遗书于东鲁，意有缺而必刊，简无文而咸补。入陈适卫，百舍不厌其栖遑；累茧重胼，千里不辞于劳苦。"（《释疾文·粤若》）学成之后的卢照邻，又把儒家"兼济天下"作为自己的理想，把帮助君主实现"王道、仁政"看作自己的责任。理想越来越高远，责任越来越重大，胸中自有一段儒家的"浩然之气"，他刚直不阿的个性来源于儒家自强不息、奋发有为的刚健精神，加上初唐社会的昂扬向上的时代精神风貌，卢照邻的执著表现为极度自信、自视甚高的傲气和豪气："继而屠龙适就，刻鹄初成，下笔则烟飞云动，落纸则鸾回凤惊。通李膺而窃价，造张华而假成。郭林宗闻而心服，王夷甫见而神倾。俯仰谈笑，顾盼纵横。自谓明主以令仆相待，朝廷以黄散为轻。"（《释疾文·粤若》）他对刚直不阿个性精神的追求在《咏史》里得到了鲜明地表现：他歌颂季布"廷议斩樊哙"、"处身孤且直"、"丈夫当如此，唯唯何足荣！"这也使其诗风呈现刚健豪放风格，这种风格的形成还在于卢照邻受燕赵地域文化的影响而带有的任侠气，下文论述诗歌风格时另有专论，此不细论。刚直的个性放大了他自视甚高的傲气，给卢照邻的仕途带来了负面影响：一是他遭横事入狱，是因为得罪了群小，若非"映红莲而得性，戏碧浪以全身"保有刚直的个性而不肯屈己，也不会为群小所害，以致"宕而失

水，屈于阳滨"。(《穷鱼赋》) 非但如此，刚直的个性、孤傲的
人格还使他在官场中陷于孤立，《赠益府群官》中卢照邻进行了
自我剖白："不息恶木枝，不饮盗泉水。常思稻粱遇，愿栖梧桐
树。智者不我邀，愚夫余不顾。所以成独立，耿耿岁云暮。"
《驯鸢赋》通过"怀九围之远志，托万里之长空"的驯鸢自比，
结果也只能"屈猛性以自驯，抱愁容而就养"。卢照邻刚直个性
形成的原因，很大程度上是受他少年求学时期恩师的影响。一个
人少年时代，是性格形成的关键期。他一方面受着儒家的影响，
同时受到儒学大师王义方的影响。

第一章第二节中已论，卢照邻北上洹水就王义方求学为贞观
二十三年（649）事，此年王义方移洹水丞。张志烈先生又进一
步考王义方"则在洹水任上至少有三年多时间，即贞观二十三年
到永徽三年（652）"，① 那么，卢照邻从学王义方，当在此期间。
大约在贞观二十三年到高宗永徽二年（651），照邻在洹水王义
方处学习约有两年的时间。

据《旧唐书·王义方传》，王义方是一位謇傲独行、刚直不
阿之人，《旧传》将其放在卷一百八十七《忠义》列传一百三十
七记其人其事：

> 王义方，泗州涟水人也。少孤贫，事母甚谨。博通五经
> 而謇傲独行，初举明经，因诣京师中路，逢徒步者自云父为
> 颍上令，闻病笃倍道将往焉，徒步不前，计无所出。义方解
> 所乘马与之，不告姓名而去。俄授晋王府参军，直宏文馆特
> 进。魏征甚礼之，将以侄女妻之，义方竟娶征之侄女，告人
> 曰："昔不附宰相之势，今感知己之言故也。"转太子校书，
> 无何，坐与刑部尚书张亮交通，贬为儋州吉安丞。行至海

---

① 张志烈：《初唐四杰年谱》，巴蜀书社 1993 年版，第 48 页。

南，舟人将以酒脯致祭，义方曰："黍稷非馨，义在明德。"乃酌水而祭，为文曰："思帝乡而北顾，望海浦而南浮。必也行愆诸己，义负前修，长鲸擘水，天吴覆舟。因忠获戾，以孝见尤，四维雾廓，千里安流。灵应如响，无作神羞。"时当盛夏，风涛蒸毒，既而开霁，南渡。吉安蛮俗荒梗，义方召诸首领，集生徒，亲为讲经，行释奠之礼，清歌吹钥，登降有序，蛮酋大喜。贞观二十三年，改授洹水丞。时张亮兄子皎，配流在崖州，来依义方而卒，临终，托以妻子及致尸还乡。义方与皎妻自誓于海神，使奴负枢，令皎妻抱其赤子，乘义方之马，身独步从而还。先之原武，葬皎，告祭张亮，送皎妻子归其家而往洹水。转云阳丞，擢为著作佐郎。显庆元年，迁侍御史。时中书侍郎李义府执权用事，妇人淳于氏有美色，坐事系大理，义府悦之，托大理丞毕正义枉法出之。高宗又勒给事中刘仁轨、侍御史张伦重按其事，正义自缢。高宗特原义府之罪。义方以义府奸蠹害政，将加弹奏，以问其母，母曰："昔王陵母伏剑成子之义，汝能尽忠立名，吾之愿也，虽死不恨。"义方乃先奏曰："……便是畏义府之权势，能杀身以灭口，此则生杀之威，上非王出；赏罚之柄，下移佞宠。……"高宗以义方毁辱大臣，言词不逊，左迁莱州司户参军。秩满，家于昌乐，聚徒教授。母卒，遂不复仕进。总章二年卒，年五十五。撰《笔海》十卷，文集十卷。

有如此个性刚直的恩师，少年时代的卢照邻以恩师为榜样，耳濡目染，潜移默化，从而内化为自己刚直的个性，亦在情理之中。

第二节　道家与道教的影响

一、道家与道教：安顿身心的家园

所谓儒、释、道三家中的"道"或称三教中的"道"，严格来讲，包括"道家"与"道教"两个部分，虽在宗教色彩上，有时混淆不分，但还是有实质上的异同。"道家"是一个学派，其学术思想主要来源于黄、老学术与老、庄思想及隐士思想，是中国文化的原始宗教思想、哲学思想、科学理论与科学技术的总汇；"道教"是一种宗教，主要是以道家的学术思想做内容的宗教。汉、魏、南北朝以后，道教以道家学术思想的内容做中心，构成神秘性的宗教思想，用与佛教抗衡。[①] 道家思想，特别是其宇宙观、人生观、方法论，始终是道教哲学的理论基础。在长期的发展过程中，道家与道教有机融合，共同构成中国传统文化的基本要素之一。

创立于东汉末年的道教，唐代得到繁荣发展。除了其宗教自身发展的客观必然之外，还在于建国之初的李唐统治者与之的特殊渊源和大力扶植。唐朝"以李氏出自（太上）老君，故崇道教"。[②] 李唐尊老崇道的方针是唐高祖李渊制定的。隋末天下大乱，唐人杜光庭《历代崇道记》里记载：高祖李渊起兵时，"感霍山神称奉太上老君命，告唐公（李渊），汝将来必得天下"[③]。

---

① 参见南怀瑾：《禅宗与道家》，复旦大学出版社 1996 年版，第 139、184 页。
② （唐）封演撰　赵贞信校注：《封氏闻见记校注》卷一《道教》，中华书局 2005 年版，第 2 页。
③ 《道藏·洞玄部记传类》第三百二十九册，商务印书馆 1924 年，上海涵芬楼影印。

武德三年，太上老君又显圣于晋州浮山县羊角山，令吉善行转告李渊："吾汝祖也。今年平贼后，子孙享国千年。"李渊"异之，乃立庙于其地。"① 显然，这只是道教徒为讨好李渊父子而精心编织的神话，而当时的李唐统治者正在打天下，与太上老君即老子攀亲极为有利。一是成为圣人后裔，身价立增。当时的道教已发展成社会上一大势力，教主太上老君老子李耳，与儒教的孔子、释教的释迦牟尼同被世人尊为圣人。二是抬高门第。李渊出自关陇李氏，比不上汉魏以降崔、卢、李、郑等山东名门望族；而以老子为祖，其门第自然高贵无比。而且，李渊父子借此为自己的统治披上了一件"君权神授"的美丽外衣，有利于维护唐王朝的长治久安。于是，道教在唐代，也便有了绝好的发展条件。武德八年（625），李渊在国学释奠的盛典上，规定了三教的顺序：道先，儒次，释后②，奠定了道教在唐王朝的国教地位。贞观十一年（637），太宗下敕曰："老子是朕祖宗，名位称号，宜在佛先。"（《大慈恩寺三藏法师传》卷九）③ 杜光庭《释老君圣唐册号》云：我大唐高宗天皇大帝，"乃老子三十三代圣孙"。④ 高宗乾封元年（666），追尊老子为太上玄元皇帝，道士、女冠改隶宗正寺。宗正寺是掌管皇室宗族事务的机构，可见当时对道士、女冠的看重。皇家对于道士更是礼重有加。晋阳道士王远知因预言高祖、太宗得天下事，武德三年（620），高祖赐王远知"镂金冠子、紫丝霞帔"⑤。贞观初年（627－634），王远知

---

①　《唐会要》卷五十《尊崇道教》，京都出版社 1978 年版，第 865 页。
②　《集古今佛道论衡实录》卷三《高祖幸国学统集三教问僧道是佛师事第十八》，文物出版社，乾隆版大藏经 1989 年版。
③　贾二强译注：《大慈恩寺三藏法师传选译》，巴蜀书社 1990 年版，第 239 页。
④　董诰：《全唐文》卷九四四，上海古籍出版社 1990 年版，第 4350 页。
⑤　杜光庭：《历代崇道记》，《道藏·洞玄部记传类》第三百二十九册，商务印书馆 1924 年，上海涵芬楼影印。

辞归茅山，太宗"诏洛州资给人船，并施法服。敕润州于旧山造观一所，赐田，度道士七十人以为侍者"。[①] 高宗赐孙思邈"良马，假鄱阳公主邑司"。[②] 士人也因有以道求官者，最著名的当属"终南捷径"的故事："藏用少以辞学著称。初举进士选，不调，乃著《芳草赋》以见意。寻隐居终南山，学辟谷、练气之术。长安中，征拜左拾遗。"[③]

时代之风气已经形成：上至帝王百官，下到士人学子，与道士相往还，谈玄论道，栖游唱和。卢照邻虽然在《释疾文·粤若》中明确表明："今上好法，予晚受乎老庄。"但是，他受道家与道教影响并非始自他所说的晚年。首先，卢照邻对唐初道教兴隆的景象深有感受，在《益州至真观主黎君碑》中描写了高祖、太宗、高宗三代君主尊崇道教的情况："皇家纂戎牝谷，乘大道而驱除；盘根濑乡，拥真人之阃阅。高祖以汾阳如雪，当金阙之上仙；太宗以峒山顺风，属瑶京之下视。吾皇帝凝旒紫阁，悬镜丹台。"其次，卢照邻与道士、好道之人交往颇深。卢照邻与道士李荣的交往已见前交游考论，据卢照邻《赠道士李荣》诗云："投巾翠山曲，奠璧清江濆。圆洞开丹鼎，方坛聚绛亏"，知李荣属道家丹鼎派。王维《大荐福寺大德道光禅师塔铭》曰："禅师讳道光，本姓李，绵州巴西人。……其父李荣，为道士，有文知名。"[④] 骆宾王有《代女道士王灵妃赠道士李荣》诗，记录了李荣与王灵妃缠绵悱恻的恋情："想知人意自相寻，果得深心共一心。一心一意无穷已，投漆投胶非足拟。"卢照邻还写李

① 董诰：《全唐文》卷九二三，江旻《唐国师昇真先生王法主贞人立观碑》，第4264页。

② 刘昫：《旧唐书》卷一九一《孙思邈传》，中华书局1975年版，第5095页。

③ 刘昫：《旧唐书》卷九十四《卢藏用传》，中华书局1975年版，第2000－2001页。

④ 董诰：《全唐文》卷三百二十七，第1464页。

荣"敷诚归上帝，应诏佐明君。"可见，道士李荣的生活真可谓风流潇洒、风光旖旎，这样的修道，对当时的士人无疑有着相当的吸引力，卢照邻亦不例外。据《益州至真观主黎君碑》，卢照邻与至真观主有交往，黎君即著名道士黎元兴，晚唐杜光庭曾说："披文则刘美才、卢照邻，金玉相宣；阐教则黎元兴、蔡守冲，英奇间出。"[①]"在提到偏重教学方面的黎元兴的同时，将贡献于文学的卢照邻与之并列。……李荣和黎元兴都被杜光庭置于'明重玄之道'的道士系列之中。也可证明了卢照邻特别与同一教学流派的道士们保持接触。"[②]据《郑太子碑铭》，卢照邻还与玉京观道士郑大量有交往。卢照邻还对著名道士兼名医孙思邈极为推崇，并于咸亨末在长安"执师执之礼以事焉"。除道士之外，卢照邻还和崇道士人交往。如与乔师望，已见前论。卢照邻《益州至真观主黎君碑》言乔师望鉴于至真观遭隋末兵火毁坏，"表请法师为至真观主"。卢照邻《驸马都尉乔君集序》云乔师望晚年学道炼丹："（子女）婚嫁已毕，欲就金丹，轮盖非荣，犹思道树。明霞晚挹，终登不死之岸；甘露秋團，倘践无声之岸。"还有一位柳太易，生平不详，咸亨二年，为益州九陇县令，王勃、卢照邻均与相交。卢照邻有归隐之意时，即赠诗给柳太易——《于时春也慨然有江湖之思寄此赠柳九陇》，诗称柳太易"形骸寄文墨，意气托神仙"，"我有壶中要，题为物外篇。将以贻好道，道远莫致旃"，则柳太易亦为好道之人。

　　日本学者兴膳宏还考察了卢照邻居住地的道教氛围。首先是卢照邻居住过数年的蜀地，自古以宗教气氛强烈而闻名。十大洞天之一的青城山洞，就在东接益州的蜀州。而卢照邻归隐的第一

---

　　① 《道藏·广成集·威仪道众玉华殿谢土地醮词》卷十四，第十一册，第295页。

　　② （日）兴膳宏：《初唐的诗人与宗教——从卢照邻来考察》，《中国典籍与文化论丛》（第二辑），中华书局1995年版，第347页。

站太白山，有属于三十六小洞天的太白山洞，第二站嵩山（东龙门山）有同样属于三十六小洞天的中岳崇山洞，最后隐栖地具茨山，也有道教气氛，永淳二年（683）正月，高宗"遣使崇岳、少室、箕山、具茨等山，祭西王母、启母、巢父、许由等祠"（《旧唐书》高宗纪下）①。兴膳宏先生由此得出结论："卢照邻在其生涯的各个时期经历过的地方，就是这般始终浮现出浓厚的道教性格。"②

仕途失意、功名难就，像大多数古代知识分子一样，卢照邻很自然地由儒而道，不得不借助老庄哲学来排遣内心的痛苦，《对蜀父老问》较为鲜明地流露了卢照邻这一思想转换："若余者，十五而志于学，四十而无闻焉。咏羲、农之化，玩姬孔之篇。周游几万里，驰骋数十年。时复陵霞泛月，搦札弹弦，随时上下，与俗推迁。门有张公之雾，突无墨子之烟。虽吾道之穷矣，夫何妨乎浩然。"于是无意于官场的卢照邻在新都尉秩满之后，从老庄哲学中找到了退隐的合理解释："夫周冕虽华，猿猴不之好也；夏屋虽崇，骐骥不之处也；载鼷以车马，不如放之于薮穴也；乐鹦以钟鼓，不如栖之以深林也。此数物者，岂恶荣而好辱哉？盖不失其天真也。"他力图摆脱一切外在的束缚，做到"随时上下，与俗推迁"，从而还原一个"真我"：在诗酒风流中达到"不屈己"的自由境界。这一阶段的卢照邻，在精神层面上，获得了前所未有的自由，度过了一段艺术化的人生。他尽情做着他喜欢做的事情，正如张鹭《朝野佥载》所说"秩满婆娑蜀中，放旷诗酒"。一是悠游于蜀中的山水之中，把自己的身心交给大自然，在登山临水、寻奇探胜的活动中达到物我两忘的审

---

① 刘昫：《旧唐书》，中华书局1975年版，第80页。
② （日）兴膳宏：《初唐的诗人与宗教——从卢照邻来考察》，第348页。

美境界与人生境界。观现存卢照邻诗文，可以看到，仅在咸亨元年至二年上半年，卢照邻的足迹所履之处就有阆州、绵州、戎州、嘉州、眉州、梓州、益州、蜀州，他还不错过寻访道观、朝拜佛寺的机会，诗中还时时表露出仰慕道教成仙的思想倾向，如《七夕泛舟》二首：

> 河葭肃徂暑，江树起初凉。水疑通织室，舟似泛仙潢。
> 连桡渡急响，鸣棹下浮光。日晚菱歌唱，风烟满夕阳。

（其一）

> 风杼秋期至，凫舟野望开。微吟翠塘侧，延想白云隈。
> 石似织机罢，槎疑犯宿来。天潢殊漫漫，日暮独悠哉。

（其二）

两首诗均寓情于景，结尾处见出卢照邻将自己身心融入大自然的情志，而"水疑通织室，舟似泛仙潢"、"石似织机罢，槎疑犯宿来。天潢殊漫漫"等语，分明是他企慕道教成仙的思想表白。可见，道家与道教对卢照邻之影响并非一朝一夕之事，只不过它们的显现需要一定的契机。如果说在卢照邻患病之前，他的道家与道教思想是传统文化和时代风气使然，那么在他患病之后，一心向道，则是由他个人的人生际遇所决定。二是诗酒风流，追求人生的享乐。唐人宴集，无论宫廷、士人、民间，皆讲究赋诗，且重赋诗之气氛，必美酒、美景、美女（歌姬和舞女）助兴。卢照邻也在这样诗酒风流的宴集中潇洒适怀：

> 落日明歌席，行云逐舞人。江前飞暮雨，梁上下清尘。
> 冶服看疑画，妆楼望似春。高车勿遽返，长袖欲相亲。

（《益州城西张超亭观妓》）

还有一首《辛法司宅观妓》，虽系年不详，《文苑英华》卷二一三、《全唐诗》卷三七并作王绩诗，但观其风格与上诗极为相似，兹录如下：

南国佳人至，北堂罗荐开。长裙随凤管，促柱送鸳杯。

云光身后落，雪态掌中回。到愁金谷晚，不怪玉山颓。

《杨明府过访诗序》中亦有相似表述："未有莺临绮月，筵开郭许之谈；花聚繁星，门枉荀陈之驭。泛烟光于紫激，翻露色于丹滋……茨岭岩岩，隐士之风流尚在。岂使临邛樽酒，歌赋无声；彭泽琴书，田园寝咏？"三是与郭氏女子倾心相爱。卢照邻的爱情并不像骆宾王说的那样，卢照邻与郭氏女子相恋，应在任新都尉后期，骆宾王《艳情代郭氏赠卢照邻》一诗，写于咸亨四年（673）的春天。① 诗中云："谁分迢迢经两岁，谁能默默待三秋？"可见其时卢、郭分别已有二年。自咸亨二年初到咸亨四年春，正好两年。而辞别郭氏以后，自三月开始，卢照邻一直与王勃在一起。当初，卢照邻一定是计划先回洛阳，再迎郭氏，岂料与王勃同回长安参选之后，（见第二章第一节）患上幽忧之疾，天不随人，亦卢照邻之悲也，而并非如骆宾王所谴责的那样"君住三川守玉人"，卢照邻实非一个薄幸子，对这份爱情，卢照邻是投入了真情的，《怀仙引》、"遥思蜀道蜀桥人"（《五悲·悲昔游》）等诗句表明，多年以后，直至他即将走到生命的尽头，卢照邻也一直没有忘记自己那蜀中的恋人。

第一章第二节生平考已论，照邻患幽忧之疾的时间应在咸亨二年（671）末至咸亨三年（672）间，并请治于孙思邈。疾病，改变了卢照邻的人生道路。虽然卢照邻新都尉秩满之后，过了一段纵情山水、放旷诗酒的旷达自适的隐士生活，但他并未真正放弃儒家的济世思想，所以他才在咸亨二年末，与王勃一起参加朝廷的铨选；倘若不是疾病，卢照邻是不会放弃出仕的机会的，

---

① 傅璇琮：《唐五代文学编年史·初盛唐卷》，辽海出版社1998年版，第224页。

《释疾文·粤若》写得很明确"其后雄图甫毕，登封礼日，方欲访高义于云台，考奇文于石室，销兵车兮为农器，休牛马兮崇儒术。屡下蒲帛之书，值余有幽忧之疾。"疾病，给卢照邻的身体造成了痛苦，给卢照邻的内心带来了更大的痛苦："盖有才无时，亦命也；有时无命，亦命也。时也命也，自前代而痛诸!"他不得不放弃了自己那儒家的济世理想，从此，时、命、生、死，成了卢照邻经常思考的人生问题，而道教的炼丹服食也成了卢照邻治病生活中的主要部分。患病之初得遇孙思邈，也是使卢照邻炼丹服食的一个重要因素，作为道士兼名医的孙思邈，不但笃信炼丹而且一丝不苟地去做实验，并有记述炼丹成功之言："余历观远古方书，金云身生羽翼飞行轻举者，莫不皆因服丹。每詠言斯事，未尝不切慕于心。……比来握玩，久而弥笃。虽艰远而必造，纵小道而必求。不惮始终之劳，讴辞朝夕之倦。研穷不已，冀有异闻。良以天道无私，视听因之而启……所以撰二三丹诀，亲经试练，毫末之间，一无差失，并具言述，按而行之，悉皆成就……"[1] 当卢照邻看到"飞鍊石之奇，洗肠胃之妙"、年九十二"犹视听不衰，神形甚茂，可谓聪明博达不死者"（《病梨树赋》）的孙思邈，听到孙思邈"视听因之而启"的现身说法，想不让他去炼丹服食都难。孙思邈的经历让卢照邻相信，炼丹服食不但能治病，还能让人成仙获得长生不老。

于是卢照邻先是来到关西太白山，这儿正是孙思邈早年隐居之地，后到登封东龙门山，最后转入阳翟之具茨山中，炼丹服饵，俨然一个道教门中弟子。《羁卧山中》记录了他修道炼丹的生活：

---

① 董诰：《全唐文》卷一五八《太清丹经要诀序》，上海古籍出版社1990年版，第712页。

　　夜伴饥鼯宿，朝随驯雉行。度溪犹忆处，寻洞不知名。
紫书常日阅，丹药几年成？扣钟鸣天鼓，烧香厌地精。
倘遇浮丘鹤，飘飘凌太清。

　　《与洛阳名流朝士乞药直书》记述了他长期服饵的状况：
"昔在关西太白山下，一隐士多玄明膏，中有丹砂八两，予时居
贫，不得好上砂，但取马牙颜色微光净者充用。"由于丹砂不好，
服饵后的卢照邻病情非但未好，加上父亲去世的打击，反而加重
了："自尔丁府君忧，每一号哭，涕泗中皆药气流出，三四年羸
卧苦嗽，几至于不免。"病情的加重，也没有动摇卢照邻炼丹服
饵的决心，他把这归罪于"丹砂之不精"。及至来到东龙门山，
他依然以炼丹服食治病："幽忧子学道于东龙门山精舍，布衣藜
羹，坚卧于一岩之曲。客有过而哀之者，青囊中出金花子丹方相
遗之，服之病愈。"为求丹砂，卢照邻遍告在朝"名流贵族、王
公卿士"，并不管"知与不知，咸送诗告"。而据《寄裴舍人诸
公遗医药直书》，卢照邻得到了资助，此后即使在他笃信佛法以
后，炼丹服饵用于治病应该没有停止。

　　道家，是卢照邻退隐之后心灵的依托；道教，是卢照邻医治
疾病身体的依靠。道家与道教，是卢照邻身心得以安顿的家园。

二、风流潇洒、恬淡、孤高遗世的人格风神

　　当卢照邻自儒向道的时候，他刚直执著的个性也转为道家风
流潇洒、恬淡、孤高遗世的人格风神。在刚刚离开新都尉的时
期，终于摆脱了官场桎梏的卢照邻，迫不及待地投身于大自然
中、投身于歌姬舞女助兴的朋友宴集之中，在登山临水中忘情，
在诗酒风流中旷达自适，在田园山水中恬淡憩息，从而保有自己
"孤高遗世"的本真之性。《宿玄武二首》之一云："方池开晓
色，圆月下秋阴。已乘千里兴，还抚一弦琴。"真是"陵霞泛

130

月，捌札弹弦"，心灵何等恬淡自适！《三月曲水宴得樽字》呈现的是同样的情感：

> 风烟彭泽里，山水仲长园。由来弃铜墨，本自重琴樽。
> 高情邈不嗣，雅道今复存。有美光时彦，养德坐山樊。
> 门开芳杜径，室距桃花源。公子黄金勒，仙人紫气轩。
> 长怀去城市，高咏狭兰荪。连沙飞白鹭，孤屿啸玄猿。
> 日影岩前落，云花江上翻。兴阑车马散，林塘夕鸟喧。

卢照邻不但赞美了像桃花源一样的隐士生活，也赞美了道教神仙的气度。《于时春也慨然有江湖之思寄此赠柳九陇》诗中卢照邻是这样的形象："无人且无事，独酌还独眠。遥闻彭泽宰，高弄武城弦。形骸寄文墨，意气托神仙。"他孤高遗世，他要学陶渊明的恬淡归隐，他企慕成仙来摆脱现实世界的烦恼，他希望自己有仙风道骨。前引《赠益府群官》造成他"成独立，耿耿岁云暮"的原因，固然与他的刚直个性相关，也与他张扬的孤高个性、清高自好、恃才傲物有关，诗中用"一鸟"、"单栖"、"独舞"等字眼，来表现"昂藏多古貌"的大鸟，分明是作者遗世独立、清高自许的人格写照。

当卢照邻的疾病真正让他过起了遗世独立的生活，儒家那执著的个性支持他同恶疾顽强抗争了十多年，当道家哲学中"齐生死"、"等贵贱"的思想，再也不能成为自己安身立命的依托；当道教炼丹服饵，还是救治不了自己的病残之痛，卢照邻把目光转向了佛教。

第三节　晚年向佛：重寻心灵的憩所

在卢照邻炼丹服食的后期，他的思想转向了佛教，虽没有剃度出家的记载，但皈依佛门之心却是非常虔诚的。卢照邻在《寄裴舍人诸公遗医药直书》中，对自己晚年向佛有非常明确的记载："晚更笃信佛法，于山间营建，所费犹广。本欲息贪寡欲，缘此更使贪心萌生，每得一物，辄欢喜更恨不足。呜呼，道恶在而奔竞之若兹。虽观苦、空、无常，而此业已就，不可中废，祈获福泽，思与士君子共之。"作于此前的《与洛阳名流朝士乞药直书》已有向佛的记载："唯当坐禅念室，以答深仁。"所谓"坐禅"，乃佛教徒修行的功课，每天在一定时间静坐，排除一切杂念，使心神恬静自在。所以说，卢照邻一面不废炼丹服食，一面开始了佛教的修行。

虽然卢照邻说自己"笃信佛教"是晚年的事，但他接受佛教的影响要更早，这在他早期的诗文中可以得到验证。如蜀中诗作《石镜寺》：

> 古墓芙蓉塔，神铭松柏烟。鸾沈仙镜底，花没樊轮前。
>
> 钵衣千古佛，宝月两重悬。隐隐香台夜，钟声彻九天。

佛寺的气氛被卢照邻刻画得那样幽邃庄严，使我们感受到作者那虔诚恭肃的内心。再有《游昌化山精舍》：

> 宝地乘峰出，香台接汉高。稍觉真途近，方知人事劳。

这里把"真途近"与"人事劳"相对应，作者内心有所感悟。

《赤谷安禅师塔》：

> 独坐岩之曲，悠然无俗氛。酌酒呈丹桂，思诗赠白云。
>
> 烟霞朝晚聚，猿鸟岁时闻。水华竞秋色，山翠含夕曛。
>
> 高谈十二部，细覆五千文。如如数冥昧，生生理氤氲。
>
> 古人有糟粕，轮扁情未分。且当事芝术，从吾所好云。

这首诗佛、道并咏，卢照邻对佛、道是兼收并容的。

透露出卢照邻佛教修养的还有两篇文章，《相乐夫人檀龛讃》赞颂胡树礼为继母韦氏所作的佛龛，《益州长史胡树礼为亡女造画讃》是写胡树礼为亡女舍净财、求多福、造画像。这两篇文章均写于高宗乾封二年（667），本文交游考中已论，时卢照邻任新都尉期间。两文中多涉佛语，兹引录如下：

> 夫人寓迹兰闺，栖情香岫。琢磨六行，与三明而并驱；驰骛四禅，将十讯而齐驾。……青莲皓月，争华蚊睫之端；宝树天花，竞爽鸿毛之际。纳须弥于纤芥，尝谓徒言；置由旬于方丈，今过其实。（《相乐夫人檀龛赞序》）

> 正教东渐，遗像西至。化格三天，功超十地。伟欤大士，弘兹远致。追恸幽途，载营檀施。皎洁霜纨，照影丹素。果发金口，莲生玉步。地宝天花，星罗云布。慧炬长设，迷津永渡。（《益州长史胡树礼为亡女造画赞》）

卢照邻对佛教的接受和晚年笃信佛法，和他对道家与道教的接受，同样源于社会和个人遭遇两个原因。佛教自东汉传入中国，经魏晋南北朝至隋的发展，到唐代臻于隆盛。初唐的皇帝自高祖李渊、太宗李世民、高宗李治、女皇武则天，都支持佛教、醉心佛教。高祖李渊，虽然把道教定为国教，但对佛教是信仰的。太宗李世民少时有疾，李渊到草堂寺祈求菩萨保佑，其子病愈后李渊造一尊石佛像供养寺内"还愿"，称"蒙佛恩力，其患得损，今为男敬造石碑像一铺，愿此功德资益弟子男及合家大小福德具足，永无灾彰，弟子李渊一心供养。"[1] 武德二年（619），李渊下《禁行刑屠杀诏》，诏书中说："释典微妙，净业始于慈悲。"[2] 太宗李世民继位后，对佛教表现了异常的热心，虽然他口称"至于佛教，非意所遵"[3]（《旧唐书》卷六三《萧瑀传》），唯好孔孟尧舜。针对遭受隋末农民大起义打击的佛教而使寺院毁

---

① 董诰：《全唐文》卷三《草堂寺为子祈疾书》，上海古籍出版社1990年版，第13页。

② 董诰：《全唐文》卷一，第3页。

③ 刘昫：《旧唐书》，中华书局1975年版，第2403页。

损、僧尼减少的情况，唐太宗两度下诏加以扶持，使佛教得以恢复与发展。《度僧于天下诏》规定："天下诸州有寺之处，宜令度人为僧尼，总数以三千为限。"①《诸州寺度僧诏》："京城及天下诸州寺，宜各度五人，宏福寺宜度五十人。"② 当时，"计海内寺三千七百一十六所，计度僧尼一万八千五百余人。"③（《大唐大慈恩寺三藏法师传》卷七）成为初唐以来最大的度僧活动。贞观三年（629），太宗为报母恩，舍宫为寺，大行布施：

> 朕丕承大宝，奄宅域中……永怀慈训，欲报无从，静言因果，思凭冥福。通义宫皇家旧宅，制度弘敞，以崇仁祠，敬僧灵祐，宜舍为尼寺，仍以兴圣为名。（《全唐文》卷九《舍旧宅造兴圣寺诏》）④

> 欲报靡因，唯资冥助。敬以绢二百匹，奉慈悲大道。倘至诚有感，冀销过去之愆；为善有因，庶获后缘之庆。（《全唐文》卷十《为太穆皇后追福手书》）⑤

唐太宗对潜出国境学佛的玄奘法师礼遇有加，贞观十九年（645）春，太宗在长安组织了盛大的欢迎法会，倾城轰动。他还扶持玄奘翻译佛经，在他的支持下，玄奘法师不但译经工作取得了丰硕的成果，译经七十四部，一千三百三十五卷，使中国佛教译经水平有了很大提高；而且，玄奘及其弟子还创立了法相宗、净土宗。

唐高宗亦崇佛法，早在身为皇太子时，为其母文德皇后追冥福而修建历史上著名的大慈恩寺，并请玄奘法师作主持，为其译

---

① 董诰：《全唐文》卷五，第23页。
② 董诰：《全唐文》卷八，第39页。
③ 贾二强译注：《大慈恩寺三藏法师传选译》，巴蜀书社1990年版，第217页。
④ 董诰：《全唐文》，第41页。
⑤ 董诰：《全唐文》，第51页。

经提供优厚条件，不但令当时重臣于志宁、来济、许敬宗、薛元超、李义府、杜正伦等"时为看阅，有不稳便处，即随事润色"，而且赋予玄奘"若需学士，任量谴三两人"的权力。(《全唐文》卷十四高宗《检阅新译经论敕》)[①] 度僧三百，另请五十名高僧大德。高宗还亲撰《三藏圣教后序》和《述圣记》，赞颂佛经。

　　女皇武则天更是醉心佛教，因为佛教徒为她以周代唐制造了神化舆论，僧法明等伪造《大云经》，"有沙门十人伪撰《大云经》，表上之，盛言神皇受命之事。制颁于天下，令诸州各置大云寺，总度僧人千人。"[②] 武则天亲自参与，翻译了《华严经》八十卷本。她支持法藏创立华严宗。把禅宗北宗开山僧神秀请到神都洛阳，给予"肩舆上殿"礼遇，还"亲加跪礼，时时问道。"[③] 武则天不断给自己增加佛化的尊号：金轮圣神皇帝、越古金轮圣神皇帝、慈氏越古金轮圣神皇帝、天册金轮大圣皇帝，并以《大云经》所说的"弥勒佛下生，当代唐为阎浮提主"的气派统治天下。

　　前论卢照邻与道教中著名道士的交往，而从现存卢照邻作品看，却没有与佛教中人有来往的迹象。谈到他的佛学修养受何人的影响，只有那位处士兼名医的孙思邈。卢照邻在《病梨树赋序》中称赞孙思邈时，用"深入不二，则今之维摩诘"，说明孙思邈的佛学修养是及其深厚的。孙思邈与初唐"南山律宗"的律学始祖高僧道宣交往甚密："有处士孙思邈，尝隐终南山，与（道）宣相接，结林下之交。每一往来，议论终夕。"[④] 并且宋志

---

①　董诰：《全唐文》，上海古籍出版社1990年版，第66页。
②　刘昫：《旧唐书》卷六《则天皇后传》，中华书局1975年版，第121页。
③　《宋高僧传》卷八《神秀传》，《永乐北藏》，线装书局，第212页。
④　《宋高僧传》卷十四《明律篇·道宣传》，第369页。

磐《佛祖统记》卷三十九还记载了孙思邈劝唐高宗读《华严经》的逸事。

卢照邻生活在这样君主崇佛并佛学发达的时代，接受佛学思想自然而然。而且，他晚年信佛与他个人的人生际遇紧密相关。卢照邻早期怀着"兼济天下"的理想，以奉儒为入世哲学；中期（以患病为界）以后转向道以求保本求真、医治疾病；但是随着疾病的日益严重，他所遭受的精神折磨也随着身体折磨而日益深重，对于人生的最基本的哲学命题的不停止地追问与思考，始终找不到答案，才与命、时与命、生与死的问题，他在儒、道两家之间徘徊，却始终找不到一个合理的出处，于是他转向了佛学，并且以一颗虔诚之心进行佛教徒似的禅定修行，试图在这里找到他所苦苦寻求、百思不得其解的人生的答案，其实就是为自己的心灵再次寻求一个憩所。《五悲·悲人生》明确记录了卢照邻的这一思想转化轨迹以及这一转化过程中的矛盾。

对于指引自己前半生安身立命的儒家，卢照邻用庄子的学说进行批判：

> 若夫正君臣，定名色，威仪俎豆，郊庙社稷，适足夸耀时俗，奔竞功名，使六义相乱，四海相争。我者遗其无我，生者哀其无生。孰与乎身肉手足，济生人之涂炭；国城府库，恤贫者之经营。舍其有爱以至于无爱，舍其有行以至于无形。

卢照邻认为，由儒家的礼制而导致人们产生崇尚功名之心，造成了社会的混乱。与此相对举，佛教徒不惜"身肉手足"、"国城府库"而救济"生人"、"贫者"的行为教义，儒家立场简直不能与之同日而语，卢照邻就这样用佛教否定了儒家，实际上等于否定了他前半生的思想立场。

对于自己中年以后相当一段时期潜心的"道"，卢照邻同样用佛教教义加以否定：

> 若夫呼吸吐纳，全身养精，反于太素，飞腾上清，与乾坤合其寿，与日月齐其明，适足增长诸见，为能永证无生。孰与夫离常离断，不始不终；恒在三昧，常游六通，不生不住无所处，不去不灭无所穷；放豪光而普照，尽法界于虚空。苦者代其劳苦，蒙者导其愚蒙，施语行事，未尝称倦；根力觉道，不以为功。

卢照邻认为，道教行吐纳养生之术追求生命永恒，只能使人增长邪见。而佛教徒在做的是"代其劳苦"、"导其愚蒙"，追求的是从人的生命限于"断见（此世）"和"常见（永远不灭）"的妄执中解脱出来，达到"不生不住"的境地，这分明是参透生死的大自由境地，佛教的哲学解释使纠缠卢照邻的生死命题找到了解脱的答案，于是代表儒、道两家的二客在代表佛的"超然大圣"一番驳论之后，完全悔悟过去，心服佛教：

> 所言未毕，儒道二客离席，再拜稽首而称曰："大圣哉！丘晚闻道，聃今已老，徒知其一，未究其术；何异夫戴盆望天，倚仗逐日，苍苍之气未辨，昭昭之光已失。呜呼！优优群品，遑遑众人，虽凿其窍，未知其身：来从何道？去止何津？谁为其业？谁作其因？一翻一覆兮如掌，一生一死兮若轮。不有大圣，谁起大悲？请北面而趋伏，愿终身而教之。

最后，卢照邻糅合"三教"——体认佛教的轮回思想，执著于儒家的"殉道"精神，把道家"一死生"的哲学转化为自己肯定死的思想依据；于是，卢照邻做出了从容就死的人生抉择。卢照邻先是做好赴死的准备："疏颖水周舍，复预为墓，偃卧其中"（《新唐书》），然后"与亲属执别，遂自投颖水而死。"（《旧唐书》）明人张燮说他"依稀达人之风"（《幽忧子集题词》），可谓知人。

第四节　坚韧、豪侠的燕门病才子

　　卢照邻坚韧、豪侠的性格，带有鲜明的燕赵地域文化色彩，这是卢照邻受"儒道释"三教影响之外的较为突出的人格精神。二十世纪后期，当人们尝试在交叉学科中去研究文学的生成和发展、文学风格的形成和重构时，研究者开始关注地域文化与文学的关系。① 作为文学创作主体的作家，总是生活在一定的地域中，其思想人格和创作风格必然带有地域文化的因素。卢照邻世居范阳涿郡，在范阳老家度过了幸福的童年时代，并且在他游宦时期，故乡情节一直萦绕着他："子非冠冕之族与?"（《对蜀父老问》）所谓"冠冕之族"即指其范阳卢氏家族；"一鸟自北燕"（《赠益府群官》），这只漂泊蜀地的鸟儿心里向着故乡的方向。

　　《隋书·地理志》记有燕赵北部之风俗云："涿郡、上谷、渔阳、北平、安乐、辽西，皆连接边郡，习尚与太原同俗，故自古言勇侠者，皆推幽、并云。然涿郡、太原，自前代以来，皆多文雅之士，虽俱曰边郡，然风教不为比也。"（《隋书》卷三十）②

　　唐诗人韦应物也曾对燕赵人物作出概括："礼乐儒家子，英豪燕赵风。"（《送崔押衙相州》）③

　　以上两则材料表明，燕赵地域文化既包含豪侠之风，又包含质实之气。对燕赵文化精神的内涵，韩成武先生有精到的论述："燕赵文化主要由侠文化与儒文化构成。从先秦到唐代，燕赵文化精神的内涵，是在不断扩大着的，在继承传统的同时纳进了新

---

　　① 戴伟华：《地域文化与唐代诗歌》，中华书局2006年版，第1页。
　　② 魏徵　令狐德棻：《隋书》，中华书局1973年版，第860页。
　　③ 陈贻焮：《增订注释全唐诗》，文化艺术出版社2001年版，第1510页。

的东西。它应该包括以下四点：任侠使气，慷慨悲歌，崇儒尚雅，敦厚务实。"① 我认为，卢照邻性格中的豪侠气来自燕赵文化的"任侠使气"，而坚韧的性格则来源于燕赵文化的"敦厚务实"精神，下面分而论之。

坚韧的性格。卢照邻的这种品性，贯穿了他的一生。因为坚韧而刻苦好学，少年求学的卢照邻，才能做到千里寻师、不辞劳苦："裹粮寻师，褰裳访古……入陈适卫，百舍不厌其栖遑；累茧重胼，千里不辞于劳苦。"（《释疾文·粤若》）因为坚韧而坚持儒家信念，卢照邻始终以儒家思想立身处世——早年以"兼济天下"为理想、中晚年以"立言"为人生终极价值追求。因为坚韧而有超过常人的毅力，晚年与恶疾进行了长达十余年的悲壮抗争。韩成武先生论述燕赵文化精神的成因时说："究其自然环境的因素，已如司马迁所说是'地薄'、'地踔远'，土地贫瘠，物产不足，生态环境恶劣，必然会迫使人们养成抗拒自然威胁的心态和能力，不屈服于自然界的压力，具有在艰苦环境中生存的毅力，咬紧牙关，握紧双拳，以坚忍的骨骼血肉迎击风霜雨雪、饥寒病痛。"② 正可以说明卢照邻性格中坚韧一面的成因。

性格中的豪侠气。舍生取义的任侠豪气源自燕赵地域文化中"任侠使气"的精神，集中体现在卢照邻的三首咏侠诗中，作品歌颂的是侠客们仗义行侠的果敢行为和拒绝酬谢的磊落胸怀。

> 刘生气不平，抱剑欲专征。报恩为豪侠，死难在横行。
> 翠羽装刀鞘，黄金镂马缨。但令一顾重，不吝百身轻。

（《刘生》）

---

① 韩成武：《燕赵文化精神与唐代燕赵诗人、唐诗风骨》，《河北师范大学学报》2006 年第 6 期。

② 韩成武：《燕赵文化精神与唐代燕赵诗人、唐诗风骨》，《河北师范大学学报》2006 年第 6 期。

　　"刘生"是乐府诗旧题,前人以此为题作诗,皆歌颂其任侠豪气。卢照邻塑造了其豪侠形象,并通过歌颂其"但令一顾重,不吝百身轻"的处世准则,使侠士精神得到极度的张扬。

　　　　直发上冲冠,壮气横三秋。愿得斩马剑,先断佞臣头。

　　　　天子玉槛折,将军丹血流。捐生不肯拜,视死其若休。

(《咏史四首》第四首)

　　描写了汉代朱云的侠义气概,诗歌气势豪壮。在侠士朱云的身上,寄托了卢照邻对豪侠的憧憬和对自己的期许。

　　《结客少年场行》则同样歌颂了侠客"横行徇知己,负羽远从戎"的处世准则,赞美了侠客"不受千金爵,谁论万里功"的磊落胸襟。

　　卢照邻性格中的坚韧与豪侠气,影响了他诗作呈现出刚健、豪放的风格,本文将在论述其诗歌的章节中详加论述,此不细论。

　　卢照邻还是一位病才子,他病重期间的作品充满了悲凉气,这固然与卢照邻的病痛有直接关系,但同样与他所受燕赵文化中"慷慨悲歌"之因子有着一定的关系。应该说,是燕赵地域文化中那"慷慨悲歌"的因子加重了他诗歌与赋体作品中的悲凉之气、悲剧气氛,本文也将在其诗歌研究和赋体研究章节中详加论述。

第五章
卢照邻文论研究

生活在初唐社会的卢照邻，永徽中开始文学创作活动，此时初唐社会已向前走了 30 年。此后的约 30 年的时间里，卢照邻用自己的文学理论和实践，和他同时代的作家群体"王、杨、骆"，共同为盛唐诗歌的到来，做出了不可磨灭的贡献。关于"四杰"文学理论方面的贡献，罗宗强先生给予充分肯定："被后人称为初唐'四杰'的王勃、杨炯、卢照邻、骆宾王，在唐文学繁荣到来之前的理论准备上，实有不可忽视的贡献。"① 罗先生进而把"四杰"文论作为一个整体展开论述。作为对卢照邻的全面研究，本文有必要对其文论进行一个全面、细致、系统的梳理，以期得到更加全面的评价。卢照邻的文论集中在《驸马都尉乔君集序》、《南阳公集序》、《乐府杂诗序》三篇文章中，另外，《释疾文序》等文中，亦有文论的阐述，本文拟从文学观、创作论、批评论三方面加以论述。

第一节　儒家传统文学观

儒家传统的文学观重视文章的政治教化作用，自汉代随着儒

---

① 罗宗强：《隋唐五代文学思想史》，中华书局 2003 年版，第 28 页。

家道统的强化，风雅比兴的政治教化的诗教观成为诗论的主流，影响所及初唐论文者，其中包括以儒家思想为安身立命准则的卢照邻，卢照邻高举儒家传统的风雅诗教大旗，用以批判当时社会上流行的浮靡文风。

一、倡言风雅

卢照邻倡言风雅的文学主张，在《驸马都尉乔君集序》、《乐府杂诗序》和《南阳公集序》中均有论及：

昔文王既没，道不在于兹乎；尼父克生，礼尽归于是矣。其后荀卿、孟子，服儒者之褒衣；屈平、宋玉，弄词人之柔翰。礼乐之道，已颠坠于斯文；《雅》《颂》之风，犹绵联于季叶。……衣冠礼乐，重闻三代之风；玉帛讴歌，无坠六经之业。郁其兴咏，大雅于是为群。（《附马都尉乔君集序》）

闻夫歌以咏言，庭坚有歌虞之曲；颂以纪德，奚斯有颂鲁之篇。四始六义，存亡播矣；八音九阕，哀乐生焉。是以叔誉闻诗，验同盟之成败；延陵听乐，知列国之典彝。王泽竭而颂声寝，伯功衰而诗道缺。（《乐府杂诗序》）

昔者，龙蹲东鲁，陈礼乐而救苍生；虎据西秦，焚《诗》《书》以愚黔首。……圣人方士之行，亦各异时而并宜；讴歌玉帛之书，何必同条而共贯。文质再而复，殷周之损益足徵；丽翰三而始，虞夏之兴亡可及。美哉奂乎！斯文之功大矣。……作龟作镜，听歌曲而知亡；为龙为光，观礼容而识大。……常恐词林交丧，雅颂不作，则后死者焉得而闻乎？（《南阳公集序》）

由上可知，卢照邻基于儒家传统的诗教观，认为文学的功能与作用，在于存王道、陈礼乐、教化苍生；符合雅颂之风的文学，可以让人知兴亡、作龟镜、识礼容。尽管卢照邻对"斯文之功大矣"由衷赞美"美哉奂乎！"，但是他的认识并没有超越前人和同时代人的儒家传统诗教说。而卢照邻倡言风雅的意义在于，卢照邻响应了历史倡言风雅的潮流并站在了时代要求改革文风的前沿，用儒家传统文学观来批判当时的浮靡文风。

李唐王朝建立之初，儒学家、史学家们以及贞观君臣即开始对风雅传统的倡导。唐初孔颖达《毛诗正义序》："夫诗者，论功颂德之歌，止僻防邪之训……"① 姚思廉在《陈书·文学传序》中认为，文章应"神赞王道"，"至于经礼乐，综人伦，通古今，述美恶，莫尚乎此。"② 李延寿、令狐德棻的观点也相仿佛。李延寿在《南史文学传序》中谓："自汉以来，词人代有，大则宪章典诰，小则申抒性灵。至于经礼乐而纬国家，通古今而述美恶，非斯则莫可也。是以哲王在上，咸所敦悦。"③ 令狐德棻在《周书·王褒庾信传论》中表述："典谟以降遗风可述。是以曲阜多才多艺，鉴二代以正其本；阙里性与天道，修六经以维其末。故能范围天地，纲纪人伦。穷神知化，称首于千古；经邦纬俗，藏用于百代。至矣哉！斯固圣人之述作也。"④ 如果说唐初的儒学家和史学家只是上承历史，一般地总结唐前历代文学创作的得失与经验，那么，作为唐王朝的最高统治者李世民及其重臣魏徵的倡言风雅，则是有时代针对性的。他们不但倡言风雅，而且批判齐梁文风，并且规定了新文学的审美范式，指出了唐文学健康发展的方向和道路。

唐太宗在《帝京篇·序》中，明确提出用风雅来纠南朝文学之弊："庶以尧舜之风，荡秦汉之弊；用咸英之曲变烂熳之

---

① 《毛诗正义》卷一，中华书局 1980 年影印阮元《十三经注疏》本，第 269 页。
② 《陈书》卷三四，中华书局 1972 年版，第 453 页。
③ 《南史》卷七二，中华书局 1975 年版，第 1762 页。
④ 《周书》卷四一，中华书局 1971 年版，第 742 页。

音"，要求诗歌创作"节之于中和，不系于淫放"。①贞观重臣魏徵从总结历史经验中强调风雅："《易》曰：'观乎天文，以查时变，观乎人文，以化成天下。'……然则文之为用，其大矣哉！上所以敷德教于下，下所以达情志于上。大则经纬天地，作训垂范，次则风谣歌颂，匡主和民。"②并进而批判南朝文风"竞采浮艳之词，争驰迂诞之说，骋末学之博闻，饰雕虫之小技"，③造成"雅道沦缺，渐乖典则"④。对南朝文风之弊，魏徵不但明确加以批判，他还运用自己政治家、史学家的头脑，精辟地分析了当时南北文学的优缺点，并在充分肯定其各自长处的基础上，规定了新王朝健康文学的创作标准，这就是魏徵在《隋书·文学传序》中阐述的著名文论："江左宫商发越，贵于清绮，河朔词义贞刚，重乎气质。气质则理胜其词，清绮则文过其意。理深者便于时用，文华者宜于咏歌。此其南北词人得失之大较也。若能掇彼清音，简兹累句，各去所短，合其两长，则文质彬彬，尽善尽美矣。"⑤这种"文质兼备"的新的文学范式，正如陈伯海先生所论"由此也给唐代文学，乃至唐诗的健康发展指明了正确的方向。"⑥

卢照邻以及他从属的"四杰"群体，就是在这样的时代思潮中登上了文坛，开始他们的文学活动。经过贞观君臣的倡导和努力，这个时期的诗与文都出现了一些新的气象。唐太宗的《饮马长城窟行》"塞外悲风切，交河冰已结。瀚海百重波，阴山千

---

①　陈贻焮：《增订注释全唐诗》，文化艺术出版社2001年版，第1页。

②　《隋书·文学传序》，《隋书》卷七六，中华书局1973年版，第1729页。

③　魏徵：《群书治要序》，《全唐文》卷一四一，上海古籍出版社1990年版，第6119页。

④　《隋书·文学传序》，第1730页。

⑤　《隋书·文学传序》，第1730页。

⑥　陈伯海：《历代唐诗论评选》，河北大学出版社1991年版，第5页。

里雪。"风格豪放、悲凉，境界开阔，形象地描写了塞外寒冬的苦寒环境；《经破薛举战地》中"心随朗日高，志与秋霜洁"和《春日登陕州城楼俯眺原野回丹碧缀烟霞密翠斑红芳菲花柳即目川岫聊以命篇》"烟峰高下翠，日浪浅深明"以及《秋日二首》"将秋数行雁，离夏几林蝉"，语言流丽自然、不事雕琢。文章中的新气象，正如卢照邻意识的那样："魏太师直气耿词，兼包古义。褚河南风标特峻，早铿声于册府。变风变雅，立体不拘于一途。"（《南阳公集序》）

然而，此时文学的主流仍是宫廷侍从文学，唐太宗周围的文臣们"雍容侍从，朝夕献纳"（《南阳公集序》），所以贞观君臣的文学改革"实质上是一次宫廷文学的内部调整"①，不仅距树立唐新风日程甚远，而且摒弃齐梁诗风任务仍很艰巨；而恰恰在"龙朔初载"，宫廷诗坛又刮起了影响一时的"上官体"诗风。杨炯在《王勃集序》中揭示可谓一针见血："尝以龙朔初载，文场变体，争构纤微，竞为雕刻。糅之金玉龙凤，乱之朱紫青黄。影带以寻其功，假对以称其美。骨气都尽，刚健不闻。"② 于是，批判淫靡的南朝遗风和"绮错婉媚"的"上官体"的时代使命，责无旁贷地落在了卢照邻包括他所从属的"四杰"群体身上，他们"思革其弊，用志光业"。"卢照邻人间才杰，览清规而辍九功。知音与之矣，知己从之矣"。③ 可见，卢照邻作为王勃的知音与知己，参加到这场文学改革活动中；"四杰"一起高举儒家风雅诗教旗帜，对齐梁乃至上官体文风进行批判。

王勃、杨炯、骆宾王也都从儒家传统文学观出发，倡言风雅。王勃认为文学有"甄明大义，矫正末流，俗化资以兴衰，家

---

① 董天策：《初唐四杰文学思想新探》，《中国文学研究》，1994年第1期。
② 周祖譔编选：《隋唐五代文论选》，人民文学出版社1990年版，第67页。
③ 周祖譔编选：《隋唐五代文论选》，第61页。

国由其轻重"① 的功用，能达到"激扬正道"② 的目的。杨炯认为文学创作应"以经籍为心"，"尽力于丘坟"、"寻源于礼乐"③。骆宾王在《和道士闺情诗启》中彪举雅颂："窃惟诗之兴作，兆基邃古。唐歌、虞咏，始载典谟；商颂、周雅，方陈金石"；申述文学之功能："陶铸尧舜之典谟，宪章文武之道德。上以究三才之能事，下以通万物之幽情"，"用之邦国，厚此人伦"。④

詹福瑞先生在《中国诗体丛书·序》中说："一时代的诗风对后代诗歌的发展产生了重要的深远的影响。成为一种后代或提倡弘扬、或学习效法的文学传统。比如提倡风雅体，就意味着在提倡一种写实精神和比兴传统。"⑤ 卢照邻等"四杰"的倡言风雅，也即是提倡诗歌的比兴传统。关于这一点，卢照邻曾有两次在文中"六义"并提，一是在《乐府杂诗序》中："闻夫歌以咏言，庭坚有歌虞之曲；颂以纪德，奚斯有颂鲁之篇。四始六义，存亡播矣。"另外一次是在《五悲·悲人生》："若夫正君臣，定名色，威仪俎豆，郊庙社稷，适足夸耀时俗，奔竞功名，使六义相乱，四海相争。"包括卢照邻在内的"四杰"的倡言风雅比兴，直接的意义就是为稍后的陈子昂大倡风雅比兴打下了基础，从而为彻底扫荡六朝浮艳诗风做出贡献。

二、批判时风——既破且立

同样从儒家传统文学观出发，当王、杨、卢、骆举起风雅大

---

① 周祖譔编选：《隋唐五代文论选》，第 62 页。
② 周祖譔编选：《隋唐五代文论选》，第 62 页。
③ 周祖譔编选：《隋唐五代文论选》，第 66 页。
④ 周祖譔编选：《隋唐五代文论选》，第 56 – 57 页。
⑤ 詹福瑞：《中古文学理论范畴》，河北大学出版社 1997 年版，第 9 页。

旗，对六朝以来淫靡纤巧文风进行批判的时候，还是显示出了不同的个性风格。相比较而言，卢、骆比较辩证，王、杨则来得尖锐而偏激。我们先看王、杨和骆宾王的论点，在比较中最后看卢照邻的观点。

王勃认为，"自微言既绝，斯文不振，屈宋导浇源于前，枚马张淫风于后。谈人主者，以宫室苑囿为雄；叙名流者，以沉酗骄奢为达。故魏文用之而中国衰，宋武贵之而江东乱。虽沈、谢争鹜，适先兆齐、梁之危；徐、庾并驰，不能止周、陈之祸。于是识其道者，卷舌而不言；明其弊者，拂衣而径逝。《潜夫》、《昌言》之论，作之而有逆于时；周公、孔氏之教，存之而不行于代。天下之文，靡不坏矣。"（《上吏部裴侍郎启》）

王勃否定了自屈宋以来的所有文学，六朝之文更被他看作是祸乱家国，他甚至宣称"天下之文，靡不坏矣"。

杨炯虽不及王勃极端，还没有对楚辞全面否定，但同样对汉赋和六朝文学予以尖锐批评："仲尼既没，游、夏光洙、泗之风；屈平自沉，唐、宋弘汨罗之迹。文儒于焉异术，词赋所以殊源。逮秦氏燔书，斯文天丧，汉皇改运，此道不还。贾、马蔚兴，已亏于《雅》、《颂》；曹、王杰起，更失于《风》、《骚》。傀俀大猷，未忝前载。既乎潘、陆奋发，孙、许相因，继之以颜、谢，申之以江、鲍，梁、魏群材，周、隋众制，或苟求虫篆，未尽力于丘坟；或独徇波澜，不寻源于礼乐。会时沿革，循古抑扬，多守律以自全，罕非常而制物。"（《王勃集序》）

骆宾王在批判六朝文风"其间沿改，莫能正本"时，已有了肯定的成分。他不满于江左玄言诗风："爰逮江左，谣咏不辍，非有神骨仙才，专事玄风道意"，但他对六朝的典丽与声律持发展的态度："颜、谢特挺，戕罚典丽。自兹以降，声律稍精。"而且，骆宾王还肯定了风雅之后，历代诗歌言志缘情的佳作，赞美了自汉至六朝的优秀作家："其后言志缘情，《二京》斯盛；含毫沥思，魏、晋弥繁。布在缣简，差可商略。李都尉'鸳鸯'之辞，缠绵巧妙；班婕妤'霜雪'之句，发越清迥。平子'桂林'，理在文外；伯喈'翠鸟'，意尽行间。河朔词人，王、刘为称首；洛阳才子，潘、陆为先觉。若乃子建之牢笼群彦，士衡之籍甚一时，并文苑之羽仪，诗人之龟镜。"（《和道士闺情诗启》）

相比之下，卢照邻不但有尖锐的批判，还有对六朝文学之优点与进步客观的肯定，更难能可贵的是，他还表现出一种进步的文学史的观念，使他的文论散发出理性的光芒。

据杨炯《王勃集序》的记载可知，对于龙朔文场的批判，卢照邻与王勃、杨炯持相同的观点，是非常坚决而激烈的。他在批判六朝形式主义文风时，表现了同样有力的批判力度："落梅芳树，共体千篇；陇水巫山，殊名一意。亦犹负日于珍狐之下，沈萤于烛龙之前。辛勤逐影，更似悲狂，罕见凿空，曾未先觉。潘、陆、颜、谢，蹈迷津而不归；任、沈、江、刘，来乱辙而弥远。"（《乐府杂诗序》）真可谓目光犀利、一针见血。

不同于骆宾王的激烈的批判，其犀利不亚于如王、杨，并没有让卢照邻走入极端。卢照邻虽然也对楚辞流露微词，如评屈原、宋玉"屈平、宋玉，弄词人之柔翰。礼乐之道，已颠坠于斯文"，但是他对"柔翰"似乎又并非完全否定："徐、陈、应、刘弄柔翰于当代。圣人方士之行，亦各异时而并宜"（《南阳公集序》），他认为这也是"各异时而并宜"。

而且，卢照邻的批判是在梳理文学史和乐府诗史的基础上进行的，这样做的意义无疑使他的目的性更为明确。在这个过程中，卢照邻继承了前代的优秀理论成果，条理清晰，线索分明，很有说服力。

在《南阳公集序》中，他历数了"自获麟绝笔，一千三四百年"间的文学发展道路："游、夏之门，时有荀卿、孟子；屈、宋之后，直至贾谊、相如。两班叙事，得丘明之风骨；二陆裁诗，含公干之奇伟。邺中新体，共许音韵天成；江左诸人，咸好环姿艳发。精博爽利，颜延之急病于江、鲍之间；疏散风流，谢宣城缓步于向、刘之上。北方重浊，独卢黄门往往高飞；南国轻清，惟庾中丞时时不坠。"卢照邻不但指出各个时代不同作家的风格，而且和魏徵一样，指出南北文学的特点，比魏徵进一步的是，卢照邻以一个文学家的身份，进而肯定卢思道和庾信两位作家能融南北两长的美学风范，从而给出了一个正确的新的文学标准。

在《乐府杂诗序》中，卢照邻在批判六朝乐府"言古兴者，多以西汉为宗，议今文者，或用东朝为美"之前，对乐府诗进行了溯源："汉武崇文，市朝八变。通儒作相，徵博士于诸侯；中使驱车，访遗编于四海。发诏东观，缝掖成阴；献书南宫，丹铅踵武。王风国咏，共丽翰而升沈；里颂途歌，随质文而沿革。以少卿长别，起高唱于河梁；平子多愁，寄遥情于陇坂。南浦动关山之役，作者悲离；东京兴党锢之诛，词人哀怨。其后鼓吹乐府，新声起于邺中；山水风云，逸韵生于江左"。卢照邻把曹氏父子造作的音声曲度异于周秦的新制之乐府称为"新声"，肯定南朝继玄言诗之后出现的山水诗为"逸韵"，这同样给新时代文学提出了创作要求，那就是："发挥新题，孤飞百代之前；开凿古人，独步九流之上。自我作古，粤在兹乎！"就乐府诗的内在精神而言，这里"发挥新题"很容易使我们想到杜甫、白居易的乐府诗创作及相关理论，因此，卢照邻的这些论述对新乐府理论的产生有其积极的一面。

卢照邻在文学史观上的理论建树，就是在分析现象的同时，还总结一般规律，这种对文学史发展本质性的认识，表明了卢照邻高于时人的进步的文学观。《南阳公集序》"讴歌玉帛之书，何必同条而共贯"揭示的文学多样性问题，《乐府杂诗序》"王风国咏，共丽翰而升沈；里颂途歌，随质文而沿革"阐发的文学风格随时代、内容而变化的论点。虽然只是灵光一闪，却不掩其理性光芒。

在对史的梳理的过程中，卢照邻肯定了前代所有的优秀成果。如果说卢照邻的批判大旗是改革文风首先要做的"破坏"，那么他对前代优秀遗产的肯定则是树立新文风要做的"建立"，"破"与"立"是缺一不可的。诚如陈伯海先生所言"唐诗体式的确立必须要解决对前代文学遗产的批判继承问题。事实上，唐诗也正是在批判继承《诗经》以来，包括六朝以下诗歌创作遗产的基础上发展起来的。对前代文学肯定多于否定，是强调了唐诗与传统的联系；否定多于肯定，则更渴望唐诗的革新……就某种意义而言，对前的文学的大胆批判于唐诗的诞生和健康成长更有意义，这是生产前的阵痛，虽时有矫枉过正之嫌，但也惟有这种大胆的批评和否定，才能彻底诊治六朝以来的经久沉疴与痼疾。"① 这也是历来文学史上突出王、杨的原因，当然从长远的角度看，肯定于"建立"有着更为积极的意义，这也就是卢照邻的意义。卢照邻否定与肯定的文学主张还存在于他文论的创作论和批评论之中。

第二节　重情的文学观（真实情感，重抒怨情）

卢照邻的文论里，既主张抒发真情实感，又强调对"怨情"

---

① 陈伯海：《历代唐诗论评选》，河北大学出版社 1991 年版，25 页。

的抒发。在《驸马都尉乔君集序》中说"凡所著述，多以适意为宗"，即是强调抒发个人的真实感情；《释疾文·序》中叙说写作原因："余羸卧不起，行已十年，宛转匡床，婆娑小室。未攀偃蹇桂，一臂连踡；不学邯郸步，两足匍匐。寸步千里，咫尺山河。每至冬谢春归，暑阑秋至，云壑改色，烟郊变容，辄舆出户庭，悠然一望。覆帱虽广，嗟不容乎此生；亭育虽繁，恩已绝乎斯代。赋命如此，几何可凭？今为《释疾文》三篇，以贻诸好事。盖作《易》者其有忧患乎？删《书》者其有栖遑乎？《国语》之作，非瞽叟之事乎？《骚》文之兴，非怀沙之痛乎？吾菲斯人之徒与？安可默而无述？故作颂曰……"文中所举"忧患"、"栖遑"、"怀沙之痛"皆指"怨愤"之情。

　　一、真实情感。"诗从其产生之初，就是为了适应人的言志抒情的需要，因此而具有言志抒情的本质属性。"[1] 讲求诗歌的言志抒情，是中国诗歌创作理论溯源流长的传统。《尚书·尧典》称："诗言志，歌永言，声依永，律和声。"这是最早的"诗言志"之说，先秦儒家以此为政教风化说。汉《毛诗序》对"诗言志"的含义加以引申和发展，把"情"的观念引入诗论："国史明乎得失之迹，伤人伦之废，哀行政之苛，吟咏情性……诗者，志之所之也。在心为志，发言为诗，情动于中而行于言。"开始"情"、"志"并提。魏晋时期，随着思想的空前解放和文学自觉时代的到来，陆机著《文赋》，总结了五言诗的创作规律，明确提出"缘情"说："诗缘情而绮靡，赋体物而浏亮"，摆脱了儒家义理对诗的束缚和牵附，使中国抒情诗的创作向着符合文学内在规律的轨迹发展。刘勰为反对讹滥文风，一方面强调向经书、向圣人学习以确立"志思蓄愤"的规范，一方面主张

----

① 　詹福瑞：《中古文学理论范畴》，河北大学出版社 1997 年版，第 14 页。

应物兴感、吟咏性情。在《文心雕龙·明诗》篇中说："诗者，持也，持人性情。三百之弊，义归无邪，持之为训，有符焉尔。人禀七情，应物斯感，感物吟志，莫非自然。"①《情采》篇中强调"情"乃立文之本，又说："昔诗人什篇，为情而造文；词人赋颂，为文而造情。盖风雅之兴，志思蓄愤，而吟咏情性，以讽其上，此为情而造文也；诸子之徒，心非郁陶，苟驰夸饰，鬻声钓世，此为文而造情也。故为情者要约而写真，为文者淫丽而烦滥。"②与刘勰同时而稍后的钟嵘著《诗品》专评五言诗歌，认为五言诗之所以"最有滋味"，是因为能够完满地抒发人的情感，即能够"指事造形，穷情写物"。在《诗品序》一开始，钟嵘就指出："气之动物，物之感人，摇荡性情，形诸舞咏。"首先强调物感论，进而展开论述是什么样的物在感荡诗人的心灵："若乃春风春鸟，秋月秋蝉，夏云暑雨，冬月祁寒，斯四侯之感诸诗者也。嘉会寄诗以亲，离群托诗以怨。至于楚臣去境，汉妾辞宫，或骨横朔野，或魂逐飞蓬；或负戈外戍，杀气雄边，塞客衣单，孀闺泪尽；或士有解佩出朝，一去忘返；女有扬蛾入宠，再盼倾国。凡斯种种，感荡心灵，非陈诗何以展其义？非长歌何以骋其情？"③上述所说的"物"中，已不单是自然外物，还含有世情，"这就突破了陆机以来的物感理论，使'缘情'蕴含了广阔的社会内容，强调诗要抒发真情、挚情、怨情。"④

卢照邻在《驸马都尉乔君集序》中说"凡所著述，多以适意为宗"，即是强调抒发个人的真实感情，"适意"也即"适情"。驸马都尉乔君也即乔师望，他的集子今已不见，查《全唐

① 周振甫：《文心雕龙今译》，中华书局1986年版，55—56页。
② 周振甫：《文心雕龙今译》，第289页。
③ （梁）钟嵘著，徐达注：《诗品全译》，贵州人民出版社1990年版，第1页。
④ 詹福瑞：《中古文学理论范畴》，第79页。

文》和《全唐诗》，只有一篇文章——《华山西峰秦皇观基浮图铭》，这篇文章为四言作品，为观其风貌，节引如下：

> 岩岩灵岳，峻极氛氲。下飞悬布，遥横阵云。雄峰异立，观起秦君。即高因远，岌然出群。……月桂岭松，参差相及。天歌人梵，往来谒习。……绘彩无施，烟霞无饰……（《全唐文》卷一百八十七）①

这篇铭文写景烘托颇有气势，乔师望对大自然的神奇造化是很赞美的，同时也赞美处于这自然之中的秦皇观的道教风神，从"绘彩无施，烟霞无饰"中，似可透露出卢照邻嘉许的乔师望那"雅爱清灵，不以繁词为贵"的行文追求，但究竟其文风如何，却不得妄加推断。

倒是卢照邻自己的作品体现了"适意"的审美追求，也即重视抒发真情实感。如边塞诗中建功立业的豪情、乐府诗中轻生重义的侠情、山水行役诗中浓浓的乡情、酬赠诗中深挚的友情等等，本文将在后面的诗文研究中加以详论。

卢照邻的"适意"说，上承"缘情说"，强调抒发的是作家一己的真情实感，虽然于理论上没有新的建树，但是，对于反对当时风行的"绮错婉媚"专讲辞藻的空洞的形式主义的上官体诗风，却有着积极的现实意义，与他后面强调的"雅爱清灵，不以繁词为贵"紧密呼应，共同完成反对上官体之"争构纤微，竞为雕刻"。卢照邻在这种破与立、除与布的过程中，建构着自己的诗歌理想——诗歌要"适意"、"清灵"、去"烦词"，同样为唐诗的正确发展描绘着方向。

二、怨情。从上引《释疾文·序》中可以看出，卢照邻写作此文的目的很明确，就是要抒发自己的"怨情"，是和他所举

---

① 《全唐文》，上海古籍出版社1990年版，第836页。

的发"忧患"、"栖遑"、"怀沙之痛"的作家们一样，在遭受人生的挫败与痛苦、命运的不公正待遇之后，要通过自己的作品来抒发不吐不快的"怨情"。又从上文梳理"缘情"说源流可知，"怨情"乃钟嵘对"缘情说"内涵的新发展。所以卢照邻的重视"怨情"的抒发，是钟嵘"怨情"理论的继承，并且更加明确地予以提出。

经过卢照邻明确提出的"怨情"理论，向上又可以追溯到战国时的伟大诗人屈原，《九章·惜诵》曰："惜诵以致愍兮，发愤以抒情。"① 屈原对诗歌的抒情本质的认识，决定了楚辞的创作富于热烈的浪漫激情。屈原的"发愤以抒情"成为汉代司马迁"发愤著书"说的先声，影响了许多怀才不遇、身世坎坷的古代知识分子，成为他们自强不息的座右铭以及和命运作斗争的原动力。

而《释疾文·序》中"余羸卧不起，行已十年，宛转匡床，婆娑小室。未攀偃蹇桂，一臂连蹡；不学邯郸步，两足匍匐。寸步千里，咫尺山河。每至冬谢春归，暑阑秋至，云壑改色，烟郊变容，辄舆出户庭，悠然一望。覆帱虽广，嗟不容乎此生；亭育虽繁，恩已绝乎斯代。赋命如此，几何可凭？今为《释疾文》三篇，以贻诸好事"的描述，则包含了感物兴发的物感论思想。刘勰在《文心雕龙·物色》篇中对此有论述："春秋代序，阴阳惨舒，物色之动，心亦摇焉。盖阳气萌而玄驹步，阴律凝而丹鸟羞，微虫犹或入感，四时之动物深矣。若夫圭璋挺其惠心，英华秀其清气，物色相召，人谁获安？是以献岁发春，悦豫之情畅；滔滔孟夏，郁陶之心凝；天高气清，阴沉之志远；霰雪无垠，矜肃之虑深。岁有其物，物有其容；情以物迁，辞以情发。一叶且

① 马茂元选注：《楚辞选》，人民文学出版社1998年版，89页。

或迎意，虫声有足引心；况清风与明月同夜，白日与春林共朝哉！是以诗人感物，联类不穷。"① 但是卢照邻面对美好的景物，却没有生出快乐的感情。身体几乎已成废人的卢照邻，忍受常人不堪想象的疾病痛苦十年已久，他只能在春天来临、酷暑已去、金秋到来、山云有色、郊野增容的美好季节和时刻，被人用车抬着出来，本想通过欣赏眼前的大自然美景，来暂时缓解他被病痛折磨的身心，谁知道，这样的时刻更增加了诗人心灵的痛苦，大自然美好的物象反而触发了作家的哀情。这就是典型的感物伤情。为什么呢，为什么乐景反增了哀情？这是因为卢照邻本来心中就郁积着对身世境遇以及病痛的悲愤情感，出户观景，正是为了排解这种悲愤之情，但当他看到四季更替井然有序，烟云郊野山壑在季节和天气的变化里展示着美好的容姿，联想自己，人竟不如物的情感油然而生，所以引起他更加悲伤愤懑的情感，千载之下，使人读之，黯然变色。韩成武先生曾对"丽景增愁"的心理做过精到的分析："人的主观情感对于客观景物的反应，并不像风吹草靡、石击浪生那样的被动。面对阴沉的景物，不一定就心情凄惨；面对阳和的景物，也不一定就心情舒畅。人的心情主要是生自他所经历的社会生活，是生活上的顺逆决定着他心情的性质。他怀着这种来自生活的情感，去接触客观景物，对客观景物的反应就不会是那样的简单，而是呈现为复杂的状况。……假如他的心情是凄惨的，他怀着这种心情接触了阴沉的景物，也会产生情与景融的现象；另一种情况，他怀着这种心情接触了阳和的景物，这时候，他对这景物就不是视而不见，而是由此产生严重的心理失衡，他会责怪这景物不解人意，他会遗憾这景物不

① 周振甫：《文心雕龙今译》，中华书局 1986 年版，第 412－415 页。

能与己同悲，他会感到自己竟然不如花草。"①

卢照邻感丽景而伤情，他把自己与屈原著《离骚》、司马迁著《史记》的创作原因等同，强调他所抒发的是心中悲愤的"怨情"。

重抒情，重"怨情"的抒发，在"四杰"的其他三位——王、杨、骆的论述中能找到相同的回应，下面择要一一引述。

盖登培嵝者起衡霍之心，游涓浍者发江湖之思，况乎恭览胜事，足践灵区，烟霞为朝夕之资，风月得林泉之助。嗟乎！山川之感召多矣，余能无情乎哉？（王勃《入蜀纪行诗序》）②

窃禀宇宙独用之心，受天地不平之气，虽弱植一介，穷途千里，未尝下情于公侯，屈色与流俗，凛然以金石自匹，犹不能忘情于春。……此仆所以抚穷贱而惜光阴，怀功名而悲岁月也。（王勃《春思赋》）③

赏由物召，兴以情迁，故其游泳一致，悲心万绪。（王勃在《采莲赋》）④

若使适情知足，则玉帛子女为伐性之源。（杨炯《晦日药园诗序》）⑤

庶情沿物应，哀弱羽之飘零；道寄人知，悯余声之寂寞。（骆宾王《在狱咏蝉序》卷四）⑥

情蓄于中，事符则感；形潜于内，迹应斯通。（骆宾王

---

① 韩成武：《杜诗艺谭》，河北教育出版社 2002 年版，第 22、23 页。
② 董诰：《全唐文》，上海古籍出版社 1990 年版，第 808 页。
③ 董诰：《全唐文》，第 792 页。
④ 董诰：《全唐文》，第 795 页。
⑤ 董诰：《全唐文》，第 7850 页。
⑥ 陈熙晋笺注：《骆临海集笺注》，上海古籍出版社 1985 年版，第 159 页。

《上廉查使启》卷八)①

　　夫心之悲矣，非关春秋之气；声之哀也，岂移金石之
音？何则？事感则万绪兴端，情应则百忧交轸。（骆宾王
《伤祝阿王明府序》卷二)②

从上所引可以知道，"四杰"同样重视文学（以诗歌为代
表）的抒情特质，杨炯"适情"与卢照邻"适意"相同，王勃
"悲心"与卢照邻怨情相通，而骆宾王对物感理论阐释得较为
透彻。

不管是真情、怨情，他们强调的这种文学的抒情特质，其理
论与时代意义是针对贞观浮靡空洞的形式主义诗风，提倡文学作
品表现浓郁的情感和壮大的气势，虽然他们的主张还不明确、不
成熟，但是"他们捕捉住了强大的盛唐社会将要要求于文学反映
出来的那种精神风貌的特质，把初唐政治家提出的文质并重的一
般原则，变为具体的可感的美学要求，这也是他们的创作实践与
他们的理论主张的主要价值。"③

卢照邻正是用他的创作实践实现了他的理论，因而他的作品
也呈现出相应的美学风格，这将在本文后面诗文研究部分加以
论述。

第三节　创作论

在卢照邻的文论里，涉及了风骨、文辞、声律等诸多创作
论，下面分而论之。

---

① 陈熙晋笺注：《骆临海集笺注》，第262页。
② 陈熙晋笺注：《骆临海集笺注》，第49页。
③ 罗宗强：《隋唐五代文学思想史》，中华书局2003年版，第35页。

一、风骨论——左氏风骨、刘桢奇伟

卢照邻《南阳公集序》中云:"两班叙事,得丘明之风骨;二陆裁诗,含公干之奇伟。"

要想确切地把握卢照邻关于风骨的含义,首先要对风骨进行界定、溯源,这样也才能把握卢照邻提倡风骨的价值和意义。

风骨一词的提出,并不始自盛唐。那么,盛唐人所褒扬的风骨,究竟包含着什么样的内涵呢?换句话说,我们如何理解风骨发展到盛唐,被赋予了特定的时代内涵呢?

我们还要从刘勰的风骨论说起。晋时人们用"风骨"品藻人物,《晋书》卷一百三记载刘胤"风骨俊茂,爽朗卓然,身长八尺三寸,发与身齐,多力,善射,骁捷如风云。"齐梁时代,人们用于评论绘画、书法,谢赫《古画品录》里讲六法:"一,气韵,生动是也;二,骨法,用笔是也。"又赞曹不兴之画:"观其风骨,名岂虚哉!"① 刘勰著《文心雕龙》专论"风骨",风骨被赋以新的含义;而且,自刘勰开始,"风骨"遂成为文学批评的专门术语。

刘勰《文心雕龙·风骨》篇云:"《诗》总六义,风冠其首,斯乃化感之本源,志气之符契也。是以怊怅述情,必始乎风,沉吟铺辞,莫先于骨。故辞之待骨,如体之树骸;情之含风,犹形之包气。结言端直,则文骨成焉;意气骏爽,则文风清焉。若丰藻克赡,风骨不飞,则振采失鲜,负声无力。"② 刘勰还把"风骨"概括为"风清骨峻"。

陈伯海先生对"风骨"的认识比较有代表性:"'风'属于

① 谢赫:《古画品录》,《四库全书》文渊阁本。
② 周振甫:《文心雕龙今译》,中华书局1986年版,第264页。

文章情意方面的要求，其征象是气势的高峻与爽朗；‘骨’属于文章语言方面的要求，其显现为言辞的端整与直切。"① 詹福瑞先生对"风骨"内涵的把握更为细密、精到，使其含义更为丰富："一部作品假如感情深切动人、鲜明有力，思虑周严充沛，这就是有了‘风’的特征，即‘风清’之谓也。""所谓‘骨峻’，就是文辞经过认真推敲，能够以精练的语言恰切表现内容而显示出的端直、坚实、流畅的特点。"②

詹福瑞先生准确地把握了"风"要求"情"是一种深挚的感情，而且要表现得鲜明朗赫、真切动人。并且指出，"风骨"乃是"熔式经诰，方轨儒门者也"（《文心雕龙·体性》）的风格表现。所以说，刘勰的"风骨"论，"风"与"骨"是相对独立的两个范畴，包含了对文章内容"情深而不诡"、"事信而不诞"、"义直而不回"（《文心雕龙·宗经》）的要求。③

刘勰还从"风"与"骨"的角度论述、肯定了建安文学。《文心雕龙·时序》篇云："观其时文，雅好慷慨，良由世积乱离，风衰俗怨，并志深而笔长，故梗概而多气也。" 《明诗》篇云："慷慨以任气，磊落以使才。造怀指事，不求纤密之巧，驱辞逐貌，唯取昭晰之能：此其所同也。"

"慷慨以任气"、"志深而笔长"、"梗概而多气"等，是从"风"方面来考虑的；"不求纤细之巧"、"唯取昭晰之能"是从"骨"方面来考虑的。虽然"志深笔长"、"慷慨多气"是建安风骨的主要特征，但"慷慨多气的本身并不具有固定的生活内容要求，它只是一种具有悲忧色彩的感情激动"。④ 刘勰并没有把反

---

① 陈伯海：《唐诗学引论》，知识出版社1988年版，第7页。
② 詹福瑞：《中古文学理论范畴》，河北大学出版社1997年版，第196、197页。
③ 詹福瑞：《中古文学理论范畴》，第195页。
④ 徐公持：《建安七子论》，《文学评论》1981年第4期。

映生活现实的属性作为"建安风骨"基本特征来对待，所以刘
勰没有直接把"风骨"同建安文学联系起来，更没有明确地提
出"建安风骨"这个概念。

看来，从刘勰的"风骨"到陈子昂的"汉魏风骨"、盛唐人
的"风骨声律"之"风骨"，其内涵一直在发展、变化。

与刘勰同时稍后，钟嵘首先把"风力"与建安文学直接联
系起来，并明确地提出了"建安风力"的概念，《诗品序》云：

> 降及建安，曹公父子，笃好斯文；平原兄弟，郁为文
> 栋，刘桢、王粲，为其羽翼。次有攀龙托凤，自致于属车
> 者，盖将百计。彬彬之盛，大备于时矣。尔后，陵迟衰微，
> 迄于有晋。太康中，三张、二陆、两潘、一左，勃尔复兴，
> 踵武前王，风流未沫，亦文章之中兴也。永嘉时，贵黄、
> 老，稍尚虚谈，于时篇什，理过其辞，淡乎寡味。爰及江
> 表，微波尚传。孙绰、许询、桓、庾诸公诗，皆平典似《道
> 德论》，建安风力尽矣。先是郭景纯用隽上之才，变创其体；
> 刘越石仗清刚之气，赞成厥美。然彼众我寡，未能动俗。逮
> 义熙中，谢益寿斐然继作。元嘉中，有谢灵运，才高词盛，
> 富艳难踪，固已含跨刘、郭，凌轹潘、左。①

《诗品》共评价了自汉至梁120位诗人，被他列入"上品"
的12人中，建安诗人就占了三个，可以看出他对建安诗人的重
视，原因是钟嵘想以此来批判两晋玄言诗风。他认为永嘉以后的
玄言诗与建安时期的诗歌相比，"理过其辞，淡乎寡味"、"平典
似《道德经》"，于是发出了"建安风力尽矣"的慨叹。同时他
又认为，晋宋以来的不少诗人，如璞、刘琨、谢灵运程度不同的
继承了"建安风力"。钟嵘看来，建安是五言诗发展的黄金时

---

① 徐达译：《诗品全译》，贵州人民出版社1990年版，第5－8页。

期，它具有一种独特的美即"建安风力"。

《诗品》中还有两处出现"风力"字样，评陶潜诗说："其源出于应璩，又协左思风力。"① 讲五言诗的写作时说："故诗有三义焉：一曰兴，二曰比，三曰赋。文已尽而意有余，兴也；因物喻志，比也；直书其事，寓言写物，赋也。宏斯三义，酌而用之，干之以风力，润之以丹采，使味之者无极，闻之者动心，是诗之至也。"②

钟嵘虽然没有进一步阐释"风力"的含义，但从"左思风力"以及他提倡的"干之以风力，润之以丹采"可以得知，就是要充实其内容，润色其词藻。"风力"与"丹采"是钟嵘审美原则和评价标准的具体运用，我们再看他用这个标准去评定诗人时，又经常使用"气"，所以，钟嵘所说的"风力"与"气"含义是相同的。

评曹植：骨气奇高，辞采华茂；情兼雅怨，体被文质，粲溢古今，卓尔不群。③

评刘桢：仗气爱奇，动多振绝。真骨凌霜，高风跨俗。但气过其文，雕润恨少。然自陈思以下，桢称独步。④

评陆机：气少于公干，文劣于仲宣。⑤

很明显，"辞采"、"文"、"雕润"等属于文辞方面，即钟嵘所注重的"丹采"；而"骨气"、"气"、"气调"则属于内容方面，即钟嵘所说的"风力"。由此可知，钟嵘所说的"风力"就是"气"，当指丰盈饱满、气韵生动、清新刚健的气派。钟嵘的

---

①　徐达译：《诗品全译》，第97页。

②　徐达译：《诗品全译》，第11页。

③　徐达译：《诗品全译》，第41页。

④　徐达译：《诗品全译》，第45页。

⑤　徐达译：《诗品全译》，第53页。

"骨气"概念，不同于刘勰的"骨即文辞"的意思。

钟嵘所谓"风"，已由刘勰强调表现鲜明真挚的情感转为表现作家主体感情意识和精神气质；所谓"风力"，就是这种表现所产生的艺术感染力量，是属于"丹采"即优美的文辞之外的充实的内容，是通过内容所产生的一种艺术美。这从他嘉许的"左思风力"也可得到印证。左思《咏史诗》，为咏史，实为咏怀，内容充实，情调高亢，笔力矫健，和刘桢诗一样，表现出"真骨凌霜，高风跨俗"的品格。

卢照邻等四杰远承风骨论，近发展唐初"南北文风融合论"，提倡具有"骨气"和"刚健"审美特征的文风以反对"争构纤微、竞为雕刻"的上官体以及两汉魏晋以来的不尊礼乐与丘坟的文学创作。卢照邻则标举《左氏春秋》之"风骨"。

其后，处在初盛唐链接环上的陈子昂鲜明集中地高举起"汉魏风骨"大旗，从而为他赢得了唐诗发展史上的重要地位，因为陈子昂的理论有着直启盛唐的地位，我们先看陈子昂"风骨"的内涵，再分析卢照邻的"风骨"论，这样有助于我们把握卢照邻理论的历史意义。

陈子昂在《与东方左使虬修竹篇序》里的有关"风骨"的一段话引用率极高，被唐诗学者视为纲领性文献：

> 文章道弊五百年矣，汉魏风骨，晋宋莫传，然而文献有可征者。仆尝暇时观齐梁间诗，采丽竞繁，而兴寄都绝，每以永叹。思古人常恐逶迤颓靡，风雅不作，以耿耿也。一昨于解三处见明公《咏孤桐篇》，骨气端翔，音情顿挫，光英朗练，有金石声。遂用洗心饰视，发挥幽郁。不图正始之音，复睹于兹；可使建安作者，相视而笑。①

----

① 周祖譔编选：《隋唐五代文论选》，人民文学出版社 1990 年版，第 70 页。

首先，陈子昂的"风骨论"上承刘勰"风骨"一词，把
"风"与"骨"两个概念合二为一，吸收了刘、钟二氏的思想。
从时间上看，"汉魏风骨"的"汉"，指的是东汉末年的建安时
期；"魏"，指的是从魏国建立到正始年间。正始文学与建安文
学有着反映社会黑暗、批判现实、抒发苦闷等方面的共性，建安
文学是"梗概多气"，正始之音是"使气以命诗"。陈子昂提出
"汉魏风骨"，即指其共性而言。所以"不图正始之音，复睹于
兹，可使建安作者相视而笑"。

其次，陈子昂对"汉魏风骨"作了进一步阐释："骨气端
翔，音情顿挫，光英朗练，有金石声"。而正是这样的特点，再
现了"正始之音"，"可使建安作者相视而笑。"

结合以上两点，我们可以得知"汉魏风骨"的具体内涵：
"端"主要指语言端直精炼，"翔"主要指有凌空翱翔的气势和
力量，只有这样，诗歌才会产生"音情顿挫，光英朗练"的艺
术力量。他将钟嵘的重在艺术感染力的"风力"和刘勰的重在
文辞的"骨"结合起来，给"风骨"赋予新的内容与活力："骨
实而气虚。……要求诗歌思想内容劲健刚直，感情浓烈昂
扬。"①。而同时提倡"兴寄"就是要求文章具有充盈的思想
内容。

风骨，是构成盛唐诗歌的主要质素之一。殷璠在《河岳英灵
集序》里明确了唐诗进入全盛阶段的主要标志："贞观末，标格
渐高；景云中，颇通远调；开元十五年，声律风骨始备矣。"②
这段话被后世研究唐诗者视为最有概括意义的对盛唐诗歌质性特
征的认识，的确，《河岳英灵集》作为一种颇有影响的盛唐诗的

---

① 罗宗强：《隋唐五代文学思想史》，中华书局2003年版，第47页。
② 傅璇琮：《唐人选唐诗新编》，陕西人民教育出版社1996年版，第107页。

选本，它的提法也代表了盛唐诗人的认识。李白《宣州谢朓楼饯别校书叔云》诗云"蓬莱文章建安骨"中"建安骨"即"建安风骨"，杜甫《戏为六绝句》赞美"凌云健笔"和"碧海掣鲸"也是对风骨的形象概况。殷璠在《河岳英灵集集论》里表达了同样的意思："文质半取，风骚两挟。言气骨则建安为传，论宫商则太康不逮"；① 在《河岳英灵集》里评论诗人、肯定其成就，也多以风骨评定，论陶翰"既多兴象，复备风骨"，论高适"多胸臆语，兼有气骨"，评崔颢"晚节忽变常体，风骨凛然"，定薛据"为人骨鲠有气魄，其文亦尔"等等。

可见盛唐人所说的"风骨"是指人的思想力量和精神气概，看重气质高标的腾飞之势，诗歌的内容要具备这种感人的力量，"它扬弃了'汉魏风骨'中感慨悲凉的成分，而着重展开其豪壮明朗的一面，推陈出新，形成自己特有的素质。"②

而陈子昂的"风骨"论主张已经非常接近盛唐人了。梳理了自刘勰至盛唐的"风骨论"，我们再返回去看卢照邻等四杰的关于"风骨"的表述，对其承上启下的意义就会一目了然。

以往论及四杰关于"风骨"者，皆以杨炯《王勃集序》为典范："唐高宗统治的后期，在'初唐四杰'反对'上官体'的斗争中，唐人的风骨观念正式成形了。"③ 但是却绝少关注到卢照邻的风骨观念，今人董天策在《初唐四杰文学思想新探》一文中，在论及四杰风骨论时，开始注意到卢照邻关于此问题的相关论述："卢照邻也作了与此（指杨炯所论，笔者注）互为表里的论述，要求文学创作应如唐虞百代之文那样，'悬日月于胸怀，挫风云于毫翰，含古今之制，扣宫徵之声。细则出入无间，粗则

---

① 傅璇琮：《唐人选唐诗新编》，108 页。
② 陈伯海：《唐诗学引论》，知识出版社 1988 年版，第 10 页。
③ 陈伯海：《唐诗学引论》，第 8 页。

弥纶区宇。逶迤绰约，如玉女之千娇；突兀峥嵘，似灵龟之孤朴。'让昂扬激越的胸怀气势和圆融洽当的艺术表现统一为完美的艺术创造，刚健柔美各具面目而又殊途同归，达到'妙谐钟律，体会《风》《骚》，笔有余妍，思无停趣'的艺术境界。"① 开研究卢照邻风骨论先河，然而犹有不够全面和论述粗疏之嫌。

在展开对卢照邻的论述之前，首先看以杨炯为代表的风骨观念：

> 尝以龙朔初载，文场变体，争构纤微，竞为雕刻。糅之金玉龙凤，乱之朱紫青黄。影带以徇其功，假对以称其美。骨气都尽，刚健不闻。……壮而不虚，刚而能润。雕而不碎，按而弥坚。……长风一振，众萌自偃。遂使繁综浅术，无藩篱之固；纷绘小才，失金汤之险。积年绮碎，一朝清廓。翰苑豁如，词林增峻，反诸宏博，……得其片言，而忽焉高视，假其一气，则邈矣孤骞。窃形骸者，既昭发于枢机；吸精微者，亦潜附于声律。虽雅才之变例，诚壮思之雄宗也。（《王勃集序》）

他们指斥"争构纤微、竞为雕刻"的龙朔诗风是"骨气都尽，刚健不闻"，而以"宏博、壮思、刚健"和气格的"邈矣孤骞"树立起自己的风骨内涵，这里包含了宏博的内容、壮大的思想感情、高标的气势、刚健的风格，与陈子昂风骨论内涵已经十分接近，只是表述得不够明确和集中。

我们最后看卢照邻的有关论述："两班叙事，得丘明之风骨；二陆裁诗，含公干之奇伟。"（《南阳公集序》）卢照邻明确提出"风骨"概念，而且其内涵很明显是指文章充实的内容而言，这

---

① 董天策：《初唐四杰文学思想新探》，《中国文学研究》1994 年第 1 期。

一点与殷璠"风骨"强调内容方面有些接近，但内涵有所不同；若从"微言大义"而论，则其内涵与陈子昂"兴寄"重充盈的思想颇为相同，这一点继承了刘勰的"熔式经诰"；再看卢照邻肯定"公干之奇伟"的"奇伟"，实即提倡刘桢"仗气爱奇"之"气"，重气的风骨观念，则是继承了钟嵘。在融合刘、钟二氏理论方面，与陈子昂相通。

再看卢照邻的其他相关表述，其风骨论的内涵还不止于此：

> 唐虞百代之文，悬日月于胸怀，挫风云于毫翰，含古今之制，扣宫徵之声。细则出入无间，粗则弥纶区宇。逶迤绰约，如玉女之千娇；突兀峥嵘，似灵龟之孤朴。……妙谐钟律，体会《风》《骚》，笔有余妍，思无停趣。（《南阳公集序》）

> 山水风云，逸韵生于江左。（《乐府杂诗序》）

只有充盈的思想内容还不够，还需要作家具备心怀日月的高尚胸怀、作品具有挥动风云的气势，吸收古今文章体制的优点，声律上符合宫徵的规律。内容上要反映宇宙世界的大大小小、方方面面。风格上既有灵动多姿的柔婉之美，又有厚重奇峻的豪壮之美，就是文质并重。质实之内容与浪漫之抒情相结合，做到"笔有余妍，思无停趣"。

可见卢照邻的风骨论观点，实在是全面得很。其"体会风骚"与殷璠"风骚两挟"，一个是文章的创作要求，一个是已经具备这种要求的盛唐诗歌的质素。与陈子昂相比，卢照邻的观点显然不够鲜明，全面有余而突出不够，如没有涉及"端翔"之对文辞与文势的要求，但这并不影响他及四杰其他成员，为陈子昂的革新之路扫清障碍、铺平道路，做好理论准备。卢照邻更重视的是"笔有余妍，思无停趣"的空灵之美，后启盛唐讲究兴象玲珑意境的一派诗风。

二、因变—各异时而并宜、随质文而沿革

因变，也即文学的继承与发展问题。卢照邻在《乐府杂诗序》和《南阳公集序》中阐述了自己的观点。

> 圣人方士之行，亦各异时而并宜；讴歌玉帛之书，何必同条而共贯。（《南阳公集序》）

> 王风国咏，共骊翰而升沈；里颂途歌，随质文而沿革。（《乐府杂诗序》）

认为历代诗文宜有其特定的风貌，不必强求一律；诗歌创作会随时代的变化而发展，在继承与沿革中获得进步与提高。这两句话，重在讲"变"对文学发展的重要性，意在批判不求创新、千篇一律的形式主义文风。基于这样的认识，卢照邻大力赞扬文学创新，批判模拟之作，并自觉地把"创新"的观念用于自己的创作实践中。

基于"新变"的文学观念，卢照邻把曹氏父子的乐府诗称为"新声"："其后鼓吹乐府，新声起于邺中"；把谢灵运冲破玄言诗藩篱的山水诗赞为"逸韵"："山水风云，逸韵生于江左"；尖锐批评六朝乐府形式主义文风："言古兴者，多以西汉为宗，议今文者，或用东朝为美。落英芳树，共体千篇；陇山巫水，殊名一意。亦犹负日于珍狐之下，沈萤于烛龙之前。辛勤逐影，更似悲狂；罕见凿空，曾未先觉。潘、陆、颜、谢，蹈迷津而不归；任、沈、江、刘，来乱辙而弥远。"在严厉批判的同时，提倡"凿空"和"先觉"的创新精神，在此基础上，大声疾呼："其有发挥新题，孤飞百代之前；开凿古人，独步九流之上。自我作古，粤在兹乎！"（《乐府杂诗序》）

卢照邻不但在理论上树起"新声"、"新变"、"开凿古人"、"自我作古"等创新大旗，而且身体力行，在自己的创作实践中

"自我作古"：

> 自古为文者，多以九七为题目，乃有《九歌》、《九辩》、《九章》、《七发》、《七启》，其流不一。余以为天有五星，地有五岳，人有五章，礼有五礼，乐有五声，五者，亦在天地之数。今造《五悲》，以申万物之情，传之好事尔。（《五悲·序》）

卢照邻不拘于古人以九七为题，而以五为题，"造《五悲》"。所谓"造"，当然是首创之意。当然，在卢照邻的诗文创作中，还有许多方面贯穿了他的创新思想，本文将在其诗文研究的章节中详论，兹不赘述。

倡言新变和力行之，是初唐文学改变浮靡文风、走上健康发展之路所必需的理论指向和实践要求，在这一点上，卢照邻无疑明确地意识到了历史的任务并旗帜鲜明地站在了时代改革的前沿。

强调新变、力主创新的理论来源，直接源自刘勰，《文心雕龙·通变》篇专门讲文学的因变问题：

> 夫设文之体有常，变文之数无方，何以明其然耶？凡诗赋书记，名理相因，此有常之体也；文辞气力，通变则久，此无方之数也。名理有常，体必资于故实；通变无方，数必酌于新声。故能骋无穷之路，饮不竭之源。①

所谓"有常之体"，即是指文章的"因"；"通变"是指文章的"变"。对于"通变"的内涵，詹福瑞先生曾专门进行"解义"："'通变'这一概念内涵的核心是趋时而变。所谓'通变'，即如《周易·系辞》所说的'通其变'，也就是通于文章的变化。通于文章的变化，既有洞晓文章变化的含义，又有文章因变

---

① 周振甫：《文心雕龙今译》，中华书局1986年版，第271页。

而得通达永久的意思。"①

由此可见，卢照邻那"开凿古人"、"自我作古"的创新观念，是在新时代的感召下，对刘勰"通变"理论的丰富和发展。

卢照邻也讲到"因"，"随质文而沿革"，意思是文学随着时代和质文的沿革而发展，换句话说，只有"沿""革"结合，文学才能得以健康发展。"革"是革新，"沿"讲的就是继承。在文学继承的问题上，卢照邻主张吸收前代一切优秀文化遗产，在这样的思想指导下，卢照邻在回溯文学史时，能够用辩证的眼光，看到不同时代文学家的优缺点，尤其是六朝文学家的优缺点，并且不以其缺点而掩其优点：

> 自获麟绝笔，一千三四百年。游、夏之门，时有荀卿、孟子；屈、宋之后，直至贾谊、相如。两班叙事，得丘明之风骨；二陆裁诗，含公干之奇伟。邺中新体，共许音韵天成；江左诸人，咸好环姿艳发。精博爽丽，颜延之急病于江、鲍之间；疏散风流，谢宣城缓步于向、刘之上。北方重浊，独卢黄门往往高飞；南国轻清，惟庾中丞时时不坠。（《南阳公集序》）

> 是非未定，曹子建皓首为期；离合俱伤，陆平叔终身流恨。超然若此，适可操刀；自兹以降，徒劳举斧。八病爰起，沈隐侯永作拘囚；四声未分，梁武帝常为聋俗。后生莫晓，更恨文律烦苛；知音者稀，常恐词林交丧。（同上）

> 虞、李、岑、许之俦以文章进，王魏来褚之辈以材术显。……虞博通万句，对问不休；李长于五言，下笔无滞。岑君论诘亹亹，听者忘疲。许生章奏翩翩，谈之未易。王侍中政事精密，明达旧章；魏太师直气鲠词，兼包古义。褚河

---

① 詹福瑞：《中古文学理论范畴》，河北大学出版社 1997 年版，第 233 页。

南风标特峻，早铿声于册府。变风变雅，立体不拘于一途；既博既精，为学遍游于百氏。（同上）

其后鼓吹乐府，新声起于邺中；山水风云，逸韵生于江左，……辛勤逐影，更似悲狂，罕见凿空，曾未先觉。潘、陆、颜、谢，蹈迷津而不归；任、沈、江、刘，来乱辙而弥远。（《乐府杂诗序》）

由上可知，卢照邻在肯定颜延之的"精博爽丽"的同时，不忘指出他"雕缋满眼"的缺点；在批评沈约、梁武帝过分为声律所拘的同时，又肯定他们对文律的贡献，担心"后生莫晓"，"常恐词林交丧"；虽然肯定颜、谢的"精博爽利"、"疏散风流"，但同时对他们千篇一律、毫无新意的乐府诗进行"蹈迷津而不归"的无情批评。在一一肯定了本朝文臣学士的辞章优点之后，进而加以总结"变风变雅，立体不拘于一途；既博既精，为学遍游于百氏"，指出，文章的内容形式是不断发展变化的，要想做到"既博既精"，就要吸收"百氏"即百家之长。这也是卢照邻因变观念的又一次集中论述。

卢照邻有关继承与创新的理论，在四杰的其他三人中，甚至在陈子昂的理论中，出现了缺失状态。他们都没有鲜明集中地提倡"开凿古人"、"自我作古"的创新概念，也没有对前代尤其是六朝作家优点的充分肯定。直到盛唐人，才重又开始辩证地看待文学发展中的因变问题，以杜甫为代表：

不薄今人爱古人，清词丽句必为邻。窃攀屈宋宜方驾，恐与齐梁作后尘。

未及前贤更勿疑，递相祖述复先谁。别裁伪体亲风雅，转益多师是汝师。（《戏为六绝句》其五、其六）①

---

① 韩成武、张志民：《杜甫诗全译》，河北人民出版社1997年版，第451页。

所以说，卢照邻关于因变的文学观念，在理论上具有一定意义的成熟度。

三、声律——共许音韵天成与常恐词林交丧

对于声律的认识，卢照邻也表现出了他惯有的理论上的通脱性。《南阳公集序》云："邺中新体，共许音韵天成；江左诸人，咸好环姿艳发。""妙谐钟律，体会风骚。"又说："八病爰起，沈隐侯永作拘囚；四声未分，梁武帝常为聋俗。后生莫晓，更恨文律烦苛；知音者稀，常恐词林交丧。"《乐府杂诗序》赞美侍御史贾君："霜台有暇，文律动于京师。"

可见他既肯定"音韵天成"、"妙谐钟律"的和乐之作，又不完全否定沈约的"四声八病"的声律理论：他说沈约作了"八病"的囚犯，同时又讥笑不分"四声"的梁武帝是"聋俗"。在评当代乐府诗时，肯定贾君乐府诗"文律动于京师"，肯定人为声律的魅力。卢照邻的观点是符合文学的历史发展潮流的。

中国古代的诗歌，自《诗经》开始，诗乐乃为一体，乐律就是诗的音律，直至秦汉，魏晋时的乐府歌辞，仍旧以乐律为诗之音律。李调元《诗话》卷上记："古人乐府，非如今人有曲谱而后填词，然亦照定十二律赋为词，付之乐工，叶以音律。"①初唐时的乐府诗应该仍然相因，仅从卢照邻《乐府杂诗序》可窥一斑："经过者徒知其美，揄扬者未歌其事。恭闻首唱，遂属洛阳之才"，"故可论诸典故，被以笙镛"，"俾夫舞雩周道，知《小雅》之欢娱；击壤尧年，识太平之歌咏云尔"。

但是魏晋以后，由于五言古诗的独立，并成为诗人们创作时采用的主要诗歌体式，作为不能入乐的徒歌，诗歌的声韵之于音

————————

① 李调元：《诗话》，清乾隆35–49年刻本。

乐的依附性面临严峻的挑战，五言古诗创作亟需适合于自己的声律论，沈约的"四声八病"的声律理论就是在这样的时代要求下产生了。《宋书》卷六十七《谢灵运传》记："欲使宫羽相变，低昂互节，若前有浮声，则后须切响。一简之内，音韵尽殊；两句之中，轻重悉异。妙达此旨，始可言文。"① 这是沈约对五言诗"四声"的概括，纪昀《沈氏四声考》卷下称此："休文声病之学尽于此论，此后来律体之椎轮也。"日僧遍照金刚《文镜秘府论》记载了对"八病"的解释，最为接近沈约的观点，这里不作细论，只列出名目：一平头、二上尾、三蜂腰、四鹤膝、五大韵、六小韵、七旁纽、八正纽。②

声律论问世后，在永明诗坛掀起了声律热，永明新体诗即是声律论的创作实践。它们对后世诗歌产生了深远的影响，"甚至可以毫不夸张地说，没有永明声律论，就不会有唐以后的近体诗。"③ 但是其过于繁细之病不利于诗歌创作，"至平上去入，则余病未能。"（钟嵘《诗品序》）④ "沈休文酷裁八病，碎用四声。"（皎然《诗式》）⑤

对于"四声八病"的消极影响，卢照邻也有着清醒的认识，他把拘谨于此的沈约形象地比作囚犯，但他更为担心的是："后生莫晓，更恨文律烦苛；知音者稀，常恐词林交丧。"卢照邻的目光是长远的，他看到了唐诗要发展，必须在扬弃沈约的声律论的基础上，建立自己的新的声律论。而声律乃是盛唐诗歌的又一重要质素之一，如果完全否定声律，就不会建设起盛唐诗歌独特

---

① （梁）沈约：《宋书》，中华书局 1974 年版，第 1779 页。

② 见王利器校注：《文镜秘府论校注》，中国社会科学出版社 1983 年版，第 400 页。

③ 詹福瑞：《中古文学理论范畴》，河北大学出版社 1997 年版，第 157 页。

④ 徐达译注：《诗品全译》，贵州人民出版社 1990 年版，第 29 页。

⑤ 皎然著，李壮鹰校注：《诗式校注》，人民文学出版社 2003 年版，第 14 页。

的范式。只有批判地继承，文学才能沿着正确的方向健康发展。卢照邻对声律的态度，显然顺应了时代的需求。尽管他没有进一步的阐释，但是已经指出了声律发展的正确方向，实属难能可贵。

关于声律，王勃也有提到："得宫商之正律，受山川之杰气。"（《山亭思友序》）① 显然，这里指的是自然之韵律，与卢照邻"含古今之制，扣宫徵之声"（《南阳公集序》）和"妙谐宫律，体会风骚"（《南阳公集序》）以及上文所述"共许音韵天成"中的含义所指是相同的，都不是针对人为声律提出来的；只有骆宾王对颜延之、谢灵运以降的讲究声律有所肯定："声律稍精"（《和道士闺情诗启》），然而也只是就其创作而言。在这一点上，也即在理论上对于近体诗的发展所作的贡献，四杰的王、杨、骆以及稍后的陈子昂，都是无法与卢照邻相比的。

四、文辞——清词、丽词

卢照邻《驸马都尉乔君集序》云："雅爱清灵，不以繁词为贵"，阐述了他对于文辞的要求，即主张去除繁芜之词，追求清虚、冲淡、简约的文词。这样的主张显然是针对上官体琐细繁杂的语言风格而言的，但是在论述前代尤其是六朝及当代作家的文学成就时，卢照邻又极力肯定文辞"丽"的美学特征，主张文辞的妍丽、华美，列举如下：

> 雍容车骑，屡动雕章。（《驸马都尉乔君集序》）
>
> 江左诸人，咸好环姿艳发。精博爽丽，颜延之急病于江鲍之间；……（《南阳公集序》）
>
> 《三都》既丽，微夏熟于上林；……笔有余妍，思无停

---

① 董诰：《全唐文》，上海古籍出版社 1990 年版，第 810 页。

趣；……（《南阳公集序》）

透迤绰约，如玉女之千娇；突兀峥嵘，似灵龟之孤朴。（同上）

晨趋有暇，持彩笔于瑶轩；夕拜多闲，弄雕章于琴席。（同上）

绿樽恒湛，斋阁临霞；绮札逾新，园亭坐月。（同上）

霜台有暇，文律动于京师；绣服无私，锦字飞于天下。（《乐府杂诗序》）

动林阁之雕章，发鸿都之宝思。云飞绮札，代郡接于苍梧；泉涌华篇，岷波连于碣石。……洋洋盈耳，岂徒悬鲁之音；郁郁文哉，非复从周之说。（同上）

"环姿艳发、精博爽丽"肯定"艳、丽"之风，"《三都》既丽"、"笔有余妍"赞美华丽、妍丽的文辞，与"孤朴"相对举的"千娇"，包含华美之意，"持彩笔"、"弄雕章"追求的是文辞的华丽，"绮札"、"锦字"、"雕章"、"华篇"，无一不是形容文辞的华美艳丽，"郁郁文哉"指的也是文采之盛。包括卢照邻在《释疾文·粤若》中对自己的文章也以"绮丽华美"自诩："下笔则烟飞云动，落纸则鸾回凤惊"。

"清"与"丽"这两个看似矛盾的文学观念，同样反映了卢照邻所处时代要求于文学的风貌。用"去繁词"来反对"争构纤微，竞为雕刻"的龙朔诗风，是"破"；用"清灵"来规范一个新的审美范式，是"立"。而追求文辞"华丽"则涉及一个文学继承的问题，从卢照邻"既博既精，为学遍游于百氏"（《南阳公集序》）——主张吸收一切前代优秀文化遗产的理论出发，对于由文学历史发展而来越来越趋向华丽的文辞质性，我们追根溯源，就不难理解卢照邻为什么反复强调文辞的妍丽。

"丽"本义是偶对。《周礼·夏官·教人》曰："丽马一圈，

八丽一师。"郑玄注："丽，耦也。"① 《楚辞·招魂》："被文服
纤，丽而不奇些。"王逸注："丽，美好也。"② 《书·毕命》：
"敝化奢丽，万世同流。"孔颖达疏："敝俗相化，奢侈华丽。"③
而"丽"的文学观念是在汉代随着大赋的兴起，与文章观念的
自觉并生的。④ 扬雄《法言·吾子》云："诗人之赋丽以则，词
人之赋丽以淫。"⑤ 肯定辞赋之华丽，反对过度的丽。魏晋南北
朝时期，文学观念更加明确，"丽"之艺术特征的认识更加深
入，要求也更加强烈。建安曹丕在《典论·论文》中提出"诗
赋欲丽"，即要求文辞绮丽。西晋陆机著《文赋》称"诗缘情而
绮靡"，指出诗"缘情"而外，还要绮丽华美，并对文辞提出具
体要求："其遣言也贵妍"，即文辞贵在妍丽。到了南朝的刘勰，
更加重视文章的形式，不但在《文心雕龙·情采》中明确宣称：
"圣贤书辞，总称文章，非采而何？"最早把"文章"与"文采"
联系到一起进行定性，⑥ 在《诠赋》篇谈到了对"词"与"言"
的要求："原夫登高之旨，盖睹物兴情。情以物兴，故义必明雅；
物以情观，故词必巧丽。……至于草区禽族，庶品杂类，则触兴
致情，因变取会，拟诸形容，则言务纤密"，是说文辞要巧妙艳
丽，语言要细巧纤密，刘勰还列《丽辞》专篇讲骈偶——这种
使文章变得华丽的修辞手法。刘勰的理论反映了南朝山水诗和咏
物诗越来越华丽的诗风。钟嵘也很重视诗歌文辞的华丽之美，

---

① （汉）郑玄注（唐）贾公彦疏　李学勤主编：《十三经注疏·周礼注疏》标
点本，北京大学出版社 1999 年版，第 859 – 860 页。

② （汉）王逸撰：《楚辞章句》，《四库全书》文渊阁本。

③ （汉）孔安国传（唐）孔颖达疏　李学勤主编：《十三经注疏·尚书正义》，
第 525 页。

④ 詹福瑞：《中古文学理论范畴》，河北大学出版社 1997 年版，84 – 87 页。

⑤ （汉）扬雄撰，陈仲夫点校：《法言义疏》，中华书局 1987 年版，第 49 页。

⑥ 詹福瑞：《中古文学理论范畴》，第 97 页。

《诗品》："干之以风力，润之以丹采"之"丹采"的润色，讲的就是文词的润色。

卢照邻对文辞"妍丽"的要求，是上承文学历史发展的。积极的一面是他没有因为提倡清虚、冲淡、简约、孤朴而否定艳丽华美，肯定了文辞"丽"的特质；消极的一面是，不但一定程度上削减了他对"绮错婉媚"的上官体诗风斗争的彻底性，而且给卢照邻的创作也带来了不利的影响，卢照邻的文章难脱六朝"词旨华丽"的遗风，原因即在此：本脱胎于六朝，又主观上追求文辞的绮丽华美。难怪王世贞一语定论："王、杨、卢、骆，号称四杰，词旨华丽，固缘陈隋之遗；翩翩意象，老境超然胜之，五言遂为律家正始。"（王世贞《艺苑卮言》卷四）①

第四节　风格论、批评论

之所以把风格论和批评论合为一节论述，是因为批评论里的作家论就是作家风格论，而对文学现象的批评也离不开对作家的批评，作家风格论基本上是包含在他对文学史的批评论中的，鉴于批评论里所设论题与风格论联系密切，所以将二者列为一节论述。

一、风格论与作家论

"风格是文学作品的一种表现形态，是作品在处理表现对象和表现形式中所呈现出的显示了作家精神个性的独特风貌。"②需要说明的是，古代文论家用"体"的概念来表述风格，《文心

---

① 周维德集校：《全明诗话》，齐鲁书社 2005 年版，第 1918 页。
② 詹福瑞：《中古文学理论范畴》，河北大学出版社 1997 年版，第 159 页。

雕龙·体性》篇即是风格论，"体"源自"气"，曹丕《典论·论文》说"气之清浊有体"①，钟嵘《诗品》评张华诗："其源出于王粲，其体华艳，兴托不奇。"② 这里的"体"即指张华诗的个人风格。卢照邻文论中没有"体"的概念，这是因为他的风格论基本上散见于作家论之中，并非有意识地作为一个理论体系来研究，我们今天把它梳理出来，是为了看到卢照邻文论部分的全貌。

卢照邻文论中所说的"风"也并非我们所指的风格，而是指儒家诗教礼乐，如"《雅》《颂》之风，犹绵联于季叶。""衣冠礼乐，重闻三代之风；玉帛讴歌，无坠六经之业。"（《驸马都尉乔君集序》）上文已论，他所说的"风骨"指质实的内容而言，与刘勰的"风骨"论内涵不同。刘勰把"风骨"作为一切作品的写作原则，要求文意符合"风"、文辞符合"骨"的标准，"'风'和'骨'又是紧密联系的，旺盛的气势与端直的文词配合在一起，便构成了那种昂扬奋发、刚健有力的美学风格，这跟六朝后期文学创作中堆砌词藻、柔靡不振的习气正相反对。"③ 所谓"风清骨峻"的论述"带有了浓厚的风格论色彩"④。

卢照邻的作家风格论不像刘勰，很明确地把风格分为八体，一一界定并加以阐释，卢照邻的论述则比较具体，基本上是包含在他对文学史的批评论即作家论中的，这是他理论的非系统性所致。

卢照邻"既博既精，为学遍游于百氏"（《南阳公集序》）的

---

① 张怀瑾：《文赋译注》，北京出版社 1984 年版，第 63 页。

② 徐达译注：《诗品全译》，贵州人民出版社 1990 年版，第 75 页。

③ 陈伯海：《唐诗学引论》，知识出版社 1988 年版，第 7 页。

④ 詹福瑞：《中古文学理论范畴》，河北大学出版社 1997 年版，第 204 页。

文学思想决定了他多种文学风格并重的风格论。为便于论述，现将他文论中有关作家风格的论述一一列举如下：

　　陆平原龙惊学海，浮天泉以安流；鲍参军鹤耸文场，代黄金之平垿。（《驸马都尉乔君集序》）

　　雅爱清灵，不以繁词为贵。（《驸马都尉乔君集序》）

　　二陆裁诗，含公干之奇伟。邺中新体，共许音韵天成；江左诸人，咸好环姿艳发。精博爽利，颜延之急病于江、鲍之间；疏散风流，谢宣城缓步于向、刘之上。北方重浊，独卢黄门往往高飞；南国轻清，惟庾中丞时时不坠。（《南阳公集序》）

　　近日刘勰《文心》，钟嵘《诗评》，异议锋起，高谈不息。（《南阳公集序》）

　　《三都》既丽，微夏熟于上林；《九辩》已高，责春歌于下里。……妙谐钟律，体会风骚，笔有余妍，思无停趣。（《南阳公集序》）

　　逶迤绰约，如玉女之千娇；突兀峥嵘，似灵龟之孤朴。（《南阳公集序》）

　　虞博通万句，对问不休；李长于五言，下笔无滞。岑君论诘亹亹，听者忘疲。许生章奏翩翩，谈之未易。王侍中政事精密，明达旧章；魏太师直气鲠词，兼包古义。褚河南风标特峻，早铿声于册府。（《南阳公集序》）

　　含毫顾盼，汉家之城阙风烟；逸韵纵横，秦地之林泉鱼鸟。（《南阳公集序》）

　　南浦动关山之役，作者悲离；东京兴党锢之诛，词人哀怨。（《乐府杂诗序》）

　　落梅芳树，共体千篇；陇水巫山，殊名一意。……潘、陆、颜、谢，蹈迷津而不归；任、沈、江、刘，来乱辙而弥

远。(《乐府杂诗序》)

　　山水风云，逸韵生于江左。(《乐府杂诗序》)

　　绣服无私，锦字飞于天下。(《乐府杂诗序》)

从以上所引，我们可以得到如下认识：

　　(一)卢照邻有着多种风格并重的文学观念。通过对前代和当代诸多文学家诗歌成就的肯定，赞美了鲍照诗清新俊逸，乔师望诗文清灵冲淡，陆机、陆云、刘桢诗歌新奇壮伟，三曹乐府诗音韵天成、自然流利，颜延之的精博爽利，谢朓的疏散风流，卢思道的清绮激越，庾信的老成厚重，左思大赋的华丽奢华，虞世南对问滔滔不绝，李百药五言诗行文流利，岑文本论诘娓娓动听，许敬宗章奏翩翩若举，魏徵文章骨鲠刚直，褚遂良因独立高峻而蜚声册府，来济文章满纸超逸之气，赵壹辞赋含哀怨之风，颜延之、谢灵运等江左诸人的山水诗清新超逸，贾君乐府锦绣华美等诸多风格；加上卢照邻理想的风格范式"妙谐钟律，体会风骚，笔有余妍，思无停趣"和对柔美与阳刚风格的概括论述"逶迤绰约，如玉女之千娇；突兀峥嵘，似灵龟之孤朴"。他笔下风格的面貌有二十多种，虽算不上千姿百态，但也可称洋洋大观、多姿多彩了。

　　(二)他注意到影响作家风格的社会原因以及作家作品得以广泛流传和被认可与作家人格的关系。"南浦动关山之役，作者悲离；东京兴党锢之诛，词人哀怨。"说的是因出关、入关、出塞、入塞等社会原因引起乐府作者伤别离的情感，因而诗歌悲离；东汉宦官当政，大兴党人之狱，诛杀忠直之臣，所以赵壹在辞赋中抒发怨愤，使《刺世疾邪赋》充满哀怨的色彩。"繡服无私，锦字飞于天下。"则把侍御史贾君之乐府诗名满天下的原因，归结为除了诗歌写得锦绣华美外，强调其人"绣服无私"；因为贾君的无私人格魅力，才使他的诗歌流波更广、受到天下人的肯定和喜爱。

（三）他肯定了很多前代、当代的文学家，这里包括他批评的"潘、陆、颜、谢、任、沈、江、刘"几个诗人；他肯定了理论家陆机，说"陆平原龙惊学海，浮天泉以安流"，批评了刘勰和钟嵘，尽管在卢照邻的文论里，对他们的理论观念多有继承，但他只是笼统地说"近日刘勰《文心》，钟嵘《诗评》，异议锋起，高谈不息。"看来，他赞赏陆机的学问，而对刘勰、钟嵘两位对文学和诗歌理论做出巨大贡献的理论家认识不足，这是卢照邻的局限。卢照邻的不足还表现为他对柔弱之气及丽藻之风没有谈及，这是不够客观和全面的。

总之，卢照邻多种风格并重的观念，和他主张吸收前代一切优秀文学遗产是一致的。这样的观念同样影响了卢照邻的创作实践，从而使他的诗文创作呈现出多姿多彩的风貌。

二、批评论——对文学史丑恶现象的批判

涉及卢照邻批评论里的作家论已在风格论里论及，此处不再赘述。另外一个问题是卢照邻对文学史丑恶现象的批判：

> "嗟乎！古今之士，递相毁誉，至有操我戈矛，启其墨守。《三都》既丽，微夏熟于上林；《九辩》已高，责春歌于下里。踳驳之论，纷然遂多。近日刘勰《文心》，钟嵘《诗评》，异议锋起，高谈不息。人惭西氏，空论拾翠之容；质谢南金，徒辩荆蓬之妙。拔十得五，虽曰肩随；闻一知二，犹为臆说。金曰未可，人称屡中；化鲁成鱼，曷云其远？"（《南阳公集序》）

首先，卢照邻愤然批判了文人相轻的现象，他们之间的互相诋毁，有如手持兵器拼死活。他举例说，对《三都赋》、《九辩》的挑剔、指责，是吹毛求疵，实属杂乱之论。

180

其次，批评刘勰、钟嵘的文学批评理论，说他们"异议锋起，高谈不息"，上文已论，这是卢照邻的局限，但这种认识的产生另有原因。我们从他的下文"人惭西氏，空论拾翠之容；质谢南金，徒辩荆蓬之妙"，结合他对陆机的称许以及他对刘、钟二氏理论的继承，似可得出推论：卢照邻不仅嘉许渊博的学识，更重创作的实践；在他眼里，陆机高出刘、钟二氏，原因就是陆机有着卢照邻嘉许的诗文创作。相比之下，卢照邻认为，刘、钟二氏的理论有"人惭西氏，空论拾翠之容；质谢南金，徒辩荆蓬之妙"之嫌。

第三，批判"拨十得五、闻一知二"的"臆说"，认为评判文学作品、作家应从客观实际出发，不能以个人的主观意识为转移，这样得出的结论只能是"臆说"。

第四，卢照邻指出了以上做法带来的危害："化鲁成鱼，曷云其远"，那就是这些妄论臆说，会造成媸妍淆乱、是非颠倒。

总之，不管是戈矛相见的文人相轻，还是"拨十得五、闻一知二"的臆说，在卢照邻看来，都是轻率否定前人文学成就的表现，这与他一贯的主张合理吸收和融合包括南北诗歌在内的一切优秀文学遗产、从而推动文学的进步与繁荣的观点是背道而驰的，所以自然受到了卢照邻犀利的批判。

第六章
卢照邻诗歌研究

按康熙四十四年（1705）敕修《全唐诗》选录卢照邻诗歌最为集大成，卷四十一、卷四十二收《卢照邻诗》二卷，选录卢照邻诗歌 83 题 100 首又一句，本章卢照邻诗歌参此本为主，并辅之以李云逸、祝尚书二位先生之辑校本以及陈贻焮《增订注释全唐诗》共得 105 首。

卢照邻虽存世诗歌数量不多，但是题材广泛、体裁丰富。按《文苑英华》对诗歌所分二十四大类（天部、地部、帝德、应制、省试、朝省、乐府、音乐、人事、释门、道门、隐逸、寺院、酬和、寄赠、送行、留别、行迈、军旅、悲悼、居处、郊祀、花木、禽兽），卢照邻选录诗歌题材涉及天部、地部、禽兽、花木、乐府、人事、道门、居处，另《中和乐九章》英华归入杂制。但观英华未选卢诗，其他题材诸如应制、音乐、释门、隐逸、寺院、酬和、寄赠、送行、留别、行迈、军旅、悲悼等均有涉猎。加上杂制一类，卢诗题材占了英华分类的二十一类，诗歌反映现实生活范围不可谓不广。再看诗歌所用体式，有赋、歌行、五古、七古、五七言绝句、五律五排、骚体诗，盛唐人采用的主要诗体形式，除七律七排外，均已成为卢照邻进行诗歌创作的主要体式，原因在于初唐尚处在格律诗逐步定型的发展时期，而七律七排定型较晚，又因卢照邻有着抒发真情、怨情的理论倾向和对悲惨的身世、多舛的命运直抒块垒的强烈愿望，所以造成了他律诗在四杰中，合律度最低，在近体诗形成的链条上，与同属于第三代的其他诗人刘希夷、陈子昂、苏味道、崔融、宋之问、崔湜、李峤、沈佺期等相比，合律度也是最低的。[①]

本章内容本着凸显卢照邻诗歌成就及文学史地位的出发点，拟对卢诗按内容与体裁结合的双重视角进行研究，点、面结合，突出重点，以期对卢照邻诗歌整体有一个清晰的认识。

第一节　为卢照邻赢得文学地位的歌行诗

现存的卢照邻诗歌中，七言古诗只有《失群雁》、《行路难》、《长安古意》、《明月引》和《怀仙引》五首，《全唐诗》本未著诗体，然在《四部丛刊》张燮辑《幽忧子集》列于卷二"七言古诗"一体中。七言歌行自包含在七言古诗中，但是卢照邻的这五首七言古诗都是七言歌行吗？学界对此并无明确界定，诸本文学史中，在讲到初唐歌行时，所举之例多为《长安古意》和《行路难》，并不涉及歌行之界定；又由于自古以来诸家对歌行之界定存在模糊与分歧的现象，所以造成了人们在论及卢照邻歌行时，也出现了分歧与模糊的现象。一种观点认为，这五首都属歌行。李云逸在《卢照邻集校注》中注《明月引》曰："乐府新题，《乐府诗集》编之入《琴曲歌辞》。引，乐曲体裁之一。《乐府诗集》卷五七引梁元帝《纂要》曰：'古琴……而其曲有畅，有操，有引，有弄。'胡震亨《唐音癸签》卷一《体凡》曰：'新题者，古乐府所无，唐人新制为乐府题者也。其题或名

---

① 参韩成武：《杜审言与五律、五排的定型》，见《杜甫新论》，河北大学出版社 2006 年版，第 248－258 页。

歌，亦或名行，或兼名歌行。又有曰引者，曰曲者，曰辞者，曰篇者。……凡此多属之乐府，然非必尽谱之于乐。'"① 陶易亦持此观点，将五首全部列为歌行一体。② 这样笼统划分，固然是尊重了新乐府的传统，但是更具有楚辞体表征的《明月引》、《怀仙引》，真的具有歌行的质性特征吗？另一种观点显然认识到了这一点，认为《明月引》、《怀仙引》连七古也不是，苏雪林持此观点，她认为卢照邻七古只有三首，显然应该是《失群雁》、《行路难》、《长安古意》。③ 近人任国绪在论述卢骆歌行时，也只举了《失群雁》、《行路难》、《长安古意》三首。④ 还有一种更加模糊的观点，把《明月引》也列为歌行，却没有提到《怀仙引》。⑤ 随着近年来对歌行一体研究的深入，这个诗歌体式的内涵也越来越严密科学，这有助于指导我们对具体诗人和诗歌的深入研究。弄清七言歌行体式的源流、发展及其内涵，不但上面的问题可以迎刃而解，也有助于我们把握卢照邻七言歌行的文学史意义和地位。所以在展开本节的论述之前，我们首先对七言歌行进行一下界定。

一、七言歌行辨义

顾名思义，七言歌行乃是七言诗体，从七言古诗发展而来。《中国分体文学史·诗歌卷》曰：

> 七言古诗是每句七字或以七字句为主的古诗。以七字句为主，间有杂言的七言古诗，在汉魏乐府中多以'歌'、

---

① 李云逸：《卢照邻集校注》，中华书局 1998 年版，84－85 页。
② 陶易：《试论王杨卢骆体》，《青海民族学院学报》1985 年第 2 期。
③ 苏雪林：《唐诗概论》，辽宁教育出版社 1997 年版，第 18 页。
④ 任国绪：《略论卢照邻、骆宾王的七言歌行》，《北方论丛》1985 年第 3 期。
⑤ 房日晰：《唐诗比较研究》，安徽大学出版社 2005 年版，第 29 页。

'行'命篇，故后世亦称七言歌行。①

书中以曹丕《燕歌行》为文人成熟的七言诗，以鲍照《拟行路难》18首为拓展七古范畴、完善七古形式、推动七言诗体发展，而把初唐的七古定名为"四杰体"：

> 初唐四杰运用近体诗的格调和《西洲曲》的篇法，创造了一种声调圆转、音乐性极强的七言诗品种——"四杰体"七古。这种七言古诗的特点是大体上四句一节，节自为韵，平仄韵交替，换韵处用逗韵，一篇古诗仿佛若干首绝句连缀而成。在修辞上多用顶针、回文、对仗、复叠等手法，形成一气贯注而又缠绵往复的旋律。既采用了声律学的成果，又比律诗自由。②

不仅如此，该书还把张若虚的《春江花月夜》归为"四杰体"七古。显然，这里的歌行即是七古，任国绪亦主此说，③ 其源出自胡应麟"七言古诗概曰歌行"。④ 这也不错，因为唐以前的七言一般只称作乐府歌行。但是二者都注意到歌行在不同的朝代、不同的作家手里，不断被赋予新的内涵。在这个发展过程中，歌行已经不等同于七古了，这就是苏雪林、任国绪二位先生把《明月引》《怀仙引》排除在卢照邻歌行作品之外的原因。

不管是"四杰体"，还是"王杨卢骆体"，或者是"卢、骆歌行"的名称，其内涵在今天的学界是相同的，卢照邻的七言歌行自当与此一致。

对七言歌行于四杰之前的演变过程，明代的胡应麟作了大致

---

① 赵义山、李修生主编：《中国分体文学史·诗歌卷》，上海古籍出版社2001年版，第77、78页。

② 赵义山、李修生主编：《中国分体文学史·诗歌卷》，第82页。

③ 任国绪：《略论卢照邻、骆宾王的七言歌行》，《北方论丛》1985年第3期。

④ 胡应麟：《诗薮》内编卷三，上海古籍出版社1958年原中华上编版，第41页。

描述：

> 建安以后，五言日盛。晋末齐间，七言歌行寥寥无几。独《白纻歌》、《行路难》时见文士集中，皆短章也。梁人颇尚此体，《燕歌行》、《捣衣曲》诸作，实为初唐鼻祖。陈江总持、卢思道等篇什浸盛，然音响时乖，节奏未协，正类当时五言律体。垂拱四子，一变而精华浏亮，抑扬起伏。悉协宫商，开合转换，咸中肯綮。七言长体，极于此矣。①

今人尚定在《走向盛唐》一书中专列《卢骆歌行体制的形成与演变》一节，对卢、骆歌行体诗结构模式及其流变过程详加考述，从句法与用韵上着眼，把四杰以前的七言歌行可分为三个阶段：一，汉魏南朝前期，是歌行体的滥觞阶段。自汉《柏梁诗》、曹丕《燕歌行》，至鲍照《拟行路难》，只有"奉君金厄之美酒"（《拟行路难》）一首可称得上是七言歌行。二，梁、陈宫廷文人的创作是七言歌行体演变的第二个阶段，也是七言歌行在形式上取得重大突破的时期。这个时期的歌行体基本上是以宫廷生活为抒写内容，讲究句法、骈偶，篇幅加大，形成铺叙特征，基本上奠定了七言歌行体的结构模式，同时也奠定了"思妇——荡子（征夫）"这个具有代表性的抒情模式。三，处于南北文风交流背景上的庾信、卢思道等人的创作，构成七言歌行体发展的第三个阶段，也是四杰歌行体的先声。该书进而指出，卢骆歌行体乃是风容与筋骨兼具、真正完备的七言歌行体。首先，从抒情模式来看，卢骆歌行已突破了《燕歌行》、《行路难》等"言世事艰辛及离别伤悲之意"的抒写内容，深化了历史兴亡之叹的主题，在历史的感慨中寄寓着创造者自身的、个体的感慨。其次，

---

① 胡应麟：《诗薮》内编卷三，第46页。

从表现手法上看，卢、骆歌行体最明显、最基本的手法是叙述。①

清代吴师曾从体调的差别论及七古与歌行的不同：

> 然乐府歌行，贵抑扬顿挫。古诗则优柔和平，循守法度，其体自不同也。学者熟复而涵咏之，庶乎其有得矣。②

葛晓音认为，"四杰之前，七古与歌行尚可区分；四杰之后，二者已难以辨别；至盛唐才又各有分野。"③ 对初唐七言歌行独有的特征，葛晓音从篇章句法加以概括："陈隋至初唐歌行在字法句式方面，将七言乐府重叠复沓的特征发挥到极致，从而使这一时期的歌行与乐府一样，以其声调的流畅圆转之美形成了独特的艺术风貌。而其篇法结构则在继承乐府的顺叙方式及对称章法的基础上，将平面的罗列变成经纬交织、点面结合、主线分明的结构，并发展了以偶句铺陈场景、物态的赋体特点。二者结合，自然形成铺张扬厉、整密流丽的宏大体制。"④

由上可知，对于卢骆歌行体特征的质性认识，方家的观点还是有一致性的。我们按照这些特征，来看一下卢照邻的五首七古，属于歌行的有《失群雁》、《行路难》和《长安古意》，恰与苏雪林、任国绪之举证一致。

二、卢照邻七言歌行概况

据上节知，卢照邻的歌行创作共有三首：《失群雁》、《行路难》和《长安古意》。前人与今人对卢照邻的研究，集中在以

---

① 参尚定：《走向盛唐》，中国社会科学出版社1994年版，第174－198页。
② 吴讷　徐师曾：《文章辨体序说　文体明辨序说》，人民文学出版社1992年版，第105页。
③ 葛晓音：《诗国高潮与盛唐文化》，北京大学出版社1998年版，第388页。
④ 葛晓音：《诗国高潮与盛唐文化》，393页。

《长安古意》为代表的七言歌行上，这风格华美、流光溢彩的长篇巨制为卢照邻赢得了众口一词的喝彩，作为初唐诗人的卢照邻，就这样光彩夺目地定格在了古代文学的史册上。

（一）对《长安古意》的解读。我们先录全文如下：

> 长安大道连狭斜，青牛白马七香车。玉辇纵横过主第，金鞭络绎向侯家。
>
> 龙衔宝盖承朝日，凤吐流苏带晚霞。百尺游丝争绕树，一群娇鸟共啼花。
>
> 游蜂戏蝶千门侧，碧树银台万种色。复道交窗作合欢，双阙连甍垂凤翼。
>
> 梁家画阁中天起，汉帝金茎云外直。楼前相望不相知，陌上相逢讵相识？
>
> 借问吹箫向紫烟，曾经学舞度芳年。得成比目何辞死，愿作鸳鸯不羡仙。
>
> 比目鸳鸯真可美，双去双来君不见？生憎帐额绣孤鸾，好取门帘帖双燕。
>
> 双燕双飞绕画梁，罗帏翠被郁金香。片片行云着蝉鬓，纤纤初月上鸦黄。
>
> 鸦黄粉白车中出，含娇含态情非一。妖童宝马铁连钱，娼妇盘龙金屈膝。
>
> 御史府中乌夜啼，廷尉门前雀欲栖。隐隐朱城临玉道，遥遥翠幰没金堤。
>
> 挟弹飞鹰杜陵北，探丸借客渭桥西。俱邀侠客芙蓉剑，共宿娼家桃李蹊。
>
> 娼家日暮紫罗裙，清歌一啭口氛氲。北堂夜夜人如月，南陌朝朝骑似云。
>
> 南陌北堂连北里，五据三条控三市。弱柳青槐拂地垂，

佳气红尘暗天起。

汉代金吾千骑来，翡翠屠苏鹦鹉杯。罗襦宝带为君解，燕歌赵舞为君开。

别有豪华称将相，转日回天不相让。意气由来排灌夫，专权判不容萧相。

专权意气本豪雄，青虬紫燕坐春风。自言歌舞长千载，自谓骄奢凌五公。

节物风光不相待，桑田碧海须臾改。昔时金阶白玉堂，即今唯见青松在。

寂寂寥寥扬子居，年年岁岁一床书。独有南山桂花发，飞来飞去袭人裾。

这真是一首通篇饱含着作家的激情、倾注着诗人才气的华章。难怪学者兼诗人的闻一多，选择了诗的思维和语言来评论之："在窒息的阴霾中，四面是细弱的虫吟，虚空而疲倦，忽然一声霹雳，接着的是狂风暴雨！虫吟听不见了，这样便是卢照邻《长安古意》的出现。……放开了粗豪的嗓子……这生龙活虎般腾踔的节奏，首先已够教人们如大梦初醒而心花怒放了。"[1] 笔者受这鼓动，面对千载华章，不揣鄙陋，不敢说评论，但言感受。

首先感受到的，是诗人那一腔澎湃的激情、沸腾的热血。古意，通常用来表示诗歌是拟古之作，卢照邻托名汉代，实写本朝都市长安。在我们面前展开的是一幅都城城市的生活画卷。这里，"如云的车骑，载着长安中各色人物 panorama（全景，笔者注）式的一幕幕出现，通过'五据三条'的'弱柳青槐'来

---

① 闻一多：《宫体诗的自赎》，《唐诗杂论　诗与批评》，生活·读书·新知三联书店 1999 年 11 月版，第 15－16 页。

‘共宿娼家桃李蹊’。”① 在那令人眼花缭乱的繁华都市景象背后，是作家那颗与时代脉搏共同跳动的心。呈现在诗人面前的是：长时间战乱之后的和平与建设，蒸蒸日上的国力，清明的政治，布衣卿相的现实，发达的城市经济。时代的召唤，红尘的诱惑，谁能拒绝？谁能抵御？我们分明感到，诗人要投入这繁华的洪流中去，去成就一番伟业；融入这声色光影的生活，也不枉英豪一世。卢照邻本有豪侠情结，朝廷权臣、豪纵侠客，哪一个角色不是诗人所向往、所心仪？在这奔涌的热血面前，反思不重要、批判不重要、孤独不重要，靡丽的文辞也不重要，惟有一个“情”字最重要。这豪情，这激情，这真情，来自诗人对时代召唤的主动回应，来自诗人敏锐灵心的有意投入。

“得成比目何辞死，愿作鸳鸯不羡仙。”这是最热烈的呐喊，是诗人式的、豪侠式的，源自性情的，是自由的、直率的。这纯情的爱情宣言与艳情的暧昧艳羡，同样展示着唐人率性的性格风貌。爱就爱了，可以不拘礼俗；死亦何惧，只要死有所值。这宣言情感之浓烈，可谓登峰造极。这挚情与宫廷诗的雕饰空洞相比，又是何等的气势壮大！“诚然这不是一场美丽的热闹。但这癫狂中有战栗，堕落中有灵性。”② 在唐初被以上官仪、许敬宗为代表的奉和应制、雕琢空洞的宫廷诗笼罩的诗坛，这自由的呐喊是那样响亮、清新而弥足珍贵。

这情感来自初唐王朝国力日渐强盛的激发，也是意气风发的年轻诗人的写照，初入邓王府的时间里，颇受邓王爱重，被比作他的相如。诗人满眼看到的是王朝的繁华、强盛、奢华、权贵、豪侠、声色与享乐，并在这满眼风光中徘徊流连：“题字于扶风

---

① 闻一多：《宫体诗的自赎》，《唐诗杂论 诗与批评》，第16页。
② 闻一多：《宫体诗的自赎》，《唐诗杂论 诗与批评》，第16页。

之柱，系马于骊山之松。灞池则金人列岸，太华则玉女临峰。平明共戏东陵侧，薄暮遥闻北阙钟。""河水河桥木兰楫，金闺金谷石榴裙。曾入西城看歌舞，也出东郊送使君。"（《五悲·悲昔游》）何等风流潇洒！

其次，在我们感受诗人那饱满激情的同时，还安享了一场五光十色的"声色"盛宴。（这里的"声色"，指的是作用于读者的听觉和视觉的效果而言，而非指六朝声色。笔者注）诗人用他那"下笔则烟飞云动，落纸则鸾回凤惊"的惊世才华，为我们展示了初唐的都城长安斑驳陆离的城市风貌。这盛宴的每一道佳肴，都因经过诗人的精心打造而流光溢彩、奢侈华美、光彩照人。下面笔者按照诗歌的自然顺序，一道一道，品味一番。第一道：人事景观——诗中第一至第六句。你看，长安的大街小巷里，车如流水马如游龙，青牛白马，载着七宝香车，扎扎作响，轰轰隆隆，有声有色，仅两句描述，长安城就活了。而三至六句，就是带有身份的人物出场。他们乘坐着玉辇，他们挥舞着金鞭，那口衔车盖的雕龙在金色的朝日照耀下金碧辉煌，那刻风吐出的流苏在红色的晚霞里摆动增色。从早到晚，熙熙攘攘，络绎不绝，令人眼花缭乱。这是当朝权贵阶层生活的一个重要侧面。第二道：自然景观——第七至第十句。与权贵们的熙熙攘攘相映衬，自然界正处在蓬勃的春天，万物在生长活动，争相展示它们的生命与色彩。银色的百尺游丝如金属的亮片，把春天嫩绿的大树上下缠绕，看似有色无声，一个"争"字，又把那吐丝的春虫儿刻画得卖力，实则蠢蠢有声；那春花着锦，岂肯输色？相伴娇鸟一群，花丛试音，更不相让。更有金色的蜜蜂，嗡嗡嗡嗡；彩色的蝴蝶，翻飞舞动。令千门万户，颇不寂寞；碧树银台，说不尽的五色斑斓。第三道：爱情景观——第十一至三十二句。此道最佳，不仅有声有色，情味更胜。在高楼凤阁中、锦衣绣户里生活的贵族女子，繁华锦色的背后是精神的空虚与寂寞，秾丽的闺中色泽、精致的装扮、娇媚的风姿，在双宿双飞的燕子的呢喃中，反衬出贵族女子的孤独，但是青春已经觉醒，这觉醒以一种极端的心灵的呐喊，如朝阳、如春天般不可遏制地迸发而出——得成比目何辞死，愿作鸳鸯不羡仙。这呐喊终成爱情的宣言，千载之下，读来还是那样惊心动魄，那样富有新鲜的生命力。我想，《长安古意》有此两句，亦不失为千古佳作。第四道：艳情景观——第三十三至五十二句。夜晚来临，长安城更是声色大开。以御史与廷尉为代称的官员们乘车而出，从红色的宫城出来，行进在玉色的大道上；翠绿的车帷络绎相连，几乎淹没了金堤。而那些白天在长安东南挟弹丸、擎飞鹰，在长安之北杀人报仇的侠客们，也在夜色来临之际，身佩芙蓉剑，和乘马而来的禁军军官，与官员们不约而同，先后加入了长安的夜生活。夜幕下的长安喧嚣热闹，丝毫不让白天。空间范围是广大的："南陌北堂连北里，五据三条控三市。"气势是骇人的，与静静的弱柳青槐反衬，是连天而起的佳气红尘，直令天空失色。桃李蹊里的声色欢爱，诱惑着这些成功的男人。美人如月，车骑如云。大唐的风尚，名士的风流。看，美人如月着紫裙；听，清歌一吐唇齿香。罗襦宝带、燕歌赵舞，极尽声色香艳。这令我们想起白居易《琵琶行》中的描写："五陵年少争缠头，一曲红绡不知数。钿头银篦击节碎，血色罗裙翻酒污。今年欢笑复明年，秋月春风等闲度"的轻狂闹剧。只是缺少了《长安古意》中人物灵魂深处战栗呐喊的声音。第五道：理性反思——第五十三至六十八句结尾。声色在理性的反思中逐渐淡化，终于在一片萧条寂静中结束了这场盛宴，只留下高洁的桂花散发出淡淡的清香，给人余味无穷的思考的空间。

第三，我们看到了一个理性的、冷静的、无奈的诗人形象。

卢照邻那种志得意满的生活并没有持续多久，胸怀大志的诗人，随着做王府典签的时日日久，加上长期的蹭蹬下僚，开始在失意中对社会进行反思，在个人的失落中对历史和现实有了清醒的认识。于是在对现实的批判中，寻找自己价值的落脚点：在几多无奈中，以诗书自守，回到"立言"的儒家价值观。第五十三句之后共十六句人事景象的寂寥结尾，与此前五十二句的喧嚣铺叙过程，恰恰收到了讽刺与批判的效果。

还是引用闻一多的话，来给笔者对《长安古意》的感受做个小结："这诗中善与恶都是积极的，所以二者似相反而相成。我敢说《长安古意》的恶的方面比善的方面还有用。"①

（二）《行路难》——更深重的历史兴亡之叹。与《长安古意》几乎通篇的华美风格和卒章的寂寥情思不同，《行路难》更多的是直抒胸臆的议论和一个自我安慰的光明的尾巴。在深重的历史兴亡之叹中，表现了李白式的豪放浪漫。我们试将卢照邻的《行路难》与李白《将进酒》作一比较。

> 人生贵贱无始终，倏忽须臾难久恃。谁家能驻西山日？谁家能堰东流水？
>
> 汉家陵树满秦川，行来行去尽哀怜。自昔公卿二千石，咸拟荣华一万年。
>
> 不见朱唇将白貌，唯闻青棘与黄泉。金貂有时须换酒，玉尘恒摇莫计钱。
>
> 寄言坐客神仙署，一生一死交情处。苍龙阙下君不来，白鹤山头我应去。
>
> 云间海上邈难期，赤心会合在何时？但愿尧年一百万，长作巢由也不辞！（《行路难》）

----

① 闻一多：《宫体诗的自赎》，《唐诗杂论 诗与批评》，第17页。

君不见黄河之水天上来,奔流到海不复回。君不见高堂明镜悲白发,朝如青丝暮成雪。

……岑夫子,丹丘生,将进酒,杯莫停。……

古来圣贤皆寂寞,惟有饮者留其名。陈王昔时宴平乐,斗酒十千恣欢谑。

主人何为言少钱,径须沽取对君酌。五花马,千金裘,呼儿将出换美酒,与尔同销万古愁。(《将进酒》)

在无限的时间和空间里,个体的人是多么渺小,功名不就,壮志空有,卢照邻和李白怀着同样的苦闷与焦灼。一个说这世上留下的只有青棘与黄泉,一个说这世上只有饮者的名字被人们记住;于是他们在与朋友共饮时,一个说友情生死不移,一个则频频举杯邀友共醉。在酒资不够时,二人又有相同的观点,一个认为"金貂有时须换酒,玉尘恒摇莫计钱。"一个则干脆把"五花马、千金裘"直接拿出去换酒来喝。卢照邻要去白鹤山头作隐者,李白要一醉解千愁。其豪爽与浪漫的情怀相似,殊不知,借酒浇愁愁更愁,"长作巢由也不辞"实为愤激之辞,也不过是无奈的选择。还有,两首诗的语言都使用了很多口头语,通俗直率。

从以上内容、情感、语言的分析中,可以看到,卢照邻的歌行对盛唐歌行的影响。这一点将在《卢照邻歌行的成就》一节中另加详论。

关于《失群雁》,虽列在歌行一节,但从题材的角度分析,比之放在此处以体裁的角度研究,更有意义。所以本文将之放在《卢照邻的咏物诗赋》一节中讨论,此不赘述。

三、卢照邻七言歌行的艺术成就

我们先检古人对卢照邻七言歌行的评论分列如下:

王杨卢骆当时体，轻薄为文哂未休。尔曹身与名俱灭，不废江河万古流。（杜甫《戏为六绝句》其二）

七言古，唐歌行之未成者。王、卢出，而歌行咸中矩度矣。

歌行兆自《大风》、《垓下》、《四愁》、《燕歌》而后，六代寥寥。至唐大畅，王、杨四子，婉转流丽。

卢、骆歌行，衍齐梁而畅之，而富丽有余。

拟王、杨则流转不足，攀李、杜则神化非侔。

王、杨诸子歌行，韵则平仄互换，句则三五错综，而又加以开合，传以神情，宏以风藻，七言之体，至是大备。

献吉（李梦阳）专攻子美，仲默（何景明）兼取卢、王，并自有旨。（以上皆出胡应麟《诗薮·内编》卷三）①

"千年一遇圣明朝，愿对君王舞细腰。乍可当熊任生死，谁能伴凤上云霄。"此诗借宫词以讽。卢照邻诗"得成比目何辞死，愿作鸳鸯不羡仙。"许棠诗"导引何如鸲鹆舞，步虚争似鹧鸪词。"高季迪诗"酒醒金屋曙河流，愿赐铜盘一滴秋。他日君王上仙去，瑶池犹幸得同游。"妙得此意。（杨慎《升庵诗话·卷十一·无名氏水调歌》）②

通篇极写长安豪华之景象，如两京、三都等赋，同其富丽，独长篇古风末结必致慨于兴衰治乱，此诗人继三百篇兴比之一体，以寓讽刺之遗意也。（吴烶《唐诗选胜直解》评《长安古意》）③

题中五字安放自然，犹是王杨卢骆之体。（沈德潜《唐

---

① 胡应麟：《诗薮·内编》，上海古籍出版社 1958 年原中华上编版，第 47、49、46、56、46、49 页。

② 王仲镛：《升庵诗话笺证》，上海古籍出版社 1987 年版，第 397 - 398 页。

③ 吴烶：《唐诗选胜直解·七言长篇》，大盛堂·清乾隆间刻本，第 5 页。

诗别裁集》评张若虚《春江花月夜》)①

王杨卢骆四家体，词意婉丽，音节铿锵，然犹沿六朝遗派，苍深浑厚之气固未有也。（施补华《岘佣说诗》)②

唐人体凡数变，王杨卢骆，别是一格。（田雯《古欢堂集杂著》卷二)③

七古自晋室乐府以后，成于鲍参军，盛于李、杜，畅于韩、苏，凡此俱属正锋。唐初王杨卢骆体，为元、白所宗，可间一为之，不得专意取法。（李重华《贞一斋诗说》)④

七言歌行，……唐代卢、骆组壮，沈、宋轩华，高、岑豪激而近质，李、杜纤佚而好变……（毛先舒《诗辩坻》)⑤

李峤《汾阴行》步伐整齐，词旨凄恻，为有唐一代七言古正声所起，特以列于卢、骆之前。卢照邻《长安古意》，骆宾王《帝京篇》，刘希夷《带悲白头吟》，张若虚《春江花月夜》，何尝非一时杰作，然奏十篇以上，得不厌而思去乎？非开、宝诸公，岂识七言中有如许境界？（管世铭《读雪山房唐诗》)⑥

至唐始严重韵，而卢照邻《长安古意》重"相"字。（冒春荣《葚原诗说·卷四》)⑦

初唐诗最为严整，而卢照邻《长安古意》"别有豪华称将相，转日回天不相让。意气由来排灌夫，专权判不容萧

① 沈德潜：《唐诗别裁集》，上海古籍出版社1979年版，第159页。
② 施补华：《岘佣说诗》，济南乌程朱毓广，清光绪13年刻本，第14页。
③ 田雯：《古欢堂集杂著》，上海进步书局民国间石印本，第4页。
④ 李重华：《贞一斋诗说》，《昭代丛书》，吴江沈氏世楷堂，清道光间刻本，第7页。
⑤ 毛先舒：《诗辩坻》，思古堂，清康熙间刻本。
⑥ 管世铭辑：《读雪山房唐诗》，湖北官书处，清光绪12年刻本，第1页。
⑦ 冒春荣：《葚原诗说》，《如皋冒氏丛书》，清末刻本，第10页。

196

相"用二"相"字，今人谓必字同而义异者方可重用，若此诗之二"相"固无异义也。（顾炎武《日知录》）①

杜甫所说的"王杨卢骆体"，泛指四杰的文学创作，而到明胡应麟，开始着重指歌行了。观明清两代学者对以《长安古意》为代表的初唐七言歌行的评价，已经涉及风格、内容、形式和源流演变。我们可以大致从中得出卢照邻《长安古意》等歌行的成就：风格婉转流丽而不乏气势（所谓"组壮"），内容突破了宫体诗的淫靡而转向批判和讽刺，形式上富于音乐美，音节铿锵，"悉协宫商，开合转换，咸中肯綮。"（胡应麟《诗薮·内编》卷三）②，已叶律入韵。但所论皆不深透。

后代学者对卢骆歌行的研究，虽有所展开，但仍远远不够深入。本文绪论中已总结过诸本文学史的研究。胡适在《白话文学史》一书中充分肯定了卢照邻的歌行有白话诗的趋势，认为其《行路难》有"俗歌声口"，高度评价"是李白、杜甫、白居易的先声。"刘大杰《中国文学发展史》也提到七言歌行"通俗明白"。游国恩等编《中国文学史》指出其"纵横奔放、富丽铺陈"的审美风格，以及"继承了宫体诗，但也变革了宫体诗"的地位。闻一多《宫体诗的自赎》、《四杰》，指出了《长安古意》的情感气势和讽刺气息以及题材由宫廷走向市井的变化，语言采用"铺张扬厉的赋法"。

直到今人的研究才有越来越深入的趋势。沈松勤等对卢照邻《长安古意》以"骈赋入歌行"的手法进行了较为细致的分析。"结尾，呈现出了永恒的时间和以青松、桂花及自甘贫穷的扬雄组合而成的清静肃严的空间，与前面熙熙攘攘的繁华景象和醉生

---

① 黄汝成：《日知录集释（外七种）》，上海古籍出版社 1985 年版，第 1579 – 1580 页。

② 胡应麟：《诗薮·内编》，上海古籍出版社 1958 年原中华上编版，第 46 页。

梦死、尔虞我诈的人群适成对照，显示出诗人举事皆醉我独醒与蔑视王侯将相的举兀意态，可谓结转空灵，于回环圆转中见韵致流溢之美……这个结尾显然继承了骈赋结体'宛然寓讽'的水到渠成的点睛之笔；也就是说，对权贵不需要作任何落于言诠的评判，诗人的襟怀也不需要用其他语言来表白，而在'宛然寓讽'中已深深地体现出来了。实际上，整首诗歌也都是以赋体的特点改造歌行、实现诗体革新的。"① 林家英则专文论述《长安古意》的批判精神："《长安古意》的批判艺术是通过对美的人生的追求表达对丑的人生——统治阶级腐朽生活的否定"，认为这首诗之所以在唐初诗坛上显示出不同凡响的格调，是和它的"批判精神"分不开的。② 许总阐发了卢骆歌行情感的"昂扬基调"③，并从诗歌体式规范的角度分析了四杰歌行在齐梁以后"平仄韵相间、数句一转"的基础上，"于起、结或转折处以散句行之，使大段的骈偶形成流动之势，这与平仄换韵、诗意转折的格式结合起来，更显出整体性的结构特点。"④ 并具体解析了卢照邻《长安古意》中的转韵情况。葛晓音指出初唐歌行在字法句式上的特点和创新，"卢照邻的《长安古意》更是集中了顶针、双拟、复沓层递、同字对偶、叠字连用等多种字法句式。……由于层层叠叠使用重复字法和层递句式，连绵不已，尽管卢骆的长篇歌行铺写极其繁富，但能'缀锦贯珠，滔滔洪远'，在流畅圆转的声调中又增添了摇曳多姿的情味。"⑤

　　本人拟在前人研究的基础之上，从叙述手法、偶句的对仗、

---

① 沈松勤、胡可先、陶然：《唐诗研究》，浙江大学出版社 2006 年版，第 28 页。

② 林家英：《癫狂中有战栗——浅谈〈长安古意〉的批判精神》，《名作欣赏》1982 年第 4 期。

③ 许总：《论四杰诗歌的昂扬基调与壮大之美》，《江淮论坛》1996 年第 2 期。

④ 许总：《论四杰与唐诗体式规范》，《学术研究》1995 年第 2 期。

⑤ 葛晓音：《诗国高潮与盛唐文化》，北京大学出版社 1998 年版，391 页。

通俗语言的使用三方面，对卢照邻歌行进行深入分析，以期得到对其艺术成就具体而微的进一步认识。

（一）**繁富的叙述、复杂的结构**。这也是由七言歌行这一诗歌体式决定的。诗歌由五言而七言，使诗歌的容量得到极大增强。如林庚先生所言："隋唐的统一，南北文风的交流，是唐诗语言成熟的社会条件；这首先就表现在诗歌形式的进一步成熟，七言诗开始进入了全新的局面。……五言乃是介于四言与七言之间的形式。在五言形式成熟的魏晋六朝时期，四言形式虽已过时，但还是相当活跃的。……可是七言诗一旦成熟的走上历史舞台来，局面便全然不同，通篇完整的四言好诗便几乎从此不可复得，骈文等也不得不从此步入衰歇；这乃是新诗语言宣告彻底进入全新阶段的结果。"① 卢照邻等四子歌行表现的深广内容和深沉感慨，要求他们对七言长篇歌行体裁的选择使用，而叙述又是这种诗歌体式最明显、最基本的手法。这一点，古人与今人皆有论及，但尚缺乏结合作品的具体分析。仍以《长安古意》为例，诗歌全面铺写了帝京长安生活的各个侧面，然而，诗人是如何通过叙述的手法、大气恢弘地展开这一幅壮观的都市社会风情的长篇画卷的呢？其一，大处粗线勾勒、细处工笔刻画。"长安大道连狭斜"首四句，先用粗线条为读者勾勒出一幅大场景，起语开阔，长安的大街小巷全部纳入眼底，络绎的车马遍布其间，整个帝京的繁华热闹一览无遗。紧接着用"龙衔宝盖"、"凤吐流苏"的细部刻画，进一步渲染达官贵人的奢侈，"百丈游丝"、"一群娇鸟"的细节捕捉，用自然之事有力烘托了繁华和蠢蠢欲动的人事。"隐隐朱城临玉道，遥遥翠幰没金堤"、"南陌北堂连北里，五据三条控三市"乃是粗线条勾勒大场景，把各色权贵游侠的夜

---

① 林庚：《唐诗综论》，清华大学出版社 2006 年版，第 78 页。

生活置于长安城繁华的城市商业与娱乐布局之中，而"翡翠屠苏鹦鹉杯"、"罗襦宝带"、"燕歌赵舞"的细部描写，则突出了金吾们沉湎于酒色歌舞之中的轻狂已极之态。而结尾四句，用"一床书"之小衬托"扬子居"之寂寥，用对桂花"飞来飞去袭人裙"的细致刻画与对"南山"的一笔带过，来表现作者那道不尽的复杂情思。其二，时、空交织、错落有序。从时间上看，由白天而黑夜；从空间上看，由宫廷而市井。白天写的是王侯贵妇，夜晚写的是金吾游侠，时间与空间交错进行，从帝子王公、将相豪贵到游侠荡子、各色人物络绎出场，纷纷扰扰却井然有序。其三，描写人物、刻画心态。诗人在对事物的描写中，并没有停留在客观叙述，还描写了人物情态，刻画了人物心态。那"楼前相望不相知，陌上相逢讵相识"的寂寞贵族青年，他们大胆借问，并渴望爱情的自由，以至于喊出了"得成比目何辞死，愿作鸳鸯不羡仙"的爱情宣言，这是对贵族女子的心态刻画。而那"生憎"、"好取"、"含情含态情非一"的描写，又分明让我们看到了贵族女子情态宛然的可人神情。自"别有豪华称将相"以下六句，写出了将相豪贵们权势冲天的情态，"自言歌舞长千载，自谓骄奢凌五公"两句则写出了他们在位时对权势、富贵永远拥有的贪婪心态。

通过以上繁富的叙述，诗人为我们构建了一个复杂的诗歌结构，这就使得初唐歌行"结构的复杂远远超过了陈隋歌行对称罗列的传统模式"，[①] 其进步意义也就不言而喻。

（二）句法上讲究偶句的对仗。对仗指一联诗句字面对偶、平仄符合律联的要求。下面先将《失群雁》、《行路难》、《长安古意》中字面对偶的联检列如下，联后注明平仄以便分析。

---

① 葛晓音：《诗国高潮与盛唐文化》，北京大学出版社1998年版，392页。

三秋北地雪皑皑，万里南翔渡海来。（平平仄仄仄平平，仄仄平平仄仄平。工对）

欲随石燕沈湘水，试逐铜乌绕帝台。（仄平仄仄平平仄，仄仄平平仄仄平。工对）

帝台银阙距金塘，中间鹓鹭已成行。（仄平平仄仄平平，平平平仄仄平平。失对）

先过上苑传书信，暂下中州戏稻粱。（平平仄仄平平仄，仄仄平平仄仄平。工对）

虞人负缴来相及，齐客虚弓忽见伤。（平平仄仄平平仄，平仄平平仄仄平。工对）

毛翎憔悴飞无力，羽翮摧颓君不识。（平平平仄平无力，仄仄平平平仄仄。工对）

唯有庄周解爱鸣，复道郊歌重奇色。（平仄平平仄仄平，仄仄平平仄仄平。失对）

惆怅警思悲未已，徘徊自怜中闷极。（平仄平平平仄仄，平平仄仄平仄仄。失对）

传闻有鸟集朝阳，讵胜仙凫迹帝乡。（平平仄仄仄平平，仄仄平平仄仄平。工对）

云间海上应鸣舞，还得鹍弦犹独抚。（平平仄仄平平仄，平仄平平仄仄仄。宽对）

金龟全写中牟印，玉鹄当变莱芜釜。（平平仄仄平平仄，仄平平仄平平仄。失对）

愿君弄影凤凰池，时忆笼中摧折羽。（仄平仄仄仄平平，平仄平平仄仄仄。宽对）

以上《失群雁》，全诗十二联，四联失对，八联对仗，其中六联为工对，对仗率占全诗近70％。失对的四联句中平仄相间，字面对偶。

长安城北渭桥边，枯木横槎卧古田。（平平平仄仄平平，平仄平平仄仄平。宽对）

昔日含红复含紫，常时留雾亦留烟。（仄仄平平仄平仄，平平平仄仄平平。工对，句中对）

春景春风花似雪，香车玉辇恒填咽。（平仄平平平仄仄，平平仄仄平平平。失对）

若个游人不竞攀，若个娼家不来折？（仄仄平平仄仄平，仄仄平平平仄仄。失对）

娼家宝袜蛟龙帔，公子银鞍千万骑。（平平仄仄平平仄，平仄平平平仄仄。宽对）

黄莺一一向花娇，青鸟双双将子戏。（平平仄仄仄平平，平仄平平平仄仄。工对）

千尺长条百尺枝，月桂星榆相蔽亏。（平仄平平仄仄平，仄仄平平平仄平。失对）

珊瑚叶上鸳鸯鸟，凤凰巢里雏鹓儿。（平平仄仄平平仄，平平平仄平平平。失对）

巢倾枝折凤归去，条枯叶落任风吹。（平平平仄仄平仄，平平仄仄仄平平。失对）

一朝憔悴无人问，万古摧残君讵知！（仄平平仄平平仄，仄仄平平平仄平。工对）

人生贵贱无终始，倏忽须臾难久恃。（平平仄仄平平仄，仄仄平平平仄仄。宽对）

谁家能驻西山日？谁家能堰东流水？（平平平仄平平仄，平平平仄平平仄。失对）

汉家陵树满秦川，行来行去尽哀怜。（仄平平仄仄平平，平平平仄仄平平。失对）

自昔公卿二千石，咸拟荣华一万年。（仄仄平平仄平仄，

仄仄平平仄仄平。失对)

不见朱唇将白貌，唯闻青棘与黄泉。(仄仄平平平仄仄，
平平平仄仄平平。工对)

金貂有时须换酒，玉尘恒摇莫计钱。(平平仄仄平平仄，
仄平平平仄仄平。失对)

寄言坐客神仙署，一生一死交情处。(仄平平仄平平仄，
仄平仄仄平平仄。失对)

苍龙阙下君不来，白鹤山头我应去。(平平仄仄平仄平，
仄仄平平仄平仄。工对)

云间海上邈难期，赤心会合在何时？(平平仄仄仄平平，
仄平仄仄仄平平。失对)

但愿尧年一百万，常作巢由也不辞。(仄仄平平仄仄仄，
平仄平平仄平平。失对)

以上《行路难》，八联对仗，其中五个工对；十二联失对，
对仗率40%。失对的十二联句中平仄相间，字面对偶。

再看《长安古意》：

长安大道连狭斜，青牛白马七香车。(平平仄仄平仄平，
平平仄仄仄平平。失对)

玉辇纵横过主第，金鞭络绎向侯家。(仄仄平平仄仄仄，
平平仄仄仄平平。工对)

龙衔宝盖承朝日，凤吐流苏带晚霞。(平平仄仄平平仄，
仄仄平平仄仄平。工对)

百尺游丝争绕树，一群娇鸟共啼花。(仄仄平平平仄仄，
仄平平仄仄平平。工对)

游蜂戏蝶千门侧，碧树银台万种色。(平平仄仄平平仄，
仄仄平平仄仄仄。工对)

复道交窗作合欢，双阙连甍垂凤翼。(仄仄平平仄仄平，

平仄平平平仄仄。失对)

梁家画阁中天起,汉帝金茎云外直。(平平仄仄平平仄,
仄仄平平平仄仄。工对)

楼前相望不相知,陌上相逢讵相识?(平平平仄仄平平,
仄仄平平仄平仄。工对)

借问吹箫向紫烟,曾经学舞度芳年。(仄仄平平仄仄平,
平平仄仄仄平平。流水对)

得成比目何辞死,愿作鸳鸯不羡仙。(仄平仄仄平平仄,
仄仄平平仄仄平。工对)

比目鸳鸯真可羡,双去双来君不见?(仄仄平平平仄仄,
平仄平平平仄仄。失对)

生憎帐额绣孤鸾,好取门帘帖双燕。(平平仄仄仄平平,
仄仄平平仄仄平。工对)

双燕双飞绕画梁,罗帏翠被郁金香。(平仄平平仄仄平,
平平仄仄仄平平。工对)

片片行云着蝉鬓,纤纤初月上鸦黄。(仄仄平平仄平仄,
平平平仄仄平平。工对)

鸦黄粉白车中出,含娇含态情非一。(平平仄仄平平仄,
平平仄仄平平仄。失对)

妖童宝马铁连钱,娼妇盘龙金屈膝。(平平仄仄仄平平,
平仄平平平仄仄。工对)

御史府中乌夜啼,廷尉门前雀欲栖。(仄仄仄平平仄平,
平仄平平仄仄平。失对)

隐隐朱城临玉道,遥遥翠幰没金堤。(仄仄平平平仄仄,
平平仄仄仄平平。工对)

挟弹飞鹰杜陵北,探丸借客渭桥西。(仄仄平平仄平仄,
仄平仄仄仄平平。工对)

204

俱邀侠客芙蓉剑，共宿娼家桃李蹊。（平平仄仄平平仄，仄仄平平平仄平。工对）

娼家日暮紫罗裙，清歌一啭口氛氲。（平平仄仄仄平平，平平仄仄仄平平。失对）

北堂夜夜人如月，南陌朝朝骑似云。（仄平仄仄平平仄，平仄平平仄仄平。工对）

南陌北堂连北里，五据三条控三市。（平仄仄平平仄仄，仄仄平平仄平仄。失对）

弱柳青槐拂地垂，佳气红尘暗天起。（仄仄平平仄地平，平仄平平仄平仄。失对）

汉代金吾千骑来，翡翠屠苏鹦鹉杯。（仄仄平平平仄平，仄仄平平平仄平。失对）

罗襦宝带为君解，燕歌赵舞为君开。（平平仄仄仄平仄，平平仄仄仄平平。失对）

别有豪华称将相，转日回天不相让。（仄仄平平平仄仄，仄仄平平仄平仄。失对）

意气由来排灌夫，专权判不容萧相。（仄仄平平平仄平，平平仄仄平平仄。工对）

专权意气本豪雄，青虬紫燕坐春风。（平平仄仄仄平平，平平仄仄仄平平。失对）

自言歌舞长千载，自谓骄奢凌五公。（仄平平仄平平仄，仄仄平平平仄平。工对）

节物风光不相待，桑田碧海须臾改。（仄仄平平仄平仄，平平仄仄平平仄。宽对）

昔时金阶白玉堂，即今唯见青松在。（仄平平仄仄仄平，仄平平仄平仄仄。出句句中前两个平仄未间。失对）

寂寂寥寥扬子居，年年岁岁一床书。（仄仄平平平仄平，

平平仄仄仄平平。句中对)

      独有南山桂花发，飞来飞去袭人裾。(仄仄平平仄平仄，平平平仄仄平平。工对)

《长安古意》共三十四联，十三联失对，而字面对偶，只有一句中平仄不相间；二十一联对仗，其中二十联为工对，并且出现流水对、句中对，对仗率约为62%。

综观以上三首歌行《行路难》偶句的对仗率较低，不足一半，而以《长安古意》篇幅之长，偶句对仗率达到62%，已经相当能够说明问题，何况《失群雁》已接近70%。三首诗歌偶句对仗率平均达到57%，说明卢照邻的歌行创作在句法上是讲究偶句的对仗的，这是构成初唐乐府歌行独特风貌的基础要素之一。"这固然与陈隋诗歌的进一步骈俪化有关，也说明诗人们追求流畅的声调已从依靠各种重复字法的勾连发展到探索句意脉络的连贯。"① 这种体式为后来的刘希夷、张若虚所继承，甚而更往后在盛唐、中唐诗人王维、高适、杜甫、白居易的歌行作品中，还能找到这条线索。可谓"初唐体"与古体并行不废，卢照邻等四杰应该有创体之功。

（三）语言出现通俗的倾向。自从胡适《白话文学史》指出《行路难》有"俗歌声口"，高度评价"是李白、杜甫、白居易的先声。"刘大杰《中国文学发展史》也提到七言歌行"通俗明白"。之后很少有学人再关注这个问题，然而之于风格华美的初唐歌行而言，语言的通俗实在是一个新的气象。因为追求语言的通俗明白，似乎是中唐以后的事了。所以，分析一下卢照邻歌行语言的通俗倾向，还是很有意义的。

《失群雁》中，"三秋北地雪皑皑，万里南翔渡海来"通俗

---

① 葛晓音：《诗国高潮与盛唐文化》，北京大学出版社1998年版，第390页。

明白，有民歌声口。"欲随"、"试逐"，"先过"、"暂下"，"无
力"、"不识"，"唯有"、"复道"，"未已"、"罔极"，"传闻"、
"讵胜"，"愿君"、"时忆"等等，应是当时口语或者与当时口语
极为接近。全诗二十四句，有十六句吸收借用民间口语俗语，或
整句，或用在句子开头，或用在句子结尾，用在句子开头的居
多，使全诗语言通俗化倾向十分明显。

　　再看《行路难》："长安城北渭桥边"直是白话，"昔时"、
"常时"，"若个游人不竞攀，若个娼家不来折？""黄莺一一向花
娇，青鸟双双将子戏"，"千尺长条百尺枝"，"珊瑚叶上鸳鸯鸟，
凤凰巢里雏鹓儿"，"无人问"、"君讵知"，"人生贵贱无终始，
倏忽须臾难久恃"，"谁家能驻西山日，谁家能堰东流水"，"行
来行去"，"自昔"、"咸拟"，"不见"、"唯闻"，"有时换美酒"、
"莫计钱"，"一生一死交情处"，"君不来"、"我应去"，"在何
时"，"但愿"、"也不辞"等，全诗四十句，笔者所列占了十六
句。白话口语的词组不但使用极多，而且，出现了整句、整联且
有两联相连使用的情况，难怪胡适说《行路难》"这几乎全是白
话的长歌了。"①

　　《长安古意》以风情华美、气调流丽见称，然而也能时见口
语的运用。如"借问"、"曾经"，"得成比目何辞死，愿作鸳鸯
不羡仙"，"生憎"、"好取"，"自言"、"自谓"，"须臾改"，"昔
时"、"即今"等，全诗六十八句，运用口语的句子有十一句，
相对于《失群雁》和《行路难》，是较少的，但是在几乎通篇的
讲究辞藻华美之中，也增添了活泼新鲜的气息。胡适还把《行路
难》中"若个游人不竞攀，若个娼家不来折"、"谁家能驻西山

────────

　　①　胡适：《胡适全集》第二卷《白话文学史》，安徽教育出版社2003年版，第
406页。

日，谁家能堰东流水"、"黄莺一一向花娇，青鸟双双将子戏"和《长安古意》中"得成比目何辞死，愿作鸳鸯不羡仙"、"生憎帐额绣孤鸾，好取门帘帖双燕"、"昔时金阶白玉堂，即今唯见青松在。寂寂寥寥扬子居，年年岁岁一床书。独有南山桂花发，飞来飞去袭人裾"等八联称为"俗歌的声口"，进而得出"这种体裁从民歌里出来，虽然经过曹丕、鲍照的提倡，还不曾得文学界的充分采用。卢照邻的长歌便是这种歌行体中兴的先声。以后继起的人便多了，天才高的便成李白、杜甫的歌行，下等的也不失为《长恨歌》、《秦妇吟》。"①

胡适的这段话，正好说明了卢照邻七言歌行在语言的通俗明白方面所起到的承上启下的历史作用。语言的通俗化倾向，与上文所论偶句的对仗一样，都从一个侧面对七言歌行的产生、发展、兴盛起到了重要的链条作用。

明代的胡应麟还说过一段引用率非常高的话，用以概况卢、骆歌行的形式特征以及四子以后歌行体的演变："唐七言歌行，垂拱四子，词极藻艳，然不脱梁陈也；张、李、沈、李，稍汰浮华，渐趋平实，唐体肇矣，然而未畅也；高、岑、王、李，音节鲜明，情致委折，浓纤修短，得衷合度，畅乎，然而未大也；太白，少陵，大而化矣，能事毕矣。"②

"词极藻艳"、"不脱梁陈"，自然是指卢、骆歌行的局限性，我们如何理解卢照邻七言歌行语言"词极藻艳"和"通俗化倾向"这一看似矛盾而确实共存于同一诗歌体式之中的现象呢？其实答案并不复杂，我们从卢照邻的文学思想里就可以找到原因，这是由他一贯"因变"的文学主张所决定的。在文学语言上，

---

① 胡适：《胡适全集》第二卷《白话文学史》，第407页。
② 胡应麟：《诗薮·内编》卷三，上海古籍出版社1958年版，第50页。

卢照邻一方面主张"文辞美丽",决定他在使用文学语言时,必然要继承六朝"藻饰"的语言,而这个度把握不好,就容易造成"词极藻艳"的缺点;另一方面,他同时又主张"不以繁词为贵"、反对"绮错婉媚"的形式主义文风,这就又决定了追求语言的简洁明白,所以他在诗歌中大量使用口语、俗歌体,从而使诗歌语言出现通俗化倾向。不管是哪种风格,都不能简单地全盘否定或肯定,我们从中看到作为文学家的卢照邻在做着理论与实践的双重努力,从而为唐代文学的进步和发展作出一己贡献。

还是用胡应麟的话作为本节小结:"初唐七言古以才藻胜,盛唐以风神胜,李杜以气概胜,而才藻风神称之,加以变化灵异,遂为大家。"① 对卢照邻等七言歌行而言,堪称公允。

第二节 卢照邻的边塞诗兼论咏侠诗与咏怀诗

卢照邻的边塞诗和咏侠诗,多采用乐府旧题的形式,而咏侠诗与咏史诗的风格与边塞诗接近且数量较少,所以放在一节中论述。

一、卢照邻的边塞诗

关于卢照邻是否出塞的问题,目前学界有两种观点,一为肯定,一为否定。傅璇琮先生认为卢照邻当在唐高宗显庆五年有西使出塞之行②,李云逸先生则持怀疑态度,认为并未成行。③ 两人所据均为卢照邻《西使兼送孟学士南游》"地道巴陵北,天山

---

① 胡应麟:《诗薮·内编》卷三,第55页。
② 傅璇琮:《唐五代文学编年史·初盛唐卷》,辽海出版社1998年版,第164页。
③ 李云逸:《卢照邻集校注》,中华书局1998年版,124页。

弱水东"诗句内容,傅璇琮先生认为:"时孟当南游洞庭,卢则
西使天山弱水。……卢之西使或即在来济贬庭州刺史时。"李云
逸先生认为,"西使:据诗,应为出使伊州、西州一带地方。然
此事不见于卢照邻其他作品,疑初有此命,后复追改,卒未成行
也。"刘真伦对于卢照邻西使出塞作文专考,他所依据的也以此
诗为出发点,然后依据卢照邻其他边塞诗内容,与历史结合,把
卢照邻的一组边塞诗视为诗人出塞亲历的一场战争:"龙朔二年
秋,九姓铁勒侵扰天山一带,十月,郑仁泰等受命出师,至次年
三月击败铁勒,并追至碛北。"① 考证颇费了功夫,然而考虑到
卢照邻对自己的生平所历在诗文中都有大致交代,为何独独对此
出塞之事只字未提? 似不合情理,又没有发现新的相关史料证
据,所以笔者对此问题仍持存疑态度,但这并不能影响我们对卢
照邻边塞诗这一题材的研究,因为边塞诗并不是以作者是否出塞
而加以界定的。

对于边塞诗的界定,学界观点还是比较统一的。刘真伦总结
学界说法为:"凡是产生在唐朝时期,涉及西部和北部边疆的战
争、征戍、闺怨以及异域风光等题材,反映边塞生活的作品,都
可以被视为边塞诗。"② 余恕诚解释得更加细化、明晰,他首先
从创作主体的角度加以概况:"边塞诗从创作主体上看,应该具
有边塞意识。所谓边塞意识,是指作者(或抒情主人公)置身
边塞所获得的体验与认识,或虽非置身边塞,但具有与边塞军民
及其生活息息相通的情思与感受。即使是对边塞的景物、生活进
行客观描述的诗,也应该让读者有一种亲历感、气氛感,以见出

① 刘真伦:《卢照邻西使甘凉及其边塞组诗考述》,《重庆师范大学学报》1989
年第1期。
② 刘真伦:《卢照邻西使甘凉及其边塞组诗考述》,《重庆师范大学学报》1989
年第1期。

作者的意识确实进入了边塞。"又从时代范围界定为唐代、从地域范围界定为从东北至西北边疆、从生活内容范围界定为边塞风光和军民生活。①

根据以上边塞诗的内涵，可以确定为边塞诗的卢照邻诗作有《明月引》、《刘生》、《陇杨柳头水》、《雨雪曲》、《折》、《梅花落》、《关山月》、《上之回》、《紫骝马》、《战城南》、《和吴侍御被使燕然》、《西使兼送孟学士南游》共计十五首，大多采用乐府旧题。

（一）卢照邻边塞诗的内容

边塞诗发展到盛唐，才蔚为大观。但是卢照邻的边塞诗所反映的内容却已相当广泛，举凡盛唐边塞诗所有，在这里几乎都涵盖到了。

1. 建立功业、舍身报国的豪情壮志。"刘生气不平，抱剑欲专征。报恩为豪侠，死难在横行。""但令一顾重，不惜百身轻。"（《刘生》）诗人满怀仰慕之情，歌颂了主人公刘生舍生报国、百死不辞的豪侠气概，寄托了自己建功立业、报效君国的豪情壮志。《西使兼送孟学士南游》则直抒胸臆："骨肉胡秦外，风尘关塞中。唯余剑锋在，耿耿气成虹。"《豫章记》载："吴未亡，恒有紫气见牛斗之间。……至县，掘深二丈，得玉匣，长八尺，开之，得二剑，其夕斗牛气不复见。"② 诗用剑气典故，来比喻自己杀敌报国的决绝之志，以至于耿耿之气化作长虹横空，真可谓豪气冲天！而"应须驻白日，为待战方酣"（《战城南》）战斗如此之酣畅，竟令诗人产生让太阳为其停留的豪气，其意气之盛，几出盛唐之上。

---

① 余恕诚：《唐诗风貌》，安徽大学出版社2007年版，第215－216页。
② （唐）欧阳询撰，汪绍楹校：《艺文类聚》卷六〇《军器部》引，上海古籍出版社1965年版，第1081页。

2. 感同身受、全面立体的战争场景。若按战争的进程而言，先有敌人犯我边境："虏骑三秋入"（《雨雪曲》）、"虏障抵祁连"（《关山月》），为表现我方边塞战争的正义性奠定了基础；"翠羽装剑鞘，黄金镂马缨"（《刘生》），写豪侠之士出发前的准备，很容易让我们想起北朝民歌《木兰辞》里的民族女英雄木兰替父从军上战场之前，"东市买骏马，西市买鞍鞯"的购买战斗装备；"五营屯北地，万乘出西河"（《上之回》）写我方主力大军已做好战斗准备，稳扎营盘、浩荡出击；"骝马照金鞍，转战入皋兰"（《紫骝马》）、"将军出紫塞，冒顿在乌贪"（《战城南》），写我方军队与敌交锋的战争进程，亦是写战争已持续了很长时间；战争的结果是最后的胜利："单于拜玉玺，天子按雕戈。振旅汾川曲，秋风横大歌"（《上之回》）。卢照邻的边塞诗，不仅仅有对整个战争过程的反映，还有对激烈的战斗场面的刻画："箫喧雁门北，阵翼龙城南"（《战城南》）渲染战场形势，战斗一触即发；"珊弓夜宛转，铁骑晓骖骠"（《战城南》）描绘战斗的紧张气氛，战士们昼夜警戒、严密防备；"应须驻白日，为待战方酣"（《战城南》）把战斗的激烈表现得淋漓尽致。此外，在边塞诗中，卢照邻还选取典型的物象，对战争的严峻、艰辛，作了集中而凝练地刻画："见胡鞍之似练，知汉剑之如霜"（《明月引》）、"塞门风稍急，长城水正寒。雪暗鸣珂重，山长喷玉难"（《紫骝马》）。

3. 异于南国、景象独特的塞外风光。描写塞外的异域风光，是唐代边塞诗的又一主要内容。这一内容，在盛唐诗人岑参笔下，达到了一个浪漫而奇幻的境界，"忽如一夜春风来，千树万树梨花开"（《白雪歌送武判官归京》），奇丽多姿而富有积极乐观的浪漫精神。卢照邻笔下的边塞风光，还缺少盛唐诗人那种因主观的高度自信而产生的奇幻浪漫之风，但是，捕捉、描绘独特的边塞风貌并在与南国气候现象的对比中表现出来，不能说不是诗人的有意追求。"关河别去水，沙塞断归肠。马系千年树，旌悬九月霜。"（《陇头水》）诗人眼中所见，多沙、九月霜冻，正是塞外气候特征；千年老树，见出陇外人烟稀少的荒凉景象。上文引过的"雪暗鸣珂重，山长喷玉难"（《紫骝马》），一个"暗"字写出塞外飞雪的特有风貌：飞雪伴着狂风、搅得天昏地暗。"虏骑三秋入，关云万里平。雪似胡沙暗，冰如汉月明。高阙银为阙，长城玉作城。"（《雨雪曲》）"关云万里平"是典型的大漠风光，王维诗句"千里暮云平"（《观猎》）似从中化来；那雪与冰，也非塞外莫属：在狂风中乱舞的大雪像胡地的飞沙一样，足令天昏地暗，结成的冰厚厚的，反射着亘古以来汉月冷冷的青光，真是胆寒入骨；而长时间的大雪飞下，无论高阙还是长城，整个世界变成了银装素裹，在寒冷中蕴含着凄美："高阙银为阙，长城玉作城"。倘使卢照邻得以生活在现在，他的人生价值就会找到多种途径实现；又或者他得到当朝的重用，也许他笔下的边塞风光描写会更加雄奇。同样是对雪的描写，《梅花落》中则妩媚多姿："雪处疑花满，花边似雪回"，《和吴侍御被使燕然》则饶有风致："戍城聊一望，花雪几参差"。此外，卢照邻还运用对比的手法，在南北物候差异的对照中，来突出边塞异域风光的特别。在《昭君怨》中，用"汉地草应绿"对照"胡庭沙正飞"，以衬托胡地艰苦的自然环境，从而表现对女主人公王昭君深切的同情。《梅花落》中，用"梅岭花初发"的春天来临，来反衬"天山雪未开"的冬季刚开始，加强南北物候差异之别，从而突出北地之严寒。宇文所安在《初唐诗》中曾经这样分析这两句诗，很有意思："野蛮的、男性的北方仍然是冬天，而精美的、女性的南方已经是春天了。在普通的宫廷诗中，雪花的景象应该隐喻梅花的景象，或者反过来。读者方面也促使这些传统隐喻增强一致，显出差别。双关语也在两个世界之间起了连接作用：在北方，雪尚未'开'，'开'又有'开花'的意义。'开'还有另一种联系，在这里可能意味着'开放'边塞，传播帝国的文明。卢照邻没有采用关于两个世界联系的一些巧妙构思来使诗篇完美，而是留给读者一幅奇异的画面：野蛮的匈奴处于白雪及两个世界当中，这两个世界既是同一的，又是对立的。"①

4. 下层军士、征夫思妇的不平与痛苦。战争成就了帝王的霸业，成就了将帅的功业，也成就了少数人掠地封侯的梦想。但是，这光环的背后，梦想的现实，是绝大多数军士和普通民众承受的痛苦。军队，并不是一个杀敌即可立功的公平之所，对下层军士而言，有功不赏是他们经常面临的不平，卢照邻以他们为抒情主人公，揭露了这种不公平，抒发了他们心中的怨恨不平之气。《雨雪曲》中"节旄零落尽，天子不知名"，在揭露不公平现实的同时，表达了一腔怨愤之情。《王昭君》（《昭君怨》）："合殿恩中绝，交河使渐稀"，写的是对君恩日浅的清醒认识与抱怨之辞。《紫骝马》："不辞横绝漠，流血几时干"，在英勇驰骋沙场的同时，产生了对决策者的怀疑和对战争的批判情绪。《和吴侍御被使燕然》"胡笳折杨柳，汉使采燕支"，燕支，李云逸注：也作胭脂，又为山名，在匈奴境内（今甘肃永昌县西），产燕支草，故名。《太平寰宇记》卷一五二引《西河旧事》曰：焉支山，……其水草美茂宜畜牧，与祁连山同。匈奴失祁连、焉支二山，歌曰："失我祁连山，使我六畜不蕃息；失我焉支山，使我妇女无颜色"。②刘真伦认为，此诗句运用谐声双关暗喻讽

---

①　宇文所安著、贾晋华译：《初唐诗》生活·读书·新知三联书店 2004 年版，第 76 页。

②　李云逸：《卢照邻集校注》，中华书局 1998 年版，第 117 页。

刺了将帅的腐化，① 可备一说。我认为，更难能可贵的是，诗人通过这两句诗还揭示了战争给胡地普通百姓带来的痛苦。那么，战争给征夫思妇带来的痛苦则是诗人重点反映的内容。《明月引》与《关山月》两诗，均把征夫与思妇置于同一特定环境氛围之中，即明月高悬的夜晚。"明月"这个意象，意蕴深厚，明月象征团圆，而它在这里却照着因战争不得团圆的征夫思妇；分居两地、相隔万里的夫妻们还不如这空中的明月，因为明月能同时照到征夫思妇，而他们却不能彼此相见。思妇只能任凭那明月"澄清规于万里，照离思于千行"（《明月引》）、"相思在万里，明月正孤悬"（《关山月》），征夫则"试登高而骋目，莫不变而回肠"（《明月引》），眼睁睁看着明月"影移金岫北，光断玉门前"，寂寞而无奈地安慰万里之外的她"寄信闺中妇，时看鸿雁天"（《关山月》）。《陇头水》写征人思乡之痛，见陇水而"共鸣咽"，并找出征夫共同的痛苦之源："皆是为勤王"。《巫山高》、《芳树》、《折杨柳》写思妇之痛，思妇多愁善感，见巫山而伤离别："沾裳即此地，况复远思君"（《巫山高》）；见花落而悲华年："容色朝朝落，思君君不知"（《芳树》）；听莺啼、见杨柳而知岁月无情："攀折将安寄，军中音信稀"（《折杨柳》）。《梅花落》也是以思妇的口吻写分居两地的痛苦，身居梅岭的思妇看到梅花初开，便想到万里之外的丈夫那里"天山雪未开"，又以花雪相似的特点表现思妇那纷乱的半梦半醒的思想状态，最后一声重重的哀叹，回到孤苦的现实之中："匈奴几万里，春至不知来"。

（二）卢照邻边塞诗的盛唐先声

卢照邻在诗歌审美风格上追求"刚健"与"宏博"，这在杨

---

① 刘真伦：《卢照邻西使甘凉及其边塞组诗考述》，《重庆师范大学学报》1989年第 1 期。

炯的《王勃集序》中有明确表述。那么，在卢照邻的诗歌创作实践中，他是否达到了这一审美要求呢？笔者认为，卢照邻边塞诗创作内容丰富、风格刚健，确实已开盛唐先声。

我们先看一下古人的有关评价。杜甫《戏为六绝句》其三：

纵使卢王操翰墨，劣于汉魏近风骚。龙文虎脊皆君驭，历块过都见尔曹。

其四：才力应难跨数公，凡今谁是出群雄。或看翡翠兰苕上，未挚鲸鱼碧海中。

元代杨士弘《唐音》："自六朝来正声流靡，四君子一变而开唐音之端，卓然成家，观子美之诗可见矣。"①

杜甫所谓"龙文虎脊"、"历块过都"和"挚鲸鱼碧海中"，都是比喻"四杰"诗文内容充实、风格刚健。杨士弘认为"四杰"变"流靡""而开唐音之端"，与之对举的风格则是"刚健"。

今人闻一多的著名论断："正如宫体诗在卢骆手里是由宫廷走到市井，五律到王杨的时代是从台阁移至江山与塞漠。"② 更加明确了"四杰"在题材和诗体方面的新走向。

以上评价当然包括卢照邻在内，而且堪称公允又有见地，然而终嫌笼统。具体到卢照邻还欠缺细论，笔者认为，以上评价集中反映在其边塞诗创作中。下面从三个层面展开论述。

1. 题材的开拓。根据上文中对边塞诗年代的界定，凡是反映贞观以来有关边塞战争内容的诗歌都是边塞诗。那么，考查一下身处初唐的卢照邻之前和同时的边塞诗创作情况，就自然能明白卢照邻边塞诗的题材开拓之功。

---

① 《唐诗始音目录并序》，《唐音评注》，河北大学出版社 2006 年版，第 1 页。
② 闻一多：《唐诗杂论·四杰》，生活·读书·新知三联书店 1999 年 11 月版，第 28 页。

　　在卢照邻之前的边塞诗创作，首先在数量上很少，有唐太宗李世民的《饮马长城窟行》，虞世南的《结客少年场行》、《拟饮马长城窟行》《从军行二首》、《出塞》，窦威《出塞》，袁朗的《饮马长城窟行》，孔少安《结客少年场行》等。其次，从这些诗的内容看，大都是对战争的泛泛之咏，缺乏卢照邻边塞诗那丰富的题材内容之反映。以李世民和虞世南为例，二人都经历过戎马倥偬的生涯，诗歌中亦出现壮大之格，但是在反映战争具体内容方面，还是显得单调得多。先看唐太宗《饮马长城窟行》之节选：

　　　　塞外悲风切，交河冰已结。瀚海百重波，阴山千里雪。
　　　　迥戍危烽火，层峦引高节。悠悠卷旆旌，饮马出长城。
　　　　寒沙连骑迹，朔风断边声。

　　着重描写了边塞风光，而对于战争，只能窥其一面。再看虞世南的边塞诗，也是着重描写边塞严寒景色，也看不到对战争内容方面的描写："剑寒花不落，弓晓月逾明。凛凛严霜节，冰壮黄河绝。蔽日卷征蓬，浮天散飞雪"（《从军行》），"有月关犹暗，经春陇尚寒。云昏无复影，冰合不闻湍"（《拟饮马长城窟行》），"天山冬夏雪，交河南北流。云起龙沙暗，木落雁行秋"（《结客少年场行》），"日落风尘昏"、"剑霜冻不翻"（《出塞》）等。

　　再次，以唐太宗、虞世南等人为代表的边塞诗，不但在题材的开拓上无法与卢照邻边塞诗那丰富的内容相提并论，而且就其风格而言，也同样存在李、虞较为单一而卢丰富多样的差异。就其相同性来说，他们的边塞诗创作均已出现壮大的审美风格，但是因为时代、地域与个人经历等多方面的原因，卢照邻诗作除了壮大之格，还表现为悲壮、悲凉的风格意境，这一点将在同一小节的下文"风格与成因"中详论，此不赘述。

综上三点考论，卢照邻边塞诗与他之前的初唐诗人相比，其题材开拓之功已明。那么，与他同时期的诗人相比呢？我们选取卢照邻所属的"四杰"这个群体试做分析，卢照邻的边塞诗同样具有导夫先路之功。笔者拟分两点试加考论。首先，从他们边塞诗创作各自在诗歌中所占比重看，金涛声《唐代边塞诗的先声》作过初步统计："王勃现存诗九十四首，边塞题材的占二首；杨炯现存诗三十三首，边塞题材的占七首；卢照邻现存诗九十四首，边塞题材的占十五首；骆宾王现存诗一百三十一首，边塞题材的占十七首。从杨、卢、骆三家看，边塞诗在他们全部创作中所占的比重是相当可观的。"① 后姚敏杰据《全唐诗外编》（下）把王勃表现忠君报国、立功边塞的《陇西行》十首和《陇上行》一首列入边塞诗，② 那么王勃边塞诗在其全部创作中所占比重也同其他三人一样变得可观了。说明在这一点上，"四杰"对边塞诗的贡献是有共同点的。笔者以此为基础，具体算一下比重率：王勃（加入后来的十二首）约为 13%，杨炯约为 21%，卢照邻（总量以 105 首，边塞诗算入《结客少年场行》）约为 15%，骆宾王约为 13%，当然，无论从存诗、流传还是学界不断的新发现来说，这只能是一个约数，但是在一定程度上，它还是能够说明一定问题的。我们可以看出，杨炯和卢照邻的比重要比骆宾王和王勃高；从边塞诗数量看，卢照邻则居首位了，而比重最高的杨炯却居于末位了。综合这两点，在"四杰"边塞诗比重可观的结论基础上，卢照邻在数量上虽非遥遥领先，但却占居优势。其次，从创作产生的时间看，卢照邻边塞诗的创作时间要早于其他三人。王勃、杨炯自不必说，他俩年份都晚；与卢照

---

① 金涛声：《唐代边塞诗的先声》1984 年 4 月。
② 姚敏杰：《论"初唐四杰"诗歌创作的革新实绩》，首都师范大学学报 1995年第 4 期。

邻年辈相当的骆宾王，尽管在内容的丰富性和气格的壮大上，（包括王、杨在内的"四杰"）不相上下，各有贡献。但在是否出塞的问题上，卢照邻之尚无定论，而骆宾王由于有边塞生活的生活经历，边塞诗创作因此可下定论："他的（骆宾王，笔者）边塞之作多有实感，如《边城落日》、《在军登城楼》、《从军中行路难》等诗，都反映了征戍生活的深度和广度上都有了明显的突破。"① 在此骆宾王胜出卢照邻。但是，卢照邻的边塞诗创作，在时间上还是要早于骆宾王。骆宾王的首次出塞时间为咸亨年间（670 春 – 671 年冬），② 而卢照邻始有边塞之作或其中大部分上限时间应在入邓王府前后，下限时间应在离开邓王府和任新都尉之前的一段时间，原因是，出入邓王府前后，正是卢照邻志得意满、渴望建功立业、满怀雄心壮志之时，与他的边塞诗内容与风格相得益彰；其后，随着时间的推移、对现实的清醒认识加深，卢照邻慢慢看清他徒有一腔报国热血和满腹才情，却无由君主的赏识、朝廷的重用，因此他的诗歌必然转向山水等适合表达自然情怀的题材、风格相应的从悲壮、悲凉呈现为险峻、清丽、恬淡等多种面貌。据本论文的《卢照邻生平仕历考》一章结论，约在永徽三年（652），卢照邻已拜邓王府典签，约在显庆五年（660）年，卢照邻任新都尉的时间，约在高宗乾封二年（667）。而在此之前的龙朔元年（661），卢照邻先到益州与乔师望有交往，而后秋日有横事被拘下狱，并写诗赠李荣。个性狷介的卢照邻，有了下狱经历之后，很难从感情上再有创作边塞诗的壮志豪情，应在情理之中。所以，把卢照邻的边塞诗创作的下限时间定

---

①　姚敏杰：《论"初唐四杰"诗歌创作的革新实绩》，首都师范大学学报 1995 年第 4 期。

②　傅璇琮：《唐五代文学编年史·初盛唐卷》，辽海出版社 1998 年版，第 205 – 217 页。

为离开邓王府前后，是较为合理的，这个时间就是显庆五年（660）年至入狱之前的龙朔元年（661）秋。比照骆宾王的首次出塞时间——咸亨年间（670 春 – 671 年冬），还是要早得多。

所以，卢照邻的边塞诗的题材开拓之功，不但超过之前的初唐诗人，而且在数量上、创作时间上与他同时期的诗人相比，亦居首位。

2. 诗体的创新。卢照邻的边塞诗大多为乐府体，本文《卢照邻文论研究》一章提出，对乐府诗，卢照邻在理论上一是尖锐批判、一是提出具体的创新主张。在《乐府杂诗序》中，卢照邻批判六朝乐府"言古兴者，多以西汉为宗，议今文者，或用东朝为美。落梅芳树，共体千篇；陇水巫山，殊名一意。亦犹负日于珍狐之下，沈萤于烛龙之前。辛勤逐影，更似悲狂，罕见凿空，曾未先觉。潘、陆、颜、谢，蹈迷津而不归；任、沈、江、刘，来乱辙而弥远。"卢照邻把曹氏父子造作的音声曲度异于周秦的新制之乐府称为"新声"，肯定南朝继玄言诗之后出现的山水诗为"逸韵"："其后鼓吹乐府，新声起于邺中；山水风云，逸韵生于江左"。在此基础上，给新乐府提出了创作要求："发挥新题，孤飞百代之前；开凿古人，独步九流之上。自我作古，粤在兹乎！"其"发挥新题"、"自我作古"理论主张新乐府理论的产生有其积极的作用。但是，卢照邻的乐府诗创作并没有作到"发挥新题"和"自我作古"，这里有理论总是滞后于创作实践的原因，也有卢照邻乐府诗创作在早年、而理论认识和总结在晚年的原因。但是，这组乐府诗在题材开拓、诗体、风格诸方面还是显现了卢照邻的创新追求。下面从两点分析诗体的新变。首先是在形式上引律入古，有意识地用近体诗的要求进行乐府诗旧题的创作。在卢照邻采用旧题乐府创作的十三首边塞诗中，除《明月引》之外的另外十二首全部采用了整齐的五言八句的五言格律诗形式；再从格律诗的对仗要求看，十二首诗中，属于格律诗定型初期的作品为《战城南》一首，为典型的对式律。为方便分析，对照原诗——标明平仄，以下同。

> 将军出紫塞，冒顿在乌贪。笳喧雁门北，阵翼龙城南。
> 瑂弓夜宛转，铁骑晓骖驔。应须驻白日，为待战方酣。
> 平平平仄仄，仄仄仄平平。（工对）
> 平平仄平仄（此为"平平平仄仄"之变格），仄仄平平平。（失对，对偶）
> 平平仄仄仄，仄仄仄平平。（工对）
> 平平仄仄仄，平仄仄平平。（流水对）

属于格律诗定型发展时期的作品为《刘生》、《巫山高》、《芳树》、《雨雪曲》、《王昭君》、《折杨柳》、《梅花落》、《关山月》、《上之回》、《紫骝马》共十首，为典型的粘对混合律。

> 刘生气不平，抱剑欲专征。报恩为豪侠，死难在横行。
> 翠羽装剑鞘，黄金镂马缨。但令一顾重，不惜百身轻。
> （《刘生》）
> 平平仄仄平，仄仄仄平平。（流水对）
> 仄平仄平仄（此为"平平平仄仄"之变格），仄仄仄平平。（宽对）
> 仄仄平仄仄（此为"仄仄平平仄"之变格，但对句未作变格处理），平平仄仄平。（工对）
> 仄仄仄仄仄（此为"平平平仄仄"之变格），仄仄仄平平。（工对）
> 巫山望不极，望望下朝氛。莫辨啼猿树，徒看神女云。
> 惊涛乱水脉，骤雨暗峰文。沾裳即此地，况复远思君。
> （《巫山高》）
> 平平仄仄仄（此为"变格"），仄仄仄平平。

仄仄平平仄，平平平仄平（此为"平平仄仄平"之变格，工对）

平平仄仄仄（此为"变格"），仄仄仄平平。（工对）

平平仄仄仄（变格），仄仄仄平平。（流水对）

芳树本多奇，年华复在斯。结翠成新幄，开红满故枝。

风归花历乱，日度影参差。容色朝朝落，思君君不知。

（《芳树》）

平仄仄平平，平平仄仄平。（宽对）

仄仄平平仄，平平仄仄平。（工对）

平仄平仄仄（此为"仄仄平平仄"之变格），仄仄仄平平。（失对，对偶）

平仄平平仄，平平平仄平（此为"平平仄仄平"之变格）。

虏骑三秋入，关云万里平。雪似胡沙暗，冰如汉月明。

高阙银为阙，长城玉作城。节旄零落尽，天子不知名。

（《雨雪曲》）

仄仄平平仄，平平仄仄平。（工对）

仄仄平平仄，平平仄仄平。（工对）

平仄平平仄，平平仄仄平。（句中对）

平平平仄仄，平仄仄平平。（流水对）

合殿恩中绝，交河使渐稀。肝肠随玉辇，形影向金微。

汉地草应绿，胡庭沙正飞。愿逐三秋雁，年年一度归。

（《王昭君》）

仄仄平平仄，平平仄仄平。（宽对）

平平平仄仄，仄仄仄平平。（工对）

仄仄仄平仄（此为"仄仄平平仄"之变格），平平平仄平。（工对）

　　仄仄平平仄，平平仄仄平。（工对）

　　倡楼启曙扉，杨柳正依依。莺啼知岁隔，条变知春归。

　　露叶凝秋黛，风花乱舞衣。攀折将安寄，军中音信稀。

（《折杨柳》）

　　平平仄仄平，平仄仄平平。

　　平平平仄仄，平仄仄平平。（工对）

　　仄仄平平仄，平平仄仄平。（工对）

　　平仄平平仄，平平平仄平（此为"平平仄仄平"之变

格，流水对）。

　　梅岭花初发，天山雪未开。雪处疑花满，花边似雪回。

　　因风入舞袖，杂粉向妆台。匈奴几万里，春至不知来。

（《梅花落》）

　　平仄平平仄，平平仄仄平。（工对）

　　仄仄平平仄，平平仄仄平。（句中对）

　　平平平仄仄（此为"平平平仄仄"之变格），仄仄仄平

平。（工对）

　　平平仄仄仄（此为变格），平仄仄平平。（流水对）

　　塞垣通碣石，房障抵祁连。相思在万里，明月正孤悬。

　　影移金岫北，光断玉门前。寄信闺中妇，时看鸿雁天。

（《关山月》）

　　仄平平仄仄，仄仄仄平平。（工对）

　　平平平仄仄（此为"平平平仄仄"之变格），平仄仄平

平。（借对）

　　仄平平仄仄，平仄仄平平。（工对）

　　仄仄平平仄，平平平仄平（此为"平平仄仄平"之变

格，流水对）

　　回中道路险，萧关烽堠多。五营屯北地，万乘出西河。

　　单于拜玉玺，天子按雕戈。振旅汾川曲，秋风横大歌。（《上之回》）

　　平平仄仄仄（此为"平平平仄仄"之变格），仄仄仄平平。（工对）

　　仄平平仄仄，仄仄仄平平。（工对）

　　平平仄仄仄（变格），平仄仄平平。（工对）

　　仄仄平平仄，平平平仄平（此为"平平仄仄平"之变格，工对）。

　　骢马照金鞍，转战入皋兰。塞门风稍急，长城水正寒。

　　雪暗鸣珂重，山长喷玉难。不辞横绝漠，流血几时干。（《紫骝马》）

　　仄仄仄平平，仄仄仄平平。（失对，追求流水对形式的对偶）

　　仄平平仄仄，平平仄仄平。（失对，对偶）

　　仄仄平平仄，平平平仄平（此为"平平仄仄平"之变格，工对）。

　　仄平平仄仄，平仄仄平平。（流水对）

　　属于格律诗定型时期的作品为《陇头水》一首，为典型的粘式律。

　　陇阪高无极，征人一望乡。关河别去水，沙塞断归肠。

　　马系千年树，旌悬九月霜。从来共鸣咽，皆是为勤王。

　　平平平仄仄，仄仄仄平平。（借对）

　　平平仄仄仄（变格），平仄仄平平。（工对）

　　仄仄平平仄，平平仄仄平。（工对）

　　平平仄平仄（此为"平平平仄仄"之变格），平仄仄平平。（流水对）

　　据以上分析，可得出如下结论：第一，十二首乐府边塞诗，

224

在格律诗的定型发展过程中，呈现出明显的两头小、中间大的趋势，即开始时期对式律和定型时期粘式律作品少——分别只有一首，而对式律向粘式律过渡时期的粘对混合律作品数量则有十首之多、占绝对优势。这说明卢照邻有意识地引律入古，以近体格律诗的要求来进行边塞题材的乐府诗创作。第二，按律句分析，均已达100%。再按律联比率分析一下，因为律联是近体诗在律句基础上的发展和走向成熟。在十二首诗中，以联计算共有48联，其中律联占44联，比率高达93%强；以单篇诗计算，只有三首诗律联比率两为75%，一为50%，其余九首律联比率皆达100%，这九首诗占全部诗的近77%，律联的合律度已经不低。第三，再看对仗情况。对仗是近体诗成熟的一个重要尺度。观卢照邻十二首诗中，48联竟有44联对仗，失对的4联从字面看却是对偶工整；对仗率高达93%强，而其中工对占38联之多，占全部联的79%强。而按五律要求，48联有24联对仗工稳即可，也就是说工对率达到50%即可。可见，从数量上看，卢照邻是非常讲究对仗的；再从对仗的艺术上看，卢照邻对仗的艺术技巧也是很高的，这表现为"工对"的大量出现，"工对"之中还出现"借对"和较多的"流水对"。首先从数量上看，十二首诗48联中，"工对"就有38联，占全部联的79%强；其次从质量上看，有十六种类别在对仗的一联中相对使用，构成"工对"。在卢照邻的38联"工对"中，应用了其中的天文类、地理类、时令类、宫室类、器物类、衣饰类、文学类、身体类、人伦类、数字类、颜色类等十一种，可谓应用广泛。在"工对"之中，还出现了两个"借对"，一个"句中对"，九个"流水对"，这三种形式是在"工对"基础上对艺术技巧要求更高、对仗水平发展更为成熟的表现，尤其是九个"流水对"的出现，更是格律诗对仗技巧相当成熟的标志。因为"流水对"的大量出现、运用自如并取得极高成就，是到了盛唐诗人杜甫手里。①

卢照邻边塞为内容的乐府诗诗体创新除了表现为上述引律人古之外，还表现为他运用骚体诗的形式表现边塞内容，即那首《明月引》，也有学者把《明月引》列为歌行②。宽泛而言，无论说它是骚体诗也好，歌行体也罢，有一点是可以肯定的，即卢照邻"对不同问题进行的有益尝试，这对扩大边塞诗的文体适用性是有意义的。其中乐府旧题五律体制的边塞诗，成为大历以后诗人创作的风尚，可见照邻的尝试是成功的。"③ 如果按歌行而言，则有学人发现了另外的意义，指出"四杰"这种以新的七言歌行体进行边塞诗创作，是"在初唐边塞诗中独树一帜，也获得了成功，对盛唐的高适、岑参、李颀等边塞诗人产生了较大的影响。"④ 亦一家之言。

3. 风格及成因。自闻一多先生指出："正如宫体诗在卢骆手里是由宫廷走到市井，五律到王杨的时代是从台阁移至江山与塞漠……到了江山与塞漠，才有低徊与怅惘，严肃与昂扬……五言八句的五律，到王、杨才正式成为定型，同时完整的真正唐音的抒情诗也是这时才出现的。"⑤ 后人多承此说，罗宗强先生在《隋唐五代文学思想史》中分别强调了卢骆歌行和王杨五律中出现的壮大昂扬的感情。⑥ 这是只重卢、骆歌行而忽视了他们题材中"从江山移至塞漠"的五言八句的五律诗作，据笔者上文关

① 参韩成武先生：《杜诗艺谭》之《杜诗"流水对"艺术探讨》一章，河北教育出版社2002年版。

② 房日晰：《唐诗比较研究》，安徽大学出版社2005年版，第29页。

③ 刘真伦：《卢照邻西使甘凉及其边塞组诗考述》，《重庆师范大学学报》1989年第1期。

④ 童嘉新：《试论初唐四杰的边塞诗》，《重庆商学院学报》1999年第2期。

⑤ 闻一多：《唐诗杂论·四杰》，生活·读书·新知三联书店1999年版，第28页。

⑥ 罗宗强：《隋唐五代文学思想史》，中华书局2003年版，第30页。

于卢照邻边塞诗题材的开拓、诗体的创新两点立论分析，卢照邻之边塞诗创作实有不容忽视之意义。可喜的是，现在许多大家与学人已经注意到了这一点并在专论文章中予以研究。吴功正先生从审美风格的变化出发，指出"四杰"壮大型审美格调的两大载体为山川景物和边塞诗文，为我们提供了一个新的研究视角，可惜他在举例时只讲了骆宾王和杨炯的边塞诗，而忽略了卢照邻。① 童嘉新在论述"四杰"这个群体边塞诗昂扬基调、雄壮、刚健风格之时，已把卢照邻边塞诗作为不可或缺的一部分。② 刘真伦的研究已介入到卢照邻边塞诗的个性风貌，他提出卢照邻边塞诗具有阔大的境界、壮美的风格、悲壮的色彩、苍凉的基调。③ 笔者拟在前贤和时彦研究的基础上，重点探讨卢照邻边塞诗风格的成因。

　　阔大壮美乃是"四杰"领时代风云际会之先声，而悲壮、苍凉乃是基本把握了卢照邻边塞诗的个性特征。笔者认为，卢照邻的边塞诗还呈现出了悲愤的风格。造成卢照邻以上边塞诗风的原因有三点。

　　一是时代召唤与个人际遇的冲突。卢照邻生活的初唐社会，是一个国力蒸蒸日上的时代，自贞观以来到高宗朝唐政府组织了一系列反击漠北游牧部落的正义战争，更加激发了初唐下层士子报效朝廷、建功立业的壮志豪情。卢照邻自不例外，他那开阔的空间和战争场面描写，使诗歌呈现壮美的风貌；然而作品中那时时可见的苍冷寒凉色调，同时又给诗歌染上了悲凉的色彩。"荆南兮赵北，碣石兮潇湘"（《明月引》）、"塞垣通碣石，虏障抵祁

---

　　① 吴功正：《初唐四杰文学审美的重大走向》，《中州学刊》2001 年第 4 期。
　　② 参童嘉新：《试论初唐四杰的边塞诗》，《重庆商学院学报》1999 年第 2 期。
　　③ 刘真伦：《卢照邻西使甘凉及其边塞组诗考述》，《重庆师范大学学报》1989年第 1 期。

连。相思在万里，明月正孤悬"（《关山月》）、"梅岭花初发，天山雪未开"（《梅花落》）等等，空间跨度极为阔大，作者的思绪在祖国南北东西的万里江山之上驰骋，自然把诗歌和读者带到了一个壮阔的境界。而那处处可见的"马系千年树"、"征人一望乡"（《陇头水》）的孤独凄凉，"况复远思君"（《巫山高》）、"思君君不知"（《芳树》）、"攀折江安寄，军中音信稀"（《折杨柳》）、"匈奴几万里，春至不知来"（《梅花落》）的无奈和绝望，"沙塞断归肠"（《陇头水》）、"肝肠随玉辇"（《王昭君》）的痛彻心扉，"呜咽"（《陇头水》）、"沾裳"（《巫山高》）悲痛的热泪，以及那塞门的风急、长城的冰寒，雪是暗的，雨是暗的，山是走不尽的长，鸣珂是重的、喷玉是难的，道路是险的，明月孤悬、月光断，以及冰、银、玉等等暗淡、沉重、冰冷的词调，充满在这组边塞诗中，格调悲凉。这种悲凉风格的形成，是时代的召唤与个人际遇的冲突造成的。二十岁的卢照邻踌躇满志，实指望在颇受器重的邓王府有所作为，从而为得到朝廷重用铺开道路，继而实现自己重振家风、布衣卿相的士子梦想。但随着为王府典签日久，无情的现实击碎了他的梦想，也许正是因为邓王的器重，对王子们采取打压政策的朝廷才更不肯对卢照邻加以重用。卢照邻应该清醒地认识到了这一点，只是无法明言。在这一点上，王勃的经历与卢照邻极为相似。理想、自信越高，无法实现时，给人的失望与打击就越大。反映在诗歌中，很自然地会使诗歌充满郁勃不平之气，所以卢照邻的边塞诗既有雄壮之格，又多悲凉之气。

二是燕赵地域文化之影响。在《卢照邻思想性格》一章中，本文已探讨了燕赵地域文化既包含豪侠之风，又包含质实之气。关于燕赵文化精神的内涵，本文曾引用了韩成武师的观点："燕赵文化精神的内涵……应该包括以下四点：任侠使气，慷慨悲

歌，崇儒尚雅，敦厚务实。"① 我认为，"任侠使气"的燕赵文
化，使卢照邻崇尚豪侠之气，从而给他的诗歌注入豪壮之风；而
燕赵文化"慷慨悲歌"的成分，也浸染着卢照邻的性气，从而
给他的作品染上悲凉的色彩，这一点最为明显地体现在他晚期的
病中创作之中。《刘生》的气概是豪壮的："刘生气不平，抱剑
欲专征"，但他抱着必死的信念："报恩为豪侠，死难在横行"、
"但令一顾重，不惜百身轻"，又是那样的悲壮，很容易让我们
想起那易水边悲歌的壮士荆轲："风萧萧兮易水寒，壮士一去兮
不复还！"而令千载之下的我们还在发着这样的感慨："昔时人
已没，今日水犹寒。"（骆宾王《于易水送人》）谁能拂去这豪壮
与悲歌？自古英雄悲与壮，我们就不难理解承载他们的诗歌载体
呈现豪壮与悲壮的双重风格，看似矛盾，实则统一，所以"悲
壮"也成为后来盛唐边塞诗的一个风格特征。"黄沙百战穿金
甲，不破楼兰终不还。"（王昌龄《从军行》）"万里不惜死，一
朝得成功。画图麒麟阁，入朝明光宫。"（高适《塞下曲》）等诗
句，基调雄浑而悲壮。

　　三是对历史的哲学思考。这种深沉的思考，给卢照邻边塞诗
注入了"悲愤"的色彩；而这种思考却是燕赵才子卢照邻在认
清现实的过程中的必然选择。面对现实，卢照邻即使才高八斗，
壮志凌云，却也无济于事，个人在社会面前显得那么渺小；没有
忠君之途，不得施展抱负。所以满腹经纶的卢照邻的目光自然放
到了对历史的审视之中，当他为那些军中不平之事找到历史的共
通点时，他那些发而为诗的句子就充满了批判的意味，一腔怨愤
不平之气，却又含而未发，这情感是多么得悲愤难抑，他的诗歌

---

　　① 韩成武：《燕赵文化精神与唐代燕赵诗人、唐诗风骨》，《河北师范大学学
报》2006 年第 6 期。

自然呈现"悲愤"之格。"从来共呜咽，皆是为勤王"(《陇头水》)、"节旄零落尽，天子不知名"(《雨雪曲》)、"合殿恩中绝，交河使渐稀"(《王昭君》)、"不辞横绝漠，流血几时干"(《紫骝马》)，哪一句不是清醒的认识？哪一句没有根源的揭示？哪一句不是深刻的批判？合起来就是诗人心底的悲愤，抒情主人公心底的悲愤！

二、卢照邻的咏侠诗——游侠生命历程与精神的典型概括

卢照邻的咏侠诗应该说有四首：《结客少年场行》和《刘生》以及《咏史》四首之中赞"郑太"和"朱云"的两首，因以下还有对咏怀诗的分析，所以《咏史》中的两首不列于此；《刘生》已在边塞诗中分析，此处亦不再重列；而《结客少年场行》按诗中反映的边塞意识也可划入边塞诗，但其咏侠的特点更为突出，又因为游侠生活也是盛唐诗歌的重要取材，所以分析一下卢照邻的咏侠诗是有一定认识价值的，并且有助于我们了解卢照邻性格中豪侠的一面。

我们先录《少年结客场行》原诗如下：

> 长安重游侠，洛阳富财雄。玉剑浮云骑，金鞭明月弓。
> 斗鸡过渭北，走马向关东。孙宾遥见待，郭解暗相通。
> 不受千金爵，谁论万里功。将军下天上，虏骑入云中。
> 风火夜似月，兵器晓成虹。横行徇知己，负羽远从戎。
> 龙旌昏朔雾，鸟阵卷胡风。追奔瀚海咽，战罢阴山空。
> 归来谢天子，何如马上翁？

这首诗的成功之处有两点：即在短短二十二句的一首五言诗中，完成了对游侠生命历程与游侠精神的典型概括，下面分而论之。

（一）通过描写游侠的生活，生动再现了一个成功游侠的理想的生命全过程。诗歌开头至第十句为第一层，重在描写游侠自由自在的生活和不受名利羁绊的自由精神。开头两句首先交代了游侠生活的地点和社会氛围：集结在富庶的两京和生活在受重视的社会氛围之中。三、四句摹写游侠的装扮：腰间佩戴着美玉装饰的宝剑，身骑名为"浮云"的宝马，挥舞着金灿灿的马鞭，携带着明月珠的宝弓。五、六句写他们渭北斗鸡、关中赛马的自由自在的生活。七、八句写他们与大侠结交，颇成气候。九、十句写他们无视名利、不受羁绊的侠义与自由的精神。自诗歌第十一句至结尾为第二层，重在写游侠杀敌立功的勇武和功成身退的高风亮节。十一、十二句"将军下天上，虏骑入云中"，诗歌气氛由前十句的自由自在陡转紧张，国难当头、大敌当前，从而为游侠身趋国难、勇赴沙场作了有力铺垫。十三、十四句进一步渲染战事的紧张，前方战火在燃，兵气化而成虹，与前两句结合起来，我方与强虏已摆开战阵，即将上演殊死战斗。战争在呼唤，热血已燃烧，游侠正当此时，横空出世，十五、十六句"横行徇知己，负羽远从戎"的出场豪迈而悲壮，他们抱着殉难的决绝信念，不远万里、不辞艰辛，慷慨赴边。第十七句以下四句用高度概括的语言，烟飞云动、鸾回凤惊的笔墨，为我们再现了游侠在战场上杀敌之神勇、气势之如虹：我方战旗到处，直杀得朔方战雾昏起；我方摆开鸟阵，胡兵如风被扫平；我方乘胜追击，如风卷残云，直追敌军要害；战争大获全胜，阴山空空再没有敌人的身影，游侠完成了他杀敌的伟业，志得意满而归。诗歌末二句通过写游侠功成不就的高风亮节，给游侠的生命历程画上了一个圆满的句号。

（二）在成功塑造了一个活生生的游侠人物形象的同时，使游侠精神得以全面展现。第一层，卢照邻先用非同常人的装扮让游侠出场，剑、马、鞭、弓，游侠所用，皆名贵之物，以此衬托游侠的英豪之气。而斗鸡走马是自由的生活状态之反映，不受名利羁绊，是豪侠胸襟的自由精神风貌之展现。第二层，当战争来临，卢照邻则着重塑造了游侠那舍生报国、慷慨赴边、神勇杀敌、气势如虹的英豪气概。那自天而降的神勇将军、那云中飞奔的强虏，那烽火和兵气，都是为了衬托游侠的豪壮出场。在战争中，卢照邻连用"昏"、"卷"、"追奔"、"战罢"等极富飞动之势的动词，一气呵成地表现了一个虎虎生风、刚健孔武的英雄侠少的英武形象，从而使诗歌充满遒劲飞动之势。功成不就的结尾，凸显了游侠的高风亮节和韬晦谦逊精神。这首诗，简直就是对司马迁《史记·游侠列传》"游侠"内涵所作的最为形象的诠释："今游侠，其行虽不轨于正义，然其言必信，其行必果，已诺必诚，不爱其躯，赴士之厄困，既已存亡死生矣，而不矜其能，羞伐其德，盖亦有足多者焉。"① 卢照邻由衷赞美和向往的就是这种游侠精神：精神上与当权者平等、不受名利与世俗羁绊，言必信、行必果的重诺然义精神，急人所难、捐生赴死的尚武、牺牲精神和功成身退的高风亮节。

游侠精神无疑也寄托了卢照邻的人格理想，其原因也同样受燕赵地域文化中豪侠精神之浸染。

三、卢照邻的咏怀诗

咏怀诗是指咏史诗和怀古诗。卢照邻的咏怀诗有《咏史》四首、《文翁讲堂》、《相如琴台》、《石镜寺》共七首。《咏史四首》集中体现了卢照邻对刚直不阿、重义然诺、功成身退等理想人格的追求和向往。另外三首则是作者登临古迹，发怀古之

① 司马迁：《史记》，中华书局 1959 年版，第 3181 页。

忧思。

"真正理想的人物只能在原始和天真的时代大量诞生；一直要追溯到远古时代，在各个民族初兴的时候，在人类的童年梦境中，才能找到英雄与神明。在这个阶段上，人改变了容貌，充分显示出他的伟大，他有如神明一般无所不备。"① 卢照邻在《咏史四首》中，就塑造了四位历史上的、也是他心目中的英雄。季布有"百金孰云重，一诺良非轻"的重义然诺的品格，"廷议斩樊哙"、"处身孤且直"和绝不唯唯诺诺的大丈夫气概；郭林宗"诸侯不得友，天子不得臣"的高情远韵、卓尔不群，虽生逢乱世却卷舒自如，能够保存自己天真的本性；郑太仗义疏财、才识远大，谋杀董卓，正义凛然；朱云更是侠肝义胆，气壮山河，具有宁折不弯的刚直个性，而且能够做到"知命固不忧"，具备"伟哉旷达士"之理想人格。

通过对理想人物的塑造、理想人格的赞美，通过对英雄事迹和英雄气概的讴歌，卢照邻为我们传达了一个甚至一代初唐下层士子不安贫贱、意欲建功立业的豪壮情怀和他们对一种完美人格的追求与向往。

《咏史四首》格调昂扬，三首咏怀诗则低沉蕴藉，这是由怀古诗审美意识的悲剧性质决定的，正如吴功正在《中国文学美学》中所阐述："空间是相同的，但古今的时间流程却是可变的。空间经过时间的洗涤就沉淀了历史的陵谷沧桑意识。空间感受由时间感受所规范。相对不变的空间愈是作为历史的见证存在，愈是显得辽远，时间就愈是显得隔阂，反转过来也就使空间愈显得苍凉。这种时空特征变化规定了中国怀古诗审美意识的悲剧性质而不是喜剧性质，规定了它的审美结构时空错综

---

① （法）丹纳：《艺术哲学》，北京出版社 2007 年版，第 154 页。

的模式。"① 以《相如琴台》为例，诗歌用五言八句的律体形式，用极为精练的语言，越过千年的时间跨度，把古人之事与今人所见和今人之思，凝在同一个空间，古今交错，情思绵远低沉。曾经何等风流潇洒的司马相如，如今他的居住地却孤单冷清，有如过了千年。院子里依稀是古时的风烟，坟墓上的松槚却散发着春意。只有不变的流云让人想起吟诗作赋的文章家，千年之下的月亮好似听琴的卓文君。然而，耳中的莺啼又把诗人拉回了现实，想必斯人在时，也是这般的莺啼吧，抚今追昔，如今只能白白勾起游子的伤神了，暗含着对人生短暂、年华易逝而功业不成的忧思。

卢照邻的咏侠诗和咏怀诗，都采用了边塞诗引律入古的诗体创新形式，兹不赘述。

第三节　卢照邻的山水田园诗及其动态美

当诗人卢照邻为仕宦而在祖国的大好河山奔走、驻足时，山水田园的诗歌内容也就自然而然纳入了卢照邻的笔下，诗歌题材也就自然地由"台阁"移至了"江山"，诗歌风格也相应地发生了变化。这些诗歌，不但记录了诗人的足迹，也是诗人思想轨迹的反映。笔者按诗歌具体内容，把这部分诗作分别划归三个方面：山水行役诗、山水游赏诗和田园诗作，并从此入手，对卢照邻山水田园诗进行分析论述。

一、山水行役诗的奇险、奇丽

卢照邻的山水行役诗有：《早度分水岭》（五言十六句）、

① 吴功正：《中国文学美学》（上卷），江苏教育出版社 2001 年版，第 397 - 398 页。

《奉使益州至长安发钟阳驿》（五言二十句）、《宿晋安亭》（五言十四句）、《至望喜瞩目言怀贻剑外知己》（五言十四句）、《赤谷安禅师塔》（五言十六句）、《入秦川界》（五言八句）、《至陈仓晓晴望京邑》（五言八句）、《晚渡滹沱敬赠魏大》（五言八句）、《山行寄刘李二参军》（五言十二句）、《晚渡渭桥寄示京邑游好》（五言十六句）约十首。

　　山水诗到了南朝宋时逐渐发展成为一类独立的诗歌题材。"宋初文咏，体有因革，庄老告退，而山水方滋。俪采百字之偶，争价一句之奇。情必极貌以写物，词必穷力而追新。"① 自谢灵运而后，鲍照、谢脁，其山水诗皆重"巧似"，风格以"清丽"为主，加上陶渊明田园诗之清新自然，共同构成了晋宋山水诗的特色。其中寒士鲍照的山水诗表现出异于"清丽"的审美风格——"险峻"，而卢照邻山水行役诗"奇险"一格承此而来。

　　卢照邻的山水行役诗多写于蜀道往来之途中，因此，描写蜀道艰难、蜀地奇异风光是这类诗中的主要内容。《早度分水岭》中"层冰横九折，积石凌七盘。重溪既下漱，峻峰亦上干。陇头闻戍鼓，岭外咽飞湍。瑟瑟松风急，苍苍山月圆。"诗人向前看：眼前的道路，不但山路盘旋曲折，山路上，处处纵横交错着寒冷而光滑的冰、突出耸立的石头；诗人向下看：高低重叠的溪流向看不见底的山下冲激而去；诗人向上望：险峻的山峰高耸入云，看不到头；诗人听见：远远的，戍鼓与飞湍呜咽和鸣；近处充满耳鼓的，是急风之下松声瑟瑟发抖；诗人再抬头看看那圆圆的山月，似乎也因这寒冷的气候、险峭的路途变得苍白而黯淡了。卢照邻善于运用纵横上下的视角，来表现阔大的空间；在阔大的空间中，极力刻画环境的险峻艰难。《奉使益州至长安发钟阳驿》

---

　　① 周振甫：《文心雕龙今译》，中华书局1986年版，第61页。

"峻阻将长城，高标吞巨防"、《至望喜瞩目言怀贻剑外知己》"隐鳞度深谷，遥矗上高云。碧流递萦注，青山互纠纷"、《入秦川界》"陇阪长无极，苍山望不穷。石迳萦疑断，回流映似空"等诗句，无不写得惊心动魄，富于奇险壮阔之美，在奇险的审美体验中，蕴含着诗人深深的忧思，使诗歌蒙上一层悲凉的色彩。

其摹景状物之所以产生令人惊心动魄的力量，乃是因为诗人所绘之景已熔铸了诗人浓浓的主观情感，从而带上了强烈的个性色彩。这些诗的写作时期，都是在卢照邻长期蹭蹬下僚、仕宦遭受挫折以后。关于这样的写作背景，卢照邻总是在诗歌的开头或结尾部分，予以明确交代，即先有情、后有景，从而为诗歌奠定了一个忧思失意的感情色彩的基调。《早度分水岭》开头用六句"丁年游蜀道，斑鬓向长安。徒费周王粟，空弹汉吏冠。马蹄穿欲尽，貂裘敝转寒"，明白写出诗人岁月蹉跎、功业无成、壮志难酬的忧思与无奈，紧接下面奇险骇人的山水风貌描写，使情与景紧密交融、情中见景、景中含情，达到了情景相生的最佳审美效果。在摹写景物之后，这首诗的末两句"传语后来者，斯路诚独难"，诗人又以情语作结，直抒胸臆，直见出作者那忧思感叹的剀切形象。《奉使益州至长安发钟阳驿》结尾六句"联翩事羁靮，辛苦劳疲恙。夕济几潺湲，晨登每惆怅。谁念复刍狗，山河独偏丧"，写自己宦途劳顿疲病、叹一己遭遇在广大山河面前，微小如刍狗不足道哉！联系那"峻阻将长城，高标吞巨防"的笔墨，惊惧险峻之感更加突出。《至望喜瞩目言怀贻剑外知己》开头四句"圣图夷九折，神化掩三分。缄愁赴蜀道，题拙奉虞薰"，分明满含作者"憔悴于圣明之朝"的郁勃不平之气，因此诗人眼中的山水才呈现出"隐鳞度深谷，遥矗上高云。碧流递萦注，青山互纠纷"的险峻与惊心之貌，末四句"思北常依驭，图南每丧群。无由召宣室，何以答吾君"，更是对这种郁勃之气的强化。《山行寄刘李二参军》中"草碍人行缓，花繁鸟度迟"最为警策，草与花，分别成为人与鸟的障碍，鸟也就具备了人因为"愁来不自持"而产生的行动迟缓的共同效应。

这种先情后景的艺术手法，使情景相生，给诗歌注入了强烈的个性色彩。即如王国维所说的"有我之境"："'泪眼问花花不语，乱红飞过秋千去'，'可堪孤馆闭春寒，杜鹃声里斜阳暮'，有我之境也……有我之境，以我观物，故物皆著我之色彩。"①诗人把他那对仕宦的惊惧、忧虑和对前途渺茫的担心、漂泊疲惫、甚至思乡、痛惜年华易逝等诸多复杂的感情，全部投射到羁途之山水景物当中，使"物皆著我之色"，从而使诗歌具有了浓郁的感情色彩，这种情感的力量，正是宫廷诗所不具备的，所以如此"江山"的题材，格外能够打动人。

卢照邻山水行役诗的"奇险"之风与鲍照后期山水诗的"沉郁、险峻、悲凉"相类。我们来看鲍照的两首山水行役诗：

> 风急讯湾浦，装高堰墙舶。夕听江上波，远极千里目。
> 寒律惊穷蹊，爽气起乔木。隐隐日没帕，瑟瑟风发谷。
> 鸟还暮林喧，潮上冰结浮。夜分霜下凄，悲端出遥陆。
> 愁来攒人怀，羁心苦独宿。（《还都道中》其二）②
> 高柯危且竦，锋石横复仄。复涧隐松声，重崖伏云色。
> 冰闭寒方壮，风动鸟倾翼。斯志逢凋严，孤游值嘻逼。
> 兼途无憩鞍，半寂不逞食。君子树令名，细人效命力。
> 不见长河水，清浊俱不息。（《于京口至竹里》）

诗中通过对一系列独特景物的极力摹写，如"寒律"、"穷蹊"、"隐隐日"、"瑟瑟风"、"冰结浮"、"霜下凄"、"高柯"、

---

① 况周颐　王国维：《惠风词话　人间词话》，人民文学出版社1960年版，第191页。

② 《鲍参军集注》，上海古籍出版社1980年版，下引诗同。

"锋石"、"复涧"、"重崖"等，都给人以沉郁苍劲的美感。再配以像"急"、"惊"、"悲"、"愁"、"苦"、"危"、"凋"、"孤"等带有强烈感伤黯淡色彩的辞藻，生动地昭示了旅途的艰辛、仕途的酸楚和情感的孤寂。透过萧瑟抑郁的山水意象，我们仿佛触到了诗人愁苦郁闷的心灵。

鲍照的诗，同样被注入了诗人那才秀人微、屈居下僚的身世之叹。在长期的蹭蹬下寮、仕途不遇的人生际遇中，诗人的心灵疲倦而又苦痛，浸透着人生不幸的感伤和社会不平的慨叹。他的审美观含蕴着浓重悲凉的生命意识，他的山水诗融进了深刻厚实的情感世界。在表现"有我之境"的艺术手法上，鲍照与卢照邻是相通的，或者说，卢照邻继承了鲍照山水诗的成功之处。

但在境界的浑融上，卢照邻显然比鲍照有所发展。一是因为鲍照生活的南朝是一个过分讲究语言的形似与雕琢的文学时代，鲍照不可避免地带有这样的时代之风。二是因为卢照邻生活的初唐，其繁荣与强盛，是身处南朝宋代的鲍照所无法想象的，因此，盛世的气象也开启了卢照邻诗歌中雄浑壮阔的风貌。三是因为身处盛世的卢照邻，其个性更富于自由与张扬，鲍照尽管也不失豪放狷介，但囿于社会的因素，难免逼仄不展，两种个性发而为诗，在浑融与否方面这一点上自然有差异。而且，卢照邻诗歌中的雄奇壮丽也是鲍照诗中所不具备的。

当诗人卢照邻置身于祖国的大好河山之中时，他笔下的山水不但呈现出奇险壮阔之美，还被赋予雄奇壮丽之美，这是时代赋予诗人的胸襟和眼光。当诗人暂时放下"跻险方未夷"的隐忧，放松心情"乘春聊骋望"时，一片奇丽的大自然风光奔涌到诗人的耳目之中："落花赴丹谷，奔流下青嶂。葳蕤晓树滋，溟漾春江涨。平川看钓侣，狭径闻樵唱。蝶戏绿苔前，莺歌白云上。耳目多异赏，风烟有奇状。"（《奉使益州至长安发钟阳驿》）红色的落花齐聚丹谷、白色的河水流下青山，茂盛的绿树在早晨生长、碧色的春江涌动着潮水，平川上的钓侣、狭径深处的樵夫，悠游如世外桃源的生活状态，彩色的蝴蝶在青苔前嬉戏、黄莺儿在白云上一展歌喉。好一派有声有色、生机勃勃的明丽春色！这新鲜的、生活气息浓郁的"耳目异赏"、"风烟奇状"，透露出诗人那颗热爱生活的赤子之心，面对祖国雄奇壮丽的自然风光，诗人那颗赤子之心，情不自禁为之陶醉而欢欣。这种源自内心的欢欣同样具有打动人心的力量。《入秦川界》中"石迳紫疑断，回流映似空。花开绿野雾，莺转紫岩风"的奇情异赏，《至陈仓晓晴望京邑》："涧流漂素沫，岩景霭朱光。今朝好风色，延眺极天莊"，奔流的涧水激荡，涌起白色的浪花，朝阳的霞光还没有完全升起、然而高高的山岩已遮挡不住它那红色的光辉，诗人按捺不住心中的喜悦与报效朝廷的憧憬，不由自主赞叹"今朝好风色"，并情不自禁做出了"延眺极天庄"的动作，其随时等候朝廷召唤的殷切之情跃然纸上。《晚渡漳沱敬赠魏大》中"霞明深浅浪，风卷去来云。澄波泛月影，激浪聚沙文"，霞与浪、风与云、波与月、浪与沙，构成了一幅奇丽明净的大河黄昏图。

　　卢照邻那奇险崩危的诗句，很容易让人想起杜甫的相似诗句。如《早度分水岭》中颇有写实风格的"层冰横九折，积石凌七盘。重溪既下漱，峻峰亦上干"四句，与杜甫《自京赴奉先县咏怀五百字》中"群冰从西下，极目高崒兀。疑是崆峒来，恐触天柱折"，同样令人感到作者忧思之深。不同的是，卢照邻在感叹仕途的艰险，而杜甫则担心国事崩危。相比之下，杜甫之境界更高。

二、山水游赏之作的秾艳与凄厉

　　假如把卢照邻的山水行役诗比作急流和险滩，那么，他的山

239

水游赏之作则仿佛转入了平静得多的港湾。在这里，诗人把山水外物，当作是愉悦身心的审美对象，诗歌风格也由奇险壮丽变为病前的褥彩秾艳和病后的幽暗凄厉。

卢照邻山水游赏之作有：《十五夜观灯》（五言八句）、《辛法司宅观妓》（五言八句）、《江中望月》（五言八句）、《元日述怀》（五言八句）、《益州城西张超亭观妓》（五言八句）、《七夕泛舟二首》（五言八句）、《宴梓州南亭得池字》（五言十二句）、《首春贻京邑文士》（五言十四句）、《羁卧山中》（五言二十句）、《登玉清》（五绝）、《葭川独泛》（五绝）、《宿玄武二首》（五绝）、《九陇津集》（五绝）、《游昌化山精舍》（五绝）共约十五首。

从诗中反映的思想内容看，《十五夜观灯》、《辛法司宅观妓》、《江中望月》、《元日述怀》、《益州城西张超亭观妓》这部分作品，应该作于卢照邻任新都尉后期及任满去官的一段时间里，因为据张鷟《朝野金载》所记，这段时间的卢照邻过了一段"婆娑蜀中，放旷诗酒"的日子。《十五夜观灯》里"锦里开芳宴"、"别有千金笑"，《辛法司宅观妓》中"南国佳人至，北堂罗荐开"、"到愁金谷晚，不怪玉山颓"，《元日述怀》中"人歌小岁酒，花舞大唐春"、"愿得长如此，年年物候新"，《益州城西张超亭观妓》"高车勿遽返，长袖欲相亲"等美酒美人、歌舞娱情的内容，正是那种"诗酒风流"生活的最好诠释。

其余《七夕泛舟二首》、《宴梓州南亭得池字》、《首春贻京邑文士》、《羁卧山中》、《登玉清》、《葭川独泛》、《宿玄武二首》、《九陇津集》、《游昌化山精舍》，则明显地多带有和道教有关以及卧病等内容方面的信息。《七夕泛舟二首》中"水疑通织室，舟似泛仙潢"，向往道教神仙的生活。《宴梓州南亭得池字》"大隐叶冲规"已有归隐之意。《首春贻京邑文士》"忽闻岁云晏，倚仗出簾楹"、"览镜容色改，藏书留姓名"，分明病弱之躯。《羁卧山中》"卧壑迷时代"、"红颜意气尽",说的是久病山中,"紫书常日阅,丹药几年成?扣钟鸣天鼓,烧香厌地精。倘遇浮丘鹤,飘飘凌太清",写的是炼丹服药的道教徒生活,并幻想着成仙上天。《登玉清》"徘徊拜真老"、《葭川独泛》"迢迢独泛仙"、《九陇津集》"复有翻飞禽,徘徊疑曳鸟"、《游昌化山精舍》"稍觉真途近"等,表现的都是作者对道教神仙的向往。

不同的思想内容,使诗歌呈现为不同的风格面貌。流连于"诗酒风流"之中的诗歌,不过是作者逞才使气的应景工具,"六朝锦色"的尾巴乘机露出来,风格襛彩秾艳;而且,多用五言八句的律体写成,有意使用这种受到限制的诗体写作,技巧的、也就是人为的要求更高,遣词用句,更需斟酌。首先,卢照邻用色彩秾艳的词来摹景状物。《十五夜观灯》中,地名是"锦里",灯名是"兰缸",用"芳"字形容"宴",用"艳"字写灯之明亮,天地间都是"襛彩"和"繁光"。《辛法司宅观妓》中"佳人"、"罗荐","凤管"、"鸾杯","云光"、"雪态","金谷"、"玉山",这两两对应的词组,既香艳又奢华,分别出现在每一句诗中,就其密度而言,亦可称繁缛。《元日述怀》"人歌小岁酒,花舞大唐春",短短十个字,"人"与"花"、"歌"与"舞"、"酒"与"春"都已出现,一派繁密的歌舞升平之景。《益州城西张超亭观妓》"冶服看疑画,妆楼望似春",色彩与情态皆秾艳,"高车"、"长袖"尽风流。其次,卢照邻熟练地运用五律这一诗体的形式,首联在交代事件缘起中,即铺开华美气氛;颔联与颈联则融凝练与铺陈于一炉,用凝练的语言,写尽描写对象的物态神情;尾联则用人物的风流不拘流俗,为全诗画上一个秾艳的句号。如《十五夜观灯》,首联"锦里开芳宴,兰缸艳早年",即展开秾艳华美之笔,为下文作了气氛的铺垫。颔联与颈联,以天地之广、之高,星月之繁、之亮,来写灯之多、之亮。短短二十字，意象繁密，灯如星直接银河，灯如月直挂高楼，天地间都是灯，致使星、月失色，分不清哪里是灯，哪里是星，哪里是月？可谓极尽铺写之能事。最为秾艳的是尾联，美人的千金一笑，艳压九枝灯明。

《江中望月》一首不同于以上诗风，诗写江中月下之景，境界壮大开阔、语言明净流丽，与诗人内心所含的真挚的相思恋情是相统一的风格。

那么，反映道教思想与卧病内容的山水诗，情绪变得平静，色彩变得黯淡，诗风由平淡而凄厉。《七夕泛舟二首》"河蕣肃徂暑，江树起初凉"、"日晚菱歌唱，风烟满夕阳"，"微吟翠塘侧，延想白云隈"、"天潢殊漫漫，日暮独悠哉"，诗人的内心是平静的，在凉爽的夜晚，听菱歌、看夕阳、吟诗、望白云，色彩也是平淡自然的。《登玉清》、《葭川独泛》、《宿玄武二首》、《九陇津集》、《游昌化山精舍》等诗，也多平淡色彩。《宴梓州南亭得池字》"长薄秋烟起，飞梁古蔓垂。水鸟翻荷叶，山虫咬桂枝"，已有寂静寥落之意。《首春贻京邑文士》中"寒辞杨柳陌，春满凤凰城。梅花扶院吐，兰叶绕阶生"的一派生机，也不过是为了对比作者"寂寂罢将迎，门无车马声"的寂寞。

《羁卧山中》因为作者卧病已久而羁绊山中，诗中的寂寞、黯淡色彩加重，而呈现出凄厉之风。为方便分析，录全诗如下：

卧壑迷时代，行歌任死生。红颜意气尽，白璧故交轻。
洞户无人迹，山窗听鸟声。春色缘岩上，寒光入溜平。
雪尽松怀暗，云开石路明。夜伴饥鼯宿，朝随驯雉行。
度溪犹忆处，寻洞不知名。紫书常日阅，丹药几年成？
扣钟鸣天鼓，烧香厌地精。倘遇浮丘鹤，飘飖凌太清。

开头四句写自己无奈且无人问津的病隐生活，身体日衰、尝尽世态炎凉，即为诗歌笼罩了一层凄寒的情感气氛。自第五句

"涧户无人迹"以下至第十四句"寻洞不知名"，诗人用十句的篇幅，细写这种无人问津的孤独寂寞的日常生活：以涧水为户、以大山为窗的家里，没有人迹，终日只听到小鸟的鸣叫声，而这声音更增添了山中的寂静；诗人看着眼前的岩石，似乎是忽然发现春天是沿着岩石爬上来的，这个细微的景物变化是诗人长期观看岩石的结果，这并不是因为他有这个雅兴，而是因为他每天第一眼要面对的恐怕只有眼前的岩石，这个细微景致的发现，饱含着诗人的极端寂寞和心酸，这是诗人的目光自下而上看到的；而后作者的目光又自上而下（诗人的这一行为透出骨子里的寂寞），顺着散发着寒意的太阳光，透射到小股水流上，平静地随之流走。远处，山头的积雪已经融化了，曾经被它们映衬的松林变得黯淡了；终日笼罩天空的浮云偶尔让开阳光，山里的石路才变得明亮。这两句写山里白天终年光景黯淡，这也是一个愁人眼中的春天，本该是一个欣欣向荣、万物复苏的季节，却被诗人描画得凄寒入骨。而"夜伴饥鼯宿，朝随驯鸠行"，则把这种凄寒之气表达到极致——一股凄厉之气从诗人的诗句中透出：因为道教思想与炼丹的道教行为，最终无法解决卢照邻对人生的困惑，那"飘飖凌太清"的幻想，最终也只能是幻想。对卢照邻而言，现实的理想已经破灭，当幻想破灭的时候，就是他最终选择以死亡的方式安顿身心的时候。这首诗透出来的凄厉之气，正是他最后选择的前奏。而在其余诗歌中，富有这种凄厉之气的作品似乎还没有，略去遗失的因素，应该是到生命接近最后的写作，卢照邻那呼天抢地凄厉的悲愤，已经是诗歌不能承受之重了，所以才以骚体文的形式直抒胸臆。

三、田园诗作的恬淡自然

田园诗在陶渊明手里，已发展成为一种独立的诗歌题材。归

243

隐的主题和清新自然的诗风，是陶渊明赋予田园诗的两大突出特征。盛唐以后，田园诗的题材又被王维、孟浩然发展到它的巅峰。生活在初唐的卢照邻也涉猎了田园诗这一题材，承接了陶渊明诗中归隐的主题，赞美了隐者高洁的人格，诗中的隐者形象带有仙者的气息，诗风恬淡自然，诗歌富有韵味。

卢照邻的田园诗作有：《三月曲水宴得樽字》（五言二十句)、《春晚山庄率题二首》（五言八句)、《初夏日幽庄》（五言十二句)、《山庄休沐》（五言十二句)、《山林休日田家》（五言十二句)、《过东山谷口》（五言二十句）约计七首。

日本学者道坂昭广以卢照邻为中心，撰文探讨了初唐四杰笔下的陶渊明形象。他认为，初唐的隐逸诗人王绩与六朝人眼里的陶渊明，是被作为一个和田园的生活场所联系起来的诗人、隐者来看待的。四杰描写的陶渊明是和精神充实的一面联系起来的，卢照邻诗文中，是将陶渊明作为赞赏的对象来吟咏的，更为突出了其作为隐者的形象，在这一点上，卢照邻上承了六朝。不仅如此，卢照邻在诗歌中，能把社会和个人的世界这两个相对立的方面同时纳入视野，而且以陶渊明诗文典故加以表现，最后发展成为对自身价值的发现。道坂昭广把这个"发现"归之于卢照邻，把"发展"归之于王勃和杨炯。①

道坂昭广所言，有一定道理。结合卢照邻的田园诗作，来看卢照邻对归隐主题的申发和对隐者形象的赞美。身居官场、心却向往着归隐田园，这是中国古代文士的普遍情结，这自然是他们深受儒道两家思想浸染的结果；隐逸情结产生的另外一个原因就是仕途不达的被迫归隐。卢照邻归隐思想的产生，应该这两个因

---

① 道坂昭广：《试论初唐四杰笔下的陶渊明形象——以卢照邻为中心》，《唐代文学研究》第六辑，广西师范大学出版社 1996 年 9 月版。

素都有。《三月曲水宴得樽字》开头四句"风烟彭泽里，山水仲长园。由来弃铜墨，本自重琴樽"，通过对陶渊明和仲长统两位隐士弃官不作、过着琴酒的隐居生活的赞美，表明了此诗归隐的主题。而后，展开对隐者人格的赞美，用"高情"、"雅道"、"时彦"、"养德"进行直接赞美，用"芳杜迳"、"桃花源"芬芳美好的环境进行烘托，用"公子黄金勒，仙人紫气轩"的用具衬托隐者的高贵脱俗，用"长怀去城市，高咏狭兰苏"超凡脱俗的举止，赞美隐者的君子情操。《春晚山庄率题二首》中"唯余诗酒意，当了一生中"、"山水弹琴尽，风花酌酒频"，《山庄休沐》中"玉轸临风奏，琼浆映月携"，都是对归隐生活的赞美、对归隐主题的申述。我们知道，琴与酒，自陶渊明而后，已经变成具有特定含义的意象，那就是对隐居名士之风度的赞美。"玉轸"、"琼浆"亦是琴、酒。陶渊明是既嗜酒又好琴的，萧统《陶渊明传》记："不解音律，而蓄无弦琴一张，每酒适，辄抚弄以寄其意。"[1] 卢照邻也是以隐者的名士之风进行自我期许和自我肯定的，即如道坂昭广所言，卢照邻发现了自身价值。《山林休日田家》中"篱、菊"、"羲皇"，《过东山谷口》中"桃源"，这些语象因为与陶渊明的紧密联系而全部蕴含了隐逸的主题和对隐士高洁人格的赞美。

卢照邻诗中的隐者形象，不单单是归隐田园的君子士大夫，他笔下的隐士，还带着一些道教仙气。《三月曲水宴得樽字》中"仙人紫气轩"，隐士乘坐的车子散发着紫气，"紫气"是指道教鼻祖老子未至而紫气先现之事。《艺文类聚》卷七八《关令内传》云："关令尹喜，周之大夫也。……少好学坟素，善于天文秘纬，……未至九十日，关令登楼四望，见东极有紫气西迈。喜

---

[1]　逯钦立校注：《陶渊明集》，中华书局1979年版，第10页。

曰：'九十日之外，法应有圣人经过京邑。'至期，乃斋戒。其日果见老子。"①《初夏日幽庄》中的"高踪客""还嗣海隅芳"，是以仙人安期生海边卖药作典来比喻这位隐居在幽庄里的耿介高士。《过东山谷口》中"野老堪成鹤，山神或化鸠"、"多谢清溪客，去去赤松游"，都是用道教中神仙的传说，向往归隐成仙的结果。由于隐者与道教发生着千丝万缕的联系，所以，卢照邻笔下的隐者，就带有了道教仙人的气息。

田园风光与田园生活的明净、恬淡，被卢照邻表现得恰到好处。卢照邻笔下的田园风光色调明快，散发着诗人淡淡的愉悦之情，诗风明净、恬淡。《三月曲水宴得樽字》这样描绘隐士居处的风光："门开芳杜径，市距桃花源。……连沙飞白鹭，孤屿啸玄猿。日影岩前落，云花江上翻。兴阑车马散，林塘夕鸟喧。""芳杜"、"桃花"，不但味觉芳香令人心情愉悦，色调上也是明快动人的；"白鹭"、"玄猿"，颜色黑白分明，眼前是明亮的，而且，白鹭飞与玄猿啸，亦写出了它们自在的生存状态，与大自然一片和谐；"日影"、"云花"，一落、一翻，动静相生，和谐而明快；车马散后，余兴仍留，留在那林塘深处喧哗的小鸟声中，以明快的诗笔收住全篇。诗人那淡淡的喜悦，通过明净、不饰铅华的语言描写，透露出来，从而使诗歌具有明净、恬淡的风格。《春晚山庄率题二首》《初夏日幽庄》、对田园风光和田园生活也进行了很好的描绘。"顾步三春晚，田园四望通"、"田家无四邻，独坐一园春"（《春晚山庄率题二首》），写出田园环境的通透敞亮和宁静；"游丝横惹树，戏蝶乱依丛。竹懒偏宜水，花狂不待风"、"莺啼非选树，鱼戏不惊纶"（同上），写生活在田

① （唐）欧阳询撰，汪绍楹校：《艺文类聚》卷七八，上海古籍出版社1965年版，第1330页。

园之中的动植物的生存状态，它们生生不息、不被外物打扰的自由自在，在恬淡的气氛中被表现得活灵活现。"苗深全覆陇，荷上半侵塘。钓渚青凫没，村田白鹭翔"（《初夏日幽庄》），真好似一幅色彩明净的山水画，既有对丰收憧憬的喜悦，又有田间小憩的悠然，那盛唐诗人王维"漠漠水田飞白鹭，阴阴夏木啭黄鹂"（《积雨辋川庄作》）的名句，恐怕由此受到启示，然而却缺少卢照邻在此诗中表露的诗人的喜悦。

　　然而，也不是所有的田园诗都写得明净、恬淡，《山庄休沐》也有雕饰之笔："龙柯疏玉井，凤叶下金堤。川光摇水箭，山气上云梯。亭幽闻唳鹤，窗晓听鸣鸡"（《山庄休沐》），明明是大自然淳朴天然的风光，却出现了"龙"、"凤"、"金"、"玉"这样华丽雕琢的辞藻去修饰，与其后四句对比，不能不说是败笔。而《山林休日田家》中，写田园景物、农事，却句句用典，让本来可以写得朴实自然的诗掉进故纸袋："径草疏王篲，岩枝落帝桑。耕田虞颂寝，凿井汉机忘。戎葵朝委露，齐枣夜含霜。"《过东山谷口》中又时于风景描写中，不忘道教生活，因而使诗歌带上了道教色彩，这是由于作者那中后期皈依道教的思想所致，今选录其中间几句以示，不再细论："古苔依井被，新乳傍崖流。野老堪成鹤，山神或化鸠。泉鸣碧涧底，花落紫岩幽。日暮餐龟壳，天寒御鹿裘。不辨秦将汉，宁知春与秋？"

　　卢照邻用富于回味的结尾，创造了富有韵味的诗歌意境。《乐府指迷》云："结句须要放开，含有余不尽之意，以景结情最好。如清真之'断肠院落，一帘风絮'之类是也。或以情结尾亦好，如清真之'天便教人，霎时厮见何妨'。"① 卢照邻在处

――――――――

　　① 张炎、沈义父：《词源注　乐府指迷笺释》，人民文学出版社1981年版，第56页。

理田园诗的诗歌结尾时，正是运用了以景结情和以情结景两种手法，造成耐人寻味、余味无穷的艺术效果，在部分诗歌创作实践中，实现了他在理论上的追求，作到"思无停趣"。先看以景结情。《三月曲水宴得樽字》在赞美了隐士的高洁人格、描写了恬淡的田园生活和田园风光之后，诗人意犹未尽地在结尾写道："兴阑车马散，林塘夕鸟喧"。客人们都走了，但是那隐者留给人的美好兴致并没有散去，听，那林塘的小鸟还在欢快地歌唱。这样的以景结情，给读者留下了久久的回味，耳边小鸟的叫声仿佛久久不散，诗人的情意被烘托得愈发浓郁了。具有这一特点的还有被笔者划入山水行役诗之列的《七夕泛舟二首》其一，其结尾"日晚菱歌唱，风烟满夕阳"，在晚唱的菱歌声里，在满眼风烟的夕阳的余晖中，是诗人吟赏不尽的山水之情。读者带着眼中、耳中的赏心悦目，与诗人一同体味了一番"笔有余妍，思无停趣"。

在这几首诗里，诗人运用得较多的，还是以情结景的结尾方式，这更符合卢照邻"凡所著述，多以适意为宗"（《驸马都尉乔君集序》）的理论主张，情之所至，适意、适情而已。《春晚山庄率题二首》在状景之后，一首以"唯余诗酒意，当了一生中"结尾，一首以"年华已可乐，高兴复留人"结尾，都是作者余兴未尽，作直抒胸臆之语，其情动人，可谓以情胜。《山林休日田家》结尾："还思北窗下，高卧偃羲皇"，诗人的思慕、仰慕与心向往之情溢出言表，别有情味。《山庄休沐》、《过东山谷口》两诗的结尾有相似的韵致，一个用疑问句加强语气："田家自有乐，谁肯谢青溪？"（《山庄休沐》）一个用富有表情的词语加强语气："多谢青溪客，去去赤松游。"（《过东山谷口》）随着语气的加强，两个结尾取得了异曲同工之妙：一个预期迫切、表情坚决的是诗人形象，呼之欲出，话语简单，却使内容变得丰富而有情味。

四、山水田园诗的动态美

卢照邻的山水田园诗，无论是描摹奇险壮丽的行役山水，还是皴染恬淡自然的田园风光，注重表现山水田园的动态美，是其一个突出特征。卢照邻运用跃动的词语，一是以动写动，表现动态中的山水风光，加强其动感；二是以动写静，把本来处于静态中的景物写活、写生动，三是以静写动，看似静景，却包含着动的内容。从而使诗歌富于动态美。

（一）以动写动。这种手法为壮阔奇险之景营造声势，为明净细微之景烘托气氛。

营造声势的，如《早度分水岭》中"重溪既下漱"，先用一个"下"字，写出高高低低、重叠的溪流向低处流去的自然之势，紧接又用一个"漱"字，突出了溪流冲激而下的急流奔突之势，有了这个"漱"字，满山上下，群溪一齐冲激而下，使本来流动的溪水具有了险急的气势！为衬托蜀道之难造势。

又如《奉使益州至长安发钟阳驿》里"峻阻将长城，高标吞巨防"，"将"与"吞"极言山高势险，令人望而生畏。

又如《至望喜瞩目言怀贻剑外知己》"碧流递萦注"，"注"字本已写出了山中流水之大而急之势，但又加一"递"字，把众多流水交替更迭之貌交代明白，其气势自强。

又如《入秦川界》里"石迳萦疑断，回流映似空"，一个"断"、一个"空"，用字奇崛，把秦川界的山与水写得崩危、奇丽。

烘托气氛的。如《三月曲水宴得樽字》"连沙飞白鹭，孤屿啸玄猿。日影岩前落，云花江上翻。"上文已分析了这几句景物描写的明净之美和它所透露的诗人的愉悦之情，"飞"字状白鹭平常，但"连"字一出，沙白、鹭白，好似一齐飞舞，不但天地之明净开阔顿出，那飞翔的自由、自然与动物的和谐，在诗人的淡淡喜悦中也轻轻飞舞而来；"落"字还写出了日影渐落的过程，也是诗人静心欣赏的过程，"翻"字写出了"云花"（一种蔓草）随水沉浮，见出江水在黄昏中自然地飘摇而非大浪翻涌，如果是浪头翻涌，就不会看到云花这种蔓草在水中的起落。这几个动词极好地烘托了这首诗中明净、恬淡的气氛。

又如《宿晋安亭》中"孤猿稍断绝，宿鸟复参差"则是对诗人"栖遑君讵知"栖遑心态的生动映现。孤猿的叫声是凄厉不安的，终于随着入夜而停止了，但一个"稍"字，却把这一停止过程变得漫长难耐了，它的凄厉叫声不是一下断绝的，而是渐渐的、时断时续的，正因为如此，诗人那颗心才一直被它揪紧着；不但如此，下句中一个"复"字，加强了对这一凄厉气氛的渲染，还在参差地翻飞的宿鸟，就要归巢了，而远在蜀地滞留的燕门游子，却不知何时回乡？栖遑的心情如孤猿，漂泊的游子不如宿鸟。"稍"、"复"两字，写尽了诗人细密委婉的心曲。

又如《赤谷安禅师塔》中"烟霞朝晚聚，猿鸟岁时闻"，"聚"与"闻"语皆平实，烘托了此地的宁静与悠然。

又如《春晚山庄率题二首》的"游丝横惹树，戏蝶乱依丛"，"横"、"乱"两字，写出了游丝与蝴蝶横飘、乱飞之无状、自在的生存状态，倒有天然热闹之趣。

又如《初夏日幽庄》里"钓渚青凫没，村田白鹭翔"，"没"与"翔"两个动作词，不但准确地把握了青凫与白鹭的飞行特点，而且，方位上的一下、一上，给人带来优美的视觉享受，很好地烘托了明净恬淡的田园风光带给诗人的喜悦之情。

诗人在以动写动的时候，还用人格化的词，来形容山水景物，从而赋予山水景物以人的感情色彩。如《早度分水岭》中

250

"陇头闻戍鼓，岭外咽飞湍"、"瑟瑟松风急，苍苍山月圆"，"咽"本来是人才具有的情感行为，这里用来形容那湍急的流水，意在说明，听到那陇头传来的戍鼓发出急促的声音，怕又要有战事了吧？连岭外的急流也不禁发愁呜咽了，更何况是诗人呢？蜀道之难、仕宦之艰，岂是言语所能传达？连那瑟瑟的松风之声也显得异常急促了，其实都是在渲染、烘托诗人那如焚的忧思。

又如《奉使益州至长安发钟阳驿》里"落花赴丹谷，奔流下青嶂"，"赴"字写尽了落花之多情如此，与下句共同表现了奇丽的山水景观。

又如《至望喜瞩目言怀贻剑外知己》"涧松咽风绪"，"咽"字写涧松感季候之变，在风端哭泣，分明是作者那"无由召宣室，何以答吾君"的忧愤之生动体现。

又如《江中望月》"江水向涔阳，澄澄写月光"，"向"与"写"，两字如此多情，江水身向涔阳、心向涔阳，月光澄澈、洒满江面，为江水照亮前路。首联为全诗叙写的相思之情，铺垫了缠绵浓郁的情感基调。

又如《初夏日幽庄》"瀑水含秋气，垂藤引夏凉"，"含"、"引"，一状瀑水给夏日带来秋凉，一状老藤把夏凉引来人间，田园中的物是有情的，田园中的生活自然恬淡悠然了。

又如《春晚山庄率题二首》里的"竹懒偏宜水，花狂不待风"，如果"懒"与"狂"还仅仅是赋予了这两种植物以人的情态，那么，"偏宜"与"不待"，简直可称神来之笔，这自傲、轻狂的风神，拿来写人也不过如此吧，难怪葛晓音先生以此句说卢照邻"神态之轻狂，又与少年王勃的表情迥然不同。"①

---

① 葛晓音：《初唐四杰与齐梁诗风》，《求索》1990年第3期。

又如《宴梓州南亭得池字》中"水鸟翻荷叶，山虫咬桂枝"，一"翻"一"咬"，把水鸟与山虫写得这般可爱。他们在傍晚时分，都没有制造喧嚣的声音，而是在静静地、一心一意地捕捉吃食，水鸟不小心翻动了荷叶，山虫虽然没有声音，却因为咬开桂枝，在不经意中，让桂枝的香气散发了出去。连山中的动物都如此可爱，所以诗人发出"愿得回三舍，琴樽长若斯"的感慨。

《山行寄刘李二参军》"草碍人行缓，花繁鸟度迟"，"迟"与"缓"对举，使鸟的动作有了人格色彩，人与鸟交相辉映，富于戏剧性。此句被宋人魏庆之评为"警策"，① 宇文所安对此有一段相当细致的分析："诗中呈现了两种结构相同的情况：人和鸟缓慢地穿过茂密的植物。但两句诗相对的要素在词义上各具联系——朴素的草与美丽的花相对，碍路的缠结与繁盛的缠结相对，看不清目标的行走与畅通无阻的飞行相对。所有这一切到最后唤起了对于差别的注意：受到地面限制的人和自由的飞鸟之间的差别，阻塞的缓慢与选择的缓慢之间的差别。这种一致和差别的微妙并置虽然不似宫廷妙语那样明显地令人惊奇，但是表面的简单能吸引读者深入对句，发现更普遍的意义。这种外部简单而内在复杂的对偶句，是盛唐风格最后形成的一个重要过程。"② 这两句诗，之所以引起了美国学者宇文所安的注意，笔者认为，是与它对动物的人格化分不开的。

《首春贻京邑文士》中"寒辞杨柳陌，春满凤凰城。梅花扶院吐，兰叶绕阶生"。一个"辞"字，让寒冷、寒意这样抽象的概念，有了生动的人格色彩；"满"字，也使春天富有了人情

---

① 魏庆之：《诗人玉屑》，世界书局 1966 年版，第 72 页。
② 宇文所安著、贾晋华译：《初唐诗》，生活·读书·新知三联书店 2004 年版，第 80 页。

味；而"扶"状梅花、"绕"写兰叶，均赋予梅与兰以人格色彩。诗人在四句之中，写尽了自然与花草的多情，目的是反衬人事的无情："寂寂罢将迎，门无车马声。……时来不假问，生死任交情"，从而加深了诗人那寂寞而忧愤的情感抒发。

（二）以动写静。清人李调元说："作诗须用活字，使天地人物，一入笔下，俱活泼泼如蠕动，方妙。"[①]上文所说的以动写动，还是比较好做到的，而要把死物、静物写得活泼生动，就不那么容易了。卢照邻在他的山水田园诗中，大量运用了以动写静的手法，把静物、死物同样写得形象生动，赋予了诗歌动态美。

如《早度分水岭》"层冰横九折，积石凌七盘。重溪既下漱，峻峰亦上干"。冰与石、山峰，都是死物、静物，而"横"、"凌"、"干"，几个动作词，却写出了它们的动势，从而有力地表现了路之险、山之峻。

又如《三月曲水宴得樽字》"门开芳杜径，室距桃花源"。门与室，本来是静物，却用"开"和"距"两个动作词，写出了居室对芳草与世外桃源的开放之态，从而衬托出其主人——隐士的高洁情操。

又如《宿晋安亭》"窗横暮卷叶，岩卧古生枝。旧石开红藓，新荷覆绿池。""暮卷叶"，指合欢叶。叶、枝、藓、荷，本为静态植物，然而"暮卷叶"、"古生枝"，于"静"中生"动"；一"开"一"覆"，动感极强，且互映成趣。

又如《至望喜瞩目言怀贻剑外知己》"隐辚度深谷，遥裹上高云。碧流递萦注，青山互纠纷。涧松咽风绪，岩花濯露文。""度"与"上"写出深谷之险与高山之峻；"注"写出溪水奔流

---

①　赵永纪：《古代诗话精要》，天津古籍出版社1989年版，第447页。

之势，"纠纷"更用拟人的手法写出山势之险，"濯"写出岩花之动态与清丽。

又如《赤谷安禅师塔》"水华竞秋色，山翠含夕曛。"水华与山翠，本是形容静物的抽象概念，然而"竞"、"含"两个富有情感色彩的词语的使用，却把它们写活了，很好地渲染了作者"独坐岩之曲，悠然无俗氛"的心境。

又如《十五夜观灯》"褥彩遥分地，繁光远缀天。接汉疑星落，依楼似月悬。""分"、"远"、"接"、"依"四个动态词语的使用，把十五夜灯会那一片繁华表现得格外绚丽而生动。

又如《入秦川界》"花开绿野雾，莺转紫岩风""开"把绿野雾写灵动了，"转"把紫岩风写得有灵性了。雾开见花开、风转听莺啼，多么奇妙细致而富于流动感！

又如《晚渡滹沱敬赠魏大》中"霞明深浅浪，"霞本来是静的、死的，然而，著一"明"字，就把那霞光在时深时浅的波浪里闪动跳跃的细节写活了。

又如《初夏日幽庄》里"苗深全覆陇，荷上半侵塘。""覆"与"侵"，把无知无觉又无声的庄稼苗和绿荷叶，写得活泼而富有生机。

又如《山庄休沐》中"川光摇水箭，山气上云梯"。"川光"、"山气"本为静物，诗人却用"摇"与"上"，对之进行动态描写，不但是这两样静物具有了动感，而且有力衬托了水的动感和山的高峻。

又如《宴梓州南亭得池字》里"亭阁分危岫，楼台绕曲池。长薄秋烟起，飞梁古蔓垂"。"分"与"绕"，把静态的亭阁和楼台，置于动态的环境之中；"起"和"垂"，一个自下而上、一个自上而下，写得动态之中饶有情趣。

又如《羁卧山中》里"春色缘岩上，寒光入溜平。雪尽松帏暗，云开石路明"。用"缘岩上"、"入溜平"，把春色与寒光这两个抽象的概念人格化了，从而极富情味与动感；"尽"与"开"写出静态中的动态过程。

（三）以静写动，观察细微，表现深曲细密的情感世界。"镜圆珠溜澈，弦满箭波长。"（《江中望月》）表面看来，是写月下江水之澄澈，是写静态的；但静态之中却包含着动态。上句：圆月下，清澈的小水流，这是静的；但是，这小水流却是水珠迸溅而成，这又是动的。下句：月光下，水波如箭，静中含有弓箭的飞射之动态。

又如《初夏日幽庄》中"林壑人事少，风烟鸟路长"。"人事少"、"鸟路长"，极写初夏日中的村庄之幽静，然而，"人事少"亦含有人事之意，"风烟鸟路长"意味更深，分明写出了飞鸟在天空飞翔的行迹以及诗人追随着飞鸟久久收不回的目光，从而更好地表达了诗人对田园隐居生活的向往、歆羡和无限回味之情。

总之，卢照邻运用跃动的词语，不但能够做到抓住动态中的山水风光之特点，以加强其动感，而且还善于表现静物之动势，把本来处于静态中的景物写活、写生动，还能把细微的动态内容注入静景描写之中，并且充分注意到赋予动词以情感色彩，以加强事物的动感。所以，卢照邻的山水田园诗富于动态美。

第四节　卢照邻的咏物诗

咏物诗自然离不开对物象的描写与表现，所以清代俞琰《咏物诗选·自序》云："诗也者，发于志而实感于物者也。诗感于物而其体物者，不可以不工；状物者，不可以不切，于是，有咏物一体，以穷物之情，尽物之态，而诗学之要，莫先于咏物矣。"① 那么，做到体物工、状物切就算好的咏物诗了吗？也不是，齐梁咏物诗以"形似"专长，因此而受到后人的批评："窥情风景之上，钻貌草木之中"（刘勰《文心雕龙·物色》）；"竞一韵之奇，争一字之巧。连篇累牍，不出月露之形；积案盈箱，唯是风云之状"（隋李谔《上高祖革文华书》）；今人吴功正批评"六朝咏物诗犹如静物写生，是对物象加以毫发不爽的描绘，缺乏审美主体的内在情思和体验。"② 六朝咏物小赋也存在类似问题："拟诸形容，则言务纤密，""遂使繁华损枝，膏腴害骨。"（刘勰《文心雕龙·诠赋》）卢照邻的咏物诗赋纠正了六朝咏物诗与赋只重"形似"的弊端，托物言志、借物抒情，所咏之物皆贯注了诗人浓郁的主观色彩，从而使作品生动感人。

卢照邻的咏物诗共有八首，即《失群雁》、《同临津纪明府孤雁》、《赠益府群官》、《芳树》、《曲池荷》、《浴浪鸟》、《临阶竹》、《含风蝉》，数量不多，但仍有其独特艺术特点。

一、对所咏之物的形象表现

从现存作品看，卢照邻笔下的吟咏对象被表现得形象生动。《失群雁》和《同临津纪明府孤雁》一为七言歌行，一为五言排体，却异曲同工，都对"孤雁"的险恶处境和惊惧心态作了形象描绘："三秋北地雪皑皑，万里南翔渡海来……先过上苑传书信，暂下中州戏稻粱。虞人负缴来相及，齐客虚弓忽见伤。毛翎憔悴飞无力，羽翮摧颓君不识。"（《失群雁》）"三秋违北地，万里向南翔。……避缴风霜劲，怀书道路长。水流疑箭动，月照似

---

① 清俞琰：《咏物诗选·自序》，成都古籍出版社 1998 年版，第 53 页。
② 吴功正：《初唐"四杰"文学审美的重大走向》，《中州学刊》2001 年第 4 期。

弓伤。横天无有阵，度海不成行。"（《同临津纪明府孤雁》）《芳树》的颔联、颈联"结翠成新幄，开红满故枝。风归花历乱，日度影参差"，用颜色词"翠"对"红"、天文类事物"风"对"日"，构成妥帖工稳的对仗，为我们描绘了一幅正值最好时节的芳树图景：它那满树翠绿的枝叶茂密如一顶崭新的帐篷，它那红色的花朵开满了枝条；在风的吹拂中，枝条上的花朵格外的烂漫，在太阳的照耀下，连它的影子也那样参差美好。在一静一动中把芳树的美好姿容描绘得极为生动，为此诗的尾联"容色朝朝落，思君君不知"作了很好的笔墨铺垫。《曲池荷》："浮香绕曲岸，圆影覆华池"，把荷叶、荷花的物态、神韵写得恰切生动。《浴浪鸟》"独舞依磐石，群飞动轻浪"，写出了浴浪鸟在磐石旁边独舞、在浪花之上群飞的行为状态。而《临阶竹》、《含风蝉》则在描写物态行为时，赋予了所咏之物高洁的品格，"封霜连锦砌，防露拂瑶阶"，谓临阶竹能够"封霜、防露"；"高情临爽月，急响送秋风"，云含风蝉有高尚淡远的情怀，在秋风中唱着急促的歌。《赠益府群官》把自己比作鸟，没有形貌描写，只有神态写意，个性更为突出："不息恶木枝，不饮盗泉水。常思稻粱遇，愿栖梧桐树。"

把所咏之物表现得形象生动，是因为卢照邻对所咏之物是有所选择的，他只选择那些特定情境下与他的主观情感产生共鸣的事物，因而他笔下的吟咏对象无不倾注了卢照邻浓郁的个人情感，表现起来自然容易形象生动。如咏物诗中对孤雁、失群雁处境险恶和惊惧心态的生动描写，即是诗人因自身遭遇多舛、对仕宦充满惊惧的反映，因为诗人主观情感在先，他的目光，自然只对与他有着相似经历、能引起他情感共鸣的外在事物产生兴趣，从而促使他拿起诗笔，感物兴叹一番。《芳树》、《曲池荷》中，花的美丽奇异犹如诗人正值青春年少而又才华横溢，担忧花之凋零犹如诗人担忧少年不见遇于明主与朝廷而空任岁月蹉跎，迁逝之悲相同。《浴浪鸟》中，鸟儿在浪花之上飞舞而长怀白云上，与诗人胸怀大志而时时不忘建功立业、实现布衣卿相之理想相似。《临阶竹》、《含风蝉》中两种情志高洁的事物与诗人高洁傲岸、孤标出世的耿介人格共通。可见，卢照邻选择的吟咏事物都是经过了作者情感淘滤，以人的情怀去结合物的特性，再用有情之笔描摹刻画，自然格外生动感人。

二、借物抒怀、托物言志

正因为卢照邻的所咏之物，都是经过了自己的情感淘滤，诗人笔下的外物已不是客观自然的存在，而是倾注了诗人浓浓的主观情感，使他的咏物诗做到了"诗中有人、诗中有我"，从而使卢照邻的咏物诗纠正了六朝咏物诗赋只重"形似"、忽视情感的弊端，恢复了咏物诗重"比兴"和"寄托"的优良传统。（最早的咏物诗当属屈原《橘颂》，即奠定了兴寄的优良传统。）

当诗人以人的情怀结合物的特性，对所咏之物产生亲切的感发，咏物诗自然成为诗人借物抒怀、托物言志的最佳载体，咏物诗就能够达到一个物中有我、我中有物、物我合一的境界。

（一）借物抒怀之作。诗人通过所咏之物把丰富复杂的个人情怀表达出来，把自己与所咏之物融为一体，实现借物抒怀。《失群雁》序云：

> 温县明府以《雁》诗垂示，余以为古之郎官，出宰百里，今之墨绶，入应千官，事止雁行，未宜伤叹；至如羸卧空岩者，乃可为失群恸耳！聊因伏枕多暇，以斯文应之。

上文"至如羸卧空岩者，乃可为失群恸耳"交代得很明白，此诗乃是借咏失群雁来抒发自己病卧隐居、被人遗忘的孤独痛苦。诗中借雁写己之遭际，开始是"三秋北地雪皑皑，万里南翔渡海来"，指诗人离别北方故乡；接着"欲随石燕沈湘水，试逐铜乌绕帝台。帝台银阙距金塘，中间鹓鹭已成行。先过上苑传书信，暂下中州戏稻粱"，指诗人求仕、宦游经历；下面"虞人负缴来相及，齐客虚弓忽见伤。毛翎憔悴飞无力，羽翮摧颓君不识。唯有庄周解爱鸣，复道郊歌重奇色。惆怅警思悲未已，徘徊自怜中罔极"，比喻诗人仕宦之坎坷罹难以及由此而生的惊惧心理；诗的末尾"愿君弄影凤凰池，时忆笼中摧折羽"，诗人以"摧折羽"自比，以"凤凰"比朋友，抒发了诗人希望友人终有一天得以被重用、还能够时时想着困厄的自己的内心愿望。

《芳树》前三联借芳树多奇且值花期繁盛、姿容美好，比附诗人自己才华横溢正值韶华之年，尾联"容色朝朝落，思君君不知"，抒发诗人担心韶华易逝而不得知遇的情思。

《曲池荷》以五绝体式，写得清丽空灵，委婉蕴藉。诗云："浮香绕曲岸，圆影覆华池。常恐秋风早，飘零君不知。"一二句以荷之芳洁美质比己之才美，三四句借荷抒发自己感年华易逝而遇合难期的隐忧。《网师园唐诗笺》评曰："末二句，托兴蕴藉。"《唐诗别裁》评："言外有抱才不遇、早年零落之感。"《诗式》评点更为详审："以荷之芳洁自比，荷受秋风飘零，不为人知，以喻人负异才，流落无人知也。"[1]

《临阶竹》："封霜连锦砌，防露拂瑶阶。聊将仪凤质，暂与俗人谐。"一二句借写临阶竹"封霜、防露"之高洁品质，写己之高洁，三四句抒发诗人以仪凤之资质却要混同于俗人之间的无奈与牢骚。小诗婉丽流转。

《含风蝉》："高情临爽月，急响送秋风。独有危冠意，还将衰鬓同。"用含风蝉对比，谓己与之同有高尚淡远的情操，抒发

---

① 见陈伯海：《唐诗汇评》，浙江教育出版社1992年版，第49页。

只有蝉与自己这年华早逝之人遭际相同的慨叹。诗风流丽宛转。

（二）托物言志之作。诗人把自己的理想、志向等理性色彩较浓的思想感情寄托在所咏之物上。《同临津纪明府孤雁》把自己比作一只离开北地、向南飞翔的孤雁，尽管旅途孤独（"横天无有阵，度海不成行"）、遭遇凶险（"避缴风霜劲，怀书道路长。水流疑箭动，月照似弓伤"），但是不改它"会刷能鸣羽，还赴上林乡"的志向，即正是诗人不改他思遇明主、报效朝廷的雄心壮志。

《赠益府群官》全诗设己为鸟，全面描写了诗人的身世、个性、遭际与志向，风格劲健，含有一腔郁勃不平之气。诗云：

> 一鸟自北燕，飞来向西蜀。单栖剑门上，独舞岷山足。
>
> 昂藏多古貌，哀怨有新曲。群凤从之游，闻之何所欲。
>
> 答言寒乡子，飘摇万余里。不息恶木枝，不饮盗泉水。
>
> 常思稻粱遇，愿栖梧桐树。智者不我邀，愚夫余不顾。
>
> 所以称独立，耿耿岁云暮。日夕苦风霜，思归赴洛阳。
>
> 羽翮毛衣短，关山道路长。明月流客思，白云迷故乡。
>
> 谁能借风便，一举凌苍苍。

诗人借这只孤标傲世的鸟儿，表达了自己不远万里自北燕来到西蜀是为了实现"常思稻粱遇，愿栖梧桐树"的远大志向；尽管遭际坎坷（"日夕苦风霜"、"羽翮毛衣短"），但是仍然不改诗人心中那一朝得遇、飞身显达的志气："谁能借风便，一举凌苍苍。"《唐诗选脉会通评林》周珽曰："升之盛年振藻，有志当世。其为诗气骨锋颖豪迈，洗尽委靡之习。如'不息恶木枝，不饮盗泉水。常思稻粱遇，愿栖梧桐树'数语，足占所志矣。故此诗自伤孤洁，有世莫我知之叹。以一鸟自喻，以群凤比群官，设为问答，以抒写其意。曰：'智者不我邀，愚夫余不顾'，正'单栖''独舞'处，时暮、途远、羽短，即有古貌新词、择息慎饮之节，其谁怜之？结二句不无望于荐扬者，因之一振云霄中也。"① 甚为详细妥当。

《浴浪鸟》写得轻灵挺拔："独舞依磐石，群飞动轻浪。奋迅碧沙前，长怀白云上。"借浴浪鸟的行为动作，抒发诗人奋发向上的心态和直飞云天的高远志向。

总之，卢照邻的诗于咏物一体，取得了一定的艺术成就，与王勃、骆宾王一起，共同为初唐咏物诗的发展，做出了贡献。王夫之有一段评说咏物诗的话："咏物诗，齐、梁始多有之。其标格高下，犹画之有匠作，有士气。征故实，写色泽，广比譬，虽极镂绘之工，皆匠气也。又其卑者，饾凑成篇，谜也，非诗也。李峤'大手笔'，咏物尤其属意之作，裁剪整齐而生意索然，亦匠笔耳。至盛唐以后，始有即物达情之作。"② 可以作为评价卢照邻的咏物诗的参考，拿"即物达情"这个标准来衡量，卢照邻的咏物诗，可谓盛唐先声。

第五节　卢照邻的格律诗

格律诗的定型经历了一个漫长的过程，初唐，经历了格律诗发展、逐渐成熟到定型的时期。作为初唐的诗人卢照邻，历史性地成为这一过程中的一员；而且，包括卢照邻在内的初唐四杰对格律诗的贡献，早为学界所公认。"卢、骆、王、杨号称四杰，词旨华靡，故沿陈隋之遗，翩翩意象，老境超然胜之，五言遂为律家正始。"（王世贞《艺苑卮言》卷四）③ 王世贞说的正是四杰

---

① 陈伯海：《唐诗汇评》，浙江教育出版社1992年版，第42页。

② 王夫之著，戴鸿森笺注：《姜斋诗话》，人民文学出版社1981年版，第152—153页。

③ 周维德集校：《全明诗话》，齐鲁书社2005年版，第1918页。

作为一个整体，对五律之贡献。闻一多先生又指出四杰之不同："正如宫体诗在卢、骆手里是由宫廷走到市井，五律到王、杨的时代是从台阁移至江山与塞漠。"① 很明显，五律的评论，完全可以用于卢、骆，因为卢、骆关于江水与塞漠的五言律体诗实在可观。所以，本文作为一篇关于卢照邻研究的系统论文，有必要对卢照邻格律诗进行较为深入、细致的研究。

一、初唐诗坛的格律诗创作

简单勾勒一下初唐诗坛的格律诗创作情况，有助于我们从宏观和历史发展的角度去看待卢照邻的律体创作，从而能够为我们全面客观地认识、把握卢照邻的格律诗创作，提供一个背景条件。

初唐格律诗的定型是以五律的定型为标志的。五律单句有四种平仄安排方式：仄仄平平仄、平平平仄仄、仄仄仄平平、平平仄仄平，以它们作为五律的首句，就分别构成了五律（包括五绝）的四种平仄格式：首句仄起仄收式、平起仄收式、仄起平收式和平起平收式。另外，再加上三种变格平仄安排方式：平平仄平仄和平平仄仄仄（均为"平平平仄仄"之变格）、平平平仄平（平平仄仄平之变格）、仄仄平仄仄（仄仄平平仄之变格，下划线表示可平可仄。正常情况下，可平可仄的字不做标注，笔者注），但最后一种方式，对对句有要求，那就是对句必须为"平平平仄平"。律诗就是主要运用以上四种和谐句调（兼用三种变格句调）在每联之中相对和各联之间相粘，从而达到整体声势稳顺的效果。句调、对、粘恰当安排的出现，标志着律调的完成，

---

① 闻一多：《唐诗杂论 诗与批评》，生活 读书 新知三联书店1999年版，第31页。

加上颔联、颈联对仗的出现，标志着律体的定型。

　　关于律调由萌芽到完成，邝健行先生认为，律调的萌芽，早在唐前的南朝齐永明体的创始者沈约、陆厥等人手中出现。他们提倡："五字之中，音韵悉毕，两句之内，角徵不同"①，"十字之文，颠倒相配"②。他们注重的是一句两句之间的声律，而律调雏形的出现，要到梁陈之间的庾肩吾、阴铿，他们在探索一简两句之内的声音规律上已有进步。不过粘合问题解决，使全诗达到稳顺声势法则，则是初唐诸家经过了大半个世纪的努力，而最后完成的，同时进一步明确定出单句和联语的声音方式，从而彻底完成了律体的法则。③为说明问题，邝健行先生选了初唐作者二十二家，以五律体作品（为方便行文，笔者把接近五律、具备五律字数、联数形式的诗歌称为五律体，后面把接近绝句、五排的诗歌称为绝句体和五排体，笔者注）为研究对象，并附录了高宗、武后、中宗和前朝的沈约、庾肩吾、阴铿六人的作品。初唐二十二家诗人分属三个阶段，第一阶段包括：虞世南、李百药、王绩、许敬宗、杨师道、上官仪。本阶段除王绩外，对声调的失误程度与庾肩吾、阴铿差别不大，所以五律此阶段仍沿陈隋，没有什么进展。第二阶段以骆宾王、卢照邻、王勃为代表，指出他们三人不合律调的单句不超过总数的百分之二点五，比后来的沈佺期、宋之问还要低，表示他们对单句的彻底掌握，失对的情况也比前阶段减少，而且，全合律调的作品渐次出现。第三阶段以李峤、苏味道、杜审言、王勃、杨炯、刘宪、崔融、宋之问、沈

① 《南史》卷四十八《陆厥传》，中华书局1975年版，第1195页。
② 沈约：《答陆厥书》，载《全梁文》卷二十八，见严可均《全上古三代秦汉三国六朝文》，中华书局1958年版，3116页。
③ 参邝健行：《诗赋与律调》之《初唐五言律体律调完成过程之观察及其相关问题之讨论》，中华书局1994年版，第108－112页。

佺期为代表，除陈子昂和上官婉儿外，联语的对粘方式得到解决，整体律调确立。我要说的是，卢照邻作为第二阶段的诗人，其五律体创作情况。从邝健行先生的统计中选出关于卢照邻的如下数据事实：第一，从单句不合的百分比看，30首五律体作品，有5句不合，不合百分比为2.1%，不但低于第一阶段的诗人，也低于骆宾王，甚至低于第三阶段的苏味道、崔融、宋之问、沈佺期、陈子昂。第二，从失对联数的百分比看，卢照邻为7.5%，低于第一阶段包括上官仪在内的主要诗人，还低于骆宾王，与第三阶段诗人相比，仅仅低于崔融、上官婉儿。第三，从失粘首数和不合律首数百分比看（分别为76.7%、80%），低于第一阶段主要诗人，但高于同一阶段诗人和第三阶段的诗人。所以，可得如下结论，总体上看，卢照邻的五律体创作，是在陈隋以来初唐第一阶段基础上，发展了律体律调建设；除失粘首数和不合律首数百分比低于同一阶段诗人外，但也是建立在同其他诗人一起发展律调律体的基础上；在单句与律联的合律建设方面，功不可没。虽然邝健行先生考察的仅仅是初唐二十二位诗人的五律体，存在一定局限性，但得出的结论放在整个初唐的背景下，还是有参考价值的。

南京大学的李斐博士，则把考查范围扩大为初唐五言平韵诗，这样有助于得到更为贴近客观的结论。在其博士论文《初唐诗格律研究》中，李斐同样把初唐（包括隋，但诗人皆由隋入唐）分为三个阶段。与邝健行先生分法略有差异，第一阶段基本相同；第二阶段中，包括四杰全部在内，另外还有杜审言、李峤、苏味道、刘希夷、崔融；第三阶段，除沈佺期、宋之问、崔湜、陈子昂外，还有徐彦伯、陈元光、张说、苏颋、张九龄。李斐博士把他所选二十六位诗人的五言平韵诗分三个阶段，按单句入律、诗联入律、通篇入律比例，除对每位诗人进行了细致的统计，还按阶段诗人总量、分别计算出了三个阶段的平均比例，意在说明律诗的定型、成熟是一个不断渐进的过程。按李斐统计结果，从单句层面上看，三个阶段单句入律的比例为 90%、95%、92%，大体上比较平均；从诗联层面上看，三个阶段诗联入律的比例是 75%、90%、91%，呈上升趋势；从诗篇层面上看，三个阶段通篇入律的比例为 22%、61%、72%，上升趋势明显。从这个结果看，李斐得出了与邝健行先生大体相同的结论，即二四异声的原则已经在初唐时期为广大诗人接受并遵从（即邝健行先生所言，这一阶段诗人沿陈隋仅仅解决了声调的问题）；同一联内两句声调相对的比例在第一阶段不断上升的基础上，到了第二、第三阶段已经被广泛应用；律联与律联之间遵从"粘"的原则，在第一阶段应用不广，第二阶段比例迅速上升，到了第三阶段达到 70% 以上。处于第二阶段的卢照邻是什么情况呢？按李斐统计，从单句层面看，卢照邻单句入律的比例为 94%，高于第一、第三阶段，略低于同一阶段比例的数 95%；从诗联层面上看，卢照邻诗联入律的比例是 89%，明显高于第一阶段，略低于二三阶段，亦呈上升趋势；从诗篇层面上看，卢照邻通篇入律的比例为 21%，低于第一阶段比例，但是笔者按李斐博士第一阶段所选八位诗人总篇数比例百分比重新计算了一下百分数，发现他所得 22% 的通篇入律比例数是错误的。第一阶段所选诗人为虞世南、杨师道、褚亮、李百药、王绩、唐太宗、许敬宗、上官仪八人，通篇入律比例分别为 7%、21%、18%、24%、41%、13%、10%、4%，其平均比例应为 19.75%，低于李斐 22% 的数值，虽然这个错误并不影响其他结论，但对于卢照邻来说，却可以得出相反的结论，即就诗篇层面看，卢照邻通篇入律的比例高于第一阶段平均数，和同期诗人一样，亦呈上升趋势。这一点，我们还可以从卢照邻与第一阶段的大多数诗人的对比中得出，除了杨师道、李百药、王绩或平或高，卢照邻显然远远高于虞世南、褚亮、唐太宗、许敬宗、上官仪大部分诗人。这个结论又与上文中笔者按邝健行先生的统计数据得出的结论一致。但是却低于第二第三阶段的平均比例。

根据前人统计，笔者得出如下关于卢照邻律体创作的结论：作为初唐第二阶段的诗人，在单句合律度与律联合律度的建设上，卢照邻都做出了努力，其贡献不逊于他同一阶段的诗人；从通篇入律高于第一阶段诗人看，卢照邻同样做出了自己的努力。从历史的发展趋势看，卢照邻也曾致力于格律诗的创作，并不仅仅对歌行创作做出了历史贡献。下面，拟把卢照邻所有的五律体、五排体、绝句体（包括五绝体、七绝体）作品，（不但是平韵诗，还要把仄韵诗①）纳入考察范围，进行一个全面、细致的分析，以期得到更符合诗人本人创作的突出个性的结论。

二、卢照邻的格律诗创作

无论与"四杰"其他人相比，还是与他同时代的重要诗人相比，卢照邻的律体创作，其合律度是最低的。但是考虑到律诗发展定型过程的漫长和衡量律诗走向成熟的句、联、篇各个标准，以及一首好的律诗对对仗、意境营造等艺术技巧无止境的要求，合律度显然不能涵盖这些内容，所以对卢照邻的律体诗进行深入细致的考察，十分必要。在卢照邻的边塞诗研究一节，笔者即本着这样的指导思想，已对其边塞诗对格律诗的贡献问题进行了考察并得出了不同前人的有意义的结论。本节拟按卢照邻律体创作形式分为绝句体、五律体、五排体三部分，按格律诗之句、

---

① 仄韵诗的平仄规则按韩成武先生：《杜甫新论》，河北大学出版社 2007 年版，第 270－281 页。

联、篇和标志格律诗成熟、成功的对仗艺术进行具体研究，以期对卢照邻的格律诗创作得到一个全面深入的结论。

（一）卢照邻的绝句体创作

卢照邻的五言绝句体作品共 11 首，七言绝句体 2 题 5 首。11 首五绝体，总句数为 44 句，入律句数为 44 句，入律比例达100%；总联数为 22 联，入律联数为 20 联，比例达 90.9%；通篇入律 3 首，比例 27%，符合相粘规则的（因其还达不到定型之粘式律的要求而仅仅符合了相粘的规则，为方便行文，暂名之为粘式律体，符合对式律的称之为对式律，粘对混合的称之为粘对混合律，笔者注）3 首，比例 27%，对式律 5 首，比例45.4%；在 20 对律联中，对仗联数占到 19 联，占入律联数的95%，其中工对 17 联，占对仗联数的 89.5%，对仗中出现 7 联流水对，占对仗联数的比率为 36.8%。为便于查验，笔者将每一种诗体的数字统计情况制成表格附于每一体结论之后。

附表一：卢照邻五绝体句、联、篇入律及对仗（工对、流水对）统计表

	诗歌名称	句数	律句	联数	律联	五绝	对仗	工对	流水对	备注
1	登玉清	4	4	2	2	1	2	1	1	
2	曲池荷	4	4	2	2	1	2	1	1	
3	浴浪鸟	4	4	2	2		2	2	1	对式律
4	临阶竹	4	4	2	2		2	2	1	对式律
5	含风蝉	4	4	2	2	1	2	2		
6	葭川独泛	4	4	2	2		1	1		粘式律体
7	送二兄入蜀	4	4	2	1		1	1		对式律
8	宿玄武二首 其一	4	4	2	1		1	1		粘式律体
9	其二	4	4	2	2		2	2	1	粘式律体
10	九陇津集	4	4	2	2		2	2		对式律

	诗歌名称	句数	律句	联数	律联	五绝	对仗	工对	流水对	备注
11	游昌化山精舍	4	4	2	2		2	2	1	对式律
合计	11首	44	44	22	20	3	19	17	7	
百分比			100%		90.9%	27%	95%	89.5%	36.8%	

　　统计结果表明，卢照邻的五绝体创作，单句的入律和律联之间相对的问题以基本解决；从成型的粘式律、粘式律体、对式律所占比例看，卢照邻已经更多地注意到相粘的问题，只是还没有解决好，在五绝体的诗歌创作中，对式律的比例已经是不到一半了；在律联中，三个高比例的数据，充分说明卢照邻对对仗艺术的讲究和对仗技巧的高超，因为绝句中，本来并没有对仗的要求。18 联工对中，出现 6 联流水对，也是应该引起注意的，其 36.3% 的比例已经相当高了，而且，边塞诗一节中，也出现了不少流水对。对此，我们暂把数据统计出来，最后专题研究。

　　再看卢照邻的七言绝句体，5 首七绝体，总句数为 20 句，入律句数为 18，比例为 90%；总联数为 10 联，入律联数为 7 联，比例为 70%；通篇入律 1 首，比例 20%，粘式律体 3 首，比例 60%，对式律 1 首，比例 20%；在 7 对律联中，对仗联数比例达 100%，其中工对占对仗联数亦为 100%。出现 5 联流水对，占对仗联数的 70%，其中一联工对还同时为句中对。

　　附表二：卢照邻七绝体句、联、篇入律及对仗（工对、流水对）统计表

	诗歌名称	句数	律句	联数	律联	七绝	对仗	工对	流水对	备注：粘对
1	登封大酺歌四首其一	4	4	2	2		2	2	1	对式律
2	登封大酺歌其二	4	4	2	2	1	2	2	1	
3	登封大酺歌其三	4	4	2	1		1	1	1	粘式律体
4	登封大酺歌其四	4	3	2	1		1	1	1	同上

	诗歌名称	句数	律句	联数	律联	五绝	对仗	工对	流水对	备注：粘对
5	九月九日登玄武山旅眺	4	3	2	1		1	1	1	同上
合计	5首	20	18	10	7	1	7	7	5	
百分比			90%		70%	20%	100%	100%	70%	

七绝体的统计结果，可得出与五绝体基本相同的结论。略有不同的是，入律联数比五绝有所下降，但对式律比例的明显降低，说明诗人对粘式律的更加自觉追求；对仗追求工对，流水对比例非常高，应该是作者的有意识追求。

（二）卢照邻的五律体创作

卢照邻的五律体作品共 33 首，总句数为 264 句，入律句数为 263 句，比例为 99.6%；总联数为 132 联，入律联数为 117 联，比例为 88.6%；通篇入律即粘式律 5 首，比例 15.15%，粘对混合律 24 首，比例 72.7%，对式律 4 首，比例 12.12%；在 117 对律联中，对仗联数 109，占律联比例达 93%，其中工对 95 联，占对仗联数 87%。出现 31 联流水对，占对仗联数的 28.4%。

附表三：卢照邻五律体句、联、篇入律及对仗（工对、流水对）统计表

	诗歌名称	句数	律句	联数	律联	五律	对仗	工对	流水对	备注：粘对
1	望宅中树有所思	8	8	4	2		1	1	1	粘对混合律
2	刘生	8	8	4	3		3	2	1	同上
3	陇头水	8	8	4	4	1	4	3	1	
4	巫山高	8	8	4	4		3	2	2	粘对混合律
5	芳树	8	8	4	3		3	2	1	同上
6	雨雪曲	8	8	4	4		4	4	1	同上
7	王昭君	8	8	4	4		4	4	1	同上
8	折杨柳	8	8	4	4		3	3		同上

	诗歌名称	句数	律句	联数	律联	五律	对仗	工对	流水对	备注：粘对
9	梅花落	8	8	4	4		4	4	2	同上
10	关山月	8	8	4	4		4	3	2	同上
11	上之回	8	8	4	3		3	2		同上
12	紫骝马	8	8	4	2		2	1	1	同上
13	战城南	8	8	4	4		3	2	1	对式律
14	十五夜观灯	8	8	4	3		3	3		对式律
15	入秦川界	8	8	4	4		4	4		粘对混合律
16	文翁讲堂	8	8	4	4	1	4	4	1	
17	相如琴台	8	8	4	4		3	2		粘对混合律
18	石镜寺	8	8	4	4		3	3		同上
19	辛法司宅观妓	8	8	4	4		4	4	2	同上
20	春晚山庄率题二首其一	8	8	4	4	1	4	3	2	
21	其二	8	8	4	4		4	4	2	粘对混合律
22	江中望月	8	8	4	3		2	2		同上
23	元日述怀	8	8	4	4		3	3	1	同上
24	益州城西张超亭观妓	8	8	4	4	1	4	4		
25	还京赠别	8	8	4	4		3	3	2	粘对混合律
26	至陈仓晓晴望京邑	8	8	4	4		4	4	2	同上
27	晚渡滹沱敬赠魏大	8	8	4	3		3	3	1	同上
28	和吴侍御被使燕然	8	8	4	4		4	3	1	对式律
29	七夕泛舟二首其一	8	8	4	4		4	3		粘对混合律
30	其二	8	8	4	4	1	4	3	1	
31	送梓州高参军还京	8	7	4	2		2	2		对式律
32	大剑送别刘右史	8	8	4	3		3	3		粘对混合律
33	凌晨	8	8	4	3		3	3		同上
合计	33首	264	263	132	117	5	109	95	31	

笔者得出的数据，与邝健行先生的数据有所出入，有所考察的五律体诗歌总数不同有关，但也有平仄划分的问题，因为笔者得出的单句入律比例显然比邝健行先生的数要高，笔者统计，只有《送梓州高参军还京》中"一乖青岩酌"一句平仄声调未间。只是因为诗句太多，笔者无法一一列出并标出平仄。但此项工作，笔者字字敲定，不敢马虎。但与邝健行先生的结论大体方向还是基本一致的，且与上文中关于卢照邻的绝句体创作得出的结论基本相同。不同之处在于，入律联数比例略有降低，粘式律比例更低一些，同时对式律比例也更低了，而粘对混合律的比例明显增大，超过了70%，说明卢照邻的五律体创作，已非常自觉地向粘的规则靠近；而对式律12%的比例，说明卢照邻已经基本跨过了格律诗定型发展过程的第一阶段：对式律阶段。关于对仗、工对、流水对的三个比例数，说明，卢照邻在五律体创作中，同样非常重视追求高超的对仗技巧——工对并有意使用流水对。

（三）卢照邻的五排体创作

本人把卢照邻的五排体创作分为两个部分，一为被《幽忧子集》列入五古的部分，笔者暂名之为五古体，另一部分是被其划入五言排律的，笔者称之为五排体。

五古体作品共16篇，总句数为314句，入律句数为272句，比例为86.6%；总联数为157联，入律联数为99联，比例为63%；通篇入律篇目0，粘对混合律16首，比例100%，对式律0首；在99对律联中，对仗联数为83联，占律联比例的83.8%，其中工对72联，占对仗联数86.7%。出现23联流水对，占对仗联数的27.7%。

附表四：卢照邻五古体句、联、篇入律及对仗（工对、流水对）统计表

	诗歌名称	句数	律句	联数	律联	律排	对仗	工对	流水对	备注：粘对
1	咏史四首其一	16	10	8	2		2	2	2	粘对混合律
2	其二	18	13	9	4		1	1		同上
3	其三	20	16	10	5		3	3		同上
4	其四	22	16	11	3		3	3	1	同上
5	结客少年场行	22	21	11	10		10	8	3	同上
6	赠李荣道士	16	16	8	6		6	5	2	同上
7	早度分水岭	16	16	8	5		5	5	2	同上
8	三月曲水宴得樽字	20	20	10	84		7	7	3	同上
9	奉使益州至长安发钟阳驿	20	19	10	8		8	7	2	同上
10	和王奭秋夜有所思	12	12	6	6		4	4	2	同上
11	宿晋安亭	14	14	7	6		4	4		同上
12	于时春也慨然有江湖之思寄此赠柳九陇	36	33	18	14		12	11	5	同上
13	至望喜瞩目言怀贻剑外知己	14	14	7	5		5	5	1	同上
14	赤谷安禅师塔	16	15	8	5		4	4		同上
15	赠益府裴录事	16	16	8	5		4	1		同上
16	赠益府群官	26	22	13	7		5	4		同上
合计	16首	314	272	157	99	0	83	72	23	
百分比			86.6%		63%		83.8%	86.7%	27.7%	

以上数据表明：五古体作品相比于五七绝体、五律体，随着总句数的明显增多，入律句数比例反而明显降低，入律联数比例亦明显降低，通篇入律更是 0 篇，这是由于诗体的原因所致；但从五言古诗的角度看，其入律句数与入律联数的比例以及粘对混

合的篇篇使用，又说明了卢照邻把格律诗的规则运用到了古诗的创作中去。而对仗联数、工对以及流水对的几个高比例数，说明，卢照邻在五古体中，同样重视对仗技巧以及对流水对的有意使用。

卢照邻五排体作品共 21 篇，总句数为 318 句，入律句数为 313 句，比例为 98.4%；总联数为 159 联，入律联数为 151 联，比例为 94.9%；通篇入律即粘式律 1 首，比例 4.76%，另外还有一首也可称粘式律作品，只可惜有一个字平仄声调未谐而未能成为格律诗（即《绵州官池赠别同赋湾字》），按粘式律作品 2 首计算，其比例为 9.52%，粘对混合律 19 首，比例 90.4%，对式律 0 首；在 151 对律联中，对仗联数 138，占律联比例 92%，其中工对 128 联，占对仗联数比率为 92.8%。出现 65 联流水对，占对仗联数的 47%。

统计结果表明：卢照邻的五排体创作中，句与联的律体问题已经解决，通篇的声势稳顺问题还没有解决，粘式律作品比例很低，但是也见出诗人的努力，因为粘对混合律作品的比例很高，且已没有初级阶段的对式律出现。再看其对仗联数、工对的高比例，表明卢照邻非常重视对仗艺术，其对仗技巧是很高的；流水对近 50% 的比例，说明卢照邻有意运用这种对仗手法。

综观以上关于卢照邻五七言绝句体、五律体、五古体、五排体作品的五个统计结果及其结论，我们即可以得出一个关于卢照邻律体诗创作的综合结论：1. 无论是律绝体，还是古体作品中，句与联的律体问题已经解决。2. 粘对问题也在很大程度上得到解决，但是粘对运用于全篇的声势稳顺上，还没有解决好，因为粘式律和严格的格律诗出现的比例很低表明了这一点。3. 在格律诗的对仗艺术上，卢照邻付出了很大努力。在他的律体诗作品中，他不但追求对仗的工稳，还追求流水对的使用，以使诗歌具

附表五：卢照邻五排体句、联、篇入律及对仗（工对、流水对）统计表

	诗歌名称	句数	律句	联数	律联	律	对仗	工对	流水对	备注：粘对
1	同临津纪明府孤雁	12	11	6	5		5	5	1	粘对混合律
2	西使兼送孟学士南游	12	12	6	6		5	5		
3	送邾司仓入蜀	12	12	6	6	1	5	5	2	粘对混合律
4	绵州官池赠别同赋湾字	12	11	6	5		4	4	1	粘式律，仅一字声调未谐
5	还赴蜀中贻示京邑游好	12	12	6	6		5	4	2	粘对混合律
6	初夏日幽庄	12	12	6	5		4	4	1	同上
7	山庄休沐	12	12	6	6		5	4	1	同上
8	山林休日田家	12	12	6	6		6	2	2	同上
9	晏梓州南亭得池字	12	12	6	6		6	5	1	同上
10	山行寄刘李二参军	12	12	6	6		6	6	4	同上
11	首春贻京邑文士	14	14	7	7		6	4	3	同上
12	赠许左丞从驾万年宫	14	13	7	5		5	5	1	同上
13	晚渡渭桥寄示京邑游好	16	16	8	6		7	7	4	同上
14	羁卧山中	20	19	10	9		8	8	6	同上
15	酬张少府柬之	20	20	10	10		8	8	5	同上

续表

	诗歌名称	句数	律句	联数	律联	俳　律	对仗	工对	流水对	备注：粘对
16	过东山谷口	20	20	10	10		8	8	7	同上
17	送幽州陈参军赴任寄呈乡曲父老	20	19	10	8		8	6	7	同上
18	哭金部韦郎中	14	14	7	7		7	7	6	同上
19	哭明堂裴主簿	20	20	10	10		10	10	5	同上
20	同崔录事哭郑员外	24	24	12	12		12	12	6	同上
21	七日登乐游故墓	16	16	8	8		8	8		同上
合计	21首	318	313	159	151	1	138	128	65	
百分比			98.4%		94.9%	4.76%	92%	92.8%	47%	

备流动之美。

这三点结论，笔者还是要把上文中的统计，做一个总和以及总平均值的计算，制成表格（附表六）用数据来支持论点。在这个总和的计算中，考虑到五古体的格律问题说明的是引律入古的问题，这是从另一个角度看卢照邻对格律诗之贡献，而非从律体的创作角度，所以笔者把五古体排除在律体诗的最后统计之中。另把对仗包括工对、流水对的几个百分百值单列一表，见附表七。

附表六：卢照邻律绝体句、联、篇入律总统计表

律体名称	句			联			篇		
	律句	总句数	百分比	律联	总联数	百分比	律篇	总篇数	百分比
五绝体	44	44	100%	20	22	90.9%	3	11	27%
七绝体	18	20	90%	7	10	70%	1	5	20%
五律体	263	264	99.6%	117	132	88.6%	5	33	15.15%
五排体	313	318	98.4%	151	159	94.9%	1	21	4.76%
合计及平均百分比	638	646	98.76%	295	323	91.3%	10	69	14.5%
备注	律体创作占全部诗歌作品比例为66.9%								

附表七：卢照邻律绝体作品律联、对仗、工对、流水对比例总统计表

律体名称	律联	对仗	百分比	对仗	工对	百分比	对仗	流水对	百分比
五绝体	20	19	95%	19	17	89.5%	19	7	36.8%
七绝体	7	7	100%	7	7	100%	7	5	71.4%
五律体	117	109	93%	109	95	87%	109	31	28.4%
五排体	151	138	92%	138	128	92.8%	138	65	47%
合计及平均百分比	295	273	92.5%	273	247	90.5%	273	108	39.6%
备注									

综合五七绝体、五律体、五排体，卢照邻的律体作品共 69 篇，占现存诗歌总篇数（105）的比例为 66%，说明卢照邻首先是致力于律体诗的创作的。69 篇律绝体作品，总句数为 646 句，入律句数为 638，比例为 98.76%；总联数为 323，入律联数为 295，比例为 91.3%。成熟的律绝体作品为 10 首，占律体作品的 14.5%。在 295 对律联中，对仗联数 273，占律联比例 92.5%，其中工对 247 联，占对仗联数的 90.5%，共出现 108 联流水对，占对仗联数的 37.6%。这些统计数据为笔者上一段根据单项统计推出的结论作了很好的说明。

三、卢照邻在格律诗定型过程中的贡献

通过对卢照邻文论的研究和对他各种诗歌题材的分析，以及上一小节中对卢照邻律体诗和五言古体诗的声律等分析、总结，对卢照邻在格律诗定型过程中的贡献，应该很清楚了，下面笔者从理论、实践、边塞诗、流水对运用、引律入古等五个方面，进行总结论述。对前文已经论述过的问题，仅简单回顾一下，对前文没有论述的进行重点论述，如流水对的对仗艺术将作为论述重点。

（一）理论贡献

在《卢照邻文论研究》一章中，笔者专列一节对卢照邻有关声律的观点进行总结分析。笔者认为，对于声律的认识，卢照邻一方面赞许音韵天成的和乐之作，一方面提倡人为声律。

《南阳公集序》云："邺中新体，共许音韵天成；江左诸人，咸好环姿艳发。""妙谐钟律，体会风骚。"又说："八病爰起，沈隐侯永作拘囚；四声未分，梁武帝常为聋俗。后生莫晓，更恨文律烦苛；知音者稀，常恐词林交丧。"《乐府杂诗序》赞美侍御史贾君："霜台有暇，文律动于京师。"

卢照邻批评沈约作了"八病"的囚犯，并不意味着他完全否定沈约的"四声八病"的声律理论，因为他同时又讥笑不分"四声"的梁武帝是"聋俗"。在评当代乐府诗时，肯定贾君乐府诗"文律动于京师"，肯定人为声律的魅力。

卢照邻看到了"四声八病"的消极影响，所以他才更担心："后生莫晓，更恨文律烦苛；知音者稀，常恐词林交丧"的严重后果。卢照邻的目光是长远的，他看到了唐诗要发展，必须在扬弃沈约的声律论的基础上，建立自己的新的声律论。而声律乃是盛唐诗歌的又一重要质素之一，如果完全否定声律，就不会建设起盛唐诗歌独特的范式。只有批判地继承，文学才能沿着正确的方向健康发展。卢照邻对声律的态度，显然顺应了时代的需求。尽管他没有进一步的阐释，但是已经指出了声律发展的正确方向，实属难能可贵。

卢照邻的声律观点，是王勃、杨炯、骆宾王所不能比的。王勃云："得宫商之正律，受山川之杰气。"（《山亭思友序》）显然，这里指的是自然之韵律，与卢照邻"含古今之制，扣宫徵之声"（《南阳公集序》）和"妙谐宫律，体会风骚"（《南阳公集序》）以及上文所述"共许音韵天成"中的含义所指是相同的，都不是针对人为声律提出来的；只有骆宾王对颜延之、谢灵运以降的讲究声律有所肯定："声律稍精"（《和道士闺情诗启》），然而也只是就其创作而言。在这一点上，也即在理论上对于近体诗的发展所作的贡献，四杰的王、杨、骆以及稍后的陈子昂，都是无法与卢照邻相比的。

（二）创作实践贡献

在上一小节中，本文通过对卢照邻律体诗作品的统计分析，得出了卢照邻在创作实践上对格律诗定型所做的贡献。第一，卢照邻是致力于律体诗的创作的。卢照邻的律体作品共69篇，占现存诗歌总篇数（105）的比例为66％，这个比例是不低的。第二，句与联的律体问题已经解决。69篇律绝体作品，总句数为646句，入律句数为638，比例为98.76％；总联数为323，入律联数为295，比例为91.3％。这两个比例是相当高的。第三，粘对问题也在很大程度上得到解决，但是粘对运用于全篇的声势稳顺上，还没有解决好，因为粘式律和严格的格律诗出现的比例很低表明了这一点。成熟的律绝体作品为10首，占律体作品的14.5％。第四，在格律诗的对仗艺术上，卢照邻付出了很大努力。在他的律体诗作品中，他不但追求对仗的工稳，还追求流水对的使用，以使诗歌具备流动之美。在295对律联中，对仗联数273，占律联比例92.5％，其中工对247联，占对仗联数的90.5％，共出现108联流水对，占对仗联数的37.5％。

关于流水对的使用，将在下文第四节中专门论述。

（三）边塞诗之格律贡献

笔者前文论述了卢照邻边塞诗的题材开拓之功，不但超过之前初唐诗人，而且在数量上、创作时间上与他同时期的诗人相比，亦居首位。而卢照邻的十五首边塞诗，是用律体的形式进行的乐府诗写作，所以，卢照邻边塞诗数量与时间的领先于同期及前期的诗人，即在一定程度上可视为其对律体诗的同样贡献。

（四）引律入古之贡献

引律入古，主要表现为其五古和歌行作品中。五古体的统计情况已见上节，此处不再重复。从结论看，五古体作品相比于五七绝体、五律体，随着总句数的明显增多，入律句数比例反而明显降低，入律联数比例亦明显降低，通篇入律更是0篇，这是由于诗体的原因所致；但从五言古诗的角度看，其入律句数与入律联数的比例以及粘对混合的篇篇使用，又说明了卢照邻把格律诗的规则运用到了古诗的创作中去。而对仗联数、工对以及流水对的几个高比例数，说明卢照邻的引律入古是取得了成效的。

歌行方面。在本章第一节中，笔者详细标注了《失群雁》、《行路难》、《长安古意》三首歌行诗句的平仄声调，分析了诗联的入律情况。三首诗只有一个诗句平仄未调，112 个诗句平均入律比例达 99%，联的入律比例平均为 57%。37 对律联中，工对 31 联，比率为 83.7%。用葛晓音先生"（这）与陈隋诗歌的进一步骈俪化有关"① 来说明卢照邻歌行讲究偶句的对仗等律化特征也是合适的。

第六节　流水对的使用艺术

在上文中，我们分别统计了卢照邻律绝体（包括五古体）的流水对出现情况，鉴于流水对在卢照邻这些诗里出现的高比率现象，联系这种对仗艺术在初唐并不常见，在盛唐诗中尚不多见，至中唐才陡然多了起来的情况。② 研究一下卢照邻流水对的使用艺术，有利于我们对卢照邻高超对仗技巧的进一步认识，从而为我们考察卢照邻之于格律诗的贡献提供一个颇见艺术功力的角度。

一、"流水对"之发展及名称演变

顾名思义，"流水对"首先是一种对仗。它的出现、发展与定名、定型，也如格律诗一样，经历了一个漫长的过程。王力先生如此定义为："对仗，一般是平行的两句话，它们各有独立性。但是，也有一种对仗是一句话分成两句说，其实十个字或十

---

① 葛晓音：《诗国高潮与盛唐文化》，北京大学出版社 1998 年版，第 390 页。
② 参河北大学赵林涛博士论文《卢纶研究》。

四个字只是一个整体，出句独立起来没有意义，至少是意义不全。这叫流水对。"① 并在《汉语诗律学》中进一步解释说：普通的对仗，即使出句换为对句，对句换为出句，并不妨碍对意思的理解，而"流水对"中两句，却是一意相承，不能颠倒。②

韩成武师在其专著《杜诗艺谭》中专列一章《杜诗"流水对"艺术探讨》，③ 率先对"流水对"这一诗歌对仗形式进行了研究，文章系统考察了"流水对"名称的产生过程、杜诗"流水对"的类型以及杜甫多用"流水对"的原因，为本节考察卢照邻律体诗中"流水对"的运用情况、分析卢照邻多用"流水对"的原因提供了重要的依据和范式。

基于中华民族对和谐美、匀齐美的天然热爱，中国古典文学以对偶、对仗为艺术美的追求。刘勰用天人合一的哲学理念来解释对仗的生成："万物赋形，支体必双。神理为用，事不孤立。"④ 认为，对仗是文学对自然形态的模仿。出于自觉的艺术追求，对偶与对仗，很自然地大量出现于唐前的诗文中。然而千百年间，对仗的形式大体停留在"正对"和"反对"上，而无论"正对"还是"反对"，两句的关系都是独立和并列的，不可避免地存在着呆板、凝滞的缺陷，"流水对"所具备的动态美，恰恰可使这种缺陷得以弥补。

最早对"流水对"进行理论归纳的，是中唐人王叡。王叡在其所著《炙毂子诗格》中提出"两句一意体"，并举同时代诗人戴叔伦《别友人》"如何百年内，不见一人闲"一联为例，谓"此二句虽属对，而十字血脉相连。"意即这两句诗合起来共同

---

① 王力著：《诗词格律》，中华书局2000年版，第52页。
② 参见王力著：《汉语诗律学》，上海教育出版社1979年版，第179页。
③ 韩成武：《杜诗艺谭》，河北教育出版社2002年9月版。
④ 周振甫：《文心雕龙今译》，中华书局1986年版，第317页。

表达一个完整的意思。在"属对"基础上的"两句一意体"的表述，实际上已经抓住了"流水对"的主要特征，"两句一意体"的提法虽不够准确，却为"流水对"的溯源提供了参考。自先秦、经汉魏至六朝的诗文中，用上下两句合起来表达一个意思的"两句一意体"现象非常普遍。如《诗经》中的《伯兮》："自伯之东，首如飞蓬。岂无膏沐，谁适为容？"又如《蒹葭》："蒹葭苍苍，白露为霜。所谓伊人，在水一方。溯洄从之，道阻且长；溯游从之，宛在水中央。"而《关雎》的整首诗中都具备这样的特点："关关雎鸠，在河之洲。窈窕淑女，君子好逑。参差荇菜，左右流之。窈窕淑女，寤寐求之。求之不得，寤寐思服。悠哉悠哉，辗转反侧。参差荇菜，左右采之。窈窕淑女，琴瑟友之。参差荇菜，左右芼之。窈窕淑女，钟鼓乐之。"其后，汉乐府之《有所思》："从今以往，勿复相思"。《陌上桑》："秦氏有好女，自名为罗敷。"《古诗十九首》之《西北有高楼》："不惜歌者苦，但伤知音稀。"《明月皎夜光》："昔我同门友，高举振六翮。不念携手好，弃我如遗迹。"南北朝民歌中《西洲曲》："南风知我意，吹梦到西洲。"《木兰辞》："不闻机杼声，惟闻女叹息"、"昨夜见军帖，可汗大点兵。军书十二卷，卷卷有爷名"、"愿为市鞍马，从此替爷征"等等。又如应玚《别诗》中："临河累太息，五内怀伤忧"、陶渊明《归园田居》中"少无适俗韵，性本爱丘山"等等。可见，这种格式是非常多见的。只要把这些"两句一意体"的诗联，加上对仗的规则，再加上避免"合掌"的禁忌，就是标准的"流水对"了。然而实际远非逻辑如此简单。由于尚未形成自觉的审美和创作追求，合格的"流水对"是到了唐代随着格律诗的定型，才越来越多地出现在诗人的作品之中。例如："忽见黄花吐，方知素节回"（王绩《九月九日赠崔使君善为》）、"那堪玄鬓影，来对白头吟"（骆宾王《在狱咏蝉》）、"愁见三秋水，分为两地泉"（沈佺期《陇头水》）。卢照邻律体诗中大量"流水对"的出现，也是研究、探索律诗对仗艺术的表现。

中晚唐时，旧题贾岛撰①《二南密旨·论南北二宗例古今正体》中对"流水对"的形成脉络有所论述：

> 宗者，总也。言宗则始南北二宗也。南宗一句含理，北宗二句显意。南宗例，如《毛诗》云："林有朴樕，野有死鹿。"即今人为对，字字的确，上下各司其意。如鲍照《白头吟》："申黜褒女进，班去赵姬昇。"如钱起诗："竹怜新雨后，山爱夕阳时。"此皆宗南宗之体也。北宗例，如《毛诗》云："我心匪石，不可转也。"此体今人宗为十字句，对或不对。如左太冲诗："吾希段干木，偃息藩魏君。"如卢纶诗："谁知樵子径，得到葛洪家。"此皆宗北宗之体也。诗人须宗于宗，或一联合于宗，即终篇之意皆然。

从中可看出："流水对"在某种程度上已经成为中晚唐人（"今人"）的一种创作追求，在创作过程中，这种"二句显意"的句式（指五言诗的"十字句"中），出现了"对"和"不对"两种情况。（这种情况在卢照邻律体诗创作中，亦典型存在。）

南宋初年葛立方在《韵语阳秋》中，用"十字格"称之。②南宋末年严羽在此基础上，将这种句式延展到"十四字对"，③即七言律诗中。而"流水对"概念的明确出现，一直到明人胡震亨的著作《唐音癸签》卷四中："严羽卿以刘眘虚'沧浪千万里，日夜一孤舟'为十字格，刘长卿'江客不堪频北望，塞鸿

---

① 张伯伟先生推断此书产生的时间当在贾岛身后不久，系后人伪托之作。详见《全唐五代诗格汇考》，江苏古籍出版社2002年版，第190页。

② 何文焕：《历代诗话》，中华书局1981年版，第485页。

③ 郭绍虞：《沧浪诗话校释》，人民文学出版社1998年版，第74页。

何事又南飞’为十四字格，谓两句只一意也，盖流水对耳。"①
至此，"流水对"的概念得以确立下来，并沿用至今。

二、卢照邻"流水对"之使用

上小节中我们已作出统计，卢照邻律体诗中（包含五古体
23 联）共出现"流水对"131 联，既有单句形式，又有复句形
式，以下依韩成武师对杜甫诗中"流水对"的分类和定义②，将
卢照邻以上"流水对"详列如下：

（一）单句形式"流水对"。即把一个单句拆成两半，让这
两半相对应的词词性相同，关键位置的声调则对应相反。具体处
理时有三种方法：

1. 把宾语拆开，使之分属于出句和对句。具体做法是把其
中的"主语"部分留给出句，而把剩下的部分作为对句。

"聊将仪凤质，暂与俗人谐。"（《临阶竹》）这是一个省略了
主语（竹子）的单句，谓语是"聊将"，"仪凤质暂与俗人谐"
全是宾语。作者把宾语拆开，把"仪凤质"分到出句，而把
"暂与俗人谐"作为对句，不但出句与对句词性对应相同，对仗
稳妥，且意脉连贯。

"独有危冠意，还将衰鬓同。"（《含风蝉》）与上例相同，省
略了主语"蝉"，"独有"是谓语，"危冠意还将衰鬓同"是
宾语。

"寄信闺中妇，时看鸿雁天。"（《关山月》）"寄信"是谓
语，"闺中妇时看鸿雁天"是宾语，把其中的主语部分"闺中
妇"留给出句，其余部分作为对句。

---

① 胡震亨：《唐音癸籤》，上海古籍出版社 1981 年版，第 31 页。
② 详见韩成武著：《杜诗艺谭》，河北教育出版社 2002 年版，第 154～173 页。

"唯余诗酒意，当了一生中。"（《春晚山庄率题二首》其一）"唯余"是谓语，"诗酒意当了一生中"是宾语。

"遥闻彭泽宰，高弄武城弦。"（《于时春也慨然有江湖之思寄此赠柳九陇》）"遥闻"是谓语，"彭泽宰高弄武城弦"是宾语。

"我有壶中要，题为物外篇。"（同上）"有"是谓语，"壶中要题为物外篇"是宾语，省略了被动词"被"字，宾语中的谓语成分应为"被题为物外篇"。

"安知倦游子，两鬓渐如丝。"（《山行寄刘李二参军》）"安知"是谓语，"倦游子两鬓渐如丝"是宾语，"倦游子"是宾语部分的主语成分。

"徒令永平帝，千载罢撞郎。"（《哭金部韦郎中》）"徒令"是谓语，"永平帝千载罢撞郎"是宾语。

2. 把单句从中拆开，把主语部分作为出句，把谓语（或不出现谓语）和谓语后面的成分作为对句，以构成相互对仗的形式。

"复有翻飞禽，徘徊疑曳舄。"（《九陇津集》）"曳舄"，《太平广记》卷六王乔条引《仙传拾遗》曰："王乔，河东人也。汉显宗时为叶令，有神术。每月朔望，常诣京师。帝怪其来数，而不见车骑。密令太史伺望之。言临至，必有双凫从东南飞来。于是候凫至，举罗张之，但得一舄焉，乃四年时所赐尚书官履也。""飞禽"是主语，用"曳舄"形容飞禽，意在赞美宴集的主人有仙风道骨之风。

"借问乾封何所乐，人皆寿命得千秋。"（《登封大酺歌四首》其三）出句为主语成分，问所乐为何？对句为谓语成分，答是"人皆寿命得千秋"，省略了谓语"是"。

"刘生气不平，抱剑欲专征。"（《刘生》）"刘生"为主语，对句中"欲专征"为谓语。"气不平"为主语补语,补充说明刘生的情态,"抱剑"为状语,修饰谓语"欲专征"。

"从来共呜咽,皆是为勤王。"(《陇头水》)出句省略了主语"原因",对句说明原因"皆是为勤王","皆是"为谓语。

3. 把单句谓语的修饰成分(一般多为时间状语)拆开,让它作为出句,而把单句的主谓宾部分作为对句。

"虏骑三秋入,关云万里平。"(《雨雪曲》)出句是主语和谓语,对句是状语,这里把状语置后,说明虏骑侵入的季节与环境特征。

"落日明歌席,行云逐舞人。"(《益州城西张超亭观妓》)出句为时间状语,修饰对句。意思是当落日的余晖照亮歌席的时候,舞人开始了如云般的舞蹈。

"一去仙桥道,还望锦城遥。"(《还京赠别》)出句为时间状语,作者一离开升仙桥的时候,还在回望遥远的锦城。

"拂曙驱飞传,初晴带晓凉。"(《至陈仓晓晴望京邑》)出句中"驱飞传"为谓语宾语,对句与"拂曙"同为状语,说明谓语发生时的天气情况。连贯起来意思是,拂曙时分,天气初晴,空气中带着早晨的凉意,这时诗人驱赶飞驰的驿马上路了。状语置后。

"春归龙塞北,骑指雁门垂。"(《和吴侍御被使燕然》)出句为时间状语,意为在春天来到龙塞北的时候,吴侍御要出使雁门边陲。

"季生昔未达,身辱功不成。"(《咏史四首》其一)出句为时间状语,修饰对句,意为当季生从前还没有发达的时候,自身受辱功业不成。

"兰署乘闲日,蓬扉狎遁栖。"(《山庄休沐》)出句为时间状语,修饰对句,意为在乘闲的日子里,亲近山庄的隐逸生活。

"归休乘暇日，馌稼返秋场。"（《山林休日田家》）与上例意同。

"还思北窗下，高卧偃羲皇。"（《山林休日田家》）意为我（省略主语）还想在北窗下高卧，"高卧"是谓语，"北窗下"是状语，用来修饰"高卧"，"偃羲皇"是谓语"高卧"的补充成分。

"万里烟尘客，三春桃李时。"（《山行寄刘李二参军》）对句为时间状语，"客"是成为客子之意。

"送君之旧国，挥泪独潸然。"（《送幽州陈参军赴任寄呈乡曲父老》）意为"我"在送你回故乡的时候，独自流泪。出句为状语从句，修饰谓语"挥泪"。

（二）复句形式"流水对"。出句和对句合起来表达一个完整的意思，而出句和对句又各是完整的一句话。作为复句的两个分句，出句和对句又呈现出各种各样的语法关系，如"顺承关系"、"因果关系"、"递进关系"、"假设关系"、"转折关系"。

1. 顺承关系：出句和对句按时间、空间或逻辑事理上的顺序，写出连续的行为或相关的情况，给人以流动的、顺畅的感受。

"徘徊拜真老，万里见风烟。"（《登玉清》）诗人登上高山去参拜道教仙人，在山上看见了满目风烟万里，空间顺承。

"奋迅碧沙前，长怀白云上。"（《浴浪鸟》）写浴浪鸟在碧沙前奋飞，心中怀想飞到白云之上，时间顺承。

"莫辨啼猿树，徒看神女云。"（《巫山高》）看不清啼猿的树木，因为被云遮掩，自然只能看那巫山神女之云了，意脉顺承。

"合殿恩中绝，交河使渐稀。"（《王昭君》）君恩断绝，离开中原，交河来往的使节也渐渐稀少了，语意顺承。

"梅岭花初发，天山雪未开。"（《梅花落》）一南一北、一

"初"—"未"，空间、时间顺承。

"相思在万里，明月正孤悬。"（《关山月》）主人公思念的人儿在万里之外，想到她，自然而然想象那里的明月孤单地悬挂在天上，意脉顺承。

"槐落犹疑市，苔深不辨铭。"（《文翁讲堂》）槐市：汉代太学诸生交易土特产、书籍、乐器的市场。诗人看到眼前的槐子落下，想起历史上彼时的盛况；而碑铭上也因长满了青苔而看不清上面的文字。时间、空间顺承。

"南国佳人至，北堂罗荐开。"（《辛法司宅观妓》）南国能歌善舞的佳人来了，北堂的罗荐铺好了，事理的顺承。也可解释为因果关系：因为佳人到了，所以北堂的罗荐铺好了。

"顾步三春晚，田园四望通。"（《春晚山庄率题二首》其一）在田园徒步闲游，且走且看，自然四望无阻，事理顺承。

"田家无四邻，独坐一园春。"（《春晚山庄率题二首》其二）同上，同属事理顺承。

"筮仕无中秩，归耕有外臣。"（《元日述怀》）出句写过去自己没有在朝中做官的经历，对句写现在的生活状态，时间上的顺承。

"津谷朝行远，冰川夕望曛。"（《晚渡滹沱敬赠魏大》）"朝"在"津谷"，"夕"至"冰川"，时间、空间上的顺承。

"风杼秋期至，鼋舟野望开。"（《七夕泛舟二首》其二）意谓七月七日到了，鼋舟开出来了，时间顺承。

"捐生不肯拜，视死忽若休。"（《咏史四首》其四）写朱云的豪侠英雄气概，对生与死的态度，逻辑顺承。

"追奔瀚海咽，战罢阴山空。"（《结客少年场行》）写豪侠追击敌人到瀚海要地，战斗结束了，阴山为之一空，时间、空间和事理顺承。

"横行徇知己，负羽远从戎。"（同上）这两种行为既有空间又有逻辑上的顺承关系。

"敷诚归上帝，应诏佐明君。"（《赠李荣道士》）句写李荣天上向上帝陈述忠诚，地人间应诏辅佐明君，事理顺承。

"丁年游蜀道，斑鬓向长安。"（《早度分水岭》）时间、空间顺承。

"徒费周王粟，空弹汉吏冠。"（同上）谓徒食朝廷俸禄和白白做官，语意顺承。

"由来弃铜墨，本自重琴樽。"（《三月曲水宴得樽字》）"由来""本自"时间、语意顺承。

"高情邈不嗣，雅道今复存。"（同上）"邈""今"表示过去与现在，时间顺承。

"长怀去城市，高咏狎兰荪。"（同上）诗赞宴会主人情怀高远，远离城市，诗歌格调高远，亲近芳草。逻辑事理顺承。

"夕济几潺湲，晨登每惆怅。"（《奉使益州至长安发钟阳驿》）"夕""晨"写出时间的连续，时间顺承。

"丹唇间玉齿，妙响入云涯。"（《和王奭秋夜有所思》）指王奭的诗作被乐而唱，歌者轻启丹唇、缓动玉齿，美妙的歌声飘入云涯。事理顺承。

"晨攀偃蹇树，暮宿清冷泉。"（《于时春也慨然有江湖之思寄此赠柳九陇》）"晨"、"暮"跨越一天，时间顺承。

"三秋违北地，万里向南翔。"（《同临津纪明府孤雁》）时间、空间顺承。

"陇云朝结阵，江月夜临空。"（《送郑司仓入蜀》）时间顺承。

"怅别风期阻，将乖云会稀。"（《还赴蜀中贻示京邑游好》）现在与将来，时间顺承。

"事去纷无限，愁来不自持。"（《山行寄刘李二参军》）"事去"、"愁来"，时间顺承。

"寒辞杨柳陌，春满凤凰城。"（《首春贻京邑文士》）时间、事理顺承。

"朝骖五城柳，夕宴柏梁杯。"（《赠许左丞从驾万年宫》）时间、空间顺承。"柏"与"百"谐音，与"五"构成借音对。

"涧户无人迹，山窗听鸟声。"（《羁卧山中》）事理顺承。

"夜伴饥鼯宿，朝随驯雉行。"（同上）时间顺承。

"鹏飞俱望昔，蠖屈共悲今。"（《酬张少府柬之》）"今、昔"时间顺承。

"地接神仙涧，江连云与岑。"（同上）空间顺承。

"古苔依井被，新乳傍崖流。"（《过东山谷口》）时间、空间顺承。

"日暮餐龟壳，天寒御鹿裘。"（同上）事理顺承。

"蓟北三千里，关西二十年。"（《送幽州陈参军赴任寄呈乡曲父老》）写诗人先后离开家乡与京城，空间、时间顺承。

"故人当已老，旧垄几成田？"（同上）由故人想到旧垄，事理顺承。

"红颜如昨日，衰鬓似秋天。"（同上）对句说的是"如今衰鬓似秋天"，时间顺承。

"西蜀桥应毁，东周石尚全。"（同上）由此想到彼，逻辑顺承。

"塞云初上雁，庭树欲销蝉。"（同上）由此及彼，逻辑、空间顺承。

"金曹初授拜，玉地始含香。"（《哭金部韦郎中》）"初、始"时间顺承。

"歌筵长寂寂，哭位自苍苍。"（同上）事理顺承，写韦郎中死后的情景。

"缔欢三十载，通家数百年。"（《哭明堂裴主簿》）时间顺承。

"客散如秋叶，人亡似夜川。"（同上）由"客散如秋叶"的思考而生发出"人亡似夜川"的感慨，逻辑事理顺承。

"已陪东岳驾，将逝北溟鲲。"（《同崔录事哭郑员外》）"已陪"写过去，"将逝"预测未来，时间顺承。

"夜台无晓箭，朝奠有虚尊。"（同上）"夜"、"朝"，时间顺承。

2. 因果关系：出句写出心理、行为或事态产生的原因，对句写出心理、行为或事态本身。

"累宿恩方重，穷秋叹不深。"（《宿玄武二首》其二）因为主人累夕留宿的恩情重，所以尽管时值深秋，诗人也没有因季节变换而生出的深深哀叹。

"稍觉真途近，方知人事劳。"（《游昌化山精舍》）诗人要到坐落在山顶的佛寺一游，距离越近，越觉清幽绝俗，这才知道人事烦劳。因"真途近"而"知人事劳"。

"九州四海常无事，万岁千秋乐未央。"（《登封大酺歌四首》其一）因天下常无事，所以人们才能长时间安享欢乐。"九州四海"与"万岁千秋"又构成句中对。

"千年圣主应昌期，万国淳风王化基。"（《登封大酺歌四首》其四）因为有了应昌盛兴隆之期而降临的千年圣主，所以才有了君王的德化之基——天下敦厚朴质的风俗。

"他乡共酌金花酒，万里同悲鸿雁天。"（《九月九日登玄武山旅眺》）同在他乡，共饮菊花酒，更加思乡，所以对着鸿雁高飞的远天而产生思念家乡的共同悲苦。

"匈奴几万里，春至不知来。"（《梅花落》）出句中"匈奴"

是"与匈奴相距"之意，修饰"几万"，对句中"春至"是"春天到了的时候"，修饰"不知"；"几万"是形容词，与动词"不知"可以相对；"里"是名词，"来"是指"来人"，可看作是名词性词组。所以，构成宽对。意思是因为匈奴之地相隔万里之遥，所以春天来了，良人不来。

"应须驻白日，为待战方酣。"（《战城南》）先写结果，后写原因，意思是因为战斗正进行得激烈，所以应该让白日停下。

"高车勿遽返，长袖欲相亲。"（《益州城西张超亭观妓》）诗的前三联写歌舞之美，此为尾联，说客人不要急于离开，因为美人还有亲近之意，因果倒置。

"今朝好风色，延瞰极天庄。"（《至陈仓晓晴望京邑》）因为今天早晨的好天气，所以登高远望能看到天空的尽头。

"联翩事羁靮，辛苦劳疲恙。"（《奉使益州至长安发钟阳驿》）因为像鸟儿一样连续不断地骑马赶路，以至于辛苦劳累而生病了。

"无由召宣室，何以答吾君？"（《至望喜瞩目言怀贻剑外知己》）谓从来没有被皇帝召见重用，所以没有什么来报答君主的，反问加强语气。

"离言欲赠策，高辩正连环。"（《绵州官池赠别同赋湾字》）因为高辩连环不休，使友人赠策的离别之言也没有机会说出。

"林壑人事少，风烟鸟路长。"（《初夏日幽庄》）因为林壑之中人事少，所以鸟路才如风烟悠长。

"览镜改容色，藏书留姓名。"（《首春贻京邑文士》）因览镜而知岁月迁逝，所以想到撰写著作能够留名于后世。

"寥落百年事，徘徊万里忧。"（《晚渡渭桥寄示京邑游好》）因为功业无成而生浓郁的忧愁。也可以解释为事理顺承。

"途遥日向夕，时晚鬓将秋。"（同上）因为看到路途遥远而天色已晚，而生发岁月迁逝之悲。也可以解释为事理顺承。

"滔滔俯东逝，耿耿泣西浮。"（同上）看着东逝之水滔滔而去，不禁为自己向西漂浮而哭泣。也可以解释为事理顺承。

"一赴清泥道，空思玄灞游。"（同上）诗人一踏上入蜀的道路，就只剩下徒然思念游玄灞的日子了。"空"有"无"的意思，与"一"构成借意对；"清"与"青"谐音，与"玄"构成借音对。

"卧壑迷时代，行歌任死生。红颜意气尽，白璧故交轻。"（《羁卧山中》）两联皆为因果关系，因为隐居、病老，而被世人遗忘抛弃。

"始觉飞尘倦，归来事绿畴。"（《过东山谷口》）因觉如飞尘一般的仕宦生活疲倦，所以归隐林下。

"岁时宾径断，朝暮雀罗张。"（《哭金部韦郎中》）因宾客不来而导致门庭冷落。

"如何万化尽，空叹九飞魂。"（《同崔录事哭郑员外》）意思是为什么万物变化终归有尽，令我在此空叹你溘然长逝、永远归去了。因万物有尽，所以你生命也有尽。

"一代儒风没，千年陇雾昏。"（同上）因郑员外去世，他的一代儒风从此消逝，所以令千年陇雾昏暗。

"仆本多泪客，沾裳不待猿。"（同上）因作者本来就是多悲哀的人，所以不用听到玄猿悲啼就会泪沾衣裳。

3. 递进关系：对句表述的意思比出句推进一层，由小到大，由浅入深，由巨到细。

"繁弦绮席方中夜，妙舞清歌欢未归。"（《登封大酺歌四首》其二）写音乐与华筵持续了整整一个夜晚，而妙舞清歌还没有尽欢。写出天子封禅的热闹与欢乐。"繁弦绮席"与"妙舞清歌"构成句中对。

"劳思复劳望，相见不相知。"(《望宅中树有所思》) 思念与盼望多么伤神，结果既不能相见，也不相知。情绪上递进一层。"劳思"与"劳望"，"相见"与"相知"构成句中对。

"沾裳即此地，况复远思君。"(《巫山高》)"沾裳"，《水经注·江水》记："每至晴初霜旦，林寒涧肃，常有高猿长啸，属引凄异，空谷传响，哀转久绝。故渔者歌曰：'巴东三峡巫峡长，猿鸣三声泪沾裳。'"这种地方已足令人落泪，更何况诗中主人公正在思念远方的君子。

"芳树本多奇，年华复在斯。"(《芳树》) 写芳树本来就多奇色，更何况又值美好的年华，为展开写芳树之美好作铺垫。

"到愁金谷晚，不怪玉山颓。"(《辛法司宅观妓》) 出句对句句意颠倒，不怪人已大醉，反倒为在金谷园中的欢聚的时间已晚而发愁，情绪上更进一层。

"年华已可乐，高兴复留人。"(《春晚山庄率题二首》其二) 年华令人高兴，加上主人的兴致更高，更来挽留客人，宾主尽欢。

"百金孰云重，一诺良非轻。"(《咏史四首》其一) 意思是一诺比百金还要重，人物气度上递进一层。

"不受千金爵，谁论万里功。"(《结客少年场行》) 出句写少年侠客的行为高标，对句写他胸襟气度，递进一层。意思是连千金之爵都不受，谁还去计较万里征战之功？

"锦节衔天使，琼仙驾羽君。"(《赠李荣道士》) 李荣是皇帝的使者，连驾车的都是仙女，对李荣道士的尊贵身份进行更进一层的烘托。

"天子何时问，公卿本不怜。"(《于时春也慨然有江湖之思寄此赠柳九陇》) 意思是公卿本不同情，天子又何时过问过？情绪上更进一层。

"别意还无已，离忧自不穷。"(《送郑司仓入蜀》) 离忧别意越来越浓。

"时来不假问，生死任交情。"（《首春贻京邑文士》）方逢其时的友人诸君，顾不上问候自己，任凭曾有多么深厚的交情。对于世态炎凉是深一层的感叹。

"度溪犹忆处，寻洞不知名。"（《羁卧山中》）对远离人世的隐居生活的进一层描写。

"珠浦龙犹卧，檀溪马正沈。"（《酬张少府柬之》）谓张柬之如檀溪的马正受困厄，如珠浦的龙还没有腾飞，情感意绪递进一层。

"桃源迷所处，桂树可淹留。"（《过东山谷口》）在桃源中迷失是美事一桩，更有桂树可共君子淹留。

"迹异人间俗，禽同海上鸥。""野老堪成鹤，山神或化鸠。""不辨秦将汉，宁知春与秋？"（同上）这三联均为递进关系，在事义上递进。

"冯唐犹在汉，乐毅不归燕。"（《送幽州陈参军赴任寄呈乡曲父老》）以乐毅、冯唐离开家国自比，情绪上递进。

"翻同五日尹，遽见一星亡。"（《哭金部韦郎中》）如同只做了五日的京兆尹，就突然地如同一颗星宿消亡了。情绪上递进。

"故琴无复雪，新树但生烟。""遽痛兰襟断，徒令宝剑悬。"（《哭明堂裴主簿》）两联均为情感上的递进一层，更增加了悲伤色彩。

"闻君绝弦曲，吞恨更无言。"（《同崔录事哭郑员外》）其上一联为"仆本多泪客，沾裳不待猿"，本已悲不自持，此联意思是听到崔录事的悼亡诗，更加令人吞恨无言了。情感递进。

4. 假设关系：出句提出假设，对句写出结果。

"倘遇鸾将鹤，谁论貂与蝉？"（《于时春也慨然有江湖之思寄此赠柳九陇》）鸾与鹤，皆传为仙人所乘，汤惠休《楚明妃曲》云："骖驾鸾鹤，往来仙灵。"貂与蝉，皆古代王公显官冠上之饰物，始于汉代武官，后世代指达官显贵。意思是倘能成仙，谁念爵禄？

"愿得回三舍，琴樽长若斯。"（《宴梓州南亭得池字》）作者希望太阳能够退回三舍之地，如果这样，那么就得以与友人更长时间地享受琴樽若此的潇洒冲淡的时光了。

5. 转折关系：对句没有顺着出句的意思去说，而是发生了逆转，这一点与其他形式不同，但对句与出句仍然是"流水"的关系，只不过不是"顺流"，而是"逆流"。

"不辞横绝漠，流血几时干？"（《紫骝马》）意思是紫骝马（代指战士）不怕战事艰辛凶险，可是战争什么时候才能停止呢？传达出边庭战士的厌战反战思想。

"万里同为客，三秋契不凋。"（《还京赠别》）自己与蜀地的朋友虽然同在客中、离家万里，但是彼此之间的友谊却如松柏常青，历三秋而不凋。

"劳歌欲有和，星鬓已将垂。"（《和王奭秋夜有所思》）正想为你唱和别离之歌，却因白发已生而心生迁逝之感。

"如何正此日，还望昔多违。"（《还赴蜀中贻示京邑游好》）此联为颔联，首联描写"御宿花初满，章台柳向飞"的美丽春天景象，所以作者感叹，为什么在这样美好的时刻，却还要与朋友分别使人不快呢？

"狂歌欲叹凤，失路反占龟。"（《山行寄刘李二参军》）行为转折。

"紫书常日阅，丹药几年成？"（《羁卧山中》）诗人虽然每天研究道教典籍，可是丹药却一直练不成，反问加强语气。

"谁谓青衣道，还叹白头吟。"（《酬张少府柬之》）意思是谁想到诗人与张柬之十年之后，相逢蜀中，却还在悲叹功业无成、年华迁逝？

"重以瑶华赠，空怀舞咏心。"（同上）您（张柬之）又赠我美好的诗篇，而我却只剩下空怀向往自由生活的一颗心了。

"贺客犹扶路，哀人遂上堂。"（《哭金部韦郎中》）前来祝贺韦郎中升迁的客人有的还在路上，而哀悼他的人却已经上堂拜祭了，事情的转折令人难以接受，增强情感的浓度。

"始谓调金鼎，如何掩玉泉？"（《哭明堂裴主簿》）开始认为你的才能能够位列宰辅，可为什么你却身赴冥府？思想与现实的巨大反差而造成的转折。

三、卢照邻"流水对"大量使用原因

除了上面 131 联流水对，卢照邻律体创作中还有一部分流水句式，此不再列出。它们或因声调或因语法而不成对仗，所以成为"不对"的流水句式。这也说明流水对发展成熟过程中，存在这样的现象。

"流水对既有均齐之美，又自然而不呆板，意思联贯而下并不损害内容，所以是很好的对偶。"① 由于"流水对"同时具备诸般好处，所以历来被人们视为"佳对"，相应的，其创作难度也是不言而喻的。所以从"流水对"的使用情况，也可以使我们看到一个诗人对于对仗技巧的艺术功力。作为初唐的诗人，卢照邻自当在此列。

但是，卢照邻同时代的诗人使用"流水对"情况如何，由于笔者时间、精力的限制，暂不在本论文考察范围之内。所以，探讨其使用流水对的原因，只能从诗人本身的角度去寻找，自然未免单弱。

---

① 周振甫著：《诗词例话》，中国青年出版社 1962 年版，第 189 页。

卢照邻大量使用"流水对"，和他自觉的美学追求以及致力于律体诗创作分不开。首先，卢照邻在文学创作中，推崇飞动、流动的美。他在《驸马都尉乔君集序》中说"陆平原龙惊学海，浮天泉以安流；鲍参军鹤骞文场，代黄金之平埒。"在《南阳公集序》中说："北方重浊，独卢黄门往往高飞；南国轻清，惟庾中丞时时不坠。"可见，他赞美的作家风格皆有共通之处：飞动之美。"逶迤绰约，如玉女之千娇"（《南阳公集序》）推崇的也是流动之美。卢照邻在《释疾文·粤若》中对自己的文章也以此自诩："下笔则烟飞云动，落纸则鸾回凤惊"。其次，对于声律，卢照邻在肯定天然声律的同时，肯定人为声律的魅力。《南阳公集序》云："邺中新体，共许音韵天成"，"妙谐钟律，体会风骚。"又说："八病爰起，沈隐侯永作拘囚；四声未分，梁武帝常为聋俗。后生莫晓，更恨文律烦苛；知音者稀，常恐词林交丧。"《乐府杂诗序》赞美侍御史贾君："霜台有暇，文律动于京师。"

正是因为有了自觉地理论追求，所以卢照邻的创作实践就体现出了这种自觉性。上文中笔者论述了"卢照邻山水诗的动态美"，可以看出卢照邻对诗歌流动之美的主动追求；当他把这种追求运用到律体诗的创作中去的时候，"流水对"作为具备流动之美的对仗形式必然成为卢照邻的选择。

卢照邻律体诗中"流水对"的大量使用，正是卢照邻致力于格律诗创作的表现；而且，对这种难度较高的对仗形式的熟练运用，又是卢照邻艺术功力颇高的表现。

第七节　高歌浅唱总关情
——卢照邻诗歌真情之抒发

我们知道，卢照邻诗歌所涉题材广泛，除了以上各个小节中论述的边塞诗、咏史咏怀诗、山水田园诗和下一章节中即将论述的咏物诗，卢照邻的诗歌还包括大量的酬赠送别诗和一部分爱情诗、悼亡诗等。在这些诗歌里，卢照邻用饱含真情的笔墨，歌咏了人间真情。具体说，通过这些诗歌，诗人让我们看到了他对亲情、爱情、友情、怨情的抒发，从而为我们认识卢照邻重情重义的人格提供了形象资料，也为他重"情"之抒发的理论找到了创作实践的依据。

一、深沉的亲情

卢照邻对于亲人有着深沉而朴素的情感，这是他从小所受的家庭熏陶所致。上文卢照邻家世生平考一章中，论述了其在父爱母慈的家庭环境中度过了一个幸福的童年。卢照邻在其父母爱的熏陶下，自然而然地形成了重视亲情的情结。

表现亲情的诗歌有《送二兄入蜀》《奉使益州至长安发钟阳驿》两首。

《送二兄入蜀》是写给他的兄长的。《奉使益州至长安发钟阳驿》是怀念亡妻的。在卢照邻现存诗歌中，却没有写给自己父母子女的，但我们并不能据此认为卢照邻亲情淡薄。相反，这恰恰说明，对父母之爱，是最深沉的，只因这爱负载了太多的歉疚和遗憾，变得沉重而痛心，已无法用言语表达，更无法用诗歌表述。卢照邻的父亲既严且慈：他对卢照邻的出生充满了欣喜、寄寓了美好的愿望。"皇考庆余以弄璋兮，肇赐予以嘉词，名余以照邻兮，字余以升之。"（《释疾文·粤若》）他又是忙着庆贺弄璋之喜，又是忙着给儿子起好名定好字。他非常重视对卢照邻的早期教育，让他"阅礼而闻诗"，并对他的未来寄予了厚望，在卢照邻长到十余岁的时候，就让他远赴南方，求名师、修学问，可称"严父"。他在世时，家中有"良贱百口"，而后来"自丁家难，私门弟妹凋丧，七八年间货用都尽。"（《寄裴舍人诸公遗医药直书》）卢照邻对父亲的感情是非常深厚的，父亲的去世，给卢照邻带来了沉重的打击："自尔丁府君忧，每一号哭，涕泗中皆药气流出，三四年嬴卧苦嗽，几至于不免。"（《与洛阳名流朝士乞药直书》）丧父之痛，在三四年间这样很长的时间里，丝毫不能减轻，以至于痛病交加，几乎断送了自己的性命，到最后，卢照邻的病越来越厉害，丧父之痛恐怕是一个很重要的因素。对父亲的歉疚之情，也折磨着卢照邻的内心，父亲对卢照邻从小就寄予了重振家声的厚望，而直到父亲去世，卢照邻不但无法实现父亲的这一愿望，还贫病交加，拖累家里。对此，卢照邻的内心是相当痛苦的。可见，卢照邻对父亲的感情是复杂的——深厚、朴素、痛楚、歉疚。卢照邻的母亲，更是一位无私的伟大母亲。父亲去世后，卢照邻家家道中落，然而，母亲并没有放弃对卢照邻疾病的救治。在《寄裴舍人诸公遗医药直书》中，卢照邻记述："余不幸遇斯疾，母兄哀怜，破产以供医药"，言语简单，却把一位无私慈母和仁慈兄长不遗余力的救助表现得感天动地而又悲壮无比。对于这位慈母何时去世，卢照邻不但诗中没有反映，连文中亦无片言记载，莫非是白发人送黑发人，不可知。如果是这样，一直到赴死的卢照邻对母亲的歉疚更是成为永远的痛了。因为痛太深、爱太重，以至于无法提笔来表述这种感情，这也许就是卢照邻对父母亲未曾题诗的真正原因。

按《旧唐书》本传，卢照邻有兄一人，字杲之，名光乘："亦知名，长寿中为陇州刺史。"卢照邻记其为人风流儒雅，如一代之和玉，才比管仲、乐毅、子游、子夏。然而，如此有才能的人却也是长期沉沦下僚，做着县掾一类的小官，《与洛阳名流朝士乞药直书》、《寄裴舍人诸公遗医药直书》中分别记有"兄弟禄薄"、"兄弟薄游近县"之语，供职之地当在京兆府或河南府属县，即畿县，后卢照邻在《五悲·悲才难》中，为之做不平之鸣："以方圆异用，遭遇殊时，故才高而位下，咸默默以迟迟。青青子衿兮时向晚，黄黄我绶兮鬓如丝。昆兮何责？坐乾封兮老矣……"可见，杲之又任京兆府乾封县掾。至长寿中为陇州刺史时，卢照邻已撒然人寰。卢照邻与光乘的兄弟情分也是极好的。《寄裴舍人诸公遗医药直书》中，卢照邻记述："余不幸遇斯疾，母兄哀怜，破产以供医药"，这位兄长也是及其爱护卢照邻的。卢照邻《送二兄入蜀》中"二兄"不知是否光乘，因为卢照邻之兄长只有一人，但按唐人称弟兄排行，是将同曾祖的兄弟计入序列的，故诗中"二兄"并不排除乃是光乘的可能。诗云：

> 关山客子路，花柳帝王城。此中一分手，相顾怜无声。

　　诗用五绝写出，此诗体最适合表达含蓄蕴藉之情。诗歌开头，即用唐人送别诗常用笔法，一笔两写，拓展时空，为全诗展开了一个阔大的境界。诗人首先想到的是，兄长所去之处是遥远的关山，路途艰险，"客子路"，包含了诗人对兄长在路上要饱受颠沛之苦的担心与惦念；而诗人所居之地"花柳帝王城"，一派春光明媚、气势非凡。这种对举不但没有减轻诗人的担心、双方的离别之痛，反而让诗人有了人事不如花草的心态，乐景哀情，反增其哀。傅道彬、陈永宏在《歌者的悲欢》一书中，曾这样解读"花柳帝王城"一句："又有为兄长毕竟是去一个花柳繁华之地而喜上眉梢、喜不自禁……"[①] 笔者认为欠妥。这种解读，首先抹去了一笔两写的表现手法，境界的阔大为之减弱。对比一下王勃《送杜少府之任蜀州》开头一联："城阙辅三秦，风

---

　　① 傅道彬、陈永宏：《歌者的悲欢——唐代诗人的心路历程》，河北大学出版社2001年版，第52页。

烟望五津"，同样是一笔两写，先写自己所居之地，同写朋友欲赴之所，从而开拓出了一个无比广阔的空间。卢照邻在其他送别诗中也多用此笔法，《西使兼送孟学士南游》开头："地道巴陵北，天山弱水东"，一写友人所去之地，一写自己欲赴之所，这样的开头为全诗营造了一个开阔的境界。这样的写法在卢照邻的送别诗中很常见，可见是卢照邻的有意追求。又如《送梓州高参军还京》首二句："京洛风尘远，褒斜烟雾深。"《大剑送别刘右史》开头："金碧禺山远，关梁蜀道难。"《送郑司仓入蜀》开头："离人丹水北，游客锦城东"等等。其次，情感的悲伤色彩也大打折扣。因为这首诗的情感基调是悲愁的，"相顾怜无声"给全诗定调，也不似王勃"无为在歧路，儿女共沾巾"那种昂扬与乐观。所以，笔者认为，"花柳帝王城"一句，是写诗人所居之地，而非二兄欲赴之所。

这首诗的结尾二句，语言朴素明白，却蕴含了丰厚的情感。这里也是一笔写两人，二人虽在花柳繁华的帝王城分别，然而因为二人均才高位下、有着相同的不遇之悲，所以分别在即，二人产生了相同的情感：相互怜惜而互为对方渺茫的前途担忧，加上离别的伤悲，分明心中有万语千言，却"相顾怜无声"，诗歌以"无声"收住，不但适合表达深沉的情感，还给读者留下了一个能够充分发挥想象的空间，使诗歌余味无穷，从而实现了卢照邻"思无停趣"的审美境界。

《奉使益州至长安发钟阳驿》一诗是怀念妻子的。李云逸据诗中"谁念复刍狗，山河独偏丧"，认为此时照邻妻子新丧，并将此诗系年为显庆三年即六五八年作，出使益州之时，卢照邻年24岁。笔者认为，卢照邻初次入蜀的时间就在龙朔元年（661）（见上文卢照邻家世生平考），因而此诗当作于此时。

据卢照邻《哭明堂裴主簿》"潘杨称代穆，秦晋忝姻连"，卢照邻妻族应为裴姓，裴氏女子看来在卢照邻很年轻的时候就死去了，可能也没有给卢照邻留下子嗣。古时婚姻皆是父母之命、媒妁之言，谈不上什么爱情，卢照邻与妻子之间应该更多的是亲情。我们从《奉使益州至长安发钟阳驿》诗中"夕济几溙溙，晨登每惆怅。谁念复刍狗，山河独偏丧"，能够体味出诗人那失去妻子的悲痛和孤独，他认为自己就像草芥一样无依无靠了。在之后的人生岁月里，卢照邻没有再娶，直到最后在蜀中的日子里，卢照邻遇到了自己的红颜知己——郭氏，并准备迎娶，但因为自己病重，终未能做到。所以，卢照邻对妻子的亲情也是深厚的。

至于郭氏，曾为卢照邻生下一子，却又不幸未能成活。至于卢照邻有无子息，他自己只字未提，史料更是不见记载。对那个夭折的幼子，卢照邻可能根本不曾知晓。所以，他的诗中，没有关于子女的内容。呜呼，可叹可怜！

二、浓浓的乡情

亲情的扩展，就是对乡情的看重。在很大程度上，思乡就是思亲。当自己和亲人都已离开家乡，对曾经生活过的家乡的热土，就更会产生一种化解不开的思念情愫。《陇头水》、《王昭君》、《山行寄刘李二参军》、《赠益府群官》、《送幽州陈参军赴任寄呈乡曲父老》、《九月九日登玄武山旅眺》等六首诗歌表现了浓浓的思乡之情。

眷恋乡土之心，人皆有之。"中国社会传统的农耕生活背景和历代统治集团尚农重农的政策导向造成汉民族安土重迁、安居乐业的群体意识，而这样的一种集体意识在历史发展的长河中又渐次孵化出植根于农业生产的勤劳守成的浓重的乡土情蕴。"[1]

---

① 何方形：《唐诗审美艺术论》，浙江大学出版社2007年版，第295页。

卢照邻自不例外，当离家日久、功业无成、蹉跎岁月的诗人，身在羁旅，当那身世的不幸、精神的创痛、不遇的悲哀一起袭来的时候，思归故土的情愫是那样浓郁，仿佛诗人心灵深处的忧伤与凄凉得到了化解。

《陇头水》与《王昭君》，借征人与历史人物来抒发思乡之情，把思乡与君主联系起来。《陇头水》借征人之口，对造成思乡之苦的原因进行了反思："从来共呜咽，皆是为勤王。"《王昭君》则把思乡与恋阙融为一体，尽管君恩日薄，然其思归、思念国家之情不减："愿逐三秋雁，年年一度归"，把思乡之情提高到了爱国的层次。两诗相同的是那思归的痛苦、乡思的浓郁。"关河别去水，沙塞断归肠。马系千年树，旌悬九月霜。"（《陇头水》）征人何其孤独凄凉、思归令人欲断肠。"肝肠随玉辇，形影向金微。汉地草应绿，胡庭沙正飞。"（《王昭君》）同样的肝肠寸断、形只影单，以及王昭君对家乡与家国割舍不断的惦念。

《山行寄刘李二参军》、《赠益府群官》、《送幽州陈参军赴任寄呈乡曲父老》、《九月九日登玄武山旅眺》，抒发的是作者思乡思归、思乡恋阙之情，多直抒胸臆，情感愈发动人而浓郁。

> 万里烟尘客，三春桃李时。事去纷无限，愁来不自持。
> 狂歌欲叹凤，失路反占龟。草碍人行缓，花繁鸟度迟。……
> 安知倦游子，两鬓渐如丝。（《山行寄刘李二参军》）

异乡的三春桃李，也不能化解万里之外游子的思乡之愁，因世事多烦恼，空有高才而不遇于时、沉沦下僚而郁郁不得志，种种不幸加深了诗人的思乡之情，以致使他那忧愁难以控制。思乡的愁苦压在心底如同一块石头，让诗人的脚步与鸟儿一样变得迟缓如同生了病。所以这一切，都是因为游子两鬓已经斑白，心灵已经极度疲惫，却还是无法踏上归乡的路。

《九月九日登玄武山旅眺》表达的也是浓浓的化解不开的思亲、思归之情：

> 九月九日眺山川，归心归望积风烟。他乡共酌金花酒，万里同悲鸿雁天。

九月九日，乃是与家人登高、饮酒、赏菊花的团圆日子，异乡的游子，一遇这种日子，更加悲不自持。与友人登高一眺，望的是家乡的方向，然而乡关遥遥不可企及，只有越来越多的风烟满目。人在他乡，也要举起酒杯，但是悲伤却随着家乡方向自北而来的鸿雁延展了万里之遥的整个天空。悲情化入了万里长空，可谓浓得再也化不开了。

这一天，与卢照邻同题作诗的还有两位诗人，王勃和邵大震。王勃诗云：

> 九月九日望乡台，他席他乡送客杯。人今已厌南中苦，鸿雁那从北地来？

邵大震诗云：

> 九月九日望遥空，秋水秋天生夕风。寒雁一向南飞远，游人几度菊花丛？

邵大震诗只是一般地写景，抒发友人相聚的难得之情。王勃诗同卢照邻诗一样，表达了游子思乡之情。然而，王勃因为刚入蜀地，其思乡之痛显然没有那么深切，所以在诗中只是说别人（指卢照邻）已经厌倦了南中之苦，而自己为什么却从北地来了？其被逐的忧愤大于思乡的情感。两诗相比，卢照邻诗歌中那思归思乡之急切、不能归乡之痛楚，情思之浓郁，自非王勃诗能比。

《赠益府群官》为五言二十六句长诗，诗人把漂泊异乡的疲惫、孤标傲世的个性、被君主朝廷重用的理想、思念故乡的痛苦和时时不忘的报国壮志交融在一起，格外悲壮。诗云：

> 一鸟自北燕，飞来向西蜀。单栖剑门上，独舞岷山足。
> 昂藏多古貌，哀怨有新曲。群凤从之游，问之何所欲。
> 答言寒乡子，飘飘万里余。不息恶木枝，不饮盗泉水；
> 常思稻粱遇，愿栖梧桐树。智者不我邀，愚夫余不顾。
> 所以成独立，耿耿岁云暮。日夕苦风霜，思归赴洛阳。
> 羽翮毛衣短，关山道路长。明月流客思，白云迷故乡。
> 谁能借风便，一举凌苍苍？

诗人把朋友比作群凤，无疑他自己这只来自北燕的鸟儿也是凤鸟，这只凤鸟，有着异常高洁的情志，但时不我遇，诗人空怀着一腔报国之志、徒劳地蹉跎了岁月，在耿耿难平的怨愤之中，岁月已晚。在日夕风霜的摧残之下，诗人于是更加思念故乡"思归赴洛阳"。可是归乡的路，却是那般的漫长而艰难，这无疑更加深了诗人的思乡之痛："明月流客思，白云迷故乡"，仰头望天，明亮的月光，流淌的都是游子的思乡之痛；漂泊的白云，让自己迷失了故乡的方向，游子的心，如白云般彷徨。结尾二句，诗人无奈但并不灰心，他情不自禁地呼喊：何时有好风凭借力，使我一举高飞，返回故乡、实现理想？

此诗思乡之痛、不遇之悲，交互纠缠，难解难分，将个人之痛系于报国之志，格调悲而不弱，悲壮感人。

《送幽州陈参军赴任寄呈乡曲父老》也是一首长诗，为五言二十句，诗中在抒发思亲望归的热切之情时，仍然不忘忠君恋阙，只是比《赠益府群官》来得含蓄，读来一样打动人心。诗云：

> 蓟北三千里，关西二十年。冯唐犹在汉，乐毅不归燕。
> 人同黄鹤远，乡共白云连。郭隗池台处，昭王樽酒前。

　　故人当已老，旧壑几成田？红颜如昨日，衰鬓似秋天。

　　西蜀桥应毁，东周石尚全。灞池水犹绿，榆关月早圆。

　　塞云初上雁，庭树欲销蝉。送军之旧国，挥泪独潸然。

诗歌一开头，就从空间的遥远、时间的长久两处落笔，为思乡之情拓展了宏深阔大的境界，使这种感情有了足够负载它的时空。接着四句展开离乡之思，先用历史上是自己同乡的冯唐、乐毅离乡去国的故事作典，来衬托自己漂泊他乡的经历；后用比喻直抒诗人思乡之愁，故乡的人如同远飞的黄鹤那么遥远无踪迹，故乡之地远在天边与白云相连。"郭隗池台处"以下四句，诗人的情思飞到了故乡，故乡有郭隗的池台、燕昭王之旧迹；由地及人，那些旧相识们应该都老了吧？那故乡的山水田园不知变了多少模样？诗人对故乡、故人的惦念是那样殷切，思念又是那样浓郁，忧思是那样深广。"红颜如昨日，衰鬓似秋天"，岁月何等不堪回首，仿佛昨天自己还年轻，今天却鬓发衰老有如秋天到来了。这两句诗表面慨叹青春易逝，实为诗人耿耿于自己不能建功报国埋下伏笔。紧接"西蜀桥应毁"，揣度诗人居官之地，"东周石尚全"转入对帝都长安的描写；"灞池水犹绿"先写长安，"榆关月早圆"又写自己所历之地。"尚全"、"犹绿"，写秋天的长安，暗含着诗人对帝都割舍不尽的情感，意为只有帝都长安的物与景，还是完整的、散发着春意。所历之地与帝都长安两次以对句形式出现，也在表明诗人的仕宦途中，无论在哪里，诗人的心，始终不忘君国朝廷。至此，思亲之情已升华为忠君恋阙的爱国之情。"塞云初上雁"结尾四句，前两句景物描写，渲染了浓郁的悲凉气氛，为后两句辞别同乡、直抒思乡之痛作了铺陈。"挥泪独潸然"，不但直抒胸臆，而且以情结尾，把诗人那殷殷之情、切切之意表现到极致，千载之下，想见其人，莫不悲而变色。

三、执著的爱情

"得成比目何辞死,愿作鸳鸯不羡仙。"卢照邻在《长安古意》中的爱情宣言,灌注了诗人恳挚的感情,从这里我们可以得知,卢照邻对待爱情的态度是执著的。"中国诗歌中所表现的爱情意识,亦犹如中国诗中所表现的乡关意识,不仅作为极深厚之一种情感资源,而且构成极深邃之一种意义世界。中国诗的爱情题材,亦犹如中国诗的自然题材,其意不止于性爱与自然本身。从自然山水中,中国诗人照见生命情调之雄奇、冲远、绚丽、幽静、高旷、轻盈;从两性情感中,中国诗人敞亮心灵世界之温馨细腻、忠贞无畏,浪漫与感伤,渴望与执著。家乡、自然、爱情,犹如通往中国文人精神价值的一扇扇明亮之窗。"① 同样的,解读卢照邻的爱情诗,有助于我们对卢照邻之人格进行再认识。

对爱情的执著和对恋人刻骨铭心的思念,表现在描写自己的恋情诗《怀仙引》、《望宅中树有所思》和《江中望月》里。而在以女子口吻叙写恋情的诗《巫山高》、《芳树》、《折杨柳》、《梅花落》里,则表现了作者对女性的一份体贴与尊重。

虽然卢照邻也曾听歌看舞、诗酒风流,但是对待感情上,他显然带有燕赵文化中那质朴实在的一面,这从他年轻丧妻之后,很长时间没有再娶,直到在蜀地后期遇到自己的红颜知己郭氏并与之倾情相恋、约为婚姻的经历中即可看出。在对郭氏女子的爱情上,卢照邻并不像骆宾王说的那样薄幸,他是投入了真情的,并且是非常郑重的。但是为什么在自己的作品中,对此从未提及且从未为自己辩驳呢?这应该与卢照邻的性格有关,他性格中质实的一面,导致他对自己无法兑现的承诺心怀歉疚,尽管这并非

---

① 胡晓明:《中国诗学之精神》,江西人民出版社 2001 年第 2 版,第 183 页。

他主观意愿所致，但卢照邻宁愿承担了这份来自骆宾王的谴责。笔者在卢照邻生平考中，对卢照邻因病重，不能迎娶郭氏已有详论。这里再简单勾勒一下。卢照邻与郭氏女子相恋，应在任新都尉后期，骆宾王《艳情代郭氏赠卢照邻》一诗，写于咸亨四年（673）的春天。① 诗中云："谁分迢迢经两岁，谁能默默待三秋？"可见其时卢、郭分别已有二年。自咸亨二年初到咸亨四年春，正好两年。而辞别郭氏以后，自三月开始，卢照邻一直与王勃在一起。当初，卢照邻一定是计划先回洛阳，再迎郭氏，岂料与王勃同回长安参选之后，（见第二章第一节）患上幽忧之疾，天不遂人，亦卢照邻之悲也，而并非如骆宾王所谴责的那样"君住三川守玉人"。当历史得到澄清之后，我们还要感谢骆宾王，若非他的好打不平，就不会留下《艳情代郭氏赠卢照邻》，那我们也就无从知道卢照邻的生命里，还有一份刻骨铭心的真挚恋情，而且，从骆宾王诗中那缠绵悱恻的描写中，我们亦可看到卢照邻与郭氏的爱情确实是两情相悦、共同付出了真情。这就为我们发现卢照邻恋情诗中，作者那对爱情的执著、对恋人的思念，找到了现实的依据。在《五悲·悲昔游》中卢照邻晚年回顾自己一生所历时，有这样的诗句："忽忆扬州扬子津，遥思蜀道蜀桥人。鸳鸯渚兮罗绮月，茱萸湾兮杨柳春。"这都是写诗人人生中的重大经历，卢照邻把少年求学和在蜀地遇到的蜀桥人，对举写出，表明卢照邻写的是影响自己人生的重要事件和情感经历。蜀桥人一定是指郭氏，因为与之对举的扬子津和茱萸湾，都是是指诗人少年求学之地江都，据《嘉庆一统志·扬州府》：扬子津，古津渡名，在江苏江都县南。《江南通志》记："茱萸湾，在江

---

① 傅璇琮：《唐五代文学编年史·初盛唐卷》，辽海出版社1998年版，第224页。

都县东北二十里，吴王濞开茱萸湾，通海陵仓是也。"这是卢照邻回忆自己在江都求学的快乐时光。罗绮无疑指衣着美好的女子，鸳鸯渚虽不详所在，但一定是指与恋人认识或约会的地点，而且是在月下，足够浪漫美好。所以，从此句可以推知，多年以后，卢照邻一直没有忘记自己那蜀中的恋人，并把她永远珍藏在自己的内心深处。

《望宅中树有所思》的盼望团圆。诗写主人公"我"见到自家院子里的合欢树枝繁叶茂、小鸟双栖，想到与自己分别的恋人，望穿双眼、费尽心神，相思不可解，于是诗人设想："何当共攀折，歌笑北堂垂？"什么时候与恋人一起攀折合欢枝，看着她在北堂欢歌笑语？诗人虽写了相思之苦，但对相见之欢的期盼更浓，也许写此诗时，诗人还在憧憬着不久的将来，去迎娶自己的恋人——那位郭氏女子。诗风颇类古诗十九首，纯朴自然而流畅，感情真挚直率。结尾的期盼团圆诗句，使人想起李商隐《巴山夜雨》的结尾："何当共剪西窗烛，却话巴山夜雨时。"卢诗想象的是相聚给爱人带来的欢笑，李诗想象的是二人共同回想此时的相思。同是以诗人想象相聚的情景结尾，余味无穷，两诗有异曲同工之妙。

《江中望月》的缠绵蕴藉。在山水诗一节中，笔者已论述了此诗开阔、明丽的境界。在月光如水、天水同辉的美好夜晚，共沐在同一个月亮之下的相隔千里的两个有情人，共起相思意："延照相思夕，千里共沾裳"了。张九龄"海上生明月，天涯共此时。情人怨遥夜，竟夕起相思"（《望月怀远》）的诗句，写了同样的环境下同样的情感。李商隐以写缠绵悱恻的爱情诗著称，我们看卢照邻以上两首爱情诗中的深情丝毫不弱。这两首诗有一个共同点，就是卢照邻总是在写几之相思时，同时写对方的相思，他这是时刻想着对方的感受，并且深信对方和自己一样思念着、痛苦着。诗中的两个"共"字足可见卢照邻对恋人那份深入骨髓的深厚感情。

如果说上两首诗写的是现实中的相思，那么《怀仙引》则为我们营造了一份如梦如幻的缠绵。恋人的美好、相见的不易、相恋的甜蜜，通通被诗人涂上了一层浪漫的色彩。诗人用骚体诗回环曲折的形式，把这一切写得缠绵悱恻、动人心扉。诗云：

> 若有人兮山之曲，驾青虬兮乘白鹿，往从之游愿心足。披洞户，访岩轩。石濑潺湲横石径，松萝幂历掩松门。下空濛而无鸟，上巉岩而有猿。怀飞阁，度飞梁。休余马于幽谷，挂余冠于夕阳。曲复曲兮烟庄邈，行复行兮天路长。修图香其未办，飞雨忽以茫茫。山块轧，磴连蹇。攀石壁而无据，溯泥溪而不前。向无情之白日，窃有恨于皇天。回行尊故道，通川遍流潦。回首望群峰，白云正溶溶。珠为阙兮玉为楼，青云盖兮紫霜裘。天长地久时相忆，千龄万代一来游。

这无疑是一首怀念恋人的情诗，只不过诗人把心中的恋人化成了笔下的仙人，意味恋人如仙人一般美好曼妙。这从诗歌开头即可看出，开头三句自屈原《山鬼》开头"若有人兮山之阿，披薜荔兮带女萝，既含睇兮又宜笑，子慕余兮善窈窕。"《山鬼》是写人神之恋的爱情诗。更早的《诗经·蒹葭》亦有类似描写："蒹葭苍苍，白露为霜。所谓伊人，在水一方。溯洄从之，道阻且长；溯游从之，宛在水中央。"爱情意识更为明确。所以，与其说《怀仙引》是一首游仙诗，毋宁说它是一首地地道道的怀念恋人的爱情诗。

记忆中的恋人如仙人般美好，她居住的地方更是远离尘世的仙境：洞为户、岩为轩，清水潺潺流过石径、松萝幂历掩盖了松门，家在高山高处，飞鸟也飞不上来，但是有灵巧的猿猴跳跃，这里的环境如此令人神清气爽，因而无限眷恋。接着，诗人的情感又进了一层：诗人的思绪随着离恋人居所的临近，而更加萦绕不已，他怀飞阁、度飞梁，终于来到了恋人的身边。诗人怀着相聚的甜蜜，在幽谷中让马儿休息，夕阳中摘下冠带。然而，相聚总是短暂，回去的道路变得异常艰险而漫长。这很符合诗人约会恋人的心理，相见欢，即将相见时，自然满怀憧憬与欢喜，路远难行不在话下；离别难，心中沉重而痛苦，回去的道路也显得漫长而艰险。所以，诗人把怨恨指向无情的白日和皇天。离别的道路越行越远，诗人一步一回头，一颗心留在了那爱人居住的群峰与白云里。诗歌最后"天长地久时相忆，千龄万代一来游"，把刻骨的相思、执著的爱恋、缠绵的情愫、忠贞的誓言等诸多复杂的感情，放到了一个无限大的空间和时间背景下，弥漫开来，即使岁月流逝，哪怕千龄万代，如天地长久不变的，还是这份刻骨的真情。此情可感天地、泣鬼神，一个薄幸子焉能写出如此诗作！

一曲《怀仙引》，写尽人间未了情，诗中所蕴含的诗人的浪漫与感伤、渴望与执著，被表现得淋漓尽致。

《巫山高》、《芳树》、《折杨柳》、《梅花落》，均以女子口吻叙写恋情，从中透露了作者对女性的一份体贴与尊重。作为一个封建社会的文人，亦难能可贵。

这几首诗已在边塞诗一节中论述，此处只谈作者从女子的角度叙写相思之情，真挚动人。因为诗人写出了女子所特有的情感特点——细腻、娟静、对容颜易逝的担心以及因为具有较强的忍耐力而表现出的含蓄。"沾裳即此地，况复远思君。"（《巫山高》）不说女主人公因相思产生的极端痛苦，而是含蓄地说，人们在此地不免沾裳，更何况思念着远在异乡的他呢。"容色朝朝落，思君君不知。"（《芳树》）担心容颜早逝与思念君子的痛苦交织在一起，粗心的君子，可能还不知道呢。其情思细密而含蓄。《折杨柳》中的女主人公，已经习惯了长久的别离，她在等待中忍耐着岁月一天天流走，只有莺啼时才知又过了一年，柳条变成了绿色，才意识到又一个春天来了。"攀折江安寄，军中音信稀"，也只是有节制的哀叹，她还将这样等下去，这样的等待，更加让人同情。《梅花落》"雪处疑花满，花边似雪回"写得风致娟然，女子有着对美景片刻的欣赏与欣喜，表现了活泼的女主人公对生活的热爱，然而这种热爱也被长久的别离冲走了，君子在万里之外抗击匈奴，纵使春天回来了，他也没有回来的消息。似乎没有埋怨，忧伤也是淡淡的，写出了汉民族女性深明大义和伟大的隐忍精神。惟其如此，她们的思念与惦念别有一番深情。

四、厚重的友情

卢照邻对友人怀有深挚而厚重的情感。主要体现在他的酬赠送别诗和悼亡诗中。由于卢照邻宦游的人生履历，结交朋友也成为他生活中的主要内容；又由于他对友情十分重视，倾注了诗人的深情厚意。所以，无论是与朋友宴饮相聚，还是酬赠唱和、分手送别，更不用说悼念亡友，诗人都留下了诗作。所以，这类诗在卢照邻的诗歌里占了很大比重。笔者统计了一下，这类诗作约计32首，约占诗歌总数的30%，数目是相当可观的。其内容和风格也是丰富多彩的：轻松宴饮的欢乐，临岐送别豪情壮志的抒发、分手在即的悲伤、人生不遇的牢骚，孤独寂寞的怀想，悼念亡友的悲痛，以及受到友人伤害的寒心。

（一）对友人的由衷赞美。

卢照邻在与友人共享欢乐的宴饮诗里，有的表现了诗酒风流、听歌看舞的文人之轻狂，如《辛法司宅观妓》、《益州城西张超亭观妓》两首，"到愁金谷晚，不怪玉山颓"、"高车勿遽返，长袖欲相亲"，写出友人们尽兴而轻狂；有的则表现了卢照邻怀着真挚的感情，由衷地对朋友的人格风神进行赞美。《三月曲水宴得樽字》余味悠悠的结尾"兴阑车马散，林塘夕鸟喧"，既是对欢乐宴饮的留恋，又是对宴饮主人的赞许。而在这首长达20句的诗中，除去4句写景外，竟有16句是对友人的赞美（包括结尾2句）。自开头至第14句，则完全是对友人人格风神的赞美，可谓不惜笔墨。开头"风烟彭泽里，山水仲长园"，赞美友人居处有如高洁的隐者名士；"由来弃铜墨，本自重琴樽。高情邈不嗣，雅道今复存"，赞美友人高尚的情操、不俗的雅道；"有美光时彦，养德坐山樊。门开芳杜径，市距桃花源"，赞美友人如古之君子具有美好芬芳的德行；"公子黄金勒，仙人紫气轩"，通过友人那高贵的车马饰品，来烘托友人那仙风道骨的高贵气质；"长怀去城市，高咏狭兰荪"，赞美友人情操与行为同样高雅不同凡俗。这种对友人的赞同，反映了诗人所认同和追求的人格风貌与处世之道。又如《宴梓州南亭得池字》，诗歌开头"二条开胜迹，大隐叶冲规"，即赞美朋友设宴之地的环境之美和宴会主人淡泊宁静的风范。以下"亭阁分危岫，楼台绕曲池。长薄秋烟起，飞梁古蔓垂。水鸟翻荷叶，山虫咬桂枝"，既是对梓州南亭幽雅风景的展开描写，也是对主儒客雅人格风神的烘托，景幽人静，人与环境多么和谐。结尾四句"游人惜将晚，公子爱忘疲。愿得回三舍，琴樽长若斯"，写宾主有着相同的高情雅兴，天色已晚，却都依依不舍于美景、美朋，于是诗人对若斯宴聚和若斯友人发出来自内心深处的赞美：他生出浪漫的想法，想让太阳退回三舍，让这样的宴聚长久一些、再长久一些。

（二）临岐送别的人生感怀

欢聚总是短暂的，诗人与友人面临的，更多的是临岐送别。在这些写给友人的诗作中，卢照邻真挚地抒发自己各种各样的人

314

生感怀：建功立业的豪情壮志，对友情的珍重和与友人的互勉，人生不遇的悲愤与牢骚，分手在即的悲伤与岁月迁逝的感慨，甚至思亲怀乡的痛苦。似乎一切的理想、遭遇、挫折，无不可与友人分担共享，可见，友情在卢照邻心中的分量。

1. 豪情壮志的抒发。《西使兼送孟学士南游》抒发了诗人建功立业的豪情壮志。诗歌开头"地道巴陵北，天山弱水东"，大气包举，境界开阔，为这首送别诗奠定了一个昂扬的基调。然而，与挚友分别总是令人悲伤的，以下"相看万余里，共倚一征蓬。零雨悲王粲，清樽怀孔融。徘徊闻夜鹤，怅望待秋鸿。骨肉胡秦外，风尘关塞中"八句，使用比喻、典故、典型景物与事物，层层叙写分别的悲伤，但结尾"唯余剑锋在，耿耿气成虹"陡转悲壮，抒发作者的豪情壮志，与开头昂扬的基调遥相呼应，形成了诗歌悲壮的风格。

又如《绵州官池赠别同赋湾字》写了友人的意气风发，我们同样能感受到诗人对前途的满怀豪情。诗歌一开头"辎轩遵上国，仙珮下灵关"，即为全诗营造了一个亢奋、喜庆的气氛，作为邓王的使者，即将去往京都，这对年轻的卢照邻来说，又增加了接触权力中心——长安的机会，确实令他兴高采烈。李云逸将此诗系年为显庆三年暮春自蜀北上长安之作，从诗中的情绪看，一定是卢照邻年轻时所作无疑。下面两句"樽酒方无地，联绵喜暂攀"，一个"喜"字，把卢照邻心花怒放的年轻面孔表露无遗，应该说，在卢照邻的诗中，这个"喜"字是不多见的。下两句写友人在分别之际的表现："离言欲赠策，高辩正连环"，谁都没用离别的悲伤，只有对前途的无限憧憬和对求取功名的高度自信，正可谓"恰同学少年，挥斥方遒。"① （毛泽东《沁园春·长沙》）

---

① 徐涛：《毛泽东诗词全编》，湖北教育出版社 1993 年版。

接着四句写景："野径浮云断，荒池春草生。残花落古树，度鸟入澄湾"，幽静而流丽。结尾两句最有意思"欲叙他乡别，幽谷有绵蛮"，这群颇有才华和自视甚高的年轻人，终于想到了要在这他乡分别之事，正要叙叙别情，耳中又传来幽谷之中绵蛮的悦耳叫声，于是有顾不上了。对他们来说，生活此时太美好了，除了希望就是希望。生活的磨折还为到来，难得卢照邻为我们留下了这首记录他与友人意气风发的赠别诗。

2. 珍重友情、勉励友人。卢照邻还把他对友情的珍重、与友人的互勉全部写进赠别诗里。如《还京赠别》：

> 风月清江夜，山水白云朝。万里同为客，三秋契不凋。
>
> 戏凫分断岸，归骑别高标。一去仙桥道，还望锦城遥。

开头两句把别离置于一个明朗而辽阔的季候与环境里，为三、四句写友情的坚贞奠定了磊落的基调。虽然与友人即将相隔万里，但俱在客中的人生际遇，使他们惺惺相惜，所以他们的友情会像那松柏一样，经秋而不凋落，这里把自己与朋友那坦荡磊落的胸襟一笔写出。五、六句写自己与友人离开，骑上了归去的骏马，回头只能看到蜀中的高山了，写诗人依依不舍之动作。末二句，诗人的骏马走到更远了，已离开了仙桥道，可是诗人仍然不停地回望友人所在的锦城，目光所及，锦城越来越遥远了。诗人的依依不舍之情，在他不停地回望中，越来越浓，越来越情深义重。

又如《晚渡滹沱敬赠魏大》先写了诗人旅途之辛苦、风景之明媚，结尾两句直写对友人的思念："谁忍仙舟上，携手独思君"。用名士李膺、郭泰之同舟之谊的典故，写自己与魏大友情之深厚和诗人思友之孤独：面对美景，多想与友人共赏却不可得。

又如《送梓州高参军还京》写对友人旅途艰险的担心，也写了别后留给诗人的孤独：

> 京洛风尘远，褒斜烟雾深。北游君似智，南飞我异禽。
>
> 别路琴声断，秋山猿鸟吟。一乖青岩酌，空伫白云心。

开头两句一笔两写，把京城与此地连接起来，拓展空间，而风尘远、烟雾深，充斥着诗人满眼、满心，饱含着离别的愁绪、对友人路途的担忧。以下四句写友人与作者将要一北一南相隔遥远了，分别的琴声也因悲伤断绝了，只听见萧瑟的秋山中传来猿鸟的悲啼，人事堪悲、自然物亦悲，悲愁的情感越来越浓，使结尾两句的直抒胸臆水到渠成，我们仿佛听到了诗人的肺腑之音：一旦与你分别，当我自己一个人在青山之中独酌时，纵然洒脱淡泊隐居的我，也只能做到徒然地等待着你了。隐居者的心情应该是悠然自得的，但是卢照邻却因为思念朋友，不再平静，可见，友情在卢照邻心里比他的隐居生活还要重要，这也是他不能真正成为一个隐者的原因之一。他有太多割舍不下的东西，友情就是一个重要方面。

又如《大剑送别刘右史》，同样通过"金碧禺山远，关梁蜀道难"写旅途的艰辛而表现出对友人的担忧之情，通过"地咽绵川冷，云凝剑阁寒"描摹景物的凄寒来渲染离别之人的悲伤。

《和吴侍御被使燕然》则在对友人的勉励中，写得情调高昂。诗云：

> 春归龙塞北，骑指雁门垂。胡笳折杨柳，汉使采燕支。
>
> 戍城聊一望，花雪几参差。关山有新曲，应向笛中吹。

首二句调子明朗高昂，友人要去的塞北迎来了春归，此时友人的车骑指向雁门，一个"指"字，写出了汉使的凌人气势。三、四句，诗人沿着前面的思绪，想到了友人要去的边塞情形，胡笳吹着《折杨柳》，汉使采来匈奴所产的燕支，此写中国之强大，北疆胡人已不能为患。末二句写在这大好的边塞形势中，友人你虽远使塞外，然而必将有新作产生，还要被谱成新曲传唱，这无疑是诗人对友人的勉励与希望。全篇格调高昂、精神振作，从侧面反映了初唐强盛的国势。

3. 一生难平的怨情。在卢照邻的酬赠诗中，最多的就是表现人生不遇的悲愤与牢骚。这是因为理想与现实出现了强烈的反差，卢照邻对自己能致卿相的个人才能始终坚信不疑，始终不能放下他报效朝廷、一朝成就功名的人生理想，但是残酷的现实给了他无情的打击，尤其是中年以后患上幽忧之疾，一方面是身体承受常人难以想象的病痛，一方面是由于病残之躯给诗人带来的心灵的巨大创痛。现实的无情、遭遇的悲惨，使他的心中始终怀着一股郁勃不平之气，发而为诗，就是他那一生难平、随处可见的怨情的抒发。因为卢照邻对友人的珍视，自己的这些真实感情与思想，也就自然而然地而且是大量地出现在了送给朋友的赠别诗中。

卢照邻有因横事下狱的悲惨遭遇，被他写进了《赠李荣道士》一诗。诗人在对友人李荣道士"锦节衔天使，琼仙驾羽君"的身份以及"投金翠山曲，奠璧清江濆……敷诚归上帝，应诏佐明君"的事业充分赞美之后，直接抒发自己"独有南冠客，耿耿泣离群"的悲惨遭遇和伤心痛苦。

《失群雁》是一首七言歌行，诗人以失群之雁自比，在写了自己的悲惨遭遇后，不忘对友人的安慰与劝勉。其序言称："温县明府以《雁》诗垂示，余以为古之郎官，出宰百里，今之墨绶，入应千官，事止雁行，未宜伤叹；至如赢卧空岩者，乃可为失群恸耳！聊因伏枕躲暇，以斯文应之。"我们虽然看不到温明府写给卢照邻的《雁》诗，但从卢照邻的序中可以得知，温诗的主题应是以孤雁自比，哀叹自己官居下位、远离朝廷。这也是卢照邻诗中反复吟咏的主题，但此时赢卧空岩的卢照邻却有了不同的看法。他劝慰温明府说，古代的郎官补作县令，现在的县令与朝中众多的官员，如雁行一般，在伯仲之间，并无多大差别。然后，卢照邻说像他这样赢卧空岩，才是令人伤痛的失群雁啊！所以诗歌用了三分之二的篇幅，借写失群之雁自北向南而来，先是绕帝台、戏稻粱以写诗人的宦游经历，接着遭遇射伤而惊惧不已，环境的险恶让这只曾经展翅高飞的大雁已经面目全非："毛翎憔悴飞无力，羽翮摧颓君不识"，他的心中只留下："惆怅警思悲未已，徘徊自怜中罔极"。写完自己的悲惨遭遇和处境，诗人开始用希望的笔墨勉励友人，说他环境好："传闻有鸟集朝阳，讵胜仙凫迩帝乡。云间海上应鸣舞，远得鹍弦犹独抚。"鼓励他将来一定有所作为："金龟全写中牟印，玉鹄当变莱芜釜。"最后，在祝愿友人达成己愿时，诗人希望他不要忘了还困在笼中的这只受伤的孤雁："愿君弄影凤凰池，时忆笼中摧折羽。"以雁写人，把诗人的凄凉悲惨的遭遇和心境写得格外生动感人。

《同临津纪明府孤雁》同样写的是孤雁所面临的险恶处境："避缴风霜劲，怀书道路长。水流疑箭动，月照似弓伤。"比《失群雁》"齐客虚弓忽见伤"更进了一层，孤雁对水流、月照都充满了惊惧，但是结尾"会刷能鸣羽，还赴上林乡"二句，却还要去追求自己的理想，可见此诗写作应在作者早年，有入狱经历后，遭遇虽惨，但还没有消磨诗人那辅佐君主以成王道的志向。

《山行寄刘李二参军》既写了自己的不遇之悲，又写了年华易逝的迁逝之感。"事去纷无限，愁来不自持。狂歌欲叹凤，失路反占龟"对友人倾诉世事难料和不遇之悲，"安知倦游子，两鬓渐如丝"哀叹时光易逝而自己壮志难酬，无奈中蕴含着悲愤不平之气。

《赠许左丞从驾万年宫》为五言十四句，诗人用了十二句对从驾君王的友人许左丞大加赞美，仅仅在结尾两句书写自己的孤独与思友之情："寂寂芸香阁，离思独悠哉。"前面的描写极尽铺排，是那样的气势非凡，而结尾却如此沉寂孤单，这有意的对比，绝不仅仅是为了表达诗人朋友离开后的孤独寂寞，而是满含着一肚子不被君主见用的牢骚与忧愤，只是出语比较含蓄罢了。

《晚渡渭桥寄示京邑游好》则是一开头就直接抒发不遇之悲与时光迁逝之忧，后叙友情、怀友人。诗歌开始"我行背城阙，驱马独悠悠"，就把一个彷徨凄凉、满怀忧伤的落魄诗人形象展现给了友人和读者，"城阙"乃君王所居之帝都，诗人背离城阙，就意味着远离了君王，远离君王的封建士子，建立功业就无从谈起。下面"寥落百年事，徘徊万里忧"，功业无成的诗人，徘徊不愿离开，他的忧愁就像脚下的路途一样，有万里之长啊！"途遥日向夕，时晚鬓将秋。滔滔俯东逝，耿耿泣西浮"四句，诗人感慨路途还很遥远而太阳很快西沉，联想自己年岁已晚、双鬓如秋，时光与岁月就像那滔滔东逝水、一去不回，诗人不由悲从中来，怀着一股耿耿难平之气，向着路途的前方而哭泣。至此为诗的前八句，自后八句开始，诗人面对眼前之景，回忆与友人同游的时光，并在结尾二句写自己离开友人的悲伤："一赴清泥道，空思玄灞游。"

《酬张少府柬之》把回忆与张柬之的友情和为其沉沦下僚的命运而鸣不平相结合，悲叹友人遭不遇同时悲叹自己、感慨时光催人白头而功业难成。卢照邻与张柬之的首次相遇，是在写此诗的十年之前。他们互相赏识对方的才华与抱负，所以结为好友，尽管音信不通，但互相不曾相忘："十年眄赏慰，万里隔招寻。毫翰风期阻，荆衡云路深。"卢照邻赞美当年的张柬之："价重瑶山曲，词警丹凤林"，他有如瑶山的凤凰一样珍贵，文才足能惊动才士荟萃之所。可是十年之后，卢照邻看到时任县尉的张柬之，立刻为其鸣不平："珠浦龙犹卧，檀溪马正沈"，不平之中，又有对张柬之的劝勉，意谓张柬之一定能像卧龙和檀溪马一样，终会有施展才能、跃出困境的一天。（想不到历史果如卢照邻所言，张柬之后历监察御史、凤阁舍人、荆州长史，长安中拜相。并谋杀张易之兄弟，以功进封汉阳郡王。不但拜相封王，且成就了一番大业。倘使卢照邻有知，即在九泉之下，也会为友人高兴吧。）"鹏飞俱望昔，蠖屈共悲今"，想昔日，共有鹏鸟之志；悲今朝，有志不得伸展。"谁谓青衣道，还叹白头吟"，二人共同慨叹，谁想到十年之后，我们竟又在一起悲叹白发已生。"重以瑶华赠，空怀舞詠心"，诗人赞美张柬之的文章还是那么美好珍贵，而诗人感慨自己空有一颗向往自由自在生活的心。对友人，还怀着信心；对自己，因蹭蹬下寮、岁月迁逝而产生归隐之意，也是牢骚之语。

《宿晋安亭》赞美了晋安亭的美景，在游览之时，诗人一度忘记了疲惫——应该包含人生之疲惫和身体之疲惫。但是一番游赏之后，诗人看到月亮浮动的光辉，徘徊其中，马上想到了自己斑白如星的双鬓，时光迁逝的悲慨充斥了心头，与之紧密相连而产生的，就是时刻萦绕心头的不遇之悲："今日删书客，栖遑君讵知？"向友人抒发自己那挥之不去的因时不我遇而郁积心头的耿耿难平之气。

《于时春也慨然有江湖之思寄此赠柳九陇》在写了自己的孤独、凄凉、思念的情感之后，一句"天子何时问？"的反问，一句"公卿本不怜"的肯定，两句紧密相连，把诗人遭时不遇的悲愤、对社会与人事的不满以及满腹的牢骚，全部包含在内。

《至望喜瞩目言怀贻剑外知己》先写自己旅途艰险、孤独悲戚，结尾"无由召宣室，何以答吾君？"亦牢骚悲愤人语。

《赠益府群官》则以凤鸟自比，摅写自己孤标傲世的高洁人格以及由此而遭遇的不遇于世的挫折。他"常思稻粱遇"，却遭到"智者不我邀"的冷落；虽然"日夕苦风霜"，但他还想着有朝一日能够"一举凌苍苍"，始终不忘高飞于天的凤鸟之志。

因为怀有真挚的朋从之情，所以卢照邻的有些赠别诗重在写分手在即的悲伤，他把这种悲伤写得格外动人。如《送郑司仓入蜀》，诗云：

> 离人丹水北，游客锦城东。别意还无已，离忧自不穷。
> 陇云朝结阵，江月夜临空。关塞疲征马，霜氛落早鸿。
> 潘年三十外，蜀道五千中。送君秋水曲，酌酒对秋风。

首二句一笔两写，诗人在丹水之北送别，友人要去锦城之东，两地相隔千里之遥，境界开阔，为离愁别绪拓展了一个大的承载空间；而且，这两位即将分别的朋友，一个是"离人"，一个是"游客"，皆是客子身份，游子异地相别，离忧更重。所以诗人三四句直抒胸臆，说"别意"与"离忧"在两个人的心里，无穷无尽，非常浓重。下四句以景烘情，加重对愁情别绪的渲染：友人要去的地方阴云早晨就布满了天空，夜晚江月临空，孤独的友人面对此景，会更加思乡思亲啊！去往蜀地的路途遥远难行，越过关塞，只有疲惫的征马陪伴着友人，眼前看到霜露中飞落的鸿雁。景与物同样令人感到凄寒心忧。心思细密的诗人四句全写想象中友人的忧愁，为友人之忧而忧的心理，一方面说明诗人对友情真挚的情怀，另一方面说明诗人，除了负载自己面对分手而产生的离忧，还要负载为友人的担忧，所以，他的忧思更加深了一层。离别的忧愁使诗人又产生了岁月蹉跎之悲：从此分别，诗人与友人相隔数千里，不知何时才能见面，诗人想到自己已经年岁不小，像潘岳一样三十而外了，鬓发已见斑白，离别的忧伤与岁月迁逝之悲融为一体，忧思越来越深重了。结尾以景结情，在飒飒的秋风里，即将分别的友人对着秋风秋水，饮下愁苦的酒。诗人把无法用语言表达的离愁，用"酌酒对秋风"这样无言的事与景给读者留下了一个艺术的空白、想象的空间，诗人的愁情无限留在了诗歌的韵味无穷中。友情的真挚被刻画得感人至深。

又如《还赴蜀中贻示京邑游好》也是一首感人至深的诗，与上诗不同的是，这首诗是通过写诗人自己的愁绪，来写对友人的难舍与怀思。诗云：

> 御宿花初满，章台柳向飞。如何正此日，还望昔多违。
> 怅别风期阻，将乖云会稀。裌袵辞丹阙，悬旗陟翠微。
> 野禽喧戍鼓，春草变征衣。回顾长安道，关山起夕霏。

在一个春色撩人、春光明媚的季节，本应与朋友相聚游赏，但诗人却要独自离开朋友远去，不惟如此，诗人要离开的，不是普通的地方，而是他情之所系、梦之所系的帝都长安，离愁又加了一层恋阙之情。所以此日的离别，真是愁上加愁，难怪诗人说"多违"。多多的失意还有：别后再难见友人的美好风度、再不能参见友人的京城聚会，令人惆怅啊！诗人怀着敬意辞别君主所在的城阙，心神不定地登上了青山，耳中听到野禽的喧闹，怀疑是边塞征戍的鼓声，春草已经变了颜色，和诗人的官衣相乱。离别京城、离别友人，令诗人如此心神不宁，以致入耳触目的声音景物，如此烦乱不堪。诗人一步一回头，直到再也望不到城阙的影子，但他还在望，直到行至天色已晚，回首只有傍晚的云霞遮掩着诗人经过的关山。结尾又是以景结情，余韵悠悠，愁思无限。

在卢照邻的酬赠送别诗中，卢照邻把他思亲怀乡的痛苦，也写了进去。如《赠益府群官》向朋友诉说自己是一只来自北燕的凤鸟，在西蜀很孤独、漂泊得也很疲惫，"日夕苦风霜，思归赴洛阳"向友人倾诉自己的思乡之苦，"羽翮毛衣短，关山道路长"向友人诉说自己的归乡之难，并希望得到朋友的帮助，以达成自己归乡的愿望："谁能借风便，一举凌苍苍？"思乡之痛与对友人的信任、求助相结合，情真意切。

又如《送幽州陈参军赴任寄呈乡曲父老》，诗歌结尾："送君之旧国，挥泪独潸然"，是在反复申诉自己思亲怀乡之痛后，才在最后点送别之题，分别之愁苦、思乡之痛苦，化作了诗人孤独一人涕泪合流的痛楚，更具感染力。

（三）孤独寂寞时的怀想

孤独寂寞时的怀想，也是卢照邻酬赠诗的表现内容，比较典型的如《于时春也慨然有江湖之思寄此赠柳九陇》。诗中反复描写诗人孤独寂寞的生活："晨攀偃塞树，暮宿清冷泉。翔琴鸣我侧，旅兽过我前。无人且无事，独酌还独眠……自哀还自乐，归嶔复归田。"于是诗人想到了有隐士高风的友人："遥闻彭泽宰，高弄武城弦。形骸寄文墨，意气托神仙"，与他志趣相投的诗人，急于与友人分享自己的心得："我有壶中要，题为物外篇。将以贻好道，道远莫致斾。"但是，路途遥远，空劳思念："相思劳日夜，相望阻风烟。坐惜春华晚，徒令客思悬。"最后，诗人只能在自哀自乐的生活状态中，把思念寄给友人："寄言飞凫舄，岁晏共联翩。"把希望当作对自己怀友的安慰。

《赠益府裴录事》写即将岁暮，诗人开始怀想友人。诗歌把诗人孤独中的怀思之情，表现得格外浓郁。诗云：

忽忽岁云暮，相望限风烟。长歌欲对酒，危坐遂停弦。

停弦变霜露，对酒怀朋故。朝看桂蟾晚，夜闻鸿雁度。

鸿度何时还？桂晚不同攀。浮云映丹壑，明月满青山。

青山云路深，丹壑丹华临。耿耿离忧积，空令星鬓侵。

起句"忽忽"两字，诗人好像突然之间意识到岁暮将至了，这种感觉只有在静下来的时候才会产生，诗人一静下来就想念友人，但两人远隔风烟，诗人徒然相望。于是孤独的诗人开始想办法排解怀友的忧愁。但是长歌、弹琴、对酒，皆不能排解，反倒更添思念——对酒怀朋故。诗人早晨看那惨淡的月亮，夜间听鸿雁飞过，于是又产生更为浓郁的愁情：鸿雁什么时候飞回带来古人的消息呀？月亮里的桂树，我们也无法共赏。浮云映着红色的山谷，明亮的月光洒满了青山；遥望青山、云深路远，诗人无法与友人相见，徒然看着红色的山谷被晚霞照耀。离别的忧愁郁积在诗人心中，白白地让诗人的双鬓变得花白了。诗歌层层渲染，分别的忧愁越来越浓，以至于让诗人因此而生白发，诗歌结尾以情结景，使全诗层层推进的情感有了着落，情深意切，真挚动人。

（四）悼亡诗中的死别之痛

卢照邻留下了三首悼亡诗：《哭金部韦郎中》、《哭明堂裴主簿》、《同崔录事哭郑员外》，三首皆以"哭"字为题，死别之痛，令人一看之下，有触目惊心之感。

《哭金部韦郎中》痛的是韦郎中身后之遗恨。诗云：

> 金曹初授拜，玉地始含香。翻同五日尹，遽见一星亡。
> 贺客犹扶路，哀人遂上堂。歌筵长寂寂，哭位自苍苍。
> 岁时宾径断，朝暮雀罗张。书留魏主阁，魂掩汉家床。
> 徒令永平帝，千载罢撞郎。

诗人说韦郎中刚刚拜金曹之任，正待一展宏图、为国为君效力，却突然亡故了。令人悲痛的是，那前来为他祝贺的人还在路上，悼祭者已经上堂祭奠他了。诗人想到，亡人身后，从此歌筵永远寂寞，在哭位上的女眷穿着苍色的丧服。看着韦郎中家中的女眷，悲痛的诗人，想到这个曾经热闹的家，在亡友去后，过不了一年，就不再会有宾客前来了，韦府门前，早晚都一片寂静、门可罗雀了。此写世态炎凉之痛、为韦郎中家眷之悲。结尾四句，诗人为韦郎中生前的才干加以肯定，但又悲痛地认为，这一切是多么徒然！我们能够感受到，面对亡友，诗人可谓遗恨重重。

《哭明堂裴主簿》哭得是诗人的至交至友，回忆与悲痛互相交织，痛不自胜。诗云：

> 缔欢三十载，通家数百年。潘杨称代穆，秦晋忝姻连。
> 风云洛阳道，花月茂陵田。相悲共相乐，交骑复交筵。
> 始谓调金鼎，如何掩玉泉？皇公酒垆处，青眼竹林前。
> 故琴无复雪，新树但生烟。遽痛兰襟断，徒令宝剑悬。
> 客散同秋叶，人亡似夜川。送君一长恸，松台路几千？

诗歌前八句都在回忆与裴主簿的通家之谊和他们二人相知与共的深情厚意：他们悲喜与共，骑马则并肩、饮酒则连坐，诗人对裴主簿的亡故在心理上有着不认同的虚幻感，亡友曾经留下足迹的景物分明依旧。可是，物是人非，诗人空留遗恨与悲痛，不由在寂寞与伤痛中，思考人生的问题：客人们散去，如同秋叶飘落；人死了，就像那夜晚流走的水，再无踪迹。诗人也如世人一般，以大哭为亡友送上最后一程，从此之后，幽明永隔，此恨此痛哪可消！

《同崔录事哭郑员外》则大段追溯了郑员外的才能、美德，表达的是惺惺相惜的相怜之痛："梁山送夫子，湘水吊王孙。"面对"一代儒风没，千年陇雾昏"的惋惜与悲愤，联想到自己的遭遇："仆本多悲泪，沾裳不待猿。闻君绝弦曲，吞恨更无言！"吞恨含悲，正是此诗所表达的悼亡之痛。

（五）故交之轻的寒心

正因为对友人怀着深挚的感情，所以当诗人遇到对方友情淡薄的时候，就因意想不到的伤害而感到寒心。如《羁卧山中》写诗人过着"卧壑迷时代，行歌任死生"的孤独凄凉的生活，越是这样，越能感受到世态炎凉："红颜意气尽，白璧故交轻。"因为诗人的遭遇，连身处富贵中的老朋友，都把人间珍贵的友情看轻了，怎不令人心寒？

《首春贻京邑文士》同样先写自己的寂寞生活，再写友人正逢春风得意而顾不上问候自己，于是诗人慨叹："时来不假问，生死任交情。"即使生死之交，又当如何呢？人情如纸薄，诗人之寒心由一个"任"字而显得格外低沉。

五、卢照邻诗歌重情原因简析

卢照邻诗歌重在人间真情的抒发，笔者认为与诗人自小所受家教、所处时代、诗人重情的文学理论相关。

上文中已分析了卢照邻受重亲情的父母及兄长的熏陶、感化，形成了他自小重视亲情的情感特征。

卢照邻生活的时代，是一个思想相对自由的时代，儒释道三教合流，允许个性的张扬，真情的表露。因此，包括卢照邻在内的四杰的诗文，更多地抒发真情、张扬个性。

卢照邻受燕赵地域文化中"质实之气"的影响，性格中有质朴敦厚的一面，也导致卢照邻对友人常常怀有深厚的情感。

笔者在《卢照邻文论研究》一章中，论述了卢照邻重情的文学理论。卢照邻在《驸马都尉乔君集序》中说"凡所著述，多以适意为宗"，即是强调抒发个人的真实感情，"适意"也即"适情"。所以，诗人重在抒发人间真情，也是他文学理论的实践要求。

第七章
卢照邻赋体研究

卢照邻的赋体作品数量不多，以赋名篇的有《秋霖赋》、《驯鸢赋》、《穷鱼赋》、《双槿树赋》、《病梨树赋》，以骚名篇的有《五悲》和《释疾文》，但是这些作品却因被诗人赋予了鲜明的个性气质，而独具特色；尤其骚体赋作，因其浓郁的骚怨精神而为世人看重，具有震撼人心的悲剧力量。

第一节　卢照邻的咏物赋

《秋霖赋》、《驯鸢赋》、《穷鱼赋》、《双槿树赋》、《病梨树赋》这五篇以赋名篇的赋作都是咏物题材。卢照邻的咏物赋具有描写铺排细致、托物明理和自我形象鲜明的特色。

一、铺排细致的描写

卢照邻的咏物赋，对所咏之物的描写铺排细致。《秋霖赋》、《穷鱼赋》都是先用一大段对秋霖、穷鱼进行铺排描写，《秋霖赋》云："览万物兮，窃独悲此秋霖。风横天而瑟瑟，云覆海而沉沉。居人对之忧不解，行客见之思已深。若乃千井埋烟，百廛涵潦，青苔被壁，绿萍生道。于时巷无人迹，林无鸟声，野阴霾而因晦，山幽暧而不明。长塗未半，茫茫漫漫，莫不埋轮据鞍，衔凄茹叹。"《穷鱼赋》云："有一巨鳞，东海波臣，洗净月浦，涵丹锦津，映红莲而得性，戏碧浪以全身。宕而失水，屈于阳滨。"《双槿树赋》与《病梨树赋》在开始并没有直接描摹双槿树、病梨树，而先是用一段文字对它们的出场进行渲染。《双槿树赋》先赞美了双槿树生长之处之人灵地杰，然后再大段赞美双槿树的姿容风致，是正面烘托："方丈蓬莱，邈矣悠哉！芸扃石室，图天揆日。若乃羲和掌日，太史观星，铜浑玉策，宝箓金铭。地则图书之府，人则神仙之灵，中有芳荪，郁郁亭亭。"接着写双槿树的光彩照人和脱俗风姿："观其两砌分植，双阶并耀，叶镂五衢，荣回四照。纷广庭之霏靡，隐重廊之窈窕。青陆至而莺啼，朱阳升而花笑。紫蒂红蕤，玉蕊苍枝。露华的皪，风色徘徊。采粲照灼，婀娜葳蕤。迫而视之，鸣环动珮歌扇开；远而望之，连珠合璧星汉回。状仙人之羽盖，疑佚女之瑶台。寂寞倏俐，栖闲此地；委命卷舒，随时荣悴。外无婴夭之祸，内有逍遥之致。朝朝暮暮落复开，岁岁年年红以翠。……"用"笑"状花开，把"露华的皪、风色徘徊、采粲照灼、婀娜葳蕤"繁富铺写的双槿树一下写活了，富有灵动之美；"朝朝暮暮落复开，岁岁年年红以翠"写出了双槿树"随时荣悴"的逍遥风致。《病梨树赋》用反衬手法，先写广受天地雨露滋润的如仙树般的梨树，后写病梨树之零丁憔悴："天象平运，方祇广植。挺芳桂于月轮，横扶桑于日域。建木耸灵丘之上，蟠桃生巨海之侧，细叶枝连，洪柯条直。齐天地之一指，任乌兔之栖息。或垂阴万亩，或结子千年。何偏施之雨露，何独厚之风烟。"接着写"愍兹珍木，离离幽独。飞茂食于河阳，传芳名于金谷。紫润称其殊旨，玄光表其先族。尔生何为，零丁若斯！无轮桷之可用，无栋梁之可施。进无违于斤斧，退无竞于班倕。无庭槐之生意，有岩桐之死枝。尔其高才数仞，围仅盈尺；脩干罕双，枯条每只；叶病多紫，花凋少白。夕鸟怨其巢危，秋蝉悲其翳窄。怯冲飚之摇落，忌炎景之临迫。……"无论反面衬托，还是正面烘托，都是为了突出主体即生动再现所咏之物的行质特征。《驯鸢赋》全篇重在写意抒怀，图形写貌虽寥寥数语，然亦鲜明生动："孕天然之灵质，禀大块之奇工。嘴距足以自卫，毛羽足以凌风。怀九围之远志，讬万里之长空。"

二、托物明理

卢照邻的咏物赋不但像咏物诗那样借物抒怀、托物言志，还进行哲学思考，具有托物明理之特色。

借物抒怀如《穷鱼赋》序云：

> 余有横事被拘，为群小所使，将致之深议，友人救护得免。窃感赵壹《穷鸟》之事，遂作《穷鱼赋》，常思报德，故冠之篇首云。

序中诗人借物抒怀之意甚明，文中形象描写了巨鳞"宕而失水"之后的遭际，抒发了世事险恶、人心难测的忧惧：

> 渔者观焉，乃具竿索，集朋党，兔趋雀跃，风驰电往，竞下任公之𦈫，争陈豫且之网，蝼蚁见而甘心，獱獭闻而抵掌。于是长舌利嘴，曳纶垂钩，拖𦊰挫𪔀，拊背扼喉。动摇不可，腾跃无繇，有怀纤润，宁望洪流。

《双槿树赋》序中亦交代了诗人写作的因由目的，乃与崔少监等同题而作。作者虽然"布衣藜杖，岩栖藿食"，但自认己乃"草泽有人"，抒发了诗人"穷而思达"的思想情感。文中把自己比作"岩幽弱筱，涧底枯松"，叹息自己"徒冒霜而停雪，空集凤而吟龙。"诗人还抒发了"故年花落不留人，今年花发非故春。倏兮夕阴，忽兮朝新"的岁月迁逝之悲，以及"侏儒何功兮短饱？曼倩何负兮长贫"的不平之气。

《病梨树赋》序中交代，因诗人染幽忧之疾，面对年已百岁而视听不衰的老师孙思邈发出"椿菌之性，何其辽哉"的感慨，借院中病梨树一抒诗人"树犹如此，人何以堪"的忧愁与悲叹之怀。

托物言志如《驯鸢赋》以驯鸢"孕天然之灵质，禀大块之奇工。嘴距足以自卫，毛羽足以凌风"，比自己禀赋奇才、足当重任的资质；以驯鸢"怀九围之远志，托万里之长空"，喻自己心怀宇宙、包举天下的凌云之志。虽经"摧颓短翮，寥落长想"，以致"屈猛性以自驯"，但仍不改其"傍眺德门，言栖仁路"立身之志的理想和"乍啸聚于霞莊，时追飞于云阁"的宏大志向。

托物明理，即在咏物赋中进行哲理思考。《秋霖赋》中，诗人对秋霖，发人生之多艰的哀叹，并由此生发，引起诗人对历史上有才能的人物遭遇多艰的思考。他写孔子"长栉风而沐雨，永栖栖以遑遑"的一生，写"泣故国之长楸，见玄云之四起"遭放逐的屈原，以及苏武、马援之艰难，扬雄、范史云之穷困等等，最后诗人联想到荒淫无度的当权者："若夫绣縠银鞍，金杯玉盘；坐卧朱壁，左右罗纨；流酒为海，积肉为峦；"诗人在联想对比后，发出"视襄陵与昏垫，曾不坠乎此欢，岂知乎尧舜之朣瘝，而孔墨之艰难"的谴责，这是诗人理性思考后对不公平社会现象的清醒批判，震撼有力。

《双槿树赋》中，诗人在赞美槿树繁华美好之后，有一大段理性思考，从老庄哲学中为槿树逍遥自在的生存状态寻找原因：

> 寂寞攸利，栖闲此地；委命卷舒，随时荣悴。外无婴天之祸，内有逍遥之致。朝朝暮暮落复开，岁岁年年红以翠。若夫游蜂戏蝶封其萼，轻烟弱雾络其条，去不谓之损，来不

谓之饶。故能出君子之殊俗，入诗人之旧谣，齐显昧于两
曜，效生死于一朝。同丧我之非我，故虽凋而不凋。

诗人认为，槿树之所以能够"外无婴夭之祸，内有逍遥之
致"，是因为它"委命卷舒，随时荣悴"，即取道自然，它才有
朝开暮卷、年年繁茂。在取道自然中，槿树视游蜂戏蝶、轻烟弱
雾这些身外之物若无，无关己之损饶。有了如此通脱的处世之
道，自然受到君子与诗人的称颂，把显昧、生死等齐划一，达到
物我两忘的境界，这是卢照邻为摆脱儒家处世的烦恼、追求道家
处世思想的反映。但"故年花落不留人，今年花发非故春"的
慨叹，又暴露了诗人内心时相矛盾的思想斗争。

《病梨树赋》，作者在序中就开始了他的理性思考。卢照邻
以"年垂强仕"而罹"幽忧之疾"之躯，与老师孙思邈近百岁
而"视听不衰、神形甚茂、聪明博达不死"之人相比，发出
"椿菌之性，何其辽哉"的慨叹，作者对人与物生死强弱相差悬
殊的自然现象发出了疑问与思考。他看到病梨树枝叶零丁，想到
同为植物，生长却大不相同，于是慨叹："嗟乎！同讬根于膏壤，
俱禀气于太和，而修短不均，荣枯殊贯。"进而对这种解释不了
的现象发出质疑，并移之于人："岂赋命之理，得之自然，将资
生之化，有所偏及。树犹如此，人何以堪?"赋文中同样对这种
不平的现象提出质疑："何偏施之雨露，何独厚之风烟。""尔生
何为，零丁若斯!"作者思考的结果、得出的答案，还是要在老
庄哲学中寻求解脱："生非我生，物谓之生；死非我死，谷神不
死。混彭殇于一观，庶筌蹄于兹理。"这个道理，生活在一千多
年以前的卢照邻是无法辨明的，那种社会的不公平是他无法改变
的，其原因也是他不能看清的，这是时代的局限。然而，能够看
到不公并对此提出思考和批判，对一个封建社会的知识分子来
说，已属难能可贵。

三、鲜明的自我形象

卢照邻通过咏物赋中对所咏之物的描摹，以及借此反复地抒怀和言志，也为我们完成了一个丰满的诗人自我形象的塑造。从卢照邻的咏物赋中，我们看到了一个胸怀报国之志、品性孤洁、才华横溢、多愁善感、遭际坎坷而又对理想与志向矢志不渝的诗人形象。

《驯鸢赋》犹如一个寓言，为我们完整讲述了诗人的禀赋才能以及欲一展宏图而跻身仕宦之途，却屡受挫败，终不改报国忠君志向的过程。驯鸢"孕天然之灵质，禀大块之奇工。嘴距足以自卫，毛羽足以凌风"，即如诗人禀赋奇才、足当重任的资质；驯鸢"怀九围之远志，托万里之长空"，即如诗人心怀宇宙、包举天下的凌云之志。中间经历了诸多坎坷："经过巫峡之下，惆怅彭门之东。既而摧颓短翮，寥落长想。忌蒙庄之见欺，哀武溪之莫往。进谢扶摇之力，退惭归昌之响。腐食多惧，层巢无像。屈猛性以自驯，抱愁容而就养。"好比被无情的现实碰得头破血流的诗人，即便如此，诗人那"傍眺德门，言栖仁路"立身之志的理想和"乍啸聚于霞庄，时追飞于云阁"的宏大志向，却始终不改。

一个顽强坚韧的诗人形象为我们展现出来。因孤标傲世、不入俗流才屡遭坎坷、为世不容的诗人，自然时时流露出挥之不去的忧愁。

《秋霖赋》中，诗人的愁苦如同铺天盖地的秋霖，深广而深重。文中，诗人以孔子、屈原为比，直斥社会之不公："若夫绣縠银鞍，金杯玉盘；坐卧朱壁，左右罗纨；流酒为海，积肉为峦；视襄陵与昏垫，曾不坠乎此欢，岂知乎尧舜之臒瘠，而孔墨之艰难。"诗人不仅自视甚高，而且有一颗清醒的头脑和一颗正直的心。

《驯鸢赋》"孕天然之灵质，禀大块之奇工"，喻己乃天赋英才，当遭时不平，即"屈猛性以自驯，抱愁容而就养"，同样是愁思又几多无奈。

《穷鱼赋》"有一巨鳞，东海波臣，洗净月浦，涵丹锦津，映红莲而得性，戏碧浪以全身"，其行为多么悠游自在，其品性多么不同流俗！

《双槿树赋》"寂寞攸利，栖闲此地；委命卷舒，随时荣悴"，槿树不但芳华绝代，而且法道自然、非人间凡品，乃诗人自谓。

《病梨树赋》写作时间可考，乃作者罹"幽忧之疾"时，其忧思痛苦愈深，然终不忘自己是人间仙品，曾"飞茂食于河阳，传芳名于金谷。紫涧称其殊旨，玄光表其先族。"

一个自视甚高、耿介孤傲、头脑清醒而又忧思深重的诗人形象呼之欲出了。

在咏物诗赋中，传达出一个鲜明生动的自我形象，也是卢照邻的一大特色，说是卢照邻对咏物一体的贡献，应不为过。

第二节　生命的绝唱
——卢照邻的骚体赋

卢照邻以骚名篇的作品有二卷，包括《五悲》、《狱中学骚体》、《释疾文》，其中《狱中学骚体》为一首诗，骚体赋则为《五悲》和《释疾文》，本节以他作于生命最后阶段的骚体赋为研究对象。

《旧唐书》本传记载卢照邻"著《释疾文》、《五悲》等诵，颇有骚人之风，甚为文士所重。"张鹭《朝野佥载》云："卢生之文，时人莫能评其得失矣。"可见，卢照邻的骚体赋《五悲》、《释疾文》，在当时社会即产生了一定的影响。

正如卢照邻的卒年已不可确知一样，这两篇骚赋的写作亦不可确切系年。但是，有一点可以肯定，作品创作于卢照邻生命的最后阶段。卢照邻在这两篇骚赋创作完成后不久，即选择了自投颍水的死亡道路。所以，作品是卢照邻对自己一生的总结，作品中充满了作者复杂的思想斗争和对人生、命运的反思与质问，以浓重的悲怨色彩，反复申述悲愤的主题，显示了作者至死不屈的抗争精神，从而具有了强烈的悲剧力量。

一、骚之体式

自《楚辞》问世，骚逐渐演变为一种独特的文学体裁，"既包括已收入《楚辞章句》中的屈宋之作与汉人的拟作，也包括《章句》中未收的汉人其他拟作和汉以后历代文人模仿屈宋辞作的形式所写的作品。"① 作为一种表现穷愁哀怨之情的文体，为后人所重。两汉骚体赋更多继承了宋玉《九辩》"坎廪兮贫士失职而志不平"的文士精神，而缺少屈原愤激抗争的战士精神，这是与汉代士子的依附性分不开的。随着汉代大一统帝国的建立，士人的穷通完全为天子掌控，正如东方朔所言："抗之则在青云之上，抑之则在深渊之下；用之则为虎，不用则为鼠"②。魏晋时期骚体作品因"世积乱离、风衰俗怨"，多慷慨悲凉之风。南朝骚体作品数量明显减少，且气度局促。直至初唐卢照邻之前，骚体的创作基本上一片沉寂。除骚体赋外，卢照邻还创作了《怀仙引》、《中和乐九章》、《狱中学骚体》等骚体诗，使骚体这种

---

① 郭建勋：《汉魏六朝骚体文学研究》，湖南教育出版社1997年版，第2页。
② 东方朔：《答客难》，见《全汉赋》，费振刚、胡双宝、宗明华辑校，北京大学出版社1993年版，第135页。

文学样式，重又焕发了怨情的光彩，以文学体式给予雕缛的文坛有力的反拨。

卢照邻之所以选择骚体进行文学创作，与他"适意为宗"的创作原则和他无以复加的悲惨的人生遭遇、深重的怨愤之情决定的。刘勰较早地概况了屈原、宋玉骚体的本质特征："而屈宋逸步，莫之能追。故其叙情怨，则郁伊而易感；述离居，则怆怏而难怀。"①（刘勰《文心雕龙·辨骚》）其后历代文人，都以这种体式来抒发哀怨、悲愤之情。程廷祚指出骚"长于言幽怨之情"，并形象分析了《离骚》"幽深"风格形成的原因："昔屈原以经物之才，遭遇怀王昏惑，流离放逐，愿进忠而不得，哀悼恻怛，发而为文。故其文也，有若星月之晦于云雾者焉，有若金玉之杂于泥沙者焉，有若奔流急湍之阻碍而不得其性者焉。"并进一步概况骚体："其声宜于衰晚之世，宜于寂寞之野，宜于放逐弃子之愿悟其君父者。"②观卢照邻的遭遇，可谓被社会与自然双重遗弃，因而要抒发"寂寞之野"的"幽怨"之情，非骚这种文学体式无以承载，正如卢照邻在《释疾文·序》中所言："余羸卧不起，行已十年，宛转匡床，婆娑小室。未攀偃蹇桂，一臂连蹛；不学邯郸步，两足匍匐。寸步千里，咫尺山河。每至冬谢春归，暑阑秋至，云壑改色，烟郊变容，辄舆出户庭，悠然一望。覆帱虽广，嗟不容乎此生；亭育虽繁，恩已绝乎斯代。赋命如此，几何可凭？今为《释疾文》三篇，以贻诸好事。盖作《易》者其有忧患乎？删《书》者其有栖遑乎？《国语》之作，非瞽叟之事乎？《骚》文之兴，非怀沙之痛乎？吾菲斯人之徒与？安可默而无述？故作颂曰：……"。

---

① 周振甫：《文心雕龙今译》，中华书局 1986 年版，第 46 页。
② 见程廷祚：《骚赋论》，《青溪文集卷三》，黄山书社 2004 年版，第 66、69 页。

二、骚之内容

人在预感生命即将结束之时，往往会回想自己的一生，那些最美好的、最重要的、最痛苦的经历，都会像过电影一样，一一重现在脑海。所以，卢照邻在《五悲》、《释疾文》里，也对自己的一生进行了回忆和总结。与常人不同的是，卢照邻难以用一颗平静的心来看待自己即将走完的人生旅程，他感受的人生是如此"悲苦"，人生赋予他的感受又是无比"悲愤"。

他忆往昔：

> 子非有唐之文士与？燕地之高门与？昔也子之少，则玉树金枝；及其长，则龙章凤姿。立身则淹中不足言其礼，挥翰则江左莫敢论其诗。每兢兢于暗室，恒诩诩于明时。常谓五府交辟，三台共推，朝纡会稽之绶，夕献《长杨》之词。痛私门之祸速，惜公车之诏迟。岂期晦明乖序，寒燠愆度。

> 平生书创，宿昔琴樽；研精殚于玉册，博斯浃于铜浑。思欲为龟为镜，立德立言，成天下之亹亹，定古今之谆谆。（以上《悲穷通》）

> 自言少年游宦，来从北燕，淮南芳桂之岭，岘北明珠之川，东鲁则过仲尼之故宅，西蜀则耕武侯之薄田。旧乡旧国白云边，飞雪飞蓬暗远天，暂辞蓟北千万里，少别昭丘三十年。昔时人物都应谢，闻道城隍今可怜。忽忆扬州扬子津，遥思蜀道蜀桥人。鸳鸯渚兮罗绮月，茱萸湾兮杨柳春。烟波淼淼带平沙，阁栈连延狭复斜。山头交让之木，浦口同心之花。严君平之卜肆，戴安道之贫家。月犯少微，吊吴中之隐士；星干织女，乘海上之仙槎。长安绮城十二重，金作凤凰铜作龙。荡荡千门如锦绣，岩岩双阙似芙蓉。题字于扶风之柱，系马于骊山之松。灞池则金人列岸，太华则玉女临峰。

平明共戏东陵侧，薄暮遥闻北阙钟。洛阳大道何纷纷，荣光休气晓氛氲。交衢近接东西署，复道遥通南北军。汉帝能拜嵩丘石，陈王巧赋洛川云。河水河桥木兰棹，金闺金谷石榴裙。曾入西城看歌舞，也出东郊送使君。(《悲昔游》)

平生联袂，宿昔衔杯，谈风云于城阙，弄花鸟于池台。皆是西园上客，东观高才，超班匹贾，含邹吐枚。一琴一书，校奇踪于既往；一歌一咏，垂妙制于将来。絃将调而雪舞，笔屡走而云回。自谓兰交永合，松契长并。通宵扼腕，终日盱衡；骂萧、朱为贾竖，目张陈为老兵。悲苍黄兮骤变，恨消长之相倾。贵而不骄，人皆共推晏平仲；死且不朽，吾每独称范巨卿。(《悲今日》)

皇考庆余以弄璋兮，肇赐予以嘉词，名余以照邻兮，字余以升之。余幼服此殊惠兮，遂阅礼而闻诗。于是裹粮寻师，褰裳访古，探旧篆于南越，得遗书于东鲁，意有缺而必刊，简无文而咸补。入陈适卫，百舍不厌其栖遑；累茧重胝，千里不辞于劳苦。继而屠龙适就，刻鹄初成，下笔则烟飞云动，落纸则鸾回凤惊。通李膺而窃价，造张华而假成。郭林宗闻而心服，王夷甫见而神倾。俯仰谈笑，顾盼纵横。自谓明主以令仆相待，朝廷以黄散为轻。及观国之光，利用宾王，谒龙旗于武帐，挥凤藻于文昌。先朝好吏，予方学于孔、墨；今上好法，予晚受乎老、庄。彼圆凿而方枘，吾知龃龉而无当。是时也，天子按剑，方有事于八荒；驾风轮而梁弱水，飞日驭而苑扶桑；戈船万计兮连属，铁骑千群兮启行。文臣鼠窜，猛士鹰扬。故吾甘栖栖以赴蜀，分默默以从梁。其后雄图甫毕，登封礼日，方欲访高义于云台，考奇文于石室，销兵车兮为农器，休牛马兮崇儒术。屡下蒲帛之书，值余有幽忧之疾。(《释疾文·粤若》)

少克己而复礼，无终食兮违仁。既好之以正直兮，谅无负于神明。(《释疾文·命曰》)

他悲如今：

有幽岩之卧客，兀中林而独思，形枯槁以崎嶬，足联踡以缁釐。悄悄兮忽怆，眇眇兮惆怅；逍遥兮独寒，淹留兮空谷。徒观其顶集飞尘，尻埋积雪；骸骨半死，血气中绝；四支萎堕，五官欹缺。皮襞积而千皱，衣联褰而百结。毛落鬓秃，无叔子之明眉；唇亡齿寒，有张仪之羞舌。仰而视睛，翳其若瞽；俯而动身，羸而欲折。神若存而若亡，心不生而不灭。其所居也不爨，其所狎也非人。古树为伴，朝霞作邻。下阴森以多晦，傍恍惚兮无垠。松门草合，石路苔新。

鳞伤羽折，筋挛肉蠹。离披于丹涧之隅，觳觫于薮山之路。

奇峰合沓半隐天，绿萝蒙笼水潺湲。因嵌岩以为室，就芬芳以列筵。川谷萦回兮迷路径，山嶂重复兮无人烟。当硌峿之洞壑，临决咽之奔泉。中有幽忧之子，长寂寞以思禅。暮色踌躇，朝思绵绵。行半生而半死，气一绝而一连。

一朝憔悴无气力，曝骸委骨龙门侧。当时相重若鸿钟，今日相轻比蝉翼。代情兮共此，何余哀之能得！使我孤猿哀怨，独鹤警鸣；萝月寡色，风泉罢声。……松架森沉兮户内掩，石楼摧折兮柱将倾。(以上《悲昔游》)

自高枕箕颖，长揖交亲，以蕙兰为九族，以风烟为四邻。朝朝独坐，唯见群峰合沓；年年孤卧，常对古树轮囷。相吊相哭，则有饥鼯啼夜；相庆相贺，则有好鸟歌春。林麌麌兮多鹿，山苍苍兮少人。时向南溪汲水，或就东岩负薪。百年之中，皆为白骨；千里之外，时见黄尘。

及其寒产摧联，支离括撮，已濡首兮将死，尚摇尾兮求活。庄西贷而鱼穷，姬东徂而狼跋。今皆庆吊都断，存亡永濶，凭驷马而不追，寄双鱼而莫达。向时之清谈尚存，今日之相知已没。（以上《悲今日》）

余羸卧不起，行已十年，宛转匡床，婆娑小室。未攀偃蹇桂，一臂连踡；不学邯郸步，两足匍匐。寸步千里，咫尺山河。每至冬谢春归，暑阑秋至，云壑改色，烟郊变容，辄舆出户庭，悠然一望。（《释疾文·序》）

支离疏之五官已败，哀骀它之六骸不美。求时夜兮求鸮炙，何逼迫之如此？为鼠肝兮为虫臂，何锻炼之如彼？（《释疾文·悲夫》）

何彼天之不吊兮，哀此命之长勤？百罹兮六极，横集兮我身，长挛圈以偃蹇，永伊郁以呻嚬。（《释疾文·命曰》）

神翳翳兮似灰，命绵绵兮若缕。一伸一屈兮，比艰难乎尺蠖；九生九死兮，同变化之盘古。万物繁茂兮此时，余独何为兮肠遭回而屡腐？围棋废兮，时不可乎再来；鸣琴停兮，人何时以重抚？（《释疾文》）

在鲜明的今昔对比中，我们可以清晰地把握卢照邻之悲。一为自然之悲，即身体病变之悲；二为社会之悲，即个人未能施展平生抱负之悲以及由此而联想到的人才不遇之悲；三为命运之悲，这是卢照邻对前两悲的总结。

（一）自然之悲。所谓自然之悲，指的是自然的力量施加给卢照邻身体、使他身染恶疾而带给他身心两方面的巨大痛苦。首先是身体方面，出身高贵的卢照邻年少时如玉树临风一般清俊，如金枝玉叶般娇贵。长大成人后，生得明眉皓齿，气质风度更加出众，如有龙章风姿之誉的美男子嵇康。（见《悲穷通》）再加上后天修为的满腹才华，使卢照邻格外自信、自傲，卢照邻带着对自我的高度肯定步入了宦游生涯，这肯定中，包含了对自我身

体外在形象条件的满意和自诩。疾病影响了也可以说是，断送了
卢照邻的仕宦前途；不断加重的疾病，摧毁了卢照邻的身体，从
而最终使卢照邻失去了作为一个正常人过普通生活的权利。昔日
翩翩美少年，而今变得丑陋无比：五官欹缺、支离不整、惨不忍
睹，毛落鬓秃，连眉毛也残缺不全，嘴唇变形合不住，牙齿脱落
漏风，只有舌头尚存，眼睛昏暗无光；四肢萎堕不堪：脚，因血
脉不通而呈现黑色且蜷曲着，只能匍匐爬行，一只手臂也蜷曲不
能伸直，行一步有如千里艰难、挪一尺好比爬山过河。卢照邻把
自己比作历史上著名的"恶人"（丑人，笔者注）哀骀它，称自
己六骸不美；皮肤干枯，皱纹千层，肌肉坏死，筋络挛废，手足
连蜷，爬行时一伸一曲，像一只虫子一样艰难，身形枯槁，好似
随时都会折断，就像鱼儿的鱼鳞被损伤了，就像鸟儿的翅膀被折
断了，卢照邻拖着蜷曲而挛废的身体，在山涧一角委顿，在山泽
之路上战栗难行，好比"昆山玉石忽摧颓"！（《悲穷通》）神气，
身形摧折，自然体力衰竭，神与气也衰弱到极点——"骸骨半
死，血气中绝，"（《悲穷通》）爬着动身，身体虚弱就要折断似
的，神气好像还存在，又像已经离开躯壳了，心如死灰，不生不
灭，什么也不能让它再起波动，爬行是如此艰难，每一步都令人
痛苦呻吟，好像经历了无数次的生生死死，精神已经晦暗幽昧，
生命已经危在旦夕，可以说命悬一线了，就像离开水的鱼儿，看
看将死，却还在摇着尾巴求活，"行半生而半死，气一绝而一
连"（《悲昔游》）。

　　其次，是心灵即精神方面的痛苦。恶疾，摧毁了卢照邻的身
体，从而最终使卢照邻被剥夺了作为一个正常人过普通生活的权
力。紧随身体巨大痛苦而来的就是精神上更为深切无边的痛苦。
有时，这两种痛苦又是相伴相生、不可分割的。手足的挛废，限
制了身体的自由，大多数的时间，卢照邻的活动范围被局限在他

小小的居室之中，即使是在居室之中，他也做不到自由活动，而只能在床上挪来挪去。这样的日子，一过就是十年。加上五官的变形残毁，让他人不像人、鬼不像鬼，强烈的自尊心也使他断绝了与外界的交往。被迫隐居的诗人，丝毫感受不到隐士生活的惬意，周围的一切带给他的只有孤独和痛苦。他凭借凹进去的山岩筑起居室，面前是空阔的山谷洞壑，临近奔突鸣咽的流泉，居住的地方没有人烟，山谷下经常阴森不明，周围是无边无际的迷茫一片，松树当的门，草已长满，门被掩住了，石头的路上长出了新苔，这都是长久没有人迹的原因，而石头筑成的楼房也破败了，支撑的石柱眼看就要断了。诗人在林中独卧，衣衫联缀不平、打满了衣结，自从他因病拜别亲属、卧病箕颍以来，他只能"以蕙兰为九族，以风烟为四邻"（《悲今日》），与他亲近的也不是同类，与他作伴的只有古树和朝霞。诗人日日独坐，只看见四周围群山围绕，年复一年孤单一人卧病，于是常常对着古树寂寞地数着它的年轮。饥饿的鼯鼠在夜里啼叫，好像与诗人同为悲切；春天里鸟儿唱起好听的歌儿，好像与诗人同为欢庆。林木茂盛，能够见到很多鹿聚集，山色苍苍，很少见人。诗人远离尘世，独自被病困山野，长期滞留空阔的山谷之中，四周静悄悄的，让诗人心中忽然起悲怆之情；眼睛看不清，增加了诗人心中的惆怅。诗人那不多的乐趣也没有了，因为孤独一人，连围棋也不能下了；因为手足挛废，琴弦也抚弄不成了。

不惟如此，疾病剥夺了卢照邻作为一个普通人的许多基本生活权利，还把他置身于连朋友都不与之来往的更加孤独凄凉的境地。朋友们"当时相重若鸿钟，今日相轻比蝉翼"，卢照邻认为，这是因为他"一朝憔悴无气力，曝骸委骨龙门侧"（《悲昔游》）造成的。诗人用历史上庄子、周公所受到的困顿来比自己的艰难处境。现在与朋友间的"庆吊"之类的联系都断绝了，生死存亡永远相隔了，昔日友情任凭驷马而难追，即使寄书信也不能连接了。诗人悲叹："向时之清谈尚存，今日之相知已没"（《悲今日》），明明从前与朋友们的清谈犹在耳边，那热闹的情景仿佛是昨日的事情，可是现在那些相知们已经消失无处寻找了。诗人只有在春暖花开时，或者酷暑已消、凉秋到来时，才能以车代步，从户庭中出来，望一望眼前色彩斑斓的云壑和轻烟笼罩的郊野，本想欣赏一下大自然的美丽景致，以此消解如被困在牢笼中一样生活的痛苦，然而，这只能让诗人生出人不如自然之物的又一层悲伤，乐景反增了诗人的哀情。所以，诗人眼中的景物，总是带着浓浓的悲凄色彩。他眼中哀怨的猿是"孤猿"，警鸣的鹤是独鹤，萝月为之失色，风泉为之罢声。"天片片而云愁，山幽幽而谷哭。露垂泣于幽草，风含悲于拱木。"（《五悲·悲昔游》）春夏秋冬，一年四季，没有一个季节不令人愁云惨淡：

> 萋兮绿，春草生兮长河曲，试一望兮心断续。晚兮晼，夕鸟没兮平郊远，试一望兮魂不返。靡芜叶兮紫兰香，欲往从之川无梁，日云暮兮涕沾裳。松有萝兮桂有枝，有美一人兮君不知，气欲绝而何为。（《悲夫》）

春天里，最早报春的碧绿茂盛的春草，那勃勃的生机，却触发了诗人内心极度的伤痛；夕阳西下，飞鸟还巢，卢照邻孤独的离魂因不能返乡而变得更加惆怅；在美好的春天里，想到自己的境遇，忍不住"涕沾裳、气欲绝"。

> 孟夏兮恢台，杨柳散兮芙蓉开。叶初成兮蚕宛转，花落尽兮燕徘徊。望夫君兮不来，形枯槁兮意摧颓。天何为兮愁苦？麦将秀兮多风，梅将黄兮屡雨。日色旰烂兮，流金而烁石；地气燠煜兮，满室而充户。神瑿瑿兮似灰，命绵绵兮若缕。……万物繁茂兮此时，余独何为兮肠邅迥而屡腐？（《悲夫》）

夏天万物欣欣向荣，杨柳飘散、芙蓉花开，桑叶正嫩、蚕儿长得快，花儿落了、燕子此间徘徊，只有诗人形只影单，身形憔悴，意气衰颓，繁茂而富有生机的外物增加了孤单的诗人内心的痛苦；麦子将熟时却刮起了干热的风，加上盛夏连绵的梅雨和地上地下难耐的酷热，使卢照邻的病情更加严重，身体更加虚弱、生命已如游丝时断时续了。诗人内心的不平，化作一句质疑：万物如此的繁茂，而我单单为什么却日益衰颓？

秋风起兮野苍苍，蒹葭变兮露为霜。蝉悲嘒兮声断，雁迷云兮路长。摧折萧条兮林寡色，憔悴芸黄兮草不芳。停剑兮怀旧友，天外兮思故乡；愿一见兮终不得，侧身长望兮泪浪浪。遥兮远，山谷萦回兮屡转，状若登蓟门兮望胡苑；断兮连，井邑丘墟兮知几年，又似登陇首兮见秦川。木叶落兮长年悲，红颜谢兮鬓如丝，王孙来兮何迟迟，思公子兮涕涟洏。风裹裹兮雨凄凄，萤火飞兮乌夜啼。牵牛西北兮星已转，织女纵横兮河欲低。秋夜迢迢兮秋未极，愁人耿耿兮愁不息。(《悲夫》)

秋天万物萧条，秋风一起，更易引起诗人忧思。山野苍苍、白露为霜、秋蝉声断、孤雁迷途、林木变疏、芳草枯黄，入目之景无不衰飒凄迷，诗人不禁怀旧友、思故乡，忍不住热泪流淌。故乡山长水阔无法返回，思念徒增痛苦。树叶被秋风吹落、红颜已谢鬓发如丝，一切的思念和等待只不过是一场空。秋风秋雨助凄凉，萤飞乌啼添寂寞。长河星月夜难眠，愁人耿耿独寥落！其凄凉惨淡、忧愁中结，令人想起曹雪芹《红楼梦》里林黛玉于秋窗风雨夕所制之《秋窗词》："秋花惨淡秋草黄，耿耿秋窗秋夜长。已觉秋窗秋不尽，何堪秋雨助凄凉。"① 可谓异曲同工。

---

① 曹雪芹高鹗：《红楼梦》，人民文学出版社1982年版，第626—627页。

　　玄冬惨兮阴气凝，沸泉结兮炎州冰；郊野昏兮寒沙涨，河海暗兮繁云兴。严风急兮密雪下，瑾户闭兮无留者；盼城郭兮，琼为树兮玉为楼，瞻通路兮，驾素车兮乘白马。时眇眇兮岁冥冥，昼杳杳兮夜丁丁；庭有霜兮月华白，室有人兮灯影青。披重裘兮魂悄悄，卧空床兮目荧荧。御熏炉兮长不暖，对卮酒兮忧恒满。悲缭绕兮从中来，愁缠绵兮何时断！（《悲夫》）

冬季气候肃杀、寒气凝结，水凝冰冻。寒风起、阴云布，天地河海昏暗无光；寒风挟裹着急雪，铺天盖地而来，人们关紧门窗、躲在家里不再外出，天地霎时成了银白的世界，无边的时空更加渺茫、寂静。世界似乎只剩下幽闭而孤独的诗人，还在摇尾乞活。冬夜漫漫，庭院被白霜覆盖，月亮的光也变得寒冷。昏暗的小屋，惨淡的灯影，尽管披着厚厚裘衣，仍然气息微弱的诗人，独卧空床，长夜难眠。岁月与病痛的煎熬，让他已三分是人、七分像鬼了：目光不定，闪烁着青荧荧的光；灵魂悄悄，对抗着那无边的黑暗和孤独。长夜漫漫，无有尽头；悲愁相生，无有断时。

　　日复一日，春夏秋冬，本来韶华易逝，曾让卢照邻生出"容色朝朝落"、"常恐秋风早，飘零君不知"的年华易逝之感叹，而今，因为巨大的病痛折磨，让卢照邻觉得时光的流逝真是无比漫长；一年又一年，与绵绵无尽的岁月流逝相伴相生的是绵绵无尽的悲愁痛苦。

　　（二）社会之悲，即不遇之悲。卧病之前的卢照邻，少年时胸怀报国大志，二十岁入邓王府即受邓王爱重，然而却长期沉沦下僚。正如诗人所言"先朝好吏，予方学于孔、墨；今上好法，予晚受乎老、庄。彼圆凿而方柄，吾知龃龉而无当。是时也，天子按剑，方有事于八荒；驾风轮而梁弱水，飞日驭而苑扶桑；戈

345

船万计兮连属，铁骑千群兮启行。文臣鼠窜，猛士鹰扬。故吾甘
栖栖以赴蜀，分默默以从梁。"（《释疾文·粤若》）才高位下的
人生际遇，常常引发诗人的不遇之悲。他看到盛开的曲池荷，就
担心早来的秋风，吹落荷花而不被人知；他看到芬芳的花树，就
担心"容色朝朝落"而"思君君不知"。希望得到君王的知遇而
实现自己辅佐君王施行仁政、王道，是卢照邻以儒家思想为立身
出处的人生理想；就是这种理想，使得卢照邻在仕途坎坷的情形
中、哪怕是在遭遇牢狱之灾后，也没有放弃心中企盼有一天一展
鸿鹄之志的热望。《同临津纪明府孤雁》那只不辞万里、向南飞
翔的孤雁，尽管遭遇旅途凶险，但还是要"会刷能鸣羽，还赴上
林乡"，即是诗人不改思遇明主、报效朝廷的初衷。《赠益府群
官》中来自北燕的"一鸟"，屡受"日夕苦风霜"、"羽翮毛衣
短"等种种挫折，但是仍然念念不忘："谁能借风便，一举凌苍
苍。"正是诗人心中那一朝得遇、飞身显达志向的反映。《驯鸢
赋》，"孕天然之灵质，禀大块之奇工。嘴距足以自卫，毛羽足
以凌风"的驯鸢，"怀九围之远志，托万里之长空"，中间经历
了诸多坎坷："经过巫峡之下，惆怅彭门之东。既而摧颓短翮，
寥落长想。忌蒙庄之见欺，哀武溪之莫往。进谢扶摇之力，退惭
归昌之响。腐食多惧，层巢无像。屈猛性以自驯，抱愁容而就
养。"好比被无情的现实碰得头破血流的诗人，即便如此，诗人
那"傍眺德门，言栖仁路"立身之志的理想和"乍啸聚于霞莊，
时追飞于云阁"的宏大志向，却始终不改。

当诗人郁郁不得志时，也想到栖身山林、过隐者的生活，但
那只能代表诗人一个阶段的思想波动。新都尉满后，卢照邻过了
一段"婆娑蜀中，放旷诗酒"的生活。但是，时间不长，机会
一来，他又奔赴长安，准备参加铨选。（见本文第一章第二节）
然而，一场飞来病祸，即咸亨四年的"幽忧之疾"，永远改变了

卢照邻的人生道路，对此，卢照邻有清晰交代："其后雄图甫毕，登封礼日，方欲访高义于云台，考奇文于石室，销兵车兮为农器，休牛马兮崇儒术。屡下蒲帛之书，值余有幽忧之疾。"（《释疾文·粤若》）

卢照邻还由己及人，追述历史人物及现实人物的遭时不遇之悲。在《五悲·悲才难》中，以"古往今来，邈矣悠哉"统领全篇，先是述说历史上人才遭厄运、被毁灭、遭埋没之悲。"嵇生玉折，颜子兰摧。人兮代兮俱进，代兮人兮共哀。至如左丘失明，冉耕有疾，兵法作而断足，《史记》修而下室。"嵇康三十九岁被杀害，孔子的贤弟子颜回英年早逝、伯牛得重病，写了兵法的孙膑遭遇断足之悲，撰写《史记》的司马迁却遭受腐刑之灾。更有甚者，"笙簧六籍，则秦俗有坑儒之痛；黼藻百行，则汉家有党锢之诛。"秦始皇焚书坑儒，炮制了文人遭难的惨剧；东汉宦官连诛太学生，大批文人志士遇害。当代贤才的际遇又如何呢？"籍之古人则如彼，考之今代又如此。近有魏郡王君曰方，华阴杨氏曰亨，咸能博达奇伟，覃思研精；征孔门之礼乐，吞鬼谷之纵横；岳秀泉澄，如川如陵；高谈则龙腾豹变，下笔则烟飞雾凝。"如此高才之人，只落得"王则官终于郡吏，杨则官止于邑丞"的结果。进而卢照邻又联想到自己的一兄一弟："余之昆兮曰杲之，余之季兮曰昂之。杲也杲杲兮如三足之乌，昂也昂昂焉如千里之驹。杲之为人也，风流儒雅，为一代之和玉；昂之为人也，文章卓荦，为四海之随珠。并兰馨兮桂馥，俱龙驹兮凤雏。生于战国，则管乐之器；长于阙里，则游夏之徒。"如此具有安邦治国才能、风流儒雅质性之人，却都"以方圆异用，遭遇殊时，故才高而位下，咸默默以迟迟。"诗人为兄弟悲叹："青青子衿兮时向晚，黄黄我绶兮鬓如丝。昆兮何责？坐乾封兮老矣；季兮何负？横武陵而弃之。"最后，诗人悲叹己之不遇：

"天之生我，胡宁不惠？何始吉兮初征，悲终凶于未济！""未济"，孔颖达疏《易·未济》曰："未济者，未能济度之名也。未济之时，小才居位，不能建功立德，拔难济险。"① 卢照邻悲叹自己最终不得遇之人生结果。

（三）命运之悲。卢照邻把自己的不遇之悲和罹病之悲，归结于命运之悲。在《释疾文·粤若》中，卢照邻叙述了自己患病前的人生经历，"其后雄图甫毕，登封礼日，方欲访高义于云台，考奇文于石室，销兵车兮为农器，休牛马兮崇儒术。屡下蒲帛之书，值余有幽忧之疾。"把这种不得知遇的遭遇归结为"盖有才无时，亦命也，有时无命，亦命也！"明确表示己之遭遇，为造化弄人、命运所致。《五悲·悲穷通》有同样的表述，把患病看作自己命运的转折点。诗人先回忆从前："昔也子之少，则玉树金枝；及其长，则龙章凤姿。立身则淹中不足言其礼，挥翰则江左莫感论其诗。每兢兢于暗室，恒诩诩于明时。常谓五府交辟，三台共推，朝纡会稽之绶，夕献《长杨》之词。"谁料想"痛私门之祸速，昔公车之诏迟。"诗人觉得患病突然，但也可惜公车之诏太迟了，前期是"有才无时"，后期是"有时无命"——"岂期晦明乖序，寒燠愆度，鳞伤羽折，筋挛肉蠹。离披于丹涧之隈，觳觫于薮山之路。"面对如此命运，诗人发出"已焉哉！已焉哉！昆山玉石忽摧颓；事去矣，事去矣，古今圣贤悲何已"的悲叹！卢照邻又由己及人，悲历史人物的悲剧命运：

> 项羽帐中之饮，荆卿易水之歌，何壮夫之懦抑，伊儿女之情多。借如苏武生还，温序死节，王陵之母伏剑，杞梁之妻泣血，事盖迫于功名，情有兼于贞烈。若关羽汉阴，田横海岛，孤城已迫，疲兵尚老；离离碣石之鸿，冪冪江潭之

---

① （清）阮元校刻：《十三经注疏·周易正义》，中华书局 1980 年版，73 页。

草，回首永诀，吞声何道！及夫献帝偷生，怀王客死，哀西都之城阙，忆南京之朝市，凤凰楼上陇山云，鹦鹉洲前吴江水。一离一别兮，汉家宫掖似神仙；独坐独愁兮，楚国容华竞桃李。别有士安多疾，颜奇不起，马援困于壹头，冉耕悲于牖里。（《五悲·悲穷通》）

这些历史人物，或迫于功名，或兼于贞烈，或迫于形势，更有被疾病所困者。卢照邻从他们的悲剧命运中找到了同感，于是又反观自己：

平生书创，宿昔琴樽；研精殚于玉册，博斯浃于铜浑。思欲为龟为镜，立德立言，成天下之矗矗，定古今之谆谆。一朝溘卧，万事宁论！君徒见丘中之饶朽骨，岂知陌上之有游魂。假使百年今上寿，又何足以存存！（《五悲·悲昔游》）

卢照邻悲叹着："一朝溘卧，万事宁论！"但他又能看到，即使能活百年，也终要成为朽骨；所以他还是追寻人生的价值——人生最终以何存世。

由命运穷通之悲，卢照邻进一步对指引自己立身处世的人生思想产生了怀疑。《五悲·悲人生》用佛教思想对儒道思想进行了彻底地否定：

若夫正君臣，定名色，威仪俎豆，郊庙社稷，适足夸耀时俗，奔竞功名，使六义相乱，四海相争。我者遗其无我，生者哀其无生。孰与乎身肉手足，济生人之涂炭；国城府库，恤贫者之经营。舍其有爱以至于无爱，舍其有行以至于无形。若夫呼吸吐纳，全身养精，反于太素，飞腾上清，与乾坤合其寿，与日月齐其明，适足增长诸见，为能永证无生。孰与夫离常离断，不始不终；恒在三昧，常游六通；不生不住无所处，不去不灭无所穷；放豪光而普照，尽法界于虚空。苦者代其劳苦，蒙者导其愚蒙。施语行事，未尝称倦；根力觉道，不以为功。

虽然儒道尽归于佛，而且卢照邻在佛教思想中，呼唤"济人"之爱，试图超越人生之悲；但是，否定自己赖以安身立命的思想，是一个痛苦的过程和选择，因为诗人曾经如此推崇之：

> 儒与道今，方计于前，其书万卷，其学千年。钟鼓玉帛，鳌夔蹁跹；进木水火，混合推迁。六合之内，慕其风兮如市；百代之后，随其流兮若川。

诗人叹儒道误身；"受苦受乐，可悲可怜。"因此文章中，儒道二客对超然大圣即佛教化身再拜而称曰：

> 大圣哉！丘晚闻道，聃今已老，徒知其一，未究其术；何异夫戴盆望天，倚仗逐日，苍苍之气未辨，昭昭之光已失。呜呼！优优群品，遑遑众人，虽凿其窍，未知其身；来从何道？去止何津？谁为其业？谁作其因？一翻一覆兮如掌，一生一死兮若轮。不有大圣，谁起大悲？请北面而趋伏，愿终身而教之。

然而，人生与命运之悲，又如何能够超越呢？所以，卢照邻把他一腔的悲愤不平化为文字，不吐不快，赋予其骚体赋作品"骚怨"色彩。

三、"骚怨"精神、悲剧力量

卢照邻成功运用骚之体式，记录他生命的最后旅程；所以他的这几篇骚体赋中，充满了"骚怨"精神。所谓"骚怨"精神，就是以楚辞（《离骚》）为代表的辞赋作品表现出来的"一种强烈的实现自我社会价值的执著精神"和"对自我精神坚守与实践"①的双重固持。屈原的"骚怨"精神内核为忧广深沉的爱国

---

① 王德华：《屈骚精神及其文化背景研究》，中华书局 2004 年版，第 8、9 页。

爱民思想和诗人强烈的完善自我人格的意识，以及虽九死而不悔的战斗精神。情感特征表现为悲哀怨愤，抒情方式为"发愤以抒情"（《九章·惜诵》）。

卢照邻本来就强调"适意为宗"的写作准绳，《五悲·序》，明确"以申万物之情"的写作目的，《释疾文·序》，更是强调抒发怨情："盖作《易》者其有忧患乎？删书者其有栖遑乎？《国语》之作，非瞽叟之事乎？《骚》文之兴，非怀沙之痛乎？吾菲斯人之徒与？安可默而无述？"《四库全书总目》评价卢照邻作品："故平生所作，大抵欢寡愁殷，有骚人之遗响，亦遭遇使之然也。"[1] 这里，揭示了人生际遇对卢照邻骚怨精神的影响，另外，燕赵地域文化中"慷慨悲歌"的质性特征对卢照邻骚怨文风的形成，也起了催化作用。

与屈原忠君恋阙的"骚怨"精神不同，卢照邻更多抒发的是一己之悲。同是悲哀怨愤，思想境界高下不同。如果说屈原的"怨愤"，表现为"怨而不怒"的个性风格；卢照邻的"怨愤"则是冲破了儒家诗教"温柔敦厚"的藩篱，表现为鲜明的"怨且怒"的个性风格，其个性色彩更加浓郁。

卢照邻"骚怨"精神，首先，"悲"的情感抒发。

不管是自然之悲，还是不遇之悲、命运之悲，其核心仍是一己之悲，然而，卢照邻的"一己之悲"，仍具有普遍意义。其一，卢照邻的不遇之悲，在封建社会中，对于只能依附于君主实现人生价值的知识分子来说，是有普遍意义的。其二，卢照邻的自然之悲，即身染恶疾而无力对抗，对于全人类而言，是永远要面临的一个悲剧，即人们无法免除恶疾带给人类的死亡，人类就是在与各类疾病的斗争中前进着。所以，与病魔作不屈不挠的斗

---

① 纪昀：《四库全书总目》，中华书局 1965 年版，第 3845 页。

争，对全人类而言，具有普遍意义。

其次，怨愤且怒的情感抒发。

在生命的最后阶段，与一般人不同的是，卢照邻不仅仅回顾了自己令人悲伤的人生经历，更多的是对这种人生进行了全方位的反思。这个时期，对卢照邻而言，活着已没有欢乐可言；在旷古未有的孤独和痛苦中，诗人常常陷入深深的思考之中，这种思考，同样带给他无法找到答案和心灵归处的痛苦。越是找不到答案，他越是不能停止思考和追问。于是他在反复的思考中痛苦着，愤怒着。这种愤怒，充满了对不公平命运的反抗和不屈的精神，从而赋予了作品激动人心的悲剧力量。

卢照邻在痛苦中思考："有幽岩之卧客，兀中林而独思"（《悲穷通》），"川谷萦回兮迷路径，山嶂重复兮无人烟。中有幽忧之子，长寂寞以思禅。暮色蹐蹐，朝思绵绵"（《悲昔游》），"四时兮代谢，万物兮迁化。听春鸟于春朝，闻秋虫于秋夜。花覆地兮无待，河倾天兮不借。无灵草兮驻朽质乎千年，无雕戈兮回骏乌乎三舍。夏日长兮绳绳，岩风暑雨兮相蒸；草木扶疏兮如此，余独兰骓兮不自胜。玄月兮祈寒，穷急景兮摧残；霰雪纷纷兮长委积，人事寥寥兮怅漫漫。春秋冬夏兮四序，寒暑荣悴兮万端。春也万物熙熙焉感其生而悼其死，夏也百草榛榛焉见其生而知其阑；秋也严霜降兮殷忧者为之不乐，冬也阴气积兮愁颜者为之鲜欢。"（《释疾文·悲夫》）卢照邻在思考中哀号，把不满和愤怒直指天、地、大自然和不公平的命运安排：

> 代情兮共此，何余哀之能得！嗟昊天之不吊，悲后土之无情。……窃不敢当雨露之恩惠，长痛恨于此生。（《五悲·悲昔游》）

> 已焉哉！已焉哉！昆山玉石忽摧额；事去矣，事去矣，古今圣贤悲何已！

一朝溘卧，万事宁论！君徒见丘中之饶朽骨，岂知陌上之有游魂。假使百年兮上寿，又何足以存存！（以上《悲穷通》）

覆帱虽广，嗟不容乎此生；亭育虽繁，恩已绝乎斯代。赋命如此，几何可凭？（《释疾文·序》）

积怨兮累息，茹恨兮吞悲。怨复怨兮，坎壈乎今之代；愁莫愁兮，侘傺乎斯之时。皇穹何亲兮，诞而生之？后土何私兮，鞠而育之？何故邀余以好学？何故假余以多辞？何余庆之不终兮，当中路而废之？……已焉哉！天盖高兮不可问，地盖广兮不容人。钟鼓玉帛兮非吾事，池台花鸟兮肥沃春。寂兮寞，岁岁年年长少乐；慌兮惚，朝朝暮暮生白发。怆怳懭悢兮无所见，宛转联蜷兮独向隅。状若重陛圆扉之受绁，又似干池涸井之相濡。鸾凤之翮已铩兮，徒奋迅于笼槛；骐骥之足已蹇兮，空怅望于廷衢。龙门之桐半死，邓林之木全枯。苟含情而禀气兮，孰能不伤心而疾首乎？（《释疾文·粤若》）

悲夫，事有不可得而矣！是以古之听天命者，饮泪含声而就死。……求时夜兮求鸮炙，何逼迫之如此？为鼠肝兮为虫臂，何锻炼之如彼？

万物繁茂兮此时，余独何为兮肠邅回而屡腐？（以上《释疾文·悲夫》）

命曰：昊天不傭兮降此鞠凶，昊天不惠兮降此大戾。不先不后兮为瘥为瘵，痛之抚兮孰知其厉？……天之生我兮，胡宁不辰？少克己而复礼，无终食兮违仁。既好之以正直兮，谅无负于神明；何彼天之不吊兮，哀此命之长勤？百罹兮六极，横集兮我身，长嬛圈以偃蹇，永伊郁以呻嚬。

天道何从，自古多邪；为臧兮非祐，非仁兮覆庸。……

我视于天兮，亦孔之瘁。

　　天且不能自固，地且不能自持，安得而有万物？安得而运四时？彼山川与象纬，其孰为之主司？生也既无其主，死也云其告谁？（以上《释疾文·命曰》）

卢照邻反复地指天问地，指责命运不公。他说天不好、地无情，天地断绝了今生养育他的恩情，所以他没完没了地怨啊怨、没完没了地愁啊愁！他甚至不止一次地指责：天为何生了他，地为何养了他？为什么赋予他好学的天性？为什么赋予他多辞的才华？为什么美好不能陪伴他到生命的最后？为什么在他人生的半路把他废弃？为什么这样逼迫他？为什么这样煎熬他？把巨大的灾难降临到他的头上？我们仿佛听到了诗人的呐喊：苍天啊，你不公平！苍天啊，你不施惠！苍天啊，你生我为何不选对时辰？我自少年即以礼义修身、以正直养性，不敢有负于神明，可是为什么苍天不善，令我的命运如此悲惨？

　　面对悲惨的命运，卢照邻没有像古代听从天命的人一样，"饮泪含声而就死。"（《释疾文·悲夫》）而是发愤著书，以"安可默而无述"（《释疾文·序》）激励自己。他在作品中，还以呼天抢地的极端方式，与不公平的命运进行精神上的抗争；并且，最终他大胆否定了主宰万物的天和地：天连自己也不能稳固，地连自己也不能把持，又怎么能拥有万物，令四时运行呢？这大胆的否定，是卢照邻不屈抗争精神的进一步强化，最为难能可贵、震撼人心的是，经过了悲痛、思考、哀号、愤怒的卢照邻，否定了天、地、命运主宰，并没有走向虚无，最后仍选择了坚持自己的信念："何必拘拘而蹢躅，可浩然而顺之。吾知恶之不能为恶，故去之曰群生之所蠹；吾知善之不能为善，故就之曰有生之大路。虽粉骨而糜躯，终不改乎此度。"（《释疾文·命曰》）就像一个百折不挠的战士，虽经九死一生，依然坚韧地守护在自己的阵地上。卢照邻经历的无疑是一个悲剧人生，他面临的是自然与社会带给他的双重悲剧，但他并未屈服于悲剧命运的安排。他与恶疾抗争了十余年之久，并坚持写作，把他生命的最后历程呈现给读者；他敢于向命运挑战、大胆怀疑、彻底否定天命，以呼天抢地的极端形式，抒发自己的不满和愤怒；他历经挫折和磨难，依然坚守自己的理想和信念。贯穿全篇的不屈与抗争精神，赋予了作品以极强的悲剧力量。

卢照邻《释疾文·命曰》的反复申述，把悲剧力量推向一个更高的境界。在不屈与抗争中，卢照邻又开始了生命哲理的追寻：

> 重曰：予既昧此杳冥兮，迷之不知其所届。将寄命于六师，访真诀乎遐外。（《释疾文·命曰》）

于是，卢照邻驰骋想象的翅膀，会巫阳、访东皇、拜太乙，然而都未能解开诗人关于命运的疑团。最后，在巫阳的指引下，卢照邻见到了道家鼻祖太上老君伯阳，伯阳为其讲生死：

> 夫道之动也盼盼联联，静也若丧若失。曠兮不以死生为二，块兮若以天地为一。生于万物之后不为缓，死于太古之前不为疾，弊万类也不为之凶，利四海也不为之吉。夫如是，则巨浸稽天而不溺，鸿炎冶地而不然；生死不能为其寿夭，变化适足寄其腾迁。化而为鱼也，则跃龙门而横碣石；化而为鸟也，则培羊角而负青天。为社也，则长无斤斧之患；为瓠也，则泛乎泱漭之川。物无可而不可，何必守固以拳拳？（《释疾文·命曰》）

经过伯阳齐生死、等福祸的一番开导，卢照邻"于是乎嗒然而丧其偶，倏尔而失其知。思故池之渌水，忆中园之桂枝。栩栩然若有得，茫茫然若有亡。叹仿佛兮觉悟，魂已归乎北乡。其往也人皆为之避席，其返也鸟不为之乱行。"

道家思想，让他参破生死福祸了吗？没有，他知道自己将不久于人世，于是为自己长歌当祭，作《释疾文·三歌》。《粤若》歌曰：

> 岁将晏兮欢不再，时已晚兮忧来多。东郊绝此麒麟笔，西山秘此凤凰柯。死去死去兮今如此，生兮生兮奈汝河！

《悲夫》歌曰：

> 岁去忧来兮东流水，地久天长兮人共死。明镜羞窥兮向十年，骏马停驱兮几千里。麟兮凤兮！自古吞恨无已。

《命曰》歌曰：

> 茨山有薇兮，颖水有漪。夷为柏兮秋有实，叔为柳兮春雨飞。倏尔而笑，泛沧浪兮不归。

《旧唐书》和《新唐书》皆记载了卢照邻生命最后阶段的情形。《旧传》云：

> 后疾转笃，徙居阳翟之具茨山，著《释疾文》、《五悲》等颂，颇有骚人之风，甚为文士所重。照邻既沉痼挛废，不堪其苦，尝与亲属执别，遂自投颖水而死，时年四十。

《新传》云：

> 疾甚，足挛，一手又废，乃去具茨山下，买园数十亩，疏颖水周舍，复豫为墓，偃卧其中。照邻自以高宗时尚吏，己独儒；武后尚法，几独黄老；后封嵩山，屡聘贤士，己已废。著五悲文以自明。病既久，与亲属诀，自沉颖水。

据此，卢照邻做好了赴死的充分准备。明代张燮为卢照邻文集《幽忧子集》题词，评论卢照邻生平曰：

> 古今文士奇穷，未有如卢升之之甚者，夫其仕宦不达则亦已耳，沉疴永固，无复聊赖，至自投鱼腹中，古来膏肓，无此死法也。……比疾笃，买园绕水舍，下又预为墓，依稀

达人之风。①

真可谓千载之下，卢照邻知音也。卢照邻带着对生之遗恨、对死之无奈，带着对故乡、对家人的无限眷恋，毅然决然，投颖水赴死。死，对卢照邻来说，并非懦弱的选择；那生命最后时刻的一笑，是对死亡和命运的蔑视，是最强有力的抗争。卢照邻，用告别生命的"俊尔而笑"，把震撼人心的悲剧力量，推向一个把抗争进行到底的终点；而卢照邻那永不屈服的与病魔斗争的精神，则会成为激励人类战胜灾难的精神力量。

① 张燮：《幽忧子集七卷》，四部丛刊本。

第八章
卢照邻的文学史意义

如果把"初唐四杰"比作群星灿烂的唐代文坛的星空之中一个闪闪发光的小型星座,那么卢照邻则是在这个星座中闪烁着光芒并且不可取代的一颗。讨论一个文学家的文学史意义,离不开考察他在其所处时代的文学链条上所发挥的作用或者说所作出的贡献,换言之,用辩证法的观点看,卢照邻对于前代和后世文学而言,是如何承上启下的。对于这一点,古人及今人都有论及:

王杨卢骆当时体,轻薄为文哂未休。尔曹身与名俱灭,不废江河万古流。(杜甫《戏为六绝句》其二)

纵使卢王操翰墨,劣于汉魏近风骚。龙文虎脊皆君驭,历块过都见尔曹。(同上,其三)

自六朝来正声流靡,四君子一变而开唐音之端,卓然成家,观子美之诗可见矣。(杨士弘《唐诗始音目录并序》)①

卢、骆、王、杨,号称四杰。词旨华靡,故沿陈隋之遗,翩翩意象,老境超然胜之,五言遂为律家正始。(王世贞《艺苑卮言》卷四)②

---

① 杨士弘编选张震辑注,顾璘评点,陶文鹏、魏祖钦整理点校:《唐音评注》,河北大学出版社2006年版,第1页。

② 周维德集释:《全明诗话》,齐鲁书社2005年版,第1918页。

卢、骆歌行，衍齐梁而畅之，而富丽有余。（胡应麟《诗薮·内编》卷三）①

先是唐起梁陈衰运后，诗文纤弱委靡，体日益下。宾王首与勃等一振之，虽未能骤革六朝余习，而诗律精研，文辞雄放，滔滔混混，横绝无前。唐三百年风雅之盛，以四人者为之先导也。（胡应麟《少室山房类稿》卷八九）②

唐王、杨、卢、骆四杰，浑厚朴茂，犹是开国风气。（李调元《雨村诗话》卷下）③

宫体诗在卢骆手里是由宫廷走向市井，五律到王杨的时代是从台阁移至江山与塞漠。（闻一多《唐诗杂论·四杰》）④

四杰的起来，在初唐诗坛上是一个极重要的消息。四杰也是承袭了梁、陈的风格的。唯意境较为扩大深沉，格调且更为精工严密耳。他们是上承梁、陈而下启沈宋的。（郑振铎《插图本中国文学史》）⑤

综观以上评论，对于卢照邻（包含在四杰之内）之承上启下的历史地位，多侧重于开启唐音之端，上承论述不多。王世贞论述较为客观，郑振铎亦论及其上承关系，但皆不全面且未能展开。笔者拟在前人论述基础之上，对卢照邻之于文学史意义，亦从上承与下启两个方面，加以展开论述。

---

① 胡应麟：《诗薮》，上海古籍出版社 1958 年原中华上编版，第 47 页。

② 胡应麟撰，江湛然辑，明万历间刻本。

③ 李调元著，詹杭伦、沈时蓉校正：《雨村诗话校正》，巴蜀书社 2006 年版，第 12 页。

④ 闻一多：《唐诗杂论·四杰》，生活·读书·新知三联书店 1999 年 11 月版，第 28 页。

⑤ 郑振铎：《插图本中国文学史》，人民文学出版社 1957 年版，第 280 页。

第一节　批判地继承六朝

马克思主义辩证法认为，世界是普遍联系的，又是曲折发展的。历史上无论哪一个人、哪一件事，都不是孤立存在的，必然与周围事物有着千丝万缕的联系。用马克思主义的方法论指导我们进行古代文学研究，有助于我们得到较为客观的结论。卢照邻，作为一个个体文学家，置身于文学史的长河中，无疑是非常渺小的。但是，这种渺小却不是可以忽略不计的，他作为文学史普遍联系的一部分，必然对文学史产生影响。

对于六朝文学，在理论上，卢照邻有着清醒而客观的认识，他主张批判地继承。主要表现在四个方面：

一、对六朝形式主义文风彻底批判、肯定六朝优秀诗人的成就。

在《乐府杂诗序》中，卢照邻对六朝乐府形式主义诗风的批判力度十分犀利："言古兴者，多以西汉为宗，议今文者，或用东朝为美。落梅芳树，共体千篇；陇水巫山，殊名一意。亦犹负日于珍狐之下，沈萤于烛龙之前。辛勤逐影，更似悲狂，罕见凿空，曾未先觉。潘、陆、颜、谢，蹈迷津而不归；任、沈、江、刘，来乱辙而弥远。"可谓一针见血。同时，卢照邻对魏晋六朝优秀诗人的成就予以肯定："其后鼓吹乐府，新声起于邺中；山水风云，逸韵生于江左"。把曹氏父子造作的音声曲度异于周秦的新制之乐府称为"新声"，肯定南朝继玄言诗之后出现的山水诗为"逸韵"。在《南阳公集序》中，卢照邻肯定了魏晋以来梁陈更多诗人的文学成就："二陆裁诗，含公干之奇伟。邺中新体，共许音韵天成；江左诸人，咸好环姿艳发。精博爽利，颜延之急病于江、鲍之间；疏散风流，谢宣城缓步于向、刘之上。北方重浊，独卢黄门往往高飞；南国轻清，惟庾中丞时时不坠。"可贵的是，卢照邻还非常清晰地指出了卢思道和庾信两位作家能融南北两长的美学风范，从而给出了其后唐代诗歌发展的一个正确的新的文学标准。

二、对"四声八病"的批判与继承。

《南阳公集序》云："八病爰起，沈隐侯永作拘囚；四声未分，梁武帝常为聋俗。后生莫晓，更恨文律烦苛；知音者稀，常恐词林交丧。"对于沈约"四声八病"的理论，卢照邻一方面批判其过于繁细之病：他说沈约作了"八病"的囚犯；同时又肯定"四声"之贡献：他讥笑不分"四声"的梁武帝是"聋俗"。在评当代乐府诗时，肯定贾君乐府诗"文律动于京师"，肯定人为声律的魅力。他更为担心的是："后生莫晓，更恨文律烦苛；知音者稀，常恐词林交丧。"他怕人为声律即"文律"不被后人继承，也就是他主张继承人为声律——"四声八病"的合乎历史发展的成分。卢照邻对声律的态度，顺应了时代的需求。尽管他没有进一步的阐释，但是已经指出了声律发展的正确方向。

三、对"缘情说"的继承

卢照邻主张文学作品要抒发个人的真情实感，强调对"怨情"的抒发。《驸马都尉乔君集序》中说"凡所著述，多以适意为宗"，即是强调抒发个人的真实感情；《释疾文·序》中叙说写作原因："余羸卧不起，行已十年，宛转匡床，婆娑小室。未攀偃蹇桂，一臂连蜷；不学邯郸步，两足匍匐。寸步千里，咫尺山河。每至冬谢春归，暑阑秋至，云螺改色，烟郊变容，辄舆出户庭，悠然一望。覆帱虽广，嗟不容乎此生；亭育虽繁，恩已绝乎斯代。赋命如此，几何可凭？今为《释疾文》三篇，以贻诸好事。盖作《易》者其有忧患乎？删《书》者其有栖遑乎？《国语》之作，非瞽叟之事乎？《骚》文之兴，非怀沙之痛乎？吾非斯人之徒与？安可默而无述？故作颂曰……"文中所举"忧患"、"栖遑"、"怀沙之痛"皆指"怨愤"之情。

卢照邻"重情"的文学观，源自对魏晋以来"缘情"理论的继承。陆机最早明确提出"缘情"说："诗缘情而绮靡，赋体物而浏亮"。刘勰《文心雕龙．明诗》篇中说："诗者，持也，持人性情。三百之弊，义归无邪，持之为训，有符焉尔。人禀七情，应物斯感，感物吟志，莫非自然。"《情采》篇中强调"情"乃立文之本，又说："昔诗人什篇，为情而造文……故为情者要约而写真，为文者淫丽而烦滥。"与刘勰同时而稍后的钟嵘认为："……凡斯种种，感荡心灵，非陈诗何以展其义？非长歌何以骋其情？"

卢照邻的"适意"说和重"怨情"的抒发，上承"缘情说"，强调抒发的是作家一己的真情实感，带有更多的个性色彩。对于反对当时风行的"绮错婉媚"专讲辞藻的空洞的形式主义的上官体诗风，有着积极的现实意义。

四、肯定华丽的文辞，上承六朝以来对"丽"的美学追求。

卢照邻一方面主张去除繁芜之词、提倡清虚冲淡的文词，《驸马都尉乔君集序》云："雅爱清灵，不以繁词为贵"；一方面又极力肯定六朝及当代作家华丽、华美的文辞：

> 江左诸人，咸好环姿艳发。精博爽丽，颜延之急病于江鲍之间；……（《南阳公集序》）

《三都》既丽，微夏熟于上林；……笔有余妍，思无停趣；……（《南阳公集序》）

逶迤绰约，如玉女之千娇；突兀峥嵘，似灵龟之孤朴。（同上）

晨趋有暇，持彩笔于瑶轩；夕拜多闲，弄雕章于琴席。（同上）

绿樽恒湛，斋阁临霞；绮札逾新，园亭坐月。（同上）

雍容车骑，屡动雕章。（《驸马都尉乔君集序》）

霜台有暇，文律动于京师；绣服无私，锦字飞于天下。（《乐府杂诗序》）

动林阁之雕章，发鸿都之宝思。云飞绮札，代郡接于苍梧；泉涌华篇，岷波连于碣石。……洋洋盈耳，岂徒悬鲁之音；郁郁文哉，非复从周之说。（同上）

卢照邻对"华丽、妍丽"文辞的提倡，亦源于魏晋南北朝以来，文学观念中对"丽"之艺术特征的明确追求。建安曹丕在《典论.论文》中提出"诗赋欲丽"，即要求文辞绮丽。西晋陆机著《文赋》称"诗缘情而绮靡"，指出诗"缘情"而外，还要绮丽华美，并对文辞提出具体要求："其遣言也贵妍"，即文辞贵在妍丽。到了南朝的刘勰，更加重视文章的形式，不但在《文心雕龙·情采》中明确宣称："圣贤书辞，总称文章，非采而何？"在《诠赋》篇谈到了对"词"与"言"的要求："原夫登高之旨，盖睹物兴情。情以物兴，故义必明雅；物以情观，故词必巧丽。……至于草区禽族，庶品杂类，则触兴致情，因变取会，拟诸形容，则言务纤密"，是说文辞要巧妙艳丽，语言要细巧纤密，刘勰还列《丽辞》专篇讲骈偶——这种使文章变得华丽的修辞手法。刘勰的理论反映了南朝山水诗和咏物诗越来越华丽的诗风。钟嵘也很重视诗歌文辞的华丽之美，《诗品》："干之以风力，润之以丹采"之"丹采"的润色，讲的就是文词的润色。

综上，加之卢照邻对"风骨"的提倡，可见，卢照邻对反对六朝以来包括初唐文坛的浮靡文风，在理论上有着清醒的认识，那为什么其创作实践却留有"词旨华靡"的陈隋遗风呢？笔者认为，原因有三：首先是理论与实践往往是脱节的。或先有实践、再有理论总结（如对唐诗特质的总结），或先有理论认识、后有实践探索（如对唐诗风骨的提倡）。卢照邻即属于后一种情况，虽然理论上有了一定的认识水平，但要想在实践中完全实现，还要有一段距离。其次，卢照邻在理论上肯定文辞的绮丽华美，势必会影响到卢照邻的创作实践。第三，与文学发展的时代特征有关。苏雪林在《唐诗概论》中说："一种思想成了定型，便不能随着时代进步。文学是思想的表现，所以文学经过一度的成熟，也就不易改变。"书中分析了"安史之乱"后，动乱的时代为何在盛唐诗人王维、岑参、李白的诗中却没有反映的原因："文学家是时代的喉舌，照理，他们这时候应当严肃地沉痛地喊出时代的痛苦，把以前的浪漫思想一概收束起来才对。但奇怪的是我们读那时几个诗人的作品，很不容易发现这次大乱的痕迹。……那群诗人生活，固不见得个个都舒适，但生长开、天盛世，所见所闻都是富贵繁华的景象，写作的技术天然成为放纵夸诞的一派，叫他们去描写新时代的一切，其实缺乏相当的训练，所以他们对新时代的态度，最初是不理会，最后是逃避：李白逃到天上，王维、裴迪逃入山林，高适、岑参则爽性逃归静默"。苏雪林对于李白"终不作寒乞声"（黄庭坚语）的分析，尤为精到："他并不是不屑作，其实是不会作，四十多年承平社会，五十载的豪华生活，使他远远地离开了实际生活，几成了个'白昼做梦者'，而且艺术典型，已经固定，要他骤然改变创作的态度，谈何容易呢?"① 用来解释身处初唐、脱胎于陈隋的卢照邻"词旨华丽",也是颇有道理的。

第二节 下启盛唐

关于包括卢照邻在内的"初唐四杰"下起盛唐之功,论者一般集中在格律和气势壮大两方面。这里拟分别从理论与创作实践两方面加以考察,尤其是诗文创作。

关于"四杰"理论方面的贡献,罗宗强先生论曰:"被后人称为初唐'四杰'的王勃、杨炯、卢照邻、骆宾王,在唐文学繁荣到来之前的理论准备上,实有不可忽视的贡献。"② 笔者认为,卢照邻在理论上下启盛唐之处,主要在于他关于"风骨"的论述。卢照邻《南阳公集序》中云:"两班叙事,得丘明之风骨;二陆裁诗,含公干之奇伟。"卢照邻明确提出"风骨"概念,其内涵与陈子昂"兴寄"重充盈的思想颇为相同,这一点继承了刘勰的"熔式经诰";再看卢照邻肯定"公干之奇伟"的"奇伟",实即提倡刘桢"仗气爱奇"之"气",重气的风骨观念,则是继承了钟嵘。在融合刘、钟二氏理论方面,与陈子昂相通。

关于风骨论的内涵,卢照邻还有其他相关表述:

唐虞百代之文,悬日月于胸怀,挫风云于毫翰,含古今之制,扣宫徵之声。细则出入无间,粗则弥纶区宇。逶迤绰约,如玉女之千娇;突兀峥嵘,似灵龟之孤朴。……妙谐钟律,体会《风》《骚》,笔有余妍,思无停趣。(《南阳公集

① 引文皆见苏雪林:《唐诗概论》第十一章《写实主义开山大师杜甫》,辽宁教育出版社1997年版,第56—57页。
② 罗宗强:《隋唐五代文学思想史》,中华书局2003年版,第28页。

序》)

山水风云，逸韵生于江左。(《乐府杂诗序》)

只有充盈的思想内容还不够，还需要作家具备心怀日月的高尚胸怀、作品具有挥动风云的气势，吸收古今文章体制的优点，声律上符合宫徵的规律。内容上要反映宇宙世界的大大小小、方方面面。风格上既有灵动多姿的柔婉之美，又有厚重奇峻的豪壮之美，就是文质并重。质实之内容与浪漫之抒情相结合，做到"笔有余妍，思无停趣"。

可见卢照邻的风骨论观点，实在是全面得很。其"体会风骚"与殷璠"风骚两挟"，一个是文章的创作要求，一个是已经具备这种要求的盛唐诗歌的质素。

其后，处在初盛唐链接环上的陈子昂鲜明集中地高举起"汉魏风骨"大旗，从而为他赢得了唐诗发展史上的重要地位。陈子昂的理论直启盛唐，与陈子昂相比，卢照邻的观点显然不够鲜明，全面有余而突出不够，如没有涉及"端翔"之对文辞与文势的要求，但这并不影响他及四杰其他成员，为陈子昂的革新之路扫清障碍、铺平道路，做好理论准备。

在卢照邻诗歌研究一章中，对卢诗开盛唐先声的论述，已从题材和律体角度进行涉猎。题材主要集中在边塞诗和田园诗创作上。

卢照邻的边塞诗内容相当广泛，举凡盛唐边塞诗所有，几乎都涵盖到了。诗风雄浑、悲壮，气势壮大，境界开阔。"刘生气不平，抱剑欲专征。报恩为豪侠，死难在横行。""但令一顾重，不惜百身轻。"(《刘生》)诗人歌颂了主人公刘生舍生报国、百死不辞的豪侠气概，寄托了自己建功立业、报效君国的豪情壮志。"应须驻白日，为待战方酣"(《战城南》)战斗如此之酣畅，竟令诗人产生让太阳为其停留的豪气。《西使兼送孟学士南游》

则直抒胸臆："骨肉胡秦外，风尘关塞中。唯余剑锋在，耿耿气成虹。"诗人杀敌报国的决绝之志，化作长虹横空，真可谓豪气冲天！《诗源辩体》评此诗曰："声体尽纯而气象宏远，乃排律中翘楚，盛唐诸公亦未有相匹者。"《唐诗别裁》评："前人但赏其起语雄浑，须看一气承接，不平实，不板滞。后太白每有此种格法。"《雨雪曲》"虏骑三秋入，关云万里平。"那"关云万里平"的大漠风光，令人想起王维"千里暮云平"（《观猎》）的诗句，似从中化来。

卢照邻的山水行役诗奇险崩危有似杜甫同类描写，如《早度分水岭》中颇有写实风格的"层冰横九折，积石凌七盘。重溪既下漱，峻峰亦上干"四句，与杜甫《自京赴奉先县咏怀五百字》中"群冰从西下，极目高崒兀。疑是崆峒来，恐触天柱折"，同样令人感到作者忧思之深；田园诗之恬淡明净有时颇类王维，如《初夏日幽庄》"苗深全覆陇，荷上半侵塘。钓渚青凫没，村田白鹭翔"，真好似一幅色彩明净的山水画，既有对丰收憧憬的喜悦，又有田间小憩的悠然，王维"漠漠水田飞白鹭，阴阴夏木啭黄鹂"（《积雨辋川庄作》）的名句，恐怕由此受到生发启示。不敢说杜甫、王维在以上诗中，是师承卢照邻而来，但若说他们受了卢照邻的影响，是完全有可能的。

关于卢照邻对格律诗的贡献，笔者在第五章第五节中已有详论，下面只把所得结论重申一下：一，卢照邻是致力于律体诗的创作的。卢照邻的律体作品共69篇，占现存诗歌总篇数（105）的比例为66%，这个比例是不低的。二，句与联的律体问题已经解决。69篇律绝体作品，总句数为646句，入律句数为638，比例为98.76%；总联数为323，入律联数为295，比例为91.3%。这两个比例是相当高的。三，粘对问题也在很大程度上得到解决，但是粘对运用于全篇的声势稳顺上，还没有解决好，因为粘式律和严格的格律诗出现的比例很低表明了这一点。成熟的律绝体作品为 10 首，占律体作品的 14.5%。四，在格律诗的对仗艺术上，卢照邻付出了很大努力。在他的律体诗作品中，他不但追求对仗的工稳，还追求流水对的使用，以使诗歌具备流动之美。在 295 对律联中，对仗联数 273，占律联比例 92.5%，其中工对 247 联，占对仗联数的 90.5%，共出现 108 联流水对，占对仗联数的 37.5%。

综上，卢照邻在文学史中的地位和意义，已经基本清晰。作为一个文学家个体，卢照邻确实做出了他独具个性的贡献。但是，历史的事实同时告诉我们，卢照邻与他的小团体"四杰"，在很多方面是不可分割的；与他之前、之后的文学家们，同样是不可割裂的。正是他们，这些闪烁着不那么耀眼光芒的小星星们，连缀起来，才构成了唐代文坛群星璀璨的星空。如果没有他们，盛唐的文学巨星们，也将失去依托，减弱那夺人的光芒。

结　语

卢照邻作为"初唐四杰"中的一员，为初唐向盛唐过渡时期的文坛做出了重要贡献。卢照邻先世为范阳卢氏，范阳卢氏乃山东士族集团的大姓望族，到初唐，卢照邻一支已湮没无闻，卢照邻为西晋卢谌第七世孙，但不可考知卢照邻一支所从出。卢照邻自幼得到了阅礼闻诗的教育，同时被寄予重振家声的厚望。卢照邻籍贯为范阳涿郡（今涿州），晚年病养居住洛阳一带。

关于卢照邻生平：（一）卢照邻的生卒年，学界有多种说法。笔者考论，卢照邻约生于贞观七年（633），此结论与傅璇琮先生在《唐五代文学编年史》中的结论恰好相同。卒于武后垂拱元年（685）后。（二）年少求学。约在贞观十六年，照邻十岁，求学于曹宪、王义方。（三）王府典签。永徽三年，任邓王府典签达八年之久。（四）任新都尉。乾封二年至咸亨二年二月，卢照邻任新都尉。（五）咸亨二年末，患幽忧之疾，其后卧病京洛，直至自投颍水而亡。卢照邻与初唐四杰其余三人均有交往，与唐代名臣来济、张柬之有交往，与著名道士李荣、孙思邈有交往，而且与孙思邈有师生之谊，受其影响颇深。卢照邻的思想杂糅儒、释、道三家，以儒家思想为济世理想，个性执著刚直；以道教、佛教为安顿身心的家园，表现出孤高遗世的人格。还带有鲜明的燕赵地域文化色彩，是一位坚韧、豪侠的燕门病才子。

　　根据史书及相关资料记载，卢照邻在世时，其诗文已有流传，并因此而享有才名。唐代已结集，为《卢照邻集二十卷》和《幽忧子集三卷》。现存唐人选本中，只有两种录有卢照邻少量诗歌：《唐人选唐诗新编》中《玉台后集》，录有卢照邻诗歌，但篇目不详；《搜玉小集》录卢照邻诗一首：《王昭君》。宋元时期，卢照邻诗文集的版本原貌皆不可知，只存在于书目著录，卢照邻诗文主要散见于宋元时期的总集与选集及诗文评之中。共载录卢照邻诗赋 93 首，数量仅次于《全唐诗》的 95 篇，其中《绵州官池赠别》为全诗所无；载录文 29 篇，数量超过《全唐文》，其中《三国论》一篇后经考订为王勃所作。宋、元时期，卢照邻作品不断散佚，但仍有《卢照邻集》十卷本、《幽忧子集》三卷本和十卷本行于世。明代卢照邻诗文有三个系统的版本：一卷本卢照邻诗、卢照邻集二卷本和幽忧子集七卷初唐四子集本。其中，卢照邻诗一卷在明代有四个版本，一为明活字印本一册，一为唐四杰集四卷本，一为唐十二名家诗本，一为镌校释唐四杰文集明万历二十六年郑云竹宗文书舍刻本。卢照邻集二卷在明代有八个版本：明铜活字印本、唐百家诗本、十二家唐诗明嘉靖黄埻刻本、唐六家集明嘉靖刻本、唐八家诗本、张逊业校江都黄氏明嘉靖 31 年（1552）刻本、唐十二家诗刻本、前唐十二家诗明万历三十一年霏玉轩本。《幽忧子集七卷初唐四子集本》为目今所见最早之七卷本，藏于国家图书馆善本藏书室，明崇祯十三年张燮、曹荃刻本，附录一卷。《幽忧子七卷》为卢照邻作品之集大成者，后世研究者多以此为主要文本依据。有清一代学术繁荣，隋唐五代别集的刊刻的数量之多、规模之大，超过了宋、元、明各代。卢照邻诗文集有七卷本、二卷本二种。分别为全唐诗本（1705）、四库全书本（1773－1793）、星渚项氏刻本（1781）、丛雅居刻本（1644－1911）、畿辅丛书本（1644－1911）、光绪五年七月淮南书局卢照邻文集二卷本（1879）、元和江氏灵鹣阁卢照邻集二卷本（1895）、四部丛刊本。二卷本系以清代元和江氏灵鹣阁影刻南宋书棚本为世所重。

卢照邻的文学理论强调批判与继承的辩证关系。继承儒家传统文学观，既倡言风雅，又批判时风；重视真情实感，尤其强调对"怨情"的抒发；他的创作论提出"风骨"和因变，肯定天然声律和人为声律，文辞主张清词、丽词的标准；风格论肯定不同作家的多种风格；批评论对文学史丑恶现象进行批判。

卢照邻的诗歌题材和体裁皆丰富多彩。体裁上，以七言歌行成就最大，叙事繁富，讲究偶句对仗，语言出现通俗的倾向。骚体赋个性色彩突出，充满悲剧精神和悲剧力量。题材上，边塞诗内容广泛，风格刚健，具有题材、诗体的开拓之功；山水田园诗呈现出多姿多彩的审美风貌，山水行役诗的奇险、奇丽，山水游赏之作的秾艳与凄厉，田园诗作的恬淡自然；山水田园诗还呈现出共同的审美风貌，充满了动态美，卢照邻运用以动写动、以动写静、以静写动的手法，使用跃动的词语，不但能够做到抓住动态中的山水风光之特点，以加强其动感，而且还善于表现静物、死物之动势，把本来处于静态中的景物写活、写生动，还能把细微动的内容注入静景描写之中，并且充分注意到赋予动词以情感色彩，以加强事物的动感。卢照邻在咏物诗中，对所咏之物进行形象表现和借物抒怀、托物言志，达到"即物达情"的审美效果，所以说，卢照邻的咏物诗，可谓开了盛唐先声。卢照邻致力于格律诗创作，在实践和理论上均有创获。卢照邻在创作实践上对格律诗定型所做的贡献。一，卢照邻是致力于律体诗的创作的。卢照邻的律体作品共69篇，占现存诗歌总篇数（105）的比例为66%，这个比例是不低的。二，句与联的律体问题已经解决。69篇律绝体作品，总句数为646句，入律句数为638，比例为 98.76%；总联数为 323，入律联数为 295，比例为 91.3%。这两个比例是相当高的。三，粘对问题也在很大程度上得到解决，但是粘对运用于全篇的声势稳顺上，还没有解决好，因为粘式律和严格的格律诗出现的比例很低表明了这一点。成熟的律绝体作品为 10 首，占律体作品的 14.5%。四，在格律诗的对仗艺术上，卢照邻付出了很大努力。在他的律体诗作品中，他不但追求对仗的工稳，还追求流水对的使用，以使诗歌具备流动之美。在 295 对律联中，对仗联数 273，占律联比例 92.5%，其中工对 247 联，占对仗联数的 90.5%，共出现 108 联流水对，占对仗联数的 37.5%。其流水对的使用在其律体诗创作中相当普遍，可视为诗人的自觉追求。卢照邻的诗歌重视人间真情的抒发，亲情、乡情、爱情、友情，无不厚重而浓烈。

卢照邻的诗文创作，从理论与实践两个方面，为盛唐诗歌的到来作了一定的准备，从而在初唐向盛唐过渡的文学进程中占有一定的位置。

参考文献

[1]《幽忧子集七卷》，明崇祯十三年张燮、曹荃刻本。

[2]《卢照邻诗》二卷，康熙四十四年（1705）御制全唐诗本。

[3]《卢昇之集》，钦定《四库全书》本。

[4]《卢昇之集七卷》，丛雅居清同治刻本。

[5]《卢照邻集二卷》，元和江氏灵鹣阁刻本，清光绪 21 年。

[6] 任国绪：《卢照邻集编年笺注》，黑龙江人民出版社 1989 年 8 月版。

[7] 祝尚书：《卢照邻集笺注》，上海古籍出版社 1994 年 12 月版。

[8] 李云逸：《卢照邻集校注》，中华书局 1998 年 10 月版。

[9] 彭定求等编：《全唐诗》，中华书局 1960 年点校本。

[10] 陈尚君辑校：《全唐诗补编》，中华书局 1992 年版。

[11] 王重民辑录：《全唐诗外编》，中华书局 1982 年版。

[12] 殷璠等：《唐人选唐诗》，上海古籍出版社 1979 年版。

[13] 郭茂倩：《乐府诗集》，中华书局 1979 年版。

[14] 董诰等编：《全唐文》，上海古籍出版社 1990 年版。

[15] 陈贻焮主编：《增订注释全唐诗》，文化艺术出版社 2001 年版。

[16] 李善注：《文选》，上海古籍出版社 1986 年版。

[17] 富寿荪选注：《千首唐人绝句》，上海古籍出版社 1988 年版。

[18] 杨炯：《杨炯集》，中华书局 1980 年版。

［19］仇兆鳌：《杜诗详注》，中华书局 1979 年版。

［20］杨文生编著：《王维诗集》，四川人民出版社 2003 年版。

［21］陈铁民校注：《王维集校注》，中华书局 1997 年版。

［22］司马迁撰：《史记》，中华书局 1959 年版。

［23］班固撰：《汉书》，中华书局 1962 年版。

［24］范晔：《后汉书》撰，中华书局 1965 年版。

［25］萧子显撰：《南齐书》，中华书局 1972 年版。

［26］姚思廉撰：《梁书》，中华书局 1973 年版。

［27］李延寿撰：《南史》，中华书局 1975 年版

［28］刘昫等撰：《旧唐书》，中华书局 1975 年版。

［29］欧阳修、宋祁：《新唐书》，中华书局 1975 年版。

［30］司马光编著　胡三省音注：《资治通鉴》，中华书局 1956 年版。

［31］辛元房著　傅璇琮校笺：《唐才子传校笺》，中华书局 1987 年版。

［32］徐松撰　赵守俨：《登科记考》，中华书局 1984 年版。

［33］孟棨撰：《本事诗　本事词》，古典文学出版社 1957 年版。

［34］段成式：《酉阳杂俎》，中华书局 1985 年版。

［35］计有功：《唐诗纪事》，中华书局 1965 年版。

［36］王定保：《唐摭言》，古典文学出版社 1979 年版。

［37］李肇：《唐国史补》，上海古籍出版社 1979 年版。

［38］赵璘：《因话录》，上海古籍出版社 1979 年版。

［39］欧阳询：《艺文类聚》，上海古籍出版社 1965 年版。

［40］刘肃撰，许德楠、李鼎霞点校：《大唐新语》，中华书局 1984 年版。

［41］刘餗、张鷟撰：《隋唐嘉话　朝野佥载》，中华书局 1979 年版。

［42］李吉甫：《元和郡县图志》，中华书局 1983 年版。

［43］杜佑：《通典》，中华书局 1983 年版。

［44］王谠撰、周勋初校正：《唐语林校正》，中华书局 1987 年版。

［45］封演：《封氏闻见记》，上海古籍出版社 1985 年版。

［46］王溥：《唐会要》，株式会社中文出版社。

［47］李昉等：《太平广记》，中华书局 1961 年版。

［48］李昉等：《文苑英华》，中华书局 1966 年版。

［49］王钦若等：《册府元龟》，中华书局 1960 年版。

［50］乐史撰：《太平寰宇记》，文渊阁四库全书本。

［51］晁公武著，孙猛校正：《郡斋读书志》，上海古籍出版社 1990 年版。

［52］陈振孙：《直斋书录解题》，上海古籍出版社 1987 年版。

［53］郑樵：《通志》，中华书局 1987 年版。

［54］马端临：《文献通考》，上海古籍出版社 1987 年版。

［55］林宝撰，郁贤皓、陶敏整理：《元和姓纂附四校记》，中华书局 1994 年版。

［56］徐松撰，李健超增订：《增订唐两京城坊考》，三秦出版社 1996 年版。

［57］刘熙：《释名》，《丛书集成丛编》，商务印书馆 1939 年版。

［58］阮元校刻：《十三经注疏》，中华书局 1980 年版。

［59］《诸子集成》，中华书局 1954 年版。

［60］皎然著，李壮鹰校注：《诗式校注》，人民文学出版社 2003 年版。

［61］刘知几：《史通》，上海古籍出版社 1978 年版。

［62］永瑢等：《四库全书总目》，中华书局 1965 年版。

［63］刘勰著，范文澜注：《文心雕龙注》，人民文学出版社 1958 年版。

[64] 胡仔纂集：《苕溪渔隐丛话前后集》，中华书局 1985 年版。

[65] 方回选评，李庆甲集评校点：《瀛奎律髓汇评》，上海古籍出版社 1986 年版。

[66] 胡应麟：《诗薮》，上海古籍出版社 1958 年版。

[67] 胡震亨：《唐音癸签》，上海古籍出版社 1981 年版。

[68] 高棅：《唐诗品汇》，上海古籍出版社 1988 年版。

[69] 谢榛：《四溟诗话》，中华书局 1985 年版。

[70] 赵翼著，霍松林、胡主佑校点：《瓯北诗话》，人民文学出版社 1963 年版。

[71] 沈德潜等编选：《中国历代诗歌别裁集》，山东文艺出版社 1995 年版。

[72] 翁方纲：《石洲诗话》，中华书局 1985 年版。

[73] 王夫之等撰：《清诗话》，上海古籍出版社 1999 年版。

[74] 何文焕：《历代诗话》，中华书局 1981 年版。

[75] 王闿运：《王闿运手批唐诗选》，上海古籍出版社 1989 年版。

[76] 富寿荪校点：《清诗话续编》，上海古籍出版社 1983 年版。

[77] 王国维：《人间词话》，四川人民出版社 1981 年版。

[78] 丁福保：《历代诗话续编》，中华书局 1983 年版。

[79] 郭绍虞主编：《诗品集解　续诗品集解》，人民文学出版社 1963 年版。

[80] 王大鹏：《中国历代诗话选》，岳麓书社 1985 年版。

[81] 陈伯海：《历代唐诗论评选》，河北大学出版社 2003 年版。

[82] 陈伯海：《唐诗汇评》，浙江教育出版社 1992 年版。

[83] 郭绍虞：《中国历代文论选》，上海古籍出版社 2001 年版。

[84] 杜晓勤：《隋唐五代文学研究》，北京出版社 2001 年版。

[85] 陶敏、李一飞著：《隋唐五代文学史料学》，中华书局 2001 年版。

［86］潘景郑：《著砚楼书跋》，古典文学出版社 1957 年版。

［87］周勋初：《周勋初文集·唐诗文献综述》，江苏古籍出版社 2000 年版。

［88］吕玉华著：《唐人选唐诗述论》，文津出版社 2004 年版。

［89］陈伯海、朱易安：《唐诗书录》，齐鲁书社 1988 年版。

［90］万曼：《唐集叙录》，中华书局 1980 年版。

［91］陶敏编纂：《全唐诗人名考证》，陕西人民教育出版社 1996 年版。

［92］吴汝煜、胡可先：《全唐诗人名考》，江苏教育出版社 1990 年版。

［93］傅璇琮：《唐代科举与文学》，陕西人民出版社 1986 年版。

［94］傅璇琮：《唐五代文学编年史》，辽海出版社 1998 年 12 月版。

［95］傅璇琮：《唐代诗人丛考》，中华书局 2003 年版。

［96］郁贤皓：《唐刺史考全编》，安徽大学出版社 2001 年版。

［97］王达津：《唐诗丛考》，上海古籍出版社 1986 年版。

［98］孙琴安著：《唐诗选本提要》，上海书店出版社 2005 年版。

［99］王勋成：《唐代铨选与文学》，中华书局 2001 年版。

［100］李元华：《中国古代科举与考试》，北京出版社 1994 年版。

［101］姜剑云：《审美的游离——论唐代怪奇诗派》，东方出版社 2002 年版。

［102］陈伯海：《唐诗学引论》，东方出版中心 1988 年版。

［103］罗宗强：《隋唐五代文学思想史》，中华书局 1999 年版。

［104］闻一多：《唐诗杂论　诗与批评》，三联书店 1999 年版。

［105］闻一多：《唐诗大系》，人民出版社 2002 年版。

［106］韩成武：《杜诗艺谭》，河北教育出版社 2002 年版。

［107］韩成武、张志民：《杜甫诗全译》，河北人民出版社 1997

年版。

[108] 韩成武选注：《少陵体诗选》，河北大学出版社 2004 年版。

[109] 韩成武：《杜甫新论》，河北大学出版社 2007 年版。

[110] 韩成武：《诗圣——忧患世界中的杜甫》，河北大学出版社 2000 年版。

[111] 袁行霈：《中国诗歌艺术研究》，北京大学出版社 1987 年版。

[112] 宗白华：《美学散步》，上海人民出版社 1981 年版。

[113] 钱钟书：《旧文四篇》，上海古籍出版社 1979 年版。

[114] 李泽厚：《美学三书》，天津社会科学院出版社 2003 版。

[115] 宗白华：《艺境》，北京大学出版社 1987 年版。

[116] 徐炼：《诗道》，岳麓出版社 2001 年版。

[117] 黑格尔：《美学》第三卷（上），商务印书馆 1986 年版。

[118] 戈布尔著，吕明等译：《第三思潮：马斯洛心理学》，上海艺文出版社 2001 年版。

[119] 荣格：《人·艺术和文学中的精神》，工人出版社 1988 年版。

[120] 孙昌武：《道教与唐代文学》，人民文学出版社 2001 年版。

[121] 孙昌武：《中国佛教文化》，南开大学出版社 2000 年版。

[122] 孙昌武：《佛教与中国文学》，上海人民出版社 1991 年版。

[123] 葛兆光：《道教与中国文化》，上海人民出版社 1987 年版。

[124] 葛兆光：《禅宗与中国文化》，上海人民出版社 1986 年版。

[125]《道教的历史与文学》（三），南华大学宗教文化研究中心 2000 年版。

[126] 方立天：《佛教哲学》，中国人民大学出版社 1986 年版。

[127] 程裔、董乃斌：《唐帝国的精神文明》，中国社会科学出版社 1996 年版。

［128］周啸天：《唐绝句史》，重庆出版社 2006 年第 2 版修订增补本。

［129］胡适：《白话文学史》，岳麓书社 1986 年 1 月版。

［130］林庚：《中国文学简史》，北京大学出版社 1995 年 7 月版。

［131］李从军：《唐代文学演变史》，人民出版社 1993 年 10 月版。

［132］傅璇琮、蒋寅：《中国古代文学通论》，辽宁人民出版社 2005 年 5 月版。

［133］陈子展：《唐代文学史》，作家书屋，"中华民国"三十三年十二月初版据商务印书馆 1948 年版影印。

［134］郑振铎：《插图本中国文学史》，人民文学出版社 1957 年 12 月版。

［135］游国恩等：《中国文学史》，人民文学出版社 1963 年 7 月版。

［136］北京师范大学中文系古典文学教研室：《简明中国文学史》1984 年 6 月版。

［137］王士菁：《唐代文学史略》，湖南师范大学出版社 1992 年 4 月版。

［138］李道英：《中国文学史》，北京师范大学出版社 1996 年 5 月版。

［139］袁行霈编著：《中国文学史纲要》，北京大学出版社 1983 年 9 月版。

［140］毛水清：《隋唐五代文学史》，广西人民出版社 2003 年 8 月版。

［141］姜书阁：《中国文学史纲要》，浙江大学出版社 2006 年 9 月版。

［142］刘大杰：《中国文学发展史》，上海古籍出版社 1982 年 5 月版。

[143] 徐季子主编：《中国古代文学》，华东师范大学出版社 1990 年 6 月版。

[144] 郭预衡：《中国古代文学史长编·隋唐五代卷》，北京师范学院出版社 1993 年 11 月版。

[145] 罗宗强、陈洪主编：《中国古代文学发展史》，南开大学出版社 2003 年 8 月版。

[146] 章培恒、骆玉明主编：《中国文学史》，复旦大学出版社 1996 年 3 月版。

[147] 乔象锺、陈铁民主编：《唐代文学史》，人民文学出版社 1995 年 12 月版。

[148] 袁行霈：《中国文学史》，高等教育出版社 1999 年 8 月版。

[149] 童庆炳：《文学理论教程》（修订二版），高等教育出版社 2005 年版。

[150] 金宝样：《唐史论文集》，甘肃人民出版社 1982 年版。

[151] 范文澜：《中国通史简编》（修订版），人民出版社 1965 年版。

[152] 史念海主编：《唐史论丛》第二辑，陕西人民出版社 1987 年版。

[153] 中国唐代文学学会：《唐代文学研究年鉴》（1989—1990 年），广西师范大学出版社。

[154] 徐明霞点校：《卢照邻、杨炯集》，中华书局 1980 年 11 月版。

[155] 谌东飚校点：《卢照邻集》，岳麓书社 2001 年版。

[156] 沈惠乐、钱伟康：《初唐四杰与陈子昂》，上海古籍出版社 1987 年 8 月版。

[157] 任国绪选注：《初唐四杰诗选》，陕西人民出版社 1992 年 5 月版。

［158］张志烈：《初唐四杰年谱》，巴蜀书社 1993 年 4 月版。

［159］骆祥发：《初唐四杰研究》，东方出版社 1993 年 9 月版。

［160］王国安、王幼敏选注：《初唐四杰与陈子昂诗文选注》，上海古籍出版社 1994 年版。

［161］林清晖、林东海：《初唐四杰》，春风文艺出版社 1999 年 1 月版。

［162］陈书良主编，罗敏中、肖希凤选注：《初唐四杰》，岳麓书社 2000 年版。

［163］倪木兴选注：《初唐四杰诗选》，人民文学出版社 2001 年版。

［164］高玉昆著：《初唐四杰暨陈子昂诗传》，吉林人民出版社 2003 年 2 月版。

［165］姚敏杰：《初唐四杰》，三秦出版社 2007 年版。

［166］傅璇琮：《唐才子传校笺》，中华书局 1987 年 5 月版。

［167］李浩：《唐诗的美学阐释》，安徽大学出版社 2000 年版。

［168］（美）斯蒂芬·欧文：《初唐诗》，广西人民出版社 1987 年 12 月版。

［169］尚定：《走向盛唐》，中国社会科学出版社 1994 年 7 月版。

［170］杜晓勤：《初盛唐诗歌的文化阐释》，东方出版社 1997 年 7 月版。

［171］沈松勤、胡可先、陶然：《唐诗研究》，浙江大学出版社 2006 年 1 月版。

［172］刘开扬：《唐诗论文集》，中华书局 1961 年 6 月版。

［173］任国绪：《卢照邻生平行迹再考》《唐代文学研究》，广西师范大学出版社 1990 年 10 月版。

［174］任国绪：《卢照邻生平事迹新考》，《文学遗产》1985 年第 2 期。

[175] 祝尚书：《〈卢照邻生平事迹新考〉商兑》，《四川师范大学学报》1988 年第 1 期。

[176] 李云逸：《关于卢照邻生平的若干问题》，《西北大学学报》1998 年第 2 期。

[177] 葛晓音：《关于卢照邻生平的若干问题》，《文学遗产》1989 年第 6 期。

[178] 刘真伦：《卢照邻西使甘凉及其边塞组诗考述》，《重庆师范大学学报》1989 年第 1 期。

[179] 任国绪：《略论卢照邻、骆宾王的七言歌行》，《北方论丛》1985 年第 3 期。

[180] 陶易：《试论王杨卢骆体》，《青海民院学报》1989 年第 2 期。

[181] 任国绪：《奉儒行道与崇道信佛——卢照邻思想述评》，《北方论丛》1993 年第 6 期。

[182] 王许林：《奇穷文士与人间才杰——卢照邻略论》，《古典文学知识》1993 年第 6 期。

[183] 刘成纪：《卢照邻的病变与文变》，《文学遗产》1994 年第 5 期。

[184] 温斌：《显隐难遂病才子　新旧始更雅文风—卢照邻简论》，《阴山学刊》1994 年第 4 期。

[185] 赵永建：《孤独的痛苦与缓释》，《河南大学学报》1995 年第 5 期。

[186] 姚敏杰：《试谈时代特点对"初唐四杰"的影响》，《西北大学学报》1994 年第 1 期。

[187] 董天策：《初唐四杰文学思想新探》，《中国文学研究》1994 年第 1 期。

[188] 房日晰：《初唐四杰诗歌比较论》，《河北师大学报》1994

年第 3 期。

[189] 许总：《论四杰与唐诗体式规范》，《学术研究》1995 年第 2 期。

[190] 杜晓勤：《"初唐四杰"与儒道思想》，《文学评论》1995 年第 5 期。

[191] 姚敏杰：《"初唐四杰"的山水景物诗》，《华夏文化》1996 年第 1 期。

[192] 许总：《论四杰诗歌的昂扬基调与壮大之美》，《江淮论坛》1996 年第 2 期。

[193] 许总：《论四杰诗歌在唐前期诗风变革中的作用与意义》，《华中师大学报》1996 年第 2 期。

[194] 许总：《宗经与辨体——论四杰文学思想二重特性与唐代前期诗史演进趋向》，《天津社会科学》1996 年第 3 期。

[195] 霍然：《初唐四杰与唐人诗歌审美观念的回归》，《齐鲁学刊》1996 年第 4 期。

[196] 莫山洪：《初唐四杰对骈文的革新》，《柳州师专学报》1998 年第 2 期。

[197] 莫山洪：《"初唐四杰"称号与骈文》，《柳州师专学报》1998 年第 4 期。

[198] 高广林：《"四杰"感发兴会理论的原理化》，《集宁师专学报》1999 年第 1 期。

[199] 兴膳宏：《初唐的诗人与宗教——从卢照邻来考察》，《中国典籍与文化论丛》（第二辑），中华书局 1995 年 2 月版。

[200] 道坂　昭广：《试论初唐四杰笔下的陶渊明形象——以卢照邻为中心》，《唐代文学研究》（第六辑），1996 年 9 月版。

[201] 孙杰军：《自我价值的寻求与生命的内在困扰》，《淮北煤师院学报》2000 年第 2 期。

[202] 高广林：《卢照邻诗学思想论略》，《内蒙古工业大学学报》2001 年第 1 期。

[203] 吕双伟：《论卢照邻诗文创作的"骚怨"精神》，《云梦学刊》2002 年第 5 期。

[204] 李朝军：《人与恶疾的悲壮抗争》，《河北大学学报》2004 年第 1 期。

[205] 张申平：《卢照邻生命意识对其诗歌的影响》，《重庆科技学院学报》2006 年第 3 期。

[206] 何天林：《初唐四杰之称始于何时》，《光明日报》1983 年 5 月 24 日。

[207] 刘智亭：《对〈唐书〉"四杰"记载的质疑》，《陕西师大学报》1984 年第 4 期。

[208] 任国绪：《初唐四杰非"浮躁浅露"之人辩》，《北方论丛》1984 年第 2 期。

[209] 刘真伦：《四杰总章参选考》，《成都大学学报》1990 年第 4 期。

[210] 腾福海：《卢照邻风流公案及其生卒年考》，《天津师大学报》1994 年第 1 期。

[211] 刘开扬：《论初唐四杰及其诗》，《文史哲》1957 年第 8 期。

[212] 马茂元：《初唐四杰》，《人文杂志》1958 年第 6 期。

[213] 支菊生：《初唐四杰》，《天津日报》1959 年 8 月 19 日。

后　记

　　这部书稿，是在我的博士论文基础之上修改完成的。四年过去，依然是感慨良多。因为博士论文永远凝结着梦想、艰辛和道不尽的情感。记得论文的完成，凝结着导师的教诲，以及人生与科研道路上诸多先生的无私帮助。

　　我常常感慨，在我人生的每一步重要关口，总是得到很多人无私的帮助；所以，对于生活，我总是感到无比幸福。虽已人到中年，却依然保有童心，经常满怀欣喜。这次书稿的出版，也不例外，上天再次眷顾于我，在此真诚地感谢人民出版社编审孙兴民老师对此书稿付出的辛勤劳动。

　　这部书稿，尽管颇费心力，尽管得到了专家的肯定。研究涉及面可以说是全面的，卢照邻的家世生平、仕历、交游、思想、文论、诗歌、文章，无所不包，使之前文学史中模糊不清的卢照邻有了生动的形象展现，并为其在文学史上的地位予以了应有的意义评价。但是由于笔者学力和视野所限，书稿不可避免地存在一些未解之题，比如，未能给卢照邻的诗文做一系年。再如，卢照邻生平仕历考中，关于卢照邻是否曾经出塞的问题，由于没有发现新的史料，依然悬而未决。还有，关于卢照邻家世，也没有解决诗人到底系卢氏哪一支脉。所谓学无止境，全当抛砖引玉。（本书为作者 2013 年承担的河北省社会科学基金项目，项目编号：HB13WX027）

责任编辑:孙兴民
装帧设计:盛世华光
责任校对:张　红

图书在版编目(CIP)数据

卢照邻研究/王明好 著.-北京:人民出版社,2013.8
ISBN 978－7－01－012514－5

Ⅰ.①卢… Ⅱ.①王… Ⅲ.①卢照邻(636～695)-人物研究
②卢照邻(636～695)-唐诗-诗歌研究　Ⅳ.①K825.6
②I297.22

中国版本图书馆 CIP 数据核字(2013)第 207338 号

卢照邻研究
LUZHAOLIN YAN JIU

王明好　著

人民出版社 出版发行
(100706　北京市东城区隆福寺街 99 号)

保定市北方胶印有限公司印刷　新华书店经销

2013 年 8 月第 1 版　2013 年 8 月北京第 1 次印刷
开本:880 毫米×1230 毫米 1/32　印张:13
字数:303 千字　印数:0,001-3,000 册

ISBN 978－7－01－012514－5　定价:36.00 元

邮购地址 100706　北京市东城区隆福寺街 99 号
人民东方图书销售中心　电话 (010)65250042　65289539